atrévete a vivir

jaime fernández garrido

atrévete a vivir

ATENCIÓN: Las autoridades sanitarias advierten que la lectura de este libro puede ocasionar efectos secundarios irreversibles, tales como: ilusión por la vida, pasión, descanso, cariño por la familia, ganas de hablar con los amigos y deseos de abrazar.

La misión de Editorial Vida es ser la compañía líder en satisfacer las necesidades de las personas con recursos cuyo contenido glorifique al Señor Jesucristo y promueva principios bíblicos.

ATRÉVETE A VIVIR
Edición en español publicada por
Editorial Vida – 2008
Miami, Florida

© 2008 Jaime Fernández Garrido

Edición: *Marta Recamán Gago*
Diseño interior y de cubierta: *Cristina Fernández Mershon*

Reservados todos los derechos. Las textos bíblicos se tomaron de la Biblia de las Américas
© 1986 Fundación bíblica Lockman. Dios Habla Hoy © 2002 Sociedades Bíblicas Unidas.

Esta publicación no podrá ser reproducida, grabada o transmitida de manera completa o parcial, en ningún formato o a través de ninguna forma electrónica, fotocopia y otro medio, excepto como citas breves, sin el consentimiento previo del publicador.

ISBN: 978-0-8297-5618-0

Categoría: Vida cristiana / General

IMPRESO EN ESTADOS UNIDOS DE AMÉRICA
PRINTED IN THE UNITED STATES OF AMERICA

14 15 16 17 ❖ 7 6 5 4 3 2

dedicatoria

"Para ti, que estás comenzando a leer este libro.
Aunque parezca muy difícil, me gustaría conocerte,
Nadie puede vivir tu vida y disfrutarla como tú"

el autor

El Dr. Jaime Fernández Garrido, nació el 17 de Abril de 1960, en Ourense (España). Casado con Miriam y tienen tres niñas: Iami, Kenia y Mel. Doctor en Pedagogía por la Universidad Complutense de Madrid. Compositor musical y profesor de piano. Miembro de la Sociedad de Autores de España desde el año 1980. Algunas de sus obras de piano más conocidas fueron grabadas en el CD "Fantasía" (Fonomusic, 1997). Director del programa evangélico en Radio y Televisión de Galicia "Nacer de novo".

Algunos de los libros de los que es autor:

- "Cambia de ritmo"
  Editorial Vida 2005

- "Compasión"
  Editorial Vida 2007

- "Linha de Chegada"
  RBC, 2008

- "Corazón indestructible"
  Editorial Vida 2010

- "Cara a cara"
  4º Edición, Noufron/Tyndale, 2011

- "30 pasos hacia la amistad"
  Editorial Lid, 2011

- "Indestructible heart"
  Edición Amor 2011

- "Mejora tu ritmo"
  Editorial Noufront 2012

- "Coração indestrutivel"
  RBC 2013

1 enero

Andrew Fletcher dejó escritas estas palabras allá por el siglo XVIII: "Permitidme escribir las canciones de un país, y no me importa quién escriba sus leyes". Estaba hablando de la trascendencia de las canciones en la vida de la gente. De la necesidad de educar lo que hay en el corazón de la gente. Invocó la trascendencia de lo que cantamos, de lo que vivimos y deseamos. Mucho más allá de lo que está escrito en las leyes o aquello que hacemos por obligación.

¿En qué pensamos cuando no pensamos en nada? Buena pregunta. Para entenderla, podemos hacerla de otra manera: ¿Qué viene a nuestra mente cuando estamos distraídos, descansando o sin nada que hacer? ¿Pensamos en situaciones peligrosas, violentas incluso; pensamos en algo malo para nosotros mismos o para los demás? ¿Viene a nuestro corazón una canción de amor?

Edgar Rocha compuso una canción que en su estribillo decía:

"En mis sueños y en mis pensamientos sólo estás Tú,
El anhelo de mi vida, mi delicia eres Tú
Es Tu palabra como espada en mi corazón
Es como un fuego que consume todo mi interior
Jesucristo, Tú eres el Señor, Sólo en Ti hay vida eterna y salvación"

La aplicación es muy clara, la trascendencia de nuestra conversación con Dios es impresionante. Y fíjate que hablo de la conversación con Dios. No de palabras o ritos aprendidos que no sobrepasan el techo del lugar en el que estamos. Porque Dios quiere hablar con nosotros, quiere escucharnos y quiere decirnos cosas importantes. Y orar es precisamente eso: la conversación más importante con nuestro Creador. Con el que nos hizo, nos conoce y nos ama profundamente. Con el único que puede llenar de significado nuestra vida. Por eso es tan importante orar: cuando lo hacemos, estamos hablando con el Rey del Universo.

Y esa es la mejor manera de despertar cada mañana... "Llénanos de tu amor al comenzar el día, y alegres cantaremos toda la vida"*. Si al abrir nuestros ojos los elevamos al cielo, los días serán diferentes. No es una superstición, ni una ilusión mágica. No es la varita del hada madrina que eliminará todos nuestros problemas. Estamos hablando nada más y nada menos que tener una cita diaria con Dios.

A partir de ahí, los días son diferentes porque cuando oramos decidimos cerrar la puerta al desaliento. Pedimos a Dios que las frustraciones diarias no tengan una estatura desmesurada. Hacemos oídos sordos a la crítica, las malas palabras y las actitudes tristes y aburridas. Decidimos de corazón que merece la pena empezar un nuevo día, que cada momento es diferente y que la vida tiene mucho más sentido cuando sabemos que Dios nos ama y nos escucha.

Y eso es todo. Nada más y nada menos.

(*) salmo 42:8

para los que buscan algo más
salmo 147

2 enero

A muchos les encanta bailar, pero... ¿Sabes? Lo difícil no es bailar, sino hacerlo con el ritmo que tu quieres, no con la música que otros han decidido.

Algunas melodías que la gente canta, no quiero bailarlas... Puede que parezcan muy de ahora, pero mis pies se niegan a moverse, mi cuerpo reacciona con la indiferencia del aburrimiento, y mi corazón se llena de "miedo escénico" cuando las escucha. Dime si no, ¿te gustaría bailar con ellos?...

▶ Algunos tratan a la gente como a sus "kleenex": los usan y los tiran después.

▶ Otros miden lo que hacen por los demás de la misma manera que abren sus pequeños sobres de azúcar, café, té, etc. Sólo se comprometen en una medida pequeña, exacta, políticamente correcta. Jamás se exceden en lo más mínimo.

▶ Muchos otros se han tomado al pie de la letra las monerías de Darwin y piensan que sólo los más poderosos tienen derecho a subsistir. Su estilo de baile preferido es competir y arrasar con todo y con todos. Hay que evolucionar.

▶ No faltan los que viven de una manera "light" y tienen amigos "light": sin calorías, sin esfuerzo, sin nada que merezca la pena. Te abandonan en cuanto huelen el sacrificio.

▶ Otros viven permanentemente con la filosofía de los cubiertos desechables: nada se lava, todo se tira. Nada se perdona, todo se llena de basura. Jamás piden perdón por nada y no son capaces de perdonar a nadie.

▶ Recuerda también a los que no pueden vivir un sólo momento sin sus maquillajes, sus colonias, sus cremas y miles de cosas parecidas. Se morirían si alguien descubriese como son realmente. La transparencia y la sinceridad jamás aparecen en su diccionario.

▶ Mucho peor son aquellos que son incapaces de divertirse solos o en compañía: necesitan a un tercero disfrazado de modernidad pero con un corazón de sustancia mortal, para quedarse para siempre "colocados" en su jaula de dosis esclavizantes.

No quiero seguir ensayando este tipo de canciones. Prefiero bailar otras cosas: mi Creador cambió todos mis lamentos en un baile sin fin, (*) libre, gracioso, solidario, amigable, profundo, alegre sin medida... Un baile lleno de ganas de comprometerme, de ayudar, de sacrificarme por mis amigos, de perdonar y ser perdonado... Si te gusta bailar, atrévete a seguir Su música.

(*) salmo 30:11

para los que buscan algo más
salmo 30

3 enero

El profesor Keatin dijo "No vivan en la desesperación, tienen que aprender a encontrar su camino"... Y tú puedes decirme, "muy bien, pero ¿quién es el profesor Keatin?". Creo que sabrás la respuesta si te hablo de la película "El club de los poetas muertos". El profesor se subía a la mesa para que los alumnos aprendiesen a ver las cosas de una manera diferente, para que no se dejasen moldear por todo y por todos, para que fueran ellos mismos.

Uno de los mayores problemas para muchos es que se conforman con cualquier cosa. Y se conforman a cualquier cosa también. Muchos viven con la sensación de que es mejor no pensar, que los demás pueden hacerlo por nosotros. Si quieres que te diga la verdad, yo no quiero vivir así. ME NIEGO!!! Quiero defender mi derecho a no ser manejado por todos. Mi derecho a ser diferente, a no caer en las mismas trampas que todos, a no probar lo que prueban los demás sencillamente porque todos lo han hecho!!! Quiero pensar, razonar, y no vivir en la desesperación de la esclavitud a la opinión ajena.

¡Hay que tener valor para pensar y enfrentarse a todos! ¡Hay que encontrar la verdad en cada momento!

Hace más de un año leí una pintada en una pared cercana a la playa de un pueblo. Decía: "Si no tienes la verdad sólo eres un esclavo". Atrévete a pensarlo. Si vivimos una mentira, nuestra vida no tiene ningún sentido.

Atrévete con las consecuencias: Si una verdad no te hace más libre, no es verdad en absoluto,... La verdad que libera, no es la verdad subjetiva: la sinceridad, sino la VERDAD en persona. La que puede transformar nuestra vida y liberarnos de engaños interiores y exteriores. Sólo la verdad te deja dormir tranquilo, porque no necesitas defenderla, te libera completamente de argumentos inútiles y luchas frustrantes por demostrar o tapar tu insinceridad.

Si quieres conocer el verdadero valor de la libertad, atrévete a pensar. Atrévete a buscar el camino. La vida no es ensayar una mentira tras otra para intentar llegar a ser uno mismo. Sólo la verdad nos hace libres (*)

Nuestra libertad comienza siempre con la Verdad.

(*) Juan 8:32

para los que buscan algo más
salmo 19

4 enero

Creo que todos recordáis a la actriz, aunque quizás pocos conocéis esta frase: "Hollywood es un lugar donde te pagan mil dólares por un beso y cincuenta centavos por tu alma". Fue Marilyn Monroe quien nos dejó ésta perfecta definición de un mundo que muchos admiran. Lo más triste para mi, lo que me hace llorar, es que ése es el mundo modelo para muchos. La desesperación y la soledad son compañeras continuas en la vida de los que han querido vender su alma a cualquier precio. La propia Marilyn no fue capaz de seguir adelante cuando se vio rodeada de engaños, drogas, falsos amigos y un futuro sin nada mejor que hacer que conversar con la depresión y la ansiedad.

Muchas de nuestras lágrimas se deben a que hemos "apostado" fuerte en nuestra vida por cosas que sólo van a frustrarnos. Siempre recordaré las palabras de la atleta australiana Jane Seville descalificada en una prueba de atletismo, sólo unos metros antes de llegar a la meta como vencedora en los JJ.OO. de Sydney (2000). Jane lloró por lo que era la mayor decepción en su vida y simplemente dijo a los periodistas "Me gustaría tener una pistola en mis manos y pegarme un tiro".

No te enfades conmigo si quiero darte un consejo y decirte que las lágrimas jamás deben llevarnos a la desesperación. Que aunque hayamos vendido nuestra alma a cualquier cosa y pensemos que la vida ya no tiene sentido, hay una posibilidad real de volver a empezar. Hay una persona que conoce cada una de nuestras lágrimas, cada frustración, cada situación difícil, cada momento de soledad, cada noche que hemos pasado con nuestro corazón a punto de romperse. Esa persona es Dios. Delante de Él podemos ser nosotros mismos. Delante de Él no necesitamos aparentar: Él nos comprende. Sus manos están especializadas en acariciar sufrimientos y soledades. "Asombrosa y maravillosamente he sido hecho" (*) dijo el compositor en la antigüedad, con toda la razón del mundo.

No lo olvides, tu vida tiene mucho valor como para perderla. Tu vida no es un ensayo, es la mejor sinfonía del Universo. Incluso cuando hay que llorar.

(*) salmo 139:14

para los que buscan algo más
salmo 139

5 enero

Se cuenta la historia de un niño de una familia muy rica, al que su padre llevó un día a dar un paseo por un poblado muy pobre, para que su hijo comprendiese todo lo que la vida le había dado.

El padre habló con su mujer: "Es conveniente que nuestro hijo crezca sabiendo lo mucho que nos ha costado a nosotros conseguir todo lo que tenemos, de manera que no sea un niño malcriado o egoísta". Después de interminables horas de viaje en automóvil, por fin llegaron a un pequeño pueblo que el padre conocía. Allí llevó a su hijo a casa de una de las familias más pobres del lugar. Estuvieron casi toda la tarde con ellos, hablando, compartiendo y conociendo muy de cerca lo que era la vida de aquellas "pobres gentes" según los definía su padre.

Durante los kilómetros de vuelta a casa, el padre quiso conocer de su propio hijo todo lo que había aprendido en el viaje, esperando escuchar de él lo afortunados que eran ellos al tener tantas cosas.

El niño le explicó todo lo que había aprendido:

"Papá, me he dado cuenta de muchas cosas, mira: nosotros tenemos una piscina, pero ellos tienen el río entero para bañarse. Nosotros tenemos un perro en nuestra finca, pero ellos tienen más de una docena de animales que viven libres en la naturaleza. Nosotros tenemos lámparas muy bonitas que nos costaron mucho dinero, ellos tienen las estrellas y el sol. Nosotros no podemos jugar porque nos manchamos y rompemos las cosas que hay en casa que costaron tanto dinero, ellos disfrutan con cualquier cosa y están alegres jugando juntos. Nosotros tenemos que ir a comprar la comida y nos cuesta dinero y tiempo, ellos simplemente viven de lo que les da la naturaleza. Nosotros no tenemos tiempo para hablar porque tú y mamá estáis siempre trabajando para comprar más cosas, sin embargo ellos hablan en cualquier momento con sus hijos, pasean con ellos y se tumban en el prado juntos, juegan siempre sin tener prisa... papá cuando sea mayor, yo quiero ser tan rico como ellos".

Creo que de vez en cuando en la vida necesitamos parar un momento para pensar en lo que estamos haciendo. Necesitamos reflexionar sobre las cosas que nos roban el tiempo, las energías que nos impiden dedicar horas a nuestros amigos, a nuestra familia, a Dios, a lo realmente importante en la vida. "La vida no consiste en la abundancia de los bienes" (*)

No creas a los que te dicen que quien tiene más juguetes gana. Normalmente ése es el objetivo de quien quiere arruinar nuestros sueños. No todo depende de lo que tenemos: lo mejor que suele ocurrir en nuestra vida nace en primer lugar de lo que somos. De lo que eres tú mismo, tú misma. Eso sí merece la pena cuidarlo... Lo demás vendrá por sí mismo. Si es que merece la pena que venga.

(*) Lucas 12:15

para los que buscan algo más
salmo 90

6 enero

Es una historia conocida por muchos, y que aparentemente tuvo lugar en unos grandes almacenes de los Estados Unidos. Unos ladrones entraron en un almacén sólo para cambiar los precios de las cosas y no robaron nada. A la mañana siguiente eran los primeros esperando que los almacenes abriesen, para comprar todo lo de máximo valor por muy poco precio. La gente de la tienda no se dio cuenta hasta que era demasiado tarde.

No creas que es sólo una historia curiosa, eso es lo que nuestra sociedad hace muchas veces. El mundo cambia los valores de las cosas, y nos hace pensar que aquellas que tienen mucho valor no sirven de nada, mientras pagamos nuestra vida por conseguir cosas que no tienen casi ningún valor. El problema es que nos ocurre lo mismo que en los grandes almacenes, cuando nos damos cuenta ya es tarde, los mejores años de la vida se han ido.

Cosas importantes. Piensa el precio que tendrían...

- Una amistad sincera
- Un amanecer
- Un día de descanso
- Una palabra de ánimo
- Una madre que te ama
- Una hora jugando con tus hijos/hermanos/amigos, etc.
- Una sonrisa sincera
- Un abrazo cuando estás triste
- Una buena conversación con tu padre
- Escuchar música que te gusta
- Un momento a solas con Dios
- Un paseo por la naturaleza
- Una carta o una llamada que llega en el momento oportuno "de casualidad"

Puedes añadir lo que quieras a tu lista, sólo hay una condición: que sean situaciones o cosas por las que no puedes pagar nada. Son regalos. Ni con millones de euros podrías conseguirlas... Mientras esto ocurre, estamos tirando nuestro tiempo y nuestro dinero en cosas que no nos sirven para nada, que se estropean y que sólo añaden amargura a nuestra vida cuando las perdemos o nos las roban.

Si quieres un buen consejo, dedícale tiempo a lo que vale la pena. Olvídate de modas, gustos, modernidades y aparatos electrónicos, para empezar a disfrutar de las relaciones y el cariño de personas que ni siquiera te habías dado cuenta que estaban ahí. Empezando por tu Creador, Dios mismo, sin ir más lejos.

(*) juan 8:32

para los que buscan algo más
salmo 37

7 enero

"The Corrs" es uno de los grupos musicales más conocidos en el mundo. Compuesto por cuatro hermanos irlandeses, han llegado a la cima del éxito en casi todos los países. Uno de sus temas más famosos tiene un título muy curioso "Forgiven, not forgotten" (perdonado, pero no olvidado).

El perdón es uno de los mejores regalos que podemos hacer a los que nos rodean, y el mejor que otras personas pueden hacernos a nosotros. Todos fallamos y necesitamos que nos perdonen, pero como en todas las cosas, siempre hay dos caras de la moneda.

En primer lugar la gente que perdona pero no olvida: uno de los grandes males de la sociedad. Es como si te perdonaran la vida, pero sólo por un momento, unos días quizás. Por otra parte están los que "olvidan" rápidamente pero no son capaces de perdonar... Dejan pasar las cosas hasta el momento oportuno, y entonces estás perdido. Aparentemente no "pasa nada" eso mismo te dicen, pero no pueden volver a mirarte a los ojos. No es que no hayan olvidado, es que nunca ocurrió un verdadero perdón. .

Esa es una de las cosas que más nos cuestan, porque no hemos aprendido a perdonarnos. No sabemos reconocer nuestras equivocaciones ni las de los demás. No somos capaces de poner todo de nuestra parte para volver a hablar, volver a restaurar, volver a comenzar (¡una y mil veces!) esa relación que está a punto de perderse.

- El perdón no se puede ganar
- El perdón no necesita condiciones
- El perdonador no puede llevar cuentas
- Perdonar no es ser indiferente al otro ni olvidarlo
- El perdón no trata de salirse con la suya
- Perdonar es olvidar: Un buen perdonador tiene mala memoria
- El perdón es el primer paso para poder comprender a otro
- Perdonar significa mirar en primer lugar hacia nuestros fallos
- "No recordéis las cosas anteriores ni consideréis las cosas del pasado"*

(*) isaías 43:18

para los que buscan algo más
salmo 32

8 enero

Enrique Iglesias hizo famosa una canción hace unos años, que se titulaba "Experiencia religiosa". Hijo de Julio Iglesias, la letra de la canción parece que está muy de acuerdo con algunas de las ideas de mucha gente, dado que el sexo aparece como una de las cosas más trascendentales en la vida. La canción explica que lo que se busca en el amor sexual es algo así como una experiencia sobrenatural, cuando dice "Si pudiera ser tu dios, tu serías mi salvación".

La verdad es que no es una idea ni mucho menos nueva. Muchas canciones del pop se refieren a lo mismo, y muchas personas viven como si el sexo fuese lo único importante en la vida. El propio John Lennon había dicho una vez en una entrevista "Escribir o hablar ya no tiene mucha importancia para mí, la única actividad física que me motiva es el sexo"

Muchos viven así, parece que no hay nada más allá del sexo. Es ante todo un problema de idolatría, aunque suene raro, porque lo que está en primer lugar en nuestra vida es aquello para lo que vivimos. El sexo en sí no es lo malo, el problema comienza cuando se convierte en nuestro dios, porque muchos no pueden vivir sin él. Piensan que el placer es lo primero que hay que buscar en cualquier momento y en cualquier relación.

Por eso debemos recordar ahora algo muy importante: las leyes de la naturaleza son inquebrantables. Si las desobedecemos, pagamos las consecuencias. Si vivimos en un vacío moral profundo (la mayoría de la gente lo hace hoy, incluso argumentando que no hay nada malo en ello), tarde o temprano pagaremos las consecuencias. El incremento de enfermedades de transmisión sexual en los últimos años (algunas de ellas tan terribles que están llevando a la muerte a miles de personas) no es otra cosa sino la consecuencia de nuestra propia inmoralidad, y nuestro intento desesperado de romper todas las reglas: lo cual puede parecer filosóficamente correcto, pero es naturalmente irresponsable, inhumano e incluso criminal.

La carrera desenfrenada para satisfacer los propios deseos sólo puede llevarnos a la desolación y a la muerte, porque en último caso, siempre los que tengan más poder (o lo usurpen por la fuerza) serán los que hagan "lo que les viene en gana". Siempre vamos a terminar siendo "utilizados" para el placer de otro.

Si quieres defender que los deseos son lícitos (todos) piensa en lo que puede venirte encima. Y piensa en las consecuencias que sufrirás tú mismo... y en las que sufrirán los más débiles. Mejor no romper las leyes naturales.

para los que buscan algo más
proverbios 7

9 enero

El actor Michael J. Fox llegó a la cumbre de la fama cuando protagonizó la trilogía formada por las películas "Regreso al futuro" 1, 2 y 3. Una de sus fans se empeñó en que no debía casarse con su actual mujer y le envió más de 5000 cartas amenazadoras... La policía por fin detuvo a la autora de las cartas (se llamaba Tina) y la condenaron a tres años de prisión y a no acercarse jamás al actor o su familia.

Muchos han perdido su propia vida para vivirla proyectada en otras personas, en sus ídolos. Ídolos deportivos, artísticos, políticos, cinematográficos... Todo en su vida depende de cómo vaya la vida de sus ídolos. Gente que no puede vivir sin saber lo que ocurre con sus ídolos (el fenómeno de las revistas y los programas del corazón).

Vivimos en un mundo que sigue a miles de charlatanes diferentes. Las religiones se cuentan casi por millones, y las sectas... ¡prefiero ni pensarlo! Es una de las maneras de hacerse muy rico, inventar alguna historia y esperar que algunos cientos de descerebrados te sigan. ¿Quieres una lista? Fíjate en quién pone gran parte de la humanidad su confianza total en la vida:

- Líderes sociales
- Psiquiatras y psicólogos
- Artistas de cine y televisión
- Deportistas
- Pensadores y filósofos
- Adivinadores de futuro
- Líderes políticos
- Responsables de cientos de religiones diferentes
- Profesores Universitarios
- Sectas y nuevas creencias
- Líderes económicos
- Científicos
- Periodistas y líderes de opinión
- Hombres y mujeres famosos

Puedes añadir a quien quieras en la lista. No es una lista definitiva, ni todas las personas que aparecen en ella son malas (¡Aunque algunas sí, desde luego!). Lo realmente absurdo es poner toda la vida y la confianza en cuanto al futuro en las manos de alguien. Algunos tienen muy buenas intenciones, otros sólo quieren engañarte (es parte de su negocio).

Sólo hay uno que es digno. El único que murió y resucitó por ti. El único que puede darte la vida. El único a quién merece la pena escuchar en toda circunstancia... "Mirarán a mi, a quien traspasaron"* Dice Jesús. A Él le puedes mirar siempre. Y sin condiciones.

para los que buscan algo más
salmo 22

10 enero

Casi todos recuerdan a Montgomery Cliff, uno de los grandes de la historia del cine. A principios de los años sesenta tuvo un accidente de coche y se estrelló contra un árbol. Rompió la nariz y la mandíbula, se quedó con diferentes cicatrices en la cara y a partir de ese momento no pudo mover alguno de los músculos de su rostro. Al no poder continuar su carrera cinematográfica, se volvió alcohólico y murió el 23 de Julio del año 1966. Había perdido el sentido de su vida.

Ava Gadner, fue reconocida como una de las mejores actrices del mundo. Casada con Frank Sinatra, sus relaciones siempre fueron difíciles. Kirk Douglas dijo de ella "cuando su belleza disminuyó no tenía nada para compensar la pérdida, sólo la botella" Aunque muchos habían afirmado que era la mujer más bella el mundo, cuando el tiempo fue dejando sus huellas en su piel, el único refugio que encontró la actriz fue la bebida.

No podemos culparlos sólo a ellos. Vivimos en una sociedad en la que cada día más, la belleza exterior parece ser la referencia única a la que se atan muchas personas. La publicidad, la moda, los medios de comunicación, la opinión de los demás, son los patrones en los que se miden millones de personas sin darse cuenta que lo exterior es pasajero, cambiante, a veces inapreciable y siempre falso como base del valor de nuestra vida.

Necesitamos reconocer urgentemente el valor que cada persona tiene por lo que hay en su interior, no por la manera en la que luce "por fuera". Es hora de amar a cada uno por lo que cada uno es, y no por lo que ciertas personas digan. Tenemos que creernos de una vez por todas que la belleza que merece la pena es la que se renueva cada día, aquella por la que no pasa el tiempo, la que permanece para siempre... Incluso aquella que va más allá de la muerte, porque la muerte no puede pasar por encima de lo que somos interiormente cada uno de nosotros.

La Biblia dice que "la belleza que procede de lo íntimo del corazón y consiste en un espíritu suave y apacible" (*) es la que merece la pena, y sí eso es lo que piensa nuestro Creador, es porque lo más importante que podemos hacer es mirar al corazón de cada persona. Disfrutar de lo que cada persona es por dentro, porque eso dignifica a todos. Recuerda que Dios mismo es el que creó toda la belleza del mundo, así que sabe de lo que está hablando.

(*) 1 pedro 3.4

11 enero

Cuando era poco más que un adolescente, cayó en mis manos un pequeño papel con una historia. Nunca supe quién la había escrito, pero la verdad es que impactó mi vida, y no la olvidé nunca. Creo que merece la pena recordarla ahora:

"Hoy viajando en el autobús ví a una hermosa muchacha de pelo rubio. Estaba muy alegre y envidié su hermosura. Cuando se bajó, pude ver como cojeaba porque tenía una sola pierna, pero mientras caminaba apoyada en su muleta nos sonreía a todos...

... Perdóname Dios mío cuando me quejo, tengo dos piernas y el mundo es mío.

Fui más tarde a comprar unos dulces y me atendió un muchacho encantador. Hablé con él, parecía muy contento. Estuve mucho tiempo hablando y se me hizo tarde, pero no me importó, era muy agradable. Cuando alguien se marchaba, él decía "muchas gracias por hablar conmigo" A mi me dijo "Ha sido muy amable; es un placer hablar con gente como usted. Por favor, hábleme la próxima vez que venga para poder reconocerle. ¿Sabe? yo soy ciego"

... Perdóname Señor cuando me quejo, yo puedo ver y el mundo es mío.

Otro día, caminando por la calle vi a un niño de ojos azules que miraba a otros niños como jugaban sin saber que hacer. Me acerqué y le pregunté ¿por qué no juegas con ellos? Siguió mirando hacia delante sin decir una palabra y entonces comprendí que no podía escuchar.

... Perdóname Señor cuando me quejo, yo puedo escuchar, y el mundo es mío.

Tengo piernas para ir a donde quiero.

Ojos para ver los colores del atardecer,

Oídos para escuchar las cosas que me dicen...

... Perdóname Señor cuando me quejo, lo tengo todo y el mundo es mío".

Hay dos actitudes en la vida y nosotros escogemos una de ellas, agradecer o exigir. Puede que si exigimos consigamos más cosas, pero seguro que seremos más desgraciados en nuestra vida. Aunque obtengamos todo lo que estamos exigiendo, porque jamás entenderemos lo que significa tener un corazón satisfecho y siempre tendremos dentro de nosotros la frustración de no haber aprendido a vivir una vida que mereciese la pena.

Si quieres vivir de una manera diferente, agradece. Si realmente quieres disfrutar de cada momento de la vida, llénalo de agradecimiento. Porque cada día es diferente, cada hora tiene su encanto, cada momento vivido merece la pena si lo agradecemos. Tenemos más de lo que creemos. El mundo es nuestro.

para los que buscan algo más
salmo 103

12 enero

Casi siempre existen dos maneras de ver las cosas: Podemos dejar que nuestra admiración crezca, o podemos desilusionarnos con las cosas que nos suceden. Una de las actitudes nos enseña a vivir, la otra nos invita a pensar que nuestra vida no tiene sentido.

Para ilustrar la admiración, nos encontramos con Albert Einstein, quizás el físico más famoso de la historia. Casi al final de su vida, Albert decía en una entrevista: "El hombre encuentra a Dios detrás de cada puerta que la ciencia logra abrir" y añadía "Me fascina la figura del Nazareno, acepto la figura histórica de Jesús, nadie puede leer el evangelio sin sentir la presencia real de Jesús. Su personalidad late en cada palabra, ningún otro está tan lleno de vida"

Por otra parte nos encontramos a alguien también muy querido en todo el mundo por sus investigaciones luchando contra la enfermedad y a favor de una mejora en la calidad de vida. Tanto que recibió El Premio Nobel de medicina en el año 1959. Se trata de Severo Ochoa, que poco antes de fallecer en el año 1993 decía "Me he dedicado a investigar la vida y no sé por qué ni para qué".

Puede que muchos se pierdan encontrando la diferencia en la vida, pero es mucho más sencillo de lo que parece. Dios hace la diferencia. Seas quien seas. Ya se trate de un premio Nobel o de la persona que se considera más sencilla en el mundo, la realidad y la necesidad de una relación personal con el Creador es lo que marca la diferencia en la vida. La diferencia entre la admiración y la desilusión, entre estar llenos de vida o pensar que casi nada tiene sentido.

Porque el problema no está en lo mucho que hacemos o investigamos, sino las razones por las que lo hacemos. El problema es que "Dios hizo al género humano perfecto, pero éste se ha buscado demasiadas complicaciones" *

Nos complicamos la vida cuando no queremos saber nada de Dios. Nos complicamos la vida cuando queremos resolverlo todo por nuestra cuenta. Nos complicamos la vida cuando todo es investigar, crecer, alimentar nuestro orgullo e intentar resolver todas las situaciones únicamente con nuestra propia sabiduría. Nos complicamos la vida cuando dejamos de admirar las cosas y nos desilusionamos fácilmente.

Vivimos demasiados días buscando complicaciones. Y lo malo es que muchos incluso mueren así.

(*) eclesiastés 7:29

para los que buscan algo más
salmo 8

13 enero

La obra literaria "Tarzán de los monos" de Edgar Rice Burroughs fue llevada al cine en innumerables ocasiones. Una de las últimas se tituló "Greystoke" (1983). Robert Towne fue el guionista, y aparentemente no se sintió muy contento de cómo quedaba la película, dado que puso en los créditos del film el nombre de su perro, P.h.Vazak. La sorpresa llegó cuando el perro fue candidato al Oscar de la Academia como uno de los mejores guionistas del año. Robert estaba tan desanimado con su trabajo que jamás pensó que llegaría a ser considerado como aspirante al mejor premio del cine.

Alguien escribió una vez: "Estaba desanimado y vino un amigo que me dijo -Anímate, las cosas podrían ser peores-. Yo me animé y las cosas empeoraron" ¿Suena divertido, verdad?... Bueno, casi todo suena divertido cuando no nos ocurre a nosotros. Y sin embargo es importante aprender ciertas lecciones en la vida ahora, para cuando lleguen los momentos en los que no estamos para aprender nada. Y una de las actitudes cruciales cuando vivimos circunstancias oscuras, es la de no desmayar por ninguna razón. La vida puede ser injusta (¡Y de hecho lo es!), pero si nos preocupamos, estamos invitando a esa injusticia particular (la que nos está machacando ahora) para que viva permanentemente con nosotros.

Jesús habló en muchas ocasiones en cuanto a lo necio que es preocuparnos y dejar que la ansiedad y la angustia establezcan su trono en nuestro corazón. Una y otra vez, El enseñó a sus discípulos que no deberían preocuparse*. Muchos de los maestros religiosos y orientales de aquel tiempo y de nuestro tiempo afirmaban que es pecado preocuparse cuando hay pan en el cesto... El Señor enseñó que es malo preocuparse ¡incluso cuando no hay pan! Si nos dejamos llevar por el desánimo, estamos cayendo hasta el fondo de nuestra miseria, porque pensamos que nuestra vida ya no tiene sentido ¡Y eso nunca es cierto! Si tenemos suficientes fuerzas como para levantar nuestro corazón a Dios, nada está perdido. El cuida de nosotros.

Yo no sé si mejorarán o empeorarán las cosas... pero sí puedo decirte que eso no es lo más trascendental. Si estás viviendo preocupado, ya no necesitas que todo empeore mucho más: las circunstancias YA te han vencido. ¡Deja de mirar si queda o no queda pan en tu cesto! ¡Deja de preocuparte por lo que pueda venir en el futuro! El mismo Dios que ha creado todas las cosas está dispuesto a hacer que tu vida merezca la pena.

(*) mateo 5

para los que buscan algo más
mateo 5

14 enero

La película "Conspirancy" ("La solución final") nos muestra la reunión de los responsables de la SS, generales, médicos y políticos del tercer Reich para encontrar una solución final al problema de los millones de judíos que habían hecho prisioneros durante los años 30 en Alemania. Después de varios días de discusiones, decidieron exterminar a los judíos en las cámaras de gas.

Todo se descubrió por las notas que tomó uno de los asistentes a las reuniones. Conforme iban pasando los días, los responsables políticos y militares querían exterminar a millones de personas inocentes, y en un momento, uno de los responsables médicos le contó algo al general Eicherman: la historia de un hombre al que su padre trataba muy mal, le pegaba de pequeño y se burlaba de él. Su único consuelo era el amor de su madre, que siempre le cuidaba y le trataba bien. Un día, cuando tenía treinta años, su madre murió, y él quiso llorar pero no pudo. Cuando su padre, al que odiaba profundamente, murió veinte años después, lloró desconsoladamente. Sabía que se había terminado el motivo de su vida: el odio exacerbado contra su padre, y no le quedaba ninguna razón para seguir viviendo.

El médico quería que todos se dieran cuenta de que el odio no puede ser la razón que mueva la vida, pero no quisieron escucharle. La historia nos dice que todos tomaron la decisión de eliminar a millones de hombres, mujeres y niños inocentes.

Para algunas personas, el odio es la única motivación que vive en su corazón. No importa si hay una razón o no, porque siempre se puede inventar algo para odiar a otros. Los terroristas lo saben, algunos responsables políticos y militares lo saben también. Los medios de comunicación lo utilizan cuando quieren desprestigiar a alguien. Desgraciadamente para nuestro mundo, todos sabemos muy bien qué hacer y qué palabras utilizar cuando queremos que el odio sobrepase cualquier medida razonable.

Nos acostumbramos a la tristeza y la venganza. Nos gusta vivir con los dientes apretados cada vez que vemos o recordamos a alguien. Nos aferramos a luchas imaginarias y nos gusta pensar que los demás van a hacernos daño, que las cosas van a ir a peor, que si tiene que pasar algo malo pasará, y parece que vivimos "felices" cuanto más crueles son nuestros ojos. Esa es la razón por la que cuando perdemos el motivo por el que odiamos a alguien, es como si nos faltara algo, como si nuestra vida perdiese su sentido.

No puede ser. Vivir de esta manera es ir en contra de la naturaleza, en contra de nosotros mismos, en contra de nuestro Creador. Vivir con el único motivo de odiar es el mayor engaño en el que podemos caer. Y sin ninguna duda es el más trágico; para los demás sí, pero también para nosotros mismos.

para los que buscan algo más
salmo 1

15 enero

Una de las cosas más curiosas en el mundo del cine son los títulos de las películas. Normalmente se respetan los originales, pero en muchas otras ocasiones, las traducciones difíciles o los juegos de palabras hacen que una película tenga un título completamente diferente en cada lengua. Por ejemplo, la famosa "Matrimonio de conveniencia" (1990) se titulaba originalmente en inglés "Green card" ("carta verde") en referencia al documento que le daban a alguien cuando adquiría una nueva nacionalidad y la comedia "¿Qué hago yo aquí si mañana me caso?" se titulaba "Staggered" ("pasmado").

Sin embargo, la que más me llamó siempre la atención fue "Pena de muerte" (1995) porque tenía como título original "Dead man walking" ("hombre muerto andando") Lo cual es una expresión bastante americana y muy difícil de traducir. Aunque eso de "hombre muerto andando" da para muchas historias. ¿No crees?

Muchas personas viven, pero realmente son como hombres muertos andando. No tienen ilusión. El futuro no existe para ellos. Los días pasan llenos de rutina, de frustración. Nada ocurre. Nada aparece en el futuro. Todo es puro aburrimiento. Parece que han dejado morir todos sus sueños. A veces no es su culpa, otras sí, pero sea por lo que sea, cada vez encontramos más personas que simplemente sobreviven, gente para la que todos los días son iguales.

De muchas personas podría escribirse: "murió a los treinta años y lo enterraron a los setenta". Si no tenemos ninguna ilusión en la vida y dejamos morir nuestros sueños, nosotros mismos morimos con ellos. Es como si llevásemos una pena de muerte dentro de nosotros, porque estamos dejando que la desilusión nos gobierne. Morimos un poco más cada día. Olvidamos despertar dando gracias a Dios y esperando cada minuto con la ilusión de que la vida merece la pena, y dejamos entrar en nuestra existencia la sensación de lo inútil.

Job sabía exactamente lo que estaba pasando cuando dijo "Meses enteros he vivido en vano, ¡me han tocado noches de miseria!" * Si miramos atrás en nuestra vida y somos sinceros, quizás deberíamos decir lo mismo. Es tiempo de cambiar, es el momento de dejar de vivir en vano. No queremos ser hombres muertos andando, sino personas que aprenden a disfrutar cada día de cada momento, de cada palabra, de cada sonrisa, de cada ilusión.

Por muy difícil que sea el día que estamos viviendo, nadie puede robarnos nuestros sueños.

(*) Job 7:3

para los que buscan algo más
salmo 27

16 enero

Paul Simon compuso una de las más tiernas canciones de los años setenta y la hizo famosa en todo el mundo cantándola a dúo con Art Garfunkel. Detrás de un título impresionante "Los sonidos del silencio" ("The sounds of silence") se esconden ideas que merece la pena recordar...

"En la luz vi diez mil personas o más,
La gente hablaba sin comunicarse
La gente oía sin escuchar
La gente escribía canciones que nadie escucharía
Y nadie rompía el sonido del silencio (...)
Y la gente se arrodilló
Y rezó al dios de neón,
Y la señal de neón emitió su mensaje...."

La soledad, el mensaje de lo estridente y lo psicodélico, las luces de neón, las cosas que nos entran por los ojos, el atractivo de lo que no tiene valor. Cosas demasiado conocidas en nuestra sociedad. ¿Sabes cuándo somos realmente libres? Cuando nada nos influencia, cuando podemos tomar nuestras propias decisiones, cuando no necesitamos escuchar las voces de los que intentan vendernos cosas sin valor. Somos libres cuando la ciudad no nos envuelve, cuando lo que vemos no nos arrastra, cuando podemos oír y escuchar, hablar y comunicarnos, cuando le damos valor a lo que realmente tiene valor.

A pesar de que pasaron varios miles de años, la humanidad en general parece no haber avanzado mucho, porque ya en ese momento el poeta escribió que algunas personas *"Son tan libres que no hacen caso de los ruidos de la ciudad ni de los gritos de los arrieros"* (*)

Una persona tan libre que no le importa lo que la ciudad diga o haga, los ruidos, los gritos de los que venden....

... Los gritos de los que ofrecen droga, pastillas, de los que buscan desenfreno en las noches;
... Los gritos de los que ofrecen dinero fácil, de los que engañan;
... Los gritos de los que quieren enseñarnos cómo vivir despreciando todas las cosas que Dios nos ha regalado;
... Los gritos de los que destruyen la naturaleza, de los que no son amables, de los que quieren pasar por encima de todo y de todos con tal de tener más...
... Los gritos de los que olvidan a su familia y a sus amigos por dinero o posición...

Demasiados gritos que no merecen ser escuchados, porque si lo hacemos no sólo vamos a perder nuestra libertad. Nos vamos a ver incapaces de escuchar a nadie ni ser escuchados por nadie. Vamos a caer esclavos de los sonidos del silencio.

(*) ¡OD 39:7

para los que buscan algo más
salmo 3

17 enero

No sé si sabes que la gran mayoría de las personas relacionadas con el cine en los Estados Unidos, cuando fallecen son enterradas en el "Hollywood Memorial Park". Es interesante leer las lápidas con las frases que actores, directores, guionistas, etc. dejan escritas para que los recuerden en el futuro. Por ejemplo, un conocido editor hizo poner en su lápida "Retirado por Dios".

Un día nuestra vida se termina. Por fin encontramos un lugar casi definitivo para nuestro cuerpo, pero normalmente esa "casa" no nos gusta en absoluto. Nadie quiere llegar a ese lugar, por muy bonito que sea, por muchas flores que tengamos, o aunque nos rodee gente querida y nos coloquen "frases ocurrentes". Lo complicado es que muy pocos tienen un momento "lúcido" para saber que su vida se termina. Sus más o menos setenta años llegan a su fin.

¿Sabes lo que hemos estado haciendo durante esos años? Piénsalo por un momento:

Vida típica de una persona de 70 años:
- Dormir: 23 años
- Trabajo: 16 años
- Televisión: 8 años
- Comer: 6 años
- Viajes: 6 años
- Diversión: 4 años
- Vestirse, etc.: 2 años
- Religión: 1 año
- Otros: el tiempo que queda

Puesto así, algunas cifras nos tienen que hacer pensar. Y tomar decisiones…

Decidir que debemos dedicarnos a las cosas que merecen la pena, antes de que nos "retiren". Decidir que la rutina de cada día puede ser preciosa cuando aprendemos a hacer las cosas con entusiasmo, y disfrutando de cada situación. Decidir que pocas cosas hay tan importantes como estar con los que nos quieren y decirles que les amamos. Decidir que necesitamos vivir sin prisas, que las buenas palabras llegan a nuestro corazón y al de los demás, que hay muchas cosas más importantes que ganar dinero o tener siempre la razón.

Hoy es el día para imaginar cada momento, para abrazar, para correr y mirar al cielo. Este es el momento para dedicarse a lo que no se termina, a lo que no tiene fecha de caducidad.

para los que buscan algo más
salmo 4

18 enero

Nos despertaste un día golpeando el vientre de tu madre
Como fiel luchadora que eres.
Te supiste inquebrantable en tu morada,
Anunciándote leal, dulce y tenaz al mismo tiempo.
Los campos blanqueados por el frío
Nos hicieron esperar una y otra vez
Tu decisión de llegar a casa;
Porque anhelábamos regalos, bendiciones y sonrisas,

Aprendiste a sonreír antes que nadie,
Hablaste aún sin conocer las palabras;
Golpeaste el aire con tus brazos y tus piernas
Para hacerle sentir tu fortaleza.
Y así una y otra vez; un día tras otro,
Mientras ocho ojos querían abrazar tu alma a cada segundo,
Embellecerte con mimos desesperados,
Regalarte caricias y dibujarte no sé cuantas travesuras;
Y sobre todo asombrarte con tu suerte.

Una tarde agitaste vencedora tus brazos
Sintiéndote la dueña de playas y tesoros,
Mientras las olas salpicaban el cielo
Jugando con tus ojos, color del agua del mar.
Ese día nosotros, ¡Sí, nosotros mismos!
Lo comprendimos:
El regalo,
La sonrisa,
La bendición,
La suerte,
Eres tú,
Tú que nos despiertas cada día golpeándonos con tu sonrisa,
Con tus manos levantadas y tus saltos de felicidad…
Entusiasmada Guerrera,
Miel que vino del cielo

Dedicada a nuestra tercera hija: Mel

19 enero

Creo que todos hemos escuchado algún refrán alguna vez. Existen en todos los países del mundo, y básicamente son prácticamente idénticos independientemente del lugar. ¿Recuerdas alguno? Si dedicamos hoy un poco de tiempo para pensar, podemos aprender muchas cosas...

A ver que te parece

- Dos que bien se quieren, en poco lugar caben
- El poder de Dios es tal que saca el bien del mal
- Lo que deprisa se hace, despacio se llora
- No se fragua un casamiento sin que haya mentiras ciento
- Tanto hace por tu fama quien te envidia como quien te alaba
- El miedo tiene mucha imaginación y poco talento.
- El tiempo, que es lo que más vale, nos lo da Dios de balde
- Guárdate del enemigo que llevas en tí y contigo
- Gran trabajo tiene quien contentar a todos quiere
- Amor sin dolor, no es verdadero amor
- Barriga llena no cree en hambre ajena
- Después de perdido el barco, todos son pilotos
- Cuanto más se juzga, menos se ama
- El envidioso dispara a otro, pero se hiere a sí mismo
- Nadie que mira hace nada mejor que quién lo está haciendo
- El que vive sembrando espinas, más vale que no ande descalzo
- Nunca se levantó una estatua a un crítico

¿Sabes? Hay un libro en la Biblia que está formado por "refranes", el libro de Proverbios. En él encontramos Sabiduría que merece la pena. Conocimiento que viene de lo alto, de Dios mismo. Para la vida, para cada momento, para las situaciones que no entendemos y para lo que no esperamos. Buscar en la Palabra de Dios la respuesta a nuestras circunstancias es el tiempo mejor empleado del día, porque "Mejor es la sabiduría que las joyas" *

(*) Proverbios 8:11

para los que buscan algo más
proverbios 8

20 enero

Un día recibí un email de un amigo en el que me enviaba algunas frases para pensar. En cierto modo podría decirse que son frases poéticas, así que quise guardarlas para compartirlas con vosotros. Cuando las estaba escribiendo recordé una frase de la película "El cartero y Pablo Neruda" en la que el poeta decía:

"La poesía no es de quien la escribe, sino de quien la necesita"

Me pareció genial, y creo que es muy válida para todos, porque es ahora mismo y en este mismo día, el momento más importante de nuestra vida.

*"El día más bello es hoy,
La cosa más fácil, equivocarse,
El mayor obstáculo, el miedo,
La peor derrota, el desánimo,
El mayor error, el abandono,
El peor defecto, el mal humor,
El peor sentimiento, el rencor,
El mejor regalo, el perdón.
Lo más imprescindible, Dios,
Lo más necesario, tu hogar,
La ruta más rápida, el camino cierto,
Lo más agradable, la paz interior,
La fuerza más importante, la fe,
La más bella de todas las cosas, el amor;
Porque...
La inteligencia sin amor, te hace perverso,
La justicia sin amor, te hace implacable,
La diplomacia sin amor, te hace arrogante,
La riqueza sin amor, te hace avaro,
La docilidad sin amor te hace servil,
La pobreza sin amor, te hace orgulloso,
La belleza sin amor, te hace ridículo,
La autoridad sin amor, te hace tirano,
El trabajo sin amor te hace esclavo,
La oración sin amor, te hace introvertido,
La ley sin amor te esclaviza,
La política sin amor te hace egoísta,
La fe sin amor te convierte en fanático,
La cruz sin amor se convierte en tortura,
La vida sin amor no tiene sentido,
Porque jamás debemos olvidar que...*

Dios es amor"

para los que buscan algo más
salmo 7

21 enero

Una de las canciones más conocidas de Bob Dylan es "Mr. Tambourine Man" (El hombre de la pandereta). De una manera figurada, Bob retrató el mundo de las drogas al referirse al "tambourine man" como el camello que consigue la droga para el toxicómano...

"Hey Mr. Tambourine man play a song for me" (toca una canción para mí)
"Llévame de viaje en tu nave mágica
Ya no tengo más sentidos
Y mis manos no pueden coger
Y mis pies no pueden caminar (...)
Estoy listo para ir a cualquier parte"

Ese viaje a cualquier parte, fue el recorrido por muchos de los actores más conocidos de Hollywood. Kim Bassinger reconoció recientemente haberse gastado más de un millón de dólares en cocaína, ella misma fundó su propio centro de rehabilitación para drogadictos... En una de las clínicas más famosas de Estados Unidos, se desengancharon Bruce Willis, Robin Williams o Christian Slater entre otros, de la misma manera que anteriormente habían caído en las garras de las sustancias tóxicas Gary Grant, Marlon Brando o Jack Nicholson. Muchos todavía siguen apuntándose al mismo viaje. A pesar de saber que en muchas ocasiones el final de ese viaje es la muerte.

Cuando tienes pocos años, el mundo casi siempre sonríe. Cuando eres joven, te sientes con el ánimo y las fuerzas para tomar riesgos increíbles, y más tarde mirar a todos lados diciendo ¿qué tal? ¡Bah! ¡No tiene importancia! Digamos que es parte de uno mismo. Y es difícil que nadie te convenza de lo contrario porque los riesgos están ahí para asumirlos, y uno no espera nunca que las cosas le vayan a salir mal precisamente a él.

Suele pasar mucho tiempo hasta que aprendemos la lección. El problema es que nos cuesta mucho: a veces perder buenos amigos o derrochar nuestras fuerzas... en la mayoría de las ocasiones problemas de salud o de carácter y aún la muerte Si, si, si ¡no te quejes! ¿Olvidas que hay cosas que es mejor no probar? ¡NO es una amenaza! Lo único que quiero es que pienses en cosas que estás haciendo antes de que sea demasiado tarde.

"Los golpes hacen sanar la conciencia"* Y a veces, nosotros sólo queremos aprender en la vida a base de golpes. ¡Qué triste! ¡Nos ha pasado a todos!... Escúchame por favor, y para por un momento: No tienes que probarlo todo, no tienes que ceder ante lo que los demás te dicen, no tienes que demostrar nada... Deja que los demás curen su maldad a base de golpes si quieren, pero tú sé más inteligente, sé más sabio y observa el peligro. Aprende a decir que no a aquello que hay que decir que no, antes de que los golpes te hagan rectificar.

(*) proverbios 20:30

para los que buscan algo más
proverbios 20

22 enero

Prácticamente todos los aficionados al séptimo arte recuerdan la escena. Pocas actrices gozaron de la fama de Rita Hayworth, después de aquellos famosos minutos en los que se quitaba un guante mientras cantaba una canción. Rita llegó a ser tan admirada que incluso se grabó y vendió un disco con los latidos de su corazón...

Rita Hayworth se casó cinco veces y no sólo se divorció, sino que ella misma confesaba que había sido infeliz en sus cinco matrimonios. "Los hombres se van a la cama con Gilda (la mujer que ella misma había protagonizado en la célebre escena de la canción y el guante) pero se levantan conmigo" Reconoció la actriz. Es como si todos quisieran que dejase de ser ella misma y se pareciese más a su interpretación en el cine. Al final de su vida confesó: "Creo que he fracasado como mujer, como esposa y como madre".

¿Sabes una cosa? Por debajo de todas las apariencias, cada persona tiene un deseo inquebrantable de ser conocido y amado, de tener momentos de amistad, comprensión y cariño. Aun los más solitarios reconocen su necesidad de los demás o al menos de tener algún significado como personas. No importa lo que muchos puedan decir. El sentimiento de ser aceptado y querido por ser uno mismo (no tanto por lo que tienes o puedes conseguir), es el más profundo deseo de todas las personas. En nuestro interior no nos importa tanto lo que hacemos o la fama que tenemos, sino si nos consideramos fracasados como personas.

Nos gusta que nos aprecien por lo que somos, que nos amen sinceramente y no busquen de nosotros sólo lo que tenemos.

Muchos buscan ese amor de una manera desesperada: en cualquier lugar y bajo cualquier condición, y ésa misma búsqueda les lleva en ocasiones a destruir su vida. Otros, desgraciadamente creen que la vida ya no tiene sentido si no encuentran a alguien a quién amar y se atan a experiencias o personas que jamás van a dar sentido a su vida. El mensaje hoy sigue siendo muy sencillo, pero recuerda que es trascendental: Hay uno que nos ama profundamente, y es Dios mismo.

Escucha:

"Yo soy el que te formé. No temas, Yo te llamo por tu nombre.
Eres precioso/a a mis ojos. Eres digno de honor, y YO TE AMO
Daré naciones enteras por tu vida"*

(*) isaías 43:3-4

para los que buscan algo más
isaías 43

23 enero

Una de las películas sobre baloncesto más conocidas es "Hoosiers", en ella se narra la historia del primer campeonato nacional conseguido por la Universidad de Indiana. Para ellos, haber llegado a la final era algo casi impensable, (la primera vez en su historia), así que cuando pisaron el gran palacio de deportes, todos los jugadores estaban bastante asustados. El entrenador llevó consigo un metro, y le hizo medir la distancia desde el suelo a la canasta a sus jugadores "3 metros y cinco centímetros" le dijeron. El les contestó "exactamente igual que en la cancha de nuestra Universidad. Lo mismo hizo con las áreas, las líneas etc. para que sus jugadores se dieran cuenta que todo era igual que en el lugar en el que estaban acostumbrados a jugar, así que podían jugar como siempre y ganar. Y ganaron.

Los sentimientos se contagian. Es una ley humana universal que lo que tenemos a nuestro alrededor acaba entrando dentro de nuestro corazón. Una persona pacífica, hace más pacíficos a los que tiene cerca, una persona enfadada acaba por sacar de quicio a todos.

Una persona quejosa, convierte a sus amigos en un coro de quejosos. Una persona que agradece enseña a los demás a ser felices. Un solo cobarde puede bastar par arruinar el buen día de los demás. Un "desanimador" hace caer derrotados a los demás, aún antes de comenzar el día.

Todos tenemos siempre la posibilidad de escoger lo que queremos ser, lo que permitimos que salga de nuestro corazón. Siempre podemos decidir si vamos a ayudar o a estorbar.

Si hoy no es uno de nuestros mejores días, es mejor que nos quedemos callados, puede que otros nos ayuden a seguir adelante. Si somos nosotros los elegidos para animar y alentar, debemos hacerlo con todo nuestro esfuerzo. Merece la pena luchar por lo que anhela nuestro corazón: Al final lo podemos conseguir o no, pero al menos dormiremos tranquilos por haber puesto en la vida toda nuestra ilusión y por haber luchado con entusiasmo.

Porque siempre es mejor vivir con una ilusión, aunque fracasemos, que morir en el aburrimiento del cínico realismo. Es mejor poner todo nuestro corazón en lo que creemos que debemos hacer, que estar midiendo los pasos de nuestra alma para que nadie crea que somos tontos. Todo el mundo sabe que sólo los que luchan pueden conseguir una victoria, aunque tengan que fracasar muchas veces.

Y cuando el ánimo falta, hay que recordar aquello de que "Espero al Señor con toda el alma" *

(*) SALMO 120:5

para los que buscan algo más
SALMO 120

24 enero

"Tengo una mente para las finanzas y un cuerpo para el pecado ¿Hay algo malo en eso?"

Puede parecer una frase muy fuerte, pero es la que resume la vida de la protagonista de la película "Armas de mujer". La actriz Melanie Griffith es la que se encarga del papel del ficción de una mujer que quiere llegar hasta lo más alto, y para eso no duda en hacer lo que sea necesario, tal y como le explica al personaje masculino del film, Harrison Ford, cuando le conoce en un bar. Es una versión moderna, corregida y aumentada de aquel dicho que todos hemos escuchado alguna vez: "El fin justifica los medios"

"Los negocios son los negocios" es una frase que mucha gente repite a lo largo del día, y que la gran mayoría de las personas creen como una verdad más grande que cualquiera de las que se pueden escuchar. "Poderoso caballero es don dinero" decía el poeta español, y no es para menos. Desgraciadamente para nuestra sociedad, se puede asegurar que todo el mundo tiene un precio, y que el dinero es lo que mueve a la gran mayoría de las personas a hacer algo o no hacerlo, depende del lado dónde tengamos más interés (interés económico, claro).

Lo que en la práctica estamos viviendo es que en el mundo de los negocios, uno puede hacer cualquier cosa, vivir de cualquier manera, seguir cualquier ética, (o mejor dicho, falta de ética) sin que nadie pueda decir nada. Al fin y al cabo, el que logra tener más cosas es el que gana. Aunque sean cosas sin ningún valor.

La vida es muy diferente a todo eso. La persona más feliz que ha existido en la historia de la humanidad, no tenía ni siquiera dónde dormir. Escogió nacer con los pobres y vivir rodeado de ellos. Nunca se preocupó por su posición ni su dinero, e incluso el poco que podía tener para vivir cada día, lo dejaba para que otra persona lo administrase. Fue el mismo Señor Jesús el que nos enseñó a vivir de una manera libre. Sin que ninguna posesión nos amargue la vida.

Porque no hay nadie tan pobre como aquel que sólo tiene dinero. Si Dios mismo dice que el amor a lo material es la raíz de todos los males*, deberíamos parar y pensar en qué estamos poniendo el objetivo de nuestra vida. Puede que muchos problemas nos estén llegando de esa manera.

(*) 1 timoteo 6:10

para los que buscan algo más
salmo 5

25 enero

En los últimos años la película "Matrix" y sus secuelas ha sido una de las influencias más importantes para muchos jóvenes de diferentes naciones. La calculada mezcla de realidad, aventura y futurismo junto a cierta dosis de espiritualidad ha sido seguida como filosofía personal casi al pie de la letra por miles de espectadores. En un momento del film, Morpheus le pregunta a Neo, "¿Crees en la fe?" la respuesta del admirado protagonista es: "No, porque no me gusta la idea de que no controlo mi vida".

Controlar lo que hacemos, tener la vida en nuestras manos, no permitir que nada se nos escape parece ser la fuente de seguridad de muchos, la base de la vida de muchas personas. Incluso gente que dice creer en Dios. Sí, porque muchos confían en Dios hasta cierto punto, sin dar un paso de más, sin abandonar absolutamente nada.

Mientras tanto, Dios sigue preguntando lo mismo... "¿Quién arriesgaría su vida por acercarse a mí?" (*)

La vida con Dios es emocionante. Tiene mucho que ver con una apuesta, con arriesgarlo todo, con vivir contracorriente, con seguir a Dios, sea cual sea el precio, con vivir de una manera completamente diferente, con no querer controlar nuestra vida. La vida con Dios está llena de momentos emocionantes esperando lo que pueda ocurrir, porque todo está en manos de El y no en las nuestras. No estamos hablando de un salto al vacío, sino de la realidad de una esperanza firme, que no cambia, una esperanza que merece la pena. Estamos hablando de acercarse al Creador y conocer más de su carácter, estamos hablando de confiar completamente en el mejor Amigo que tenemos.

Hablamos de disfrutar, de ilusionarnos en cada momento de nuestra existencia. Hablamos de saber que no todo lo que se ve es lo esencial; hablamos de darle importancia a cosas y personas que para muchos no tienen importancia. Hablamos de vivir la aventura de luchar por la justicia. Hablamos de descansar en Alguien que nos conoce y nos ama, Alguien que siempre estuvo, está y estará dispuesto a vivir con nosotros cada momento de nuestra vida; Alguien que no nos falla, que no se vuelve atrás, que no se avergüenza de lo que somos.

Hablamos de saber que aún cuando todos parezcan volverse locos y las circunstancias de nuestra vida aparenten ser nuestros enemigos, nada va a cambiar dentro de nosotros ni en nuestro futuro, porque nos hemos arriesgado a seguir al Único que merece la pena, el que tiene el poder y el amor suficientes para que nada escape a sus manos.

De eso se trata la fe...

(*) jeremías 30:21

para los que buscan algo más
hebreos 11

26 enero

Si te dijera que vivimos en un mundo de locos, no sé si seguirías leyendo la historia del día de hoy. Puede que no estés de acuerdo conmigo. Si te cuento algunas cosas que están pasando en nuestro mundo, quizás por lo menos querrías escucharme por un momento.

En nuestro mundo hay un soldado por cada 40 habitantes, y un médico cada 1.100. Vivimos más preocupados por matar que por curar. Con el precio de un tanque, se podría dar de comer a 25.000 personas durante un año. Con lo que cuesta un avión de combate, se podrían construir más de 20.000 farmacias en pueblos del tercer mundo.

Los países del tercer mundo, con miles de personas muriendo de hambre, aumentan todos los años sus gastos militares. Lo que le correspondería a cada habitante del mundo de acuerdo a lo que los diferentes ejércitos tienen, son alrededor de tres mil kilogramos de explosivos. Con eso podrían matarnos todas las veces que quisieran. El presupuesto militar de uno sólo de los países del llamado primer mundo sobrepasa el presupuesto de educación de TODOS los niños de Asia o África juntos.

Y no sólo son los gastos militares los que nos hacen reflexionar sobre nuestra locura. En países como China o la India las niñas recién nacidas son tratadas casi como desechos humanos. Hay médicos en algunos pueblos que por poco más de diez euros te dicen el sexo del feto y por algo más de cien pueden realizar un aborto si es una niña, porque muchos padres sólo quieren tener niños.

Existen muchas razones para esta locura. Sé que tu mismo/a puedes decirme alguna de ellas y quizás tengas parte de razón. Yo creo que una de las más importantes es que hemos dejado a Dios de lado y no queremos que alguien superior nos diga que lo que estamos haciendo no sólo es peligroso, sino que es contrario a su voluntad, a la ley del Amor con mayúsculas. "El malvado no da lugar a Dios en sus pensamientos" * Si seguímos creyendo que somos tan inteligentes como para gobernar nuestro mundo a espaldas de la Justicia, le estamos haciendo un gran favor a los malvados. Quizás nosotros mismos lo somos también.

Porque hay que comenzar a detener esta locura. Aunque podamos hacer bien poco, aunque sólo tengamos una influencia muy pequeña. Siempre podemos hacer mucho más de lo que pensamos.

(*) salmo 10:4

para los que buscan algo más
salmo 10

27 enero

El cine y la música siempre han gozado de una buena relación: ha habido cantantes que actúan y también actores que cantan. Entre estos últimos, sin duda una de las actrices más famosas fue Marilyn Monroe, con sus canciones sensuales y siempre en el límite de lo provocativo. "Tener una profesión es algo estupendo -dijo una vez-, pero en las noches frías no te puedes acurrucar al lado de una profesión". A pesar de su sensualidad, Marilyn muchas veces sintió en su propia vida la amargura de la soledad.

Aún teniéndolo todo, muchas personas viven cansadas de la vida. A veces es un problema ocasionado por buscar siempre la aprobación de los demás; si lo hacemos a cualquier precio puede ser tan peligroso como una droga. Otras veces, las cargas de la vida son el fruto de no encontrar a nadie que nos comprenda realmente. Y no faltan los que viven sin significado por no haber tenido nunca la oportunidad de ser ellos mismos y quitar sus máscaras. En un grupo cada vez mayor están los que se sienten incomprendidos y son zarandeados por los demás en busca de un poco de cariño... y con el tiempo llegan a aprender a caminar en el filo que divide el llanto de la sonrisa fingida.

Estar cansados de la vida, solos, incomprendidos, utilizados, cargados de quebrantos, o sencillamente buscando la aprobación de los demás por encima de todo, no significa vivir sin solución. ¡El problema comienza cuando nos quedamos así!

Muchas veces lo hacemos porque queremos. Buscamos aprobación en lugares equivocados. Pretendemos alcanzar seguridad confiando en gente infiel. Nos ilusionamos con llenar nuestro corazón de paz a base de comprar y tener más cosas.

Puede que pensemos que lo tenemos todo, pero no podemos "acurrucarnos" con posesiones o medallas cuando las tempestades de la vida hacen que nuestras noches sean frías y que casi nadie quede a nuestro lado. Por muy inteligentes que nos sintamos o muchas cosas que tengamos, siempre vamos a sentirnos cansados cuando la vida parezca no tener sentido.

Hay una salida. Un día Jesús pronunció estas palabras: "Venid a mí los que estáis trabajados y cansados, que Yo os haré descansar"*... Esta promesa sigue siendo una realidad: Jesús sigue haciendo descansar a muchos hoy. ¿Por qué no pruebas a hablar con El?

(*) mateo 11:28

para los que buscan algo más
mateo 11

28 enero

Altamont (California), 6-12-1969. Los ROLLING STONES actúan en un concierto, y desde el momento en el que interpretan "Sympathy for the devil" (Simpatía por el diablo), se desata la violencia y algunos espectadores son asesinados durante el concierto. No vuelven a interpretar la canción en varios años. Más tarde sería recogida como parte de la música de la película "El cuervo", con fatales consecuencias para varios de los que trabajaron en ella, entre ellos la muerte de su protagonista, Brandon Lee.

El diablo está de moda en el cine, películas como "El sexto sentido", distintas versiones de "Drácula", "El exorcista", "Blair witch" y "Blair witch 2" con juegos de ordenador lanzados al mismo tiempo... Historias sobre la bruja de Blair y un relato de asesinatos y niños que asesinan al querer entrar en lo sobrenatural.... De otras como "La semilla del diablo" de Roman Polanski, los críticos dijeron que era el mejor anuncio de satanismo que se había hecho, El 8-8-69 Charles Manson, un satanista asesina con su banda a Sharon Tate, la mujer de Polanski, director de la película y a otras cuatro personas.

Lo curioso del caso, es que casi todos comienzan a introducirse en ese mundo de la misma manera: un poco por curiosidad, un poco porque los demás lo hacen, un poco por experimentar sensaciones nuevas, un poco porque es moda... (¡Cómo coinciden las causas con la gente que cae en el mundo de las drogas!). Y lo triste del asunto es cómo terminan: casi siempre en manos de la destrucción y la muerte.

Puedes comprobarlo en casi todas las televisiones del mundo: el juego de la adivinación del futuro, los ritos más o menos orientados a "enredarte" con la tela de araña de la superstición y el hechizo amargo, las palabras (¡parecen!) amables de los embaucadores de almas solitarias y necesitadas de cariño o afirmación personal. Todo de una manera casi subliminal, disfrazada de pensamiento moderno y avanzado (¡Ya puedes encontrar canales enteros dedicados a las cosas del mundo de lo oculto!), y con una fundamentación pseudocientífica aplicada para engañar a todo aquel que se deje.

Y lo malo es que muchos se dejan. Y son arrastrados por el engaño y la superstición. Y lo más triste: son capaces de confiar toda su vida en ellos, desconociendo su futuro más cierto; su presencia REAL un día delante del Creador, y entonces...

"Que se levanten y te salven los que observan las estrellas,
Los que pronostican cada mes lo que te va a suceder"*

Y ¡pobres de los que tengan esa única ayuda cuando su vida esté en juego!

(*) isaías 47:13

29 enero

"La lista de Schindler" es una de las películas más premiadas a lo largo de toda la historia del cine. Creo que casi todos conocéis la historia, Oscar Schindler, un empresario alemán, utiliza todo el dinero que tiene para construir empresas "fantasma" (fábricas donde no se construye nada) sólo para salvar la vida de más de mil judíos perseguidos por el tercer Reich.

Muchos quedaron impresionados al ver la película, pero si me permites una historia personal, te diría que como siempre, la realidad supera con mucho a la ficción. Recientemente tuve la oportunidad de visitar lo que fue el campo de concentración de Bergen-Belsen, en Alemania. Pude ver los cementerios comunes, las películas de la época, pasear por lo que queda de los barracones dónde eran encerrados los judíos y pasar varias horas contemplando uno de los muchos recuerdos de la maldad humana.

▶ Gente sacada con palas de los camiones (lo que quedaba de ellos, porque no eran más que huesos amontonados)
▶ Familias enteras separadas. Niños solos y hombres y mujeres llorando por no encontrar a los suyos
▶ Les quitaban todas las partes del cuerpo que tuviesen algún "valor" como muelas de oro u otros metales, los desnudaban de sus ropas, gafas, les cortaban el pelo...
▶ Los cementerios eran comunes. En ellos sólo se veía el número de las personas enterradas allí. Había uno de 5000, otros de 10000 en otros simplemente decía "número desconocido"

¿Sabes una de las cosas que más me impresionó?... En el juicio, los responsables del centro de concentración enfrentaban las condenas impuestas por los aliados sin inmutarse, sin un gesto de dolor o de tristeza, arrogantes, con su frente erguida. Escuchaban sus sentencias de muerte orgullosos por lo que habían hecho.

Pasé varias noches sin dormir y otras teniendo pesadillas después de ver todo eso. Muchos de mis amigos me comentaban "Yo sería incapaz de ir allí a ver eso". Creo que todos deberíamos hacerlo, ¡Hay que ver esas cosas! ¡Tenemos que darnos cuenta de hasta dónde puede llegar la maldad humana!... Hasta dónde podemos llegar cada uno de nosotros en nuestro odio por los demás.

Aquel lugar sólo tenía dos tipos de personas. Los que derrochaban maldad y los que sufrían. Cuando estaba allí, te aseguro que en muchos momentos no supe qué pensar. Sólo recordaba una y otra vez las palabras del profeta, cuando dijo que Dios "En todas sus angustias El fue angustiado"*

En cada uno de los momentos de sufrimiento, Dios estaba allí.

(*) isaías 62:b

para los que buscan algo más
isaías 96

30 enero

Año 1963. Los Beatles son los dueños del mundo. Admirados y queridos por casi todos, representan una manera de ver las cosas, una rebeldía más o menos controlada, y una necesidad de soñar por encima de todo. Su música llega a todas partes y sus entrevistas son seguidas por millones de personas que escuchan con la boca abierta las palabras de cuatro jovenzuelos, que arman más revuelo por dónde van que cualquier otra persona conocida.

En todo este ambiente, a Paul se le ocurre bromear un día en una entrevista en la TV británica... "La razón de mi cutis tan fino es porque me afeito con pasta de dientes". Lo que era sólo una broma fue seguida al pie de la letra por muchos jovencitos que llenaron las farmacias al día siguiente con heridas en su cara, habiendo tratado de seguir completamente las directrices de su héroe. Gente que no sabe exactamente a dónde va, y por lo tanto siguen a cualquiera.

Recuerdo un momento en el famoso cuento de Lewis Carrol "Alicia en el país de las maravillas" cuando Alicia se acerca a una encrucijada de caminos, y le hace una pregunta al gato
- ¿Por dónde debo ir?
- ¿A dónde vas? le preguntó el gato,
- "No lo sé" fue la respuesta sincera de Alicia
- Entonces cualquier camino te llevará allí.

A veces puede resultar curiosa nuestra manera de vivir. ¡En realidad no tiene ningún sentido! Seguimos a no se sabe quién, para ir a quién sabe dónde por un camino que no conocemos. ¡Y aún encima no queremos que nadie nos diga nada, sabemos ir solos!. Recuerdo un momento en la historia en el que Pablo de Tarso llega ante la flor y nata del pensamiento Ateniense, y entre las más de 30.000 estatuas construidas en honor a otros tantos dioses (Los atenienses tenían casi tantos dioses como el hombre moderno), existía una que simplemente decía "A un Dios desconocido"*.

Muy poco tiempo antes, habían sufrido una de las pestes más grandes de la historia, y los atenienses habían implorado protección a todos sus dioses (recuerda, más de 30.000) sin ningún efecto. De repente, alguien pensó que habría algún dios que ellos no conocían, así que sinceramente buscaron la majestad del Dios desconocido y le pidieron que la peste llegase a su fin. Y Dios (el único) los oyó. Y sanó al pueblo. Y ellos levantaron una estatua al "Dios desconocido". Hasta que llegó el apóstol Pablo y les explicó que mejor les valía destruir las otras 30.000 estatuas (más o menos), porque sólo existe un Dios. El único. Aquel que es capaz de darnos todas las cosas.

La condición es que nosotros le sigamos a El. Si quieres llegar a cualquier parte, puedes seguir cualquier camino... aunque lo más normal es que no llegues a ninguna parte.

Si quieres que tu vida tenga sentido, debes buscar a Dios. Al único.

(*) hechos 17:23

para los que buscan algo más
salmo 24

31 enero

Linda Rondstadt popularizó muchas de las buenas canciones country que habían sido ya éxitos en los años 30 y 40. Una de ellas es la conocida "Tracks on my tears" (Las huellas de mis lágrimas), que habla de una experiencia exclusivamente humana: tener lágrimas en la sonrisa*.

"Aunque me río por fuera
Por dentro estoy triste,
Acércate a mí y verás
Las huellas de mis lágrimas" (1)

Es una experiencia muy común. Demasiado común. Muchas veces vemos gente que sonríe, gente a la que aparentemente todo le va bien, y sin embargo, puedes encontrar en su rostro huellas de lágrimas. Puedes reconocer tristeza profunda detrás de cada gesto. Algunos ocultan sus lágrimas porque quieren esconder una tragedia: otros viven así para no traslucir su tristeza. Sin darse cuenta que las lágrimas del alma son casi imposibles de consolar.

Sólo con volver nuestra vista atrás, podemos encontrar momentos en nuestra vida en los que experimentamos lo mismo. ¿Quizás lo estamos sufriendo ahora? Pocas cosas destrozan tanto nuestro corazón como intentar reír por fuera cuando las huellas de las lágrimas siguen en el interior.

Y parece que no hace ninguna diferencia que la gente intente consolarnos, ¡A veces, ni siquiera saben lo que nos ocurre! ¡Somos tan buenos aparentando! Y en cierta manera necesitamos hacerlo así, porque (también en el fondo) sabemos que nada pueden hacer. Hay tristezas que no se resuelven con palabras o cariños.

En ese momento y en esa experiencia única, cuando las huellas de nuestras lágrimas están interior pero ferozmente asentadas, debemos recordar las palabras de Aquel que es el único que nos conoce por dentro: "He visto tus lágrimas" *.

Y para mí, esa sencilla frase cambia completamente mi existencia. No estoy solo. Hay alguien que me conoce y ve lo que hay dentro de mí. Alguien delante de quién no necesito aparentar. Alguien que me ama y me ayuda. El Único que puede, sabe y quiere consolarme. El Señor Jesús. Te lo recomiendo de todo corazón.

(*) Isaías 38:5; (1) elektra asylum. 1975

para los que buscan algo más
salmo 11

1 febrero

Las películas de los Hermanos Marx están llenas de carcajadas inevitables. En "Pistoleros de agua dulce" Chico está hablando con un gangster que quiere contratarlos como guardaespaldas y le dice: "Si nos paga poco somos poco duros, si nos paga mucho seremos muy duros". El gangster responde: "!Pago cantidad!", "Bueno" –dice Chico–, "pues seremos cantidad de duros"

En "Sopa de ganso" alguien le explica a Groucho:
- "¡Hasta un niño de cinco años sería capaz de entender esto!"
- "Rápido, busque a un niño de cinco años" responde Groucho.

Quizás recuerdes también algunas de las frases de Groucho en sus entrevistas:
- "Debo confesar que nací a una edad muy temprana"
- En un hotel… "¿Servicio de habitaciones? Mándeme una habitación mas grande"
- "Fuera del perro, un libro es probablemente el mejor amigo del hombre, y dentro del perro probablemente esta demasiado oscuro para leer"

Déjame que te diga que el sentido del humor es la salsa de la vida. Puedes tener todos los ingredientes, y puedes colocarlos en una disposición perfecta para alimentar tu existencia, pero si no tienes alegría, todo sabrá seco y con graves riesgos de intoxicación. Si todo lo que recibes en tu interior es de naturaleza seria, la digestión será dura y pesada. Si sólo abres tu apetito a lo ordenado, juicioso y sereno, crecerán músculos perfectos con funcionamiento oxidado. Si llenas tu mente de manjares cocinados en los hornos de la preocupación, la amargura y el recelo, muy pronto vas a necesitar sales de frutas imaginarias y días de vigilancia intensiva a cargo de niños y payasos.

¡Busca las sonrisas de la vida! ¡Llena tus días de regímenes de gozo en cantidades industriales! Aprende a reír y a dibujar una bendición en los más agrios compromisos, y sobre todo mira hacia arriba: es muy difícil sentir desesperación mirando hacia el cielo. El poeta decía en la antigüedad: "Me has ceñido de alegría"*, porque sólo Dios puede hacer un vestido tal que soporte las más duras pruebas de la vida, sobre todo el frío del rudo invierno, cuando la tristeza gobierna nuestro aliento y en el verano en el que el calor asfixiante de las preocupaciones diarias casi nos hace morir en el desierto.

Si encuentras hoy un momento de gozo, un postre delicioso lleno de buen humor, no hagas régimen… cómetelo y disfrútalo.

(*) salmo 30:11

2 febrero

Además de recibir varios "Oscar", la película "Forrest Gump" fue una de las más vistas en los últimos años en todo el mundo. La historia de este film es bien curiosa: estuvo diez años parada en el estudio, porque nadie creía que la película pudiese tener éxito. Los productores se plantearon terminarla e incluso entonces se preguntaban si merecía la pena estrenarla o no. Por si acaso, no le dieron mucha publicidad... Pero al final se llevó el Oscar a la mejor película del año. Sólo en Estados Unidos sobrepasó los 300 millones de dólares de recaudación en su primer año.

No sé si estarás de acuerdo conmigo, pero algunas de las razones del éxito de la película quizás tengan que ver con las frases que el protagonista dice:

"Hay gente como yo, idiota de nacimiento, pero la estupidez de muchos otros aumenta con el tiempo"

"Sueña, pero a la mañana siguiente no dejes de trabajar"

"Intenta comer algo amargo todos los días para no olvidar el sabor que tiene"

"Si vas delante de los demás, calla y sigue ahí"

A pesar de algunas cosas que no están bien en la película (es sólo cine, no es la vida real) quizás la razón por la que la gente admiró tanto a Forrest fue su transparencia. Vivía de una manera sencilla y sin muchas complicaciones.

Justo lo contrario de la gran mayoría de la gente, especialista en "complicarse la vida". Vivir de una manera transparente es difícil, incomprensible muchas veces, casi desesperante otras, pero siempre merece más la pena ser sencillo que querer dominarlo todo con nuestras actitudes.

Es curioso, pero todos nos damos cuenta que la gente transparente nos atrae. Los que viven escondiéndose, los que no quieren que nadie conozca sus debilidades o sus fallos; los que no se comprometen con nada jamás logran buenas relaciones. Nunca llegan a tener buenos amigos.

Los que se arriesgan, los que viven sin importarles ser señalados, los que reinan en la sencillez y se sienten fuera de sitio en la complicación... Ellos son los que atraen a los demás. Todos saben que merece la pena vivir así. Todos los admiran, aunque muy pocos sean capaces de dar un solo paso para cambiar su estilo de vida arrogante, complicado y aburrido.

Tenemos un ejemplo que merece la pena. No tanto sacado de una película más o menos sencilla como "Forrest Gump", sino de la vida misma. De Alguien a quien merece la pena seguir. Uno por el que no tendríamos dudas en dar nuestra vida si fuera necesario, porque El hizo lo mismo por nosotros: El Señor Jesús es el ejemplo por excelencia de una persona transparente, limpia, sencilla... Extraordinaria.

para los que buscan algo más
salmo 19

3 febrero

El año 1966 fue un año difícil para todos los amantes de la música pop. Los admirados y famosos Beatles decidieron no volver a actuar más en directo y dedicarse sólo a la realización de discos de estudio. No más giras ni conciertos. No más oportunidades de ver a los ídolos de la juventud. ¿La razón? Ringo Starr (uno de los componentes del grupo) la explicaba en una entrevista televisiva, al decir: "Cada vez éramos peores músicos. El ruido de la gente gritando emocionada era mayor que el de nuestra amplificación, y no importaba nada lo que tocábamos, porque no se iba a oír".

Desgraciadamente, si pudiese pararse todo lo que no se hace bien en el mundo, quizás el mundo mismo se pararía también. Vivimos en un momento histórico en el que sólo los resultados tienen sentido. No importa los medios por los que los hayas conseguido. No importa si lo que haces está bien o mal. Tiene muy poca trascendencia si tu actuación es éticamente correcta o no. Lo único que importa son los resultados. Nada más. Y como otras veces he escrito: "Así nos luce el pelo".

Transformamos la belleza de las cosas en pura basura cuando lo único que nos interesa es lo que vamos a sacar a cambio. Matamos literalmente los deseos y buenas intenciones de los más débiles con la excusa de que el "nuevo orden internacional" lo necesita. Vendemos nuestro odio a diestra y siniestra como si de una liquidación total se tratase. Y no vamos muy desencaminados, porque a este paso, la liquidación total va a ser la de nuestro Universo.

¡Ya está bien! De una vez por todas, por lo menos algunos de nosotros debemos tomar la decisión de hacer las cosas "como Dios manda". Sin chapuzas ni apaños. Sin falsos atajos o engaños millonarios. Dios espera de nosotros que hagamos las cosas bien: TODAS. No importa si somos el rey de un país, o su último súbdito. La grandeza de nuestro significado estriba en aprender a hacer las cosas bien. En disfrutar de lo que Dios nos da. En no engañarnos a nosotros mismos creyendo que somos los mejores... mientras llenamos de borrones nuestras credenciales. "Dios protege a los que hacen bien"*. El mal no tiene futuro. El deseo de ser ineludiblemente los primeros en todo, a pesar de dejar cadáveres en nuestro camino, no es más que un engaño sucio y descarado del maligno. Y más tarde o más temprano vamos a sufrir en nuestras propias carnes el desengaño de lo mal hecho.

No te dejes llevar. Toma la decisión de vivir de acuerdo a la llamada "ley del amor" que no es otra cosa que la certificación constante de que queremos hacer las cosas bien hechas. Como debe ser.

(*) proverbios 10:29

para los que buscan algo más
proverbios 10

4 febrero

Algunas veces no llegamos a entender bien las cosas, y creemos o afirmamos algo que no es real. Hace tiempo escuché una canción del gran dúo, CÓMPLICES que con letra de Juan Mari Montes decía:

"Dios existe, pero se durmió.
Siete días para la creación y veinte siglos para descansar.
Avanzamos sin vigía hacia un triste final,
Mi Dios existe, pero duerme
¿No hay quien le despierte?" (1)

Es un sentimiento compartido por muchos que aparentemente el mundo ha dejado de estar controlado por Dios. Algunos piensan que si Dios ha creado el mundo, éste se le ha "escapado" de las manos. Confunden el aparente silencio de Dios con la inutilidad de su paciencia. Piensan que por el hecho de que Dios no reaccione a cada momento en las decisiones que el mundo toma, eso quiere decir que está ocupado o descansando. Lo que casi todos olvidan es que el mundo como tal ha dejado de lado a su Creador y vive bajo su propia (y a veces cruel) voluntad. A pesar de todo, no es menos cierto que Dios vigila y que tiene la última palabra en todas las cosas.

Lo que ocurre, es que Dios espera. Tiene paciencia con nuestras equivocaciones. No juzga cada una de nuestras acciones, porque nos ama y su justicia le llevaría a poner orden en todas las cosas YA (y ¿dónde estaríamos tú y yo si Dios acabase con todo lo malo de este mundo?). Nuestra injusticia nos hace culpables, pero "Dios pasó por alto las injusticias en otro tiempo a causa de su paciencia" *. Decir que, porque Dios está dando toda una demostración de paciencia con nosotros, está dormido... no es justo. El problema es que casi siempre nos burlamos de quienes mejor nos tratan, y hacer lo mismo con Dios es un engaño fatal. Nos lleva a pensar cosas muy equivocadas. Habrá un día en el que la justicia de Dios se hará real y entonces ¿Qué ocurrirá con los que creen que se había dormido?

No te equivoques. Busca a Dios mientras su paciencia te tiende una mano llena de amor. Aprovecha tu libertad para decidir disfrutar de quien espera una y otra vez que volvamos a Él... Porque cuando sea tarde, nadie podrá escapar de su justicia.

(*) romanos 3:25, (1) "el cielo indiferente", del cd "preguntas y flores" DMG 1993

para los que buscan algo más
salmo 13

5 febrero

Parece increíble, pero en los últimos años han aumentado los maltratos a niños y adolescentes en casi todo el mundo. La violencia no sólo se ha instaurado en las calles de algunas de las ciudades del llamado primer mundo, sino también dentro de muchas casas, en donde los niños siempre deberían encontrar ayuda y consuelo, y a veces reciben sólo odio y malos tratos.

Suzanne Vega hizo famosa una canción denuncia en la que exponía la historia de un pequeño niño, Luka, que sufría violencia de su propio padre alcohólico. En un momento de la canción, Suzanne explica

"Si oyes ruido por las noches,
No preguntes lo que fue" (1)

Uno de los mayores problemas con los malos tratos, es la dificultad para denunciarlos. La persona que sufre, muchas veces tiene muy pocos años como para enfrentarse o tener el valor de explicar lo que le está pasando... y en otras ocasiones, la gente que vive alrededor no se preocupa en absoluto si un niño tiene señales de violencia, o hay demasiado ruido en una casa.

Si la violencia es irrazonable normalmente, mucho más lo es cuando es aplicada a un ser débil. Y pasa a ser más que diabólica cuando la sufre un niño. Nadie que trate mal a un niño merece ser considerado con dignidad. Nadie que hace sufrir a un ser indefenso tiene derecho a que se le esconda o se le oculte. Todos tenemos el deber de denunciar casos así, y exigir que se haga justicia con ellos.

Afortunadamente Dios está por encima de todas las cosas, y ningún sufrimiento queda olvidado para El. Tarde o temprano, los culpables van a pagar lo que están haciendo, porque nadie puede esconderse de los ojos del Creador. Por otra parte, los niños son los seres más cercanos al corazón de Dios. Un día, todo va a cambiar... y cuando la justicia triunfe al fin, "Las calles de la ciudad se llenarán de muchachos y muchachas que jugarán"* La verdad es que deseamos que sea muy pronto.

(*) Zacarías 8:5. (1) "Suzanne Vega: tried and true; the best of...." Epic 1998

para los que buscan algo más
salmo 14

6 febrero

Michael Landon comenzó a hacerse famoso por su papel como uno de los hijos Carwright en la serie "Bonanza" que se emitió en casi todas las televisiones del mundo. Más tarde dirigió y protagonizó diferentes series dedicadas a toda la familia como "La casa de la pradera" y "Autopista hacia el cielo". De esta última, recuerdo uno de los episodios en los que cuando le ofrecieron una comida y le preguntaron si le gustaba, Michael contestaba: "Todo es bueno y sabe bien cuando estás con alguien a quién quieres"

Algo trascendental se está perdiendo en la vida de mucha gente. Parece como si la humanidad estuviese avanzando en el sentido equivocado. Cuanto más tiempo tenemos y más facilidades tenemos para viajar y comunicarnos, menos sabemos estar con aquellos que nos quieren y a los que queremos. Antes, los amigos iban a verse y pasaban horas juntos; las familias se encontraban y disfrutaban, conversaban sin preocuparse del tiempo, y lo más normal es que se quedasen en casa contigo por varios días. Con el paso de los años, las visitas pasaron a ser de un día, una mañana o una tarde... En los años setenta y ochenta la gente se encontraba para comer y se escribía cartas en las que se explicaba como se sentía y las cosas que estaban pasando.

Años más tarde, la gente comenzó a llamarse por teléfono porque ya no había tiempo para visitar a la familia ni escribirles. Hoy los amigos se envían mensajes a través del teléfono móvil, o se escriben o "chatean" por medio de internet. Ya no se habla sólo por el placer de hablar, de escuchar la voz del otro, ya no se mira a los ojos de quien quieres para saber si lo que estás hablando llega a su corazón.

Poco a poco y casi sin darnos cuenta, se ha perdido el placer de estar con el otro, de conocerlo, de saber cómo reacciona; el deseo de expresar lo que hay en lo profundo de nuestro corazón y que alguien nos escuche. El arte trascendental de mirar a los ojos de aquellos a quienes amas y saber cómo se sienten.

Todo es bueno cuando estás con alguien a quien amas. No permitas que la sociedad te arrastre en mil proyectos inútiles que sólo añadirán a tu vida unas cuantas monedas. Aparta tiempo cada semana para estar con tu familia, para hablar con ellos, para llamar y encontrarte con tus amigos. Disfruta de cada momento en el que puedes abrazar a alguien a quien quieres. Utiliza tu corazón para hablar, para escuchar, para disfrutar, para abrazar, para enseñar a tu familia y a tus amigos que son importantes para ti.

Utiliza tu tiempo para lo que es realmente importante, y no dejes que los demás te arrastren. Porque todo es bueno cuando estás con aquellos a quienes amas.

para los que buscan algo más
salmo 15

7 febrero

"Ojalá pase algo que te lleve de pronto
Una luz cegadora, un disparo de nieve
Ojalá cuando menos que te lleve la muerte
Para no verte tanto, para no verte siempre
En todos los segundos, en todos los rincones
Ojalá que no pueda, cantarte ni en canciones... (1)
—Silvio Rodríguez

Aunque era una canción dedicada a un amor imposible. Muy pronto en todas las actuaciones de Silvio (sobre todo en países dónde la dictadura era la forma de gobierno), esta canción sirvió de vía de escape para todos los deseos interiores de cada pueblo en cuanto a la desaparición de su dictador.

Siempre han existido gobiernos totalitarios en el mundo: la razón es debida a la misma naturaleza humana. Siempre han existido personas dispuestas a esclavizar a otros, y a matar para tener más. No les importa el sufrimiento ajeno: siempre está por debajo del bienestar personal. Y tampoco les duele la cabeza pensando en los que no tienen ni lo más mínimo para subsistir. Si ellos viven bien, no hay problema que no se arregle. En cierta manera, todos somos pequeños dictadores... aunque hay que reconocer que a algunos se les da muy bien ejercer ese cargo.

Y no es una broma. Son millones las personas que han derramado su sangre en defensa de la libertad de todos. A lo largo de la historia son incontables los que han muerto para defender a los oprimidos... Y sin embargo siguen existiendo dictadores y siguen existiendo oprimidos. ¿Sabes? "Dios pide cuentas de la sangre derramada, Dios no olvida el clamor de los afligidos*. Aunque a veces la historia parece ser terriblemente injusta con el que sufre, Dios tiene todas las cosas anotadas en Su libro, y un día esa Luz cegadora de Dios será la que dé justo castigo a los malvados.

No apoyes jamás la muerte o el derramamiento de sangre: el que da el primer golpe admite que sus ideas están equivocadas. Todo el que vive con violencia, con violencia será juzgado. Lo único que permanece para siempre es el bien que hacemos. Lo único que merece la pena es saber estar al lado de los que sufren.

(*) salmo 9:12, (1) "al final de este viaje" fonomusic 1991

para los que buscan algo más
salmo 16

8 febrero

El final de los años setenta marcó la existencia de muchas personas. Se dieron a conocer fenómenos sociales casi desconocidos hasta entonces, como los fanáticos en los campos de deportes o los fans en el mundo de la música que instauraron una "moda" y una manera de ser determinada en los más jóvenes: la llamada presión de grupo. El ex Beatle George Harrison explicó lo que sentía en esos momentos: "Todos se volvieron locos a nuestro alrededor, en los conciertos la gente gritaba todo el tiempo. Buscaban algo para ponerse locos y lo hicieron con nosotros, sin que nosotros pudiésemos hacer nada".

Hoy la presión del grupo es algo más que una moda. Muchas veces, ciertas personas son capaces de hacer cualquier cosa con tal de ser aceptados y admirados. Entre los jóvenes esa presión puede hacerse casi insoportable, porque son otros los que deciden lo que tú puedes o no puedes hacer. En esa decisión, a veces, puede jugarse hasta la vida misma. Solamente en España, se conocen más de medio millón de jóvenes que consumen las llamadas "drogas de diseño" (como el éxtasis) orientadas a la búsqueda del placer y la posibilidad de permanecer fines de semana enteros dentro de la llamada "movida". Las consecuencias son gravísimas. Tres de cada diez accidentes mortales de circulación en los que las víctimas son jóvenes menores de 25 años tienen que ver con el consumo de estas drogas. Y no todo queda limitado a la dependencia, la destrucción y la muerte: un reciente estudio de varios hospitales universitarios revelan que el uso del éxtasis acelera la aparición de enfermedades íntimamente relacionadas con el cerebro como puede ser el famoso "Alzheimer", próximo a aparecer muy cerca de los 40 años para todos aquellos que consumen este tipo de drogas.

Y todo por una mal llamada moda juvenil, por la presión del grupo o por el temor a lo que otros digan: "Tu no eres lo suficiente hombre para...", "Si te va la marcha, tienes que probarlo...", "Total, todo da igual...", "Nada es bueno o malo, todo es relativo...", "Nadie va a enterarse...", "Si me quieres..." y muchas otras por el estilo. Muchos jóvenes hoy están verdaderamente "fatigados por los muchos y malos consejos"*, como le pasaba al pueblo en la antigüedad.

Siempre podrás escoger entre dos maneras de vivir. O eres íntegro y haces lo que es correcto sin importarte que los demás te señalen... o te dejas llevar por charlatanes y palabreros, y pierdes tu libertad en miles de experiencias equivocadas. No hace falta que te recuerde que este último camino sólo te llevará a perderlo todo. Incluso tu propio fuego en el corazón. Incluso la necesidad y el deseo de vivir algo que merezca la pena.

(*) isaías 47:13

9 febrero

Uno de los más señalados cantantes del "rock urbano", Bruce Springsteen explicó en una reciente entrevista: "Las cosas que hacen hermosa una vida son las que suceden dentro de los muros de una casa, con frecuencia en la cocina".

Todos recordamos momentos preciosos para nosotros en la intimidad de nuestra cocina, con nuestros padres... hablando y sonriendo. Disfrutando y aprendiendo. Tomando en consideración consejos y virtudes. Momentos que jamás se irán de nuestra mente y de nuestro corazón.

De la misma manera, podemos pasar momentos transcendentales para nosotros en la presencia de nuestro Padre celestial, en Su propia "cocina"... por medio de la oración. ¿Sabes? Orar no es elevar rezos aprendidos a un dios lejano y rencoroso: cuando el Señor Jesús hablaba con su Padre, lo hacía con la confianza de que uno es escuchado por quién más ama. Por eso los religiosos de su tiempo no lo entendieron. Jamás podía pasar por su cabeza que a Dios (al Dios Creador del Universo) uno pudiera dirigirse diciéndole "Papá".

Y eso es lo que el Señor Jesús enseñó a sus discípulos: que Dios está cercano a todos. Que podemos hablar con El con la confianza de un niño que habla con su Padre. Que podemos pasar momentos inolvidables en la "cocina" de nuestro Dios. Que El nos escucha y nos ama, nos corrige y nos enseña, nos acaricia y está siempre a nuestro lado, nos disciplina y nos guía en nuestro camino... Y todo de una manera muy simple: elevando nuestro corazón a El.

Alguien dijo una vez:

"Si quieres conocimiento, ve a la escuela
Si quieres sabiduría, ponte de rodillas"

Muchos están perdiendo lo mejor de su vida, al no venir a hablar con Dios. Para muchos, la vida carece de sentido porque no han aprendido a escuchar a su Creador. Y mientras, los días pasan y el tiempo se va, y nosotros vivimos de espaldas a quien mejor nos conoce y nos ama.

Haz algo: entra en la presencia de Dios ahora mismo. Háblale y desnuda tu corazón delante de El. Pasa los siguientes momentos en compañía del Creador y pon tu vida en sus manos, de manera que puedas llamarle "Papá". Nada es más importante que eso.

para los que buscan algo más
proverbios 2

10 febrero

Oswaldo Farrés fue uno de los más grandes compositores de boleros de todas las épocas. Era sólo un publicista que componía por diversión, porque no sabía nada de música. Un día la famosa cantante Chavela Campos le dijo que sería capaz de componer un bolero con sólo tres palabras, y Oswaldo lo hizo. ¿Recuerdas la canción?

"Con tres palabras te diré todas mis cosas,
Cosas del corazón, que son preciosas...
Esas tres palabras son:
Cómo me gustas..." (1)

La música tiene muy pocos límites. Con tres palabras, con pocas notas, con una armonía monótona... casi de cualquier manera se puede crear sonidos agradables. Con muy poca cosa podemos dar a luz a una melodía que llegue al corazón.

No debemos despreciar el bien que puede hacernos una melodía. Y no estoy hablando solamente de recuerdos o "buenas vibraciones". A veces, la propia música puede darnos tranquilidad de ánimo e incluso limar tendencias de nuestro propio carácter que nos desaniman o nos hacen daño. El Rey Saúl "se calmaba"* escuchando la música que para él componía un joven pastor de ovejas: David. La música pasaba por encima de sus preocupaciones e incluso influía en un carácter arisco y a veces, cruel.

Casi todos tenemos rincones en nuestro corazón que han sido salpicados por un rocío musical. A veces nuestra tranquilidad depende de recordar esas canciones. Ya sabes que no me refiero a los problemas trascendentales de la vida, sino a situaciones que pueden llevarnos a vivir en tensión y desánimo. En momentos en los que pocas cosas tienen sentido, los recuerdos pueden volverse agradables al sonido de una canción.

Y mejor aún, tu mismo/a puedes llevar tu propia experiencia personal al nacimiento de una canción. No necesitas ser un genio para expresar lo que hay en tu corazón, y seguro que la gente que te quiere admirará lo que has hecho... y ¿quizás alguien más?...

Ocupar nuestro tiempo en crear, siempre merece la pena.

(*) 1 Samuel 16:23

11 febrero

"Es fácil ver sin mirar muy lejos...
Incluso el presidente de los Estados Unidos
A veces tiene que estar desnudo" (1)

Sólo un poeta podría decir tantas cosas en tres líneas. No sé si habrás reconocido que estos tres versos son parte de la canción de Bob Dylan "It´s allright ma, I´m only bleeding". Cuando se trata de describir situaciones sociales y humanas, Bob es casi único.

Hace muchos años, un padre y su hijo paseaban por una feria. El niño vio como un vendedor de globos tenía ejemplares de distintos colores, todos ellos hinchados con helio para volar al cielo al soltarlos. De repente observó como una familia de gente de color se acercaba para comprar varios globos, y el niño preguntó:
- "Papá, ¿Si suelto un globo negro volará también?"
- ¡Claro! respondió el padre. "Lo que hace volar a los globos no es su color, sino lo que tienen dentro".

Magnífica lección. Lo que realmente importa en la vida no es lo que somos externamente, sino lo que hay en nuestro interior. Lo que queda cuando nos "desnudamos". Como explica la canción, hay muchas ocasiones en las que tenemos que ser nosotros mismos: incluso el presidente a veces tiene que estar desnudo, es decir tiene que ser tal como es, sin añadidos. En una sociedad que premia la apariencia y en un mundo que defiende aquello de que "Tanto tienes, tanto vales" es necesario recordar muchas veces que lo trascendental sigue siendo lo que hay en el interior, no lo externo.

Podemos tener muchos colores, mucho dinero, mucha apariencia, muchos títulos... y no ser nada en nuestro interior. NO haber aprendido a "volar" por estar vacíos. ¿Sabes la causa?... Repasa la canción: es fácil ver sin mirar muy lejos. Puede que pasemos nuestra vida enredados en las cosas sin importancia, mientras no nos interesa lo que hay más allá… Ni lo que tenemos más acá, lo que hay en el fondo de nuestro corazón. Puede que para algunos su vista sea tan corta como grande es el vacío que hay dentro de su alma.

(*) "at buookan" cbs-sony

para los que buscan algo más
salmo 17

12 febrero

Gal Costa define por si misma la dulce voz de la mayoría de las cantantes brasileñas, que encantan y emocionan al mismo tiempo. Dentro de su LP "Luna de miel" una de las canciones más destacadas es la de "Sorte", que en un momento de su letra nos explica algo muy interesante:

"El futuro pertenece a quién no lo espera
Normalmente, la suerte
Está con quien no se da ni cuenta"

La suerte ha sido siempre una de nuestras más felices amigas. O por lo menos, nos hemos referido a ella en multitud de ocasiones. Nos ha venido muy bien para tener a quien culpar cuando se trata de nuestros errores, o si estamos pasando por situaciones que no podemos controlar. En ese momento, abrimos nuestras manos, ponemos cara de "no puedo hacer nada", y decimos "¡Qué se le va a hacer, es la mala suerte!".

También hablamos de ella para referirnos a los demás: sobre todo a aquellos que tienen más (o alcanzan lo que creíamos estaba reservado para nosotros) y lo han conseguido sólo por "suerte". Pero creo que es importante hoy que hagamos un pequeño esfuerzo y dejemos de referirnos a los demás, y sobre todo, dejemos de quejarnos por lo que nos falta.

Normalmente el futuro pertenece a quién no lo espera... Mejor dicho, el futuro pertenece a aquel que ha aprendido a disfrutar de lo que tiene, y no quejarse por lo que no tiene. Si eres desgraciado por lo que no tienes, pasarás toda tu vida en un mar de lágrimas, porque no hay nadie que pueda llegar a tener el mundo entero: siempre desearás algo más de lo que has conseguido.

Por eso, es mejor trabajar ahora. No esperar a que llegue nuestra "suerte". Es mejor disfrutar de lo que tenemos, y no llenar nuestro corazón de deseos imposibles. "El que observa el viento no siembra, y el que mira las nubes no siega"*. Normalmente las cosas buenas aparecen cuando uno no se da ni cuenta. Siempre lo mejor es hacer nuestro trabajo bien, disfrutar de lo que Dios nos da, y no desanimarnos... ¡El futuro ya llegará a su tiempo!

(*) eclesiastés 11:4

para los que buscan algo más
salmo 21

13 febrero

El final del último siglo y el principio del actual, estuvo marcado claramente por la búsqueda de absolutos en la vida de las personas, y en su mayoría, absolutos religiosos. Un absoluto es aquello que le da trascendencia a la vida, lo que mantiene nuestro significado como personas y satisface los deseos más profundos del alma.

La búsqueda de significado en las religiones (y mucho más en pensamientos orientales) no es moderna. En los años 60, los mismos Beatles se introdujeron en la filosofía hindú (incluso tenían su propio "gurú") y la meditación trascendental, hasta darse cuenta de que tampoco esa búsqueda les había llevado a buen puerto. Si lees la prensa te darás cuenta de que incluso muchos de los actores de Hollywood hoy proclaman la modernidad de religiones orientales. Búsqueda de un absoluto, la eterna trascendencia del hombre.

¿Sabes? Hay un "pequeño" problema: Ninguna religión puede llenar el vacío del alma. Ninguna creencia o filosofía oriental u occidental puede ocupar el lugar que sólo Dios puede llenar. Lo más que las religiones pueden hacer es maquillar nuestro dolor y acallar nuestra conciencia. Lo único que consiguen es que vivan engañados muchos de los que se dejan arrastrar por profetas y meditaciones más o menos trascendentales.

Todos tenemos en nuestro interior un vacío hecho a la medida de Dios, y sólo El puede llenarlo. Sólo Jesús ofrece una relación *personal* con el Dios trascendente.

Todas las religiones te enseñan lo que debes hacer. Todas las creencias imponen ideas y sacrificios (cuando no duras esclavitudes) con el fin de que "algún día" llegues a saber cuál es tu lugar en el Universo. Ni siquiera los propios dirigentes de esas religiones, sectas o meditaciones saben a dónde van y cuál es el destino de su vida ¡Imagínate cómo están todos los que los siguen!

No te dejes comer el coco más: ven a Jesús. El es Dios hecho hombre, alguien que te ama y te comprende, alguien con quien puedes hablar y aprender ¡no un conjunto de dogmas, penitencias o meditaciones! Lo que TÚ necesitas es a Dios mismo, en persona. Haz tuyas las palabras que un compositor escribió hace casi 3.000 años: "Señor, quiero que tu rostro resplandezca sobre mí"* Eso es mucho más que cualquier otra cosa, es el secreto de la Vida.

(*) salmo 80:7

para los que buscan algo más
salmo 80

14 febrero

La ceremonia de entrega de los "Oscars" siempre es una fuente de anécdotas y situaciones diferentes. La artista que recibió el premio como mejor actriz femenina (Kathy Bagge) por su interpretación en "Misery" (año 1990) dijo al recoger su galardón: "Dedico este premio a mi madre en casa, y a mi padre que espero me esté viendo en algún sitio"

Jamás pude comprender cómo hay gente que abandona a sus hijos, personas que pueden encontrar cualquier excusa para vivir su vida a su aire, sin preocuparle lo más mínimo lo que pueda ocurrirle a su familia.

Desgraciadamente, hay muchos niños que no sólo no tienen las mismas oportunidades que otros, sino que incluso carecen de lo más básico: el cariño de sus padres. Muchas personas se equivocan al pensar que lo más imprescindible para un niño es tener cosas (juguetes) y estar satisfecho (comer y dormir). No es cierto: hay niños que pueden llegar a morir (a pesar de tenerlo todo) si no son tomados en brazos, queridos, abrazados, acariciados... Si no sienten el "apego" de su familia.

En cierto modo nos pasa lo mismo a los mayores: hemos construido un mundo lleno de máquinas, perfecto en su comodidad y sus prestaciones, pero inútil a la hora de transmitir cariño. Y eso es lo más importante. Necesitamos que se nos toque, necesitamos que los demás nos abracen y nos hablen, que se interesen por nosotros, necesitamos sentir el apego de los que nos rodean: de nuestros amigos, de nuestra familia e incluso de nuestros compañeros.

Y cuando los años van pasando, la necesidad de sentir el cálido tacto de una piel amiga se hace imprescindible. Por eso lo mejor que puedes hacer por un anciano es abrazarlo, porque sabe que la vida se ha ido marchando entre noches difíciles y problemas sin sentido, y ahora reconoce lo que es más importante: el cariño sincero de un corazón agradecido.

Todos necesitamos una mano sobre nuestro hombro. Por eso Jesús fue único: Él tocó a todos, puso sus manos sobre amigos y enemigos, abrazó a sanos y enfermos, amó a prójimos y lejanos... y sigue hoy queriendo poner su mano sobre cada una de las personas de esta pobre humanidad, que ha cambiado el cariño de un abrazo por la desalentadora frialdad de una máquina.

Yo no sé dónde estás ahora mismo, y si te han abandonado o has abandonado tú a alguien. En cualquier caso más vale rechazar todas las cosas que nos ha impedido abrazar o ser abrazados y dejar que Jesús ponga su mano sobre nosotros.

15 febrero

Mozart fue uno de los más grandes compositores de todos los tiempos. A pesar de sus dones musicales y la belleza de sus obras, su vida no fue precisamente un dechado de virtudes. Muchos días volvía a casa después de algunas de sus "correrías" y de su vida desenfrenada y se sentía completamente vacío. Sabía que su estilo de vida no sólo le alejaba de Dios, sino que le impedía ser él mismo y vivir de una manera feliz. En una de esas noches compuso un Réquiem dedicado al Señor Jesús, en el que decía: "Recuerda que yo fui el motivo de tu venida"

Jesús contó un día una historia en la que se han visto reflejadas millones de personas en todo el mundo y en todas las épocas. La historia es muy sencilla: un hijo quiere marcharse de casa, le pide a su padre el dinero que le pertenece y se va muy lejos, donde su padre no sabe nada de él, y puede vivir como le da la gana. Tiene amigos, dinero y diversión, y todo parece ser perfecto hasta que ocurre un pequeño detalle: se queda sin dinero. Entonces los amigos y las diversiones desaparecen, y nuestro "héroe" comienza a pasar hambre cuando se queda sin trabajo... Hasta que decide regresar a casa, pedir perdón a su padre y volver al lugar en el que todavía es amado, el lugar del que nunca debió escaparse.

Como te decía, seguro que conoces la historia, pero te aseguro también que algunos "detalles" pueden haberse escapado:

- Primero, el padre admite la rebeldía de su hijo y lo deja marchar. Le regala su libertad.
- El padre se preocupa por su hijo y le sigue amando.
- El padre vive esperando. No sabemos si siguió su vida normal, o si tenía tiempo para trabajar, lo que sabemos es que vio a su hijo cuando llegaba de lejos, porque todos los días esperaba su vuelta.
- El padre corre hacia su hijo cuando lo ve volver a casa.
- Le abraza, sin importarle su olor, la suciedad de sus vestidos, o su pobreza.
- El padre le besa una y otra vez, restaura la vida y la dignidad de su hijo, poniéndole un anillo en su mano, dándole vestido y comida, admitiéndolo en casa sin pedir explicaciones.
- El padre hace una fiesta.

No sé si te has dado cuenta de que en esta historia el "artista" es el Padre. No somos nosotros, ni millones de hombres y mujeres que en muchos momentos de la vida sienten, al igual que nosotros, que se alejan de Dios y necesitan desesperadamente volver a Él. Dios es el centro de la historia. El que más sale. El que más hace. El que toma todos los pasos a dar. El que más ama, y decide amar incondicionalmente a su hijo.

El que decide amarnos, a ti y a mí.

(*) juan 8:39

para los que buscan algo más
lucas 15

16 febrero

Durante casi veinte años, hasta la muerte de uno de sus componentes, John Lennon, todos querían que siguiesen juntos, pero ellos se negaron. Habían compuesto muchas de las mejores canciones de la historia del pop, pero ya a finales de los sesenta se veía que no podían seguir un sólo momento más como grupo. Estamos hablando, como sabrás, de los Beatles, que parece ser, no supieron aprender aquella hermosa lección que Benjamin Franklin anunció: "Debemos empeñarnos en mantenernos juntos, o con toda seguridad nos liquidarán separados". Aunque fue dicha a todo un pueblo, y delante de una situación excepcional, (eran tiempos de guerra), es una frase que merece la pena recordar.

Vivimos días en los que parece premiarse la soledad, el orgullo, el poder, la ambición y el aislamiento... No sería malo si no fuese porque estamos hechos para vivir juntos, para amar a otros y para disfrutar en compañía. O sea, todo lo contrario a lo que parece ser normal.

Defendemos nuestros derechos ante cualquier situación, y ponemos las bases para romper todas las amistades que tenemos. Casi siempre acaban siendo más importantes para nosotros las victorias que los amigos. ¡Qué pena!... cuando aprendemos la lección, resulta que hemos pasado no sé cuantos años siendo verdaderos necios. Ya lo decía Teresa de Calcuta: "No hay mayor pobreza que la soledad"

Debemos aprender a renunciar a muchas cosas para ganar una amistad y conservarla. Sin ninguna duda será una de las cosas más preciosas que tengamos, porque Dios nos hizo así, para que disfrutemos con los que amamos y nos aman. Puede que a veces nos sintamos mejor defendiendo nuestros derechos y nuestro espacio, pero tarde o temprano nos encontraremos solos y entonces...

El cantante Alejandro Sanz compuso una melodía en la que dice: "Si hay Dios, seguramente entiende de emoción..." Y ¡Claro que Dios existe y entiende! Él mismo nos da ejemplo enseñándonos a "hablar al corazón"*. Ahora es el momento de cuidar, cultivar, recordar, agradecer, disfrutar, y hacer todo lo que sea positivo dentro de una relación. Ahora es el tiempo para conocer mejor a nuestros amigos.

Nunca tiene demasiada importancia lo que perdemos, porque lo ganamos todo si sabemos amar: los momentos en los que una amistad crece son los mejor aprovechados en la vida. O aprendemos a disfrutar juntos, o de todas maneras perderemos nuestra vida solos.

(*) Isaías 40:?

para los que buscan algo más
Isaías 61

17 febrero

Arthur Rubinstein, fue un pianista norteamericano de origen polaco. Algunos creen que sólo 4 ó 5 pianistas en toda la historia pudieron interpretar como él lo hacía. Dominaba todos los clásicos, y sus composiciones estaban llenas de sensibilidad. Una de las cosas más admirables de Rubinstein fue que estuvo dando conciertos hasta Abril de 1982, ¡cuando tenía 95 años!

Todos los mayores tienen muchas cosas que enseñar. No sólo los grandes artistas, los literatos conocidos o los científicos que llenan de sabiduría las aulas. Todos los que han llegado a la sabiduría que dan los muchos años de vida, tienen tesoros escondidos para los demás. Y nosotros somos necios si no nos damos cuenta. Lo que un corazón lleno de años de vida puede decirte, no lo encontrarás en los libros ni en las Universidades. Las palabras cariñosas de una vida gastada de andar por los caminos no tienen precio posible.

Si eres un joven, busca a alguien de tu casa o alguna persona mayor que te enseñe los valores de tu familia, las cosas que eran importantes para ellos. Busca fotos, escritos, diarios de la época y pide que te explique porqué sucedieron las cosas y cómo influenciaron en los que quieres. Pide a tus mayores que te cuenten la manera de ver el mundo que tu familia tiene. Pide que te expliquen los momentos difíciles, las glorias pasadas y los días llenos de alegrías. Pasa tiempo con ellos escuchándolos... Eso no tiene precio.

Si eres mayor, piensa con quién puedes hablar. Piensa a quién puedes ayudar hoy. Busca a alguno de tus hijos o nietos (o tus amigos) y, sin cansarles, apóyales en los momentos difíciles que están pasando. Enséñales a comprender y luchar en la vida. Y sobre todo, no dejes que la amargura llene tu alma. Todavía tienes muchas cosas que enseñar. Y esas cosas no tienen precio.

Seas quien seas, aprende a apreciar la belleza de las canas. Hecha a un lado todas las ideas modernas de que sólo los cuerpos "danone" y las mentes de "futbolín" tienen un lugar en tu vida, y date cuenta ¡De una vez por todas! que serás más feliz (y más sabio) si aprendes a escuchar, apreciar, y agradecer todo lo que tus mayores hicieron por ti... porque esas conversaciones, esos agradecimientos, esos cariños no tienen precio. No se pueden pagar con nada en el mundo.

Hazlo ya, ahora mismo. No dejes pasar más tiempo.

para los que buscan algo más
salmo 18

18 febrero

Supongo que para algunos es difícil de creer lo que voy a contarte, pero el número uno en casi todo el mundo (y durante muchos meses) en el año 1962 fue la historia de un ratón llevada a la pantalla en dibujos animados: "Speedy Gonzales". Pat Boone fue el artista autor de la hazaña, famoso además por cantar algunas de las mejores canciones de amor de la época. Pat se retiró mas tarde del mundo de la canción para dedicarse a predicar el evangelio y enseñar la Biblia a los jóvenes. Ése había sido su más profundo deseo desde que era joven.

Todos tenemos sueños en la vida. A veces se cumplen, otras no. En ocasiones no tenemos la suficiente paciencia para luchar por ellos y nos desesperamos... Abandonamos la disciplina de trabajar cada día por aquello que nos ha ilusionado, y pensamos que es mejor abandonar porque no estamos hechos para eso. Nos pasa así en muchas áreas de nuestra vida, no sólo en esos sueños con poco sentido que a veces tenemos, sino también en los deseos más profundos de nuestro corazón, aquello que forma parte de nuestra existencia.

Puede que una de las razones sea que muy pocos nos ayudan a seguir soñando. Nuestra sociedad está hecha de tal manera que casi nadie se preocupa por los sueños de los demás.

Podemos vivir de una manera diferente, te lo aseguro. En la Biblia Dios nos dice que podemos ser "restauradores de senderos"* gentes que sepamos animar y ayudar a aquellos que por cualquier razón se hayan apartado de su camino. ¿Estás recordando ahora a alguno? ¡Piensa en tus amigos! Haz un breve repaso a la gente que conoces y medita... ¿Hay alguien que haya abandonado la ilusión de su vida por haber recibido demasiadas críticas y ninguna ayuda?, ¿conoces alguno con el corazón herido por el paso del tiempo sin que su trabajo haya servido (aparentemente) para nada?, ¿recuerdas algún amigo que perdió sus sueños en la feria cruel de las incomprensiones y las burlas?... ¿porqué no ayudas a restaurar su sendero?

Es lo mejor que puedes hacer por otros: Ayudarles a comprender quienes son y el lugar trascendental de sus vidas. Si puedes hacerlo, no dudes más, ser restaurador de sueños es uno de los trabajos más importantes que podemos llevar a cabo.

Y en el camino, estaremos trabajando para que se cumplan nuestros sueños también.

(*) Isaías 58:12

19 febrero

Siempre parece ser el triste destino de muchos grandes artistas: Beethoven, quizás uno de los mayores genios de la música, murió sólo, pobre, sordo, sin amigos y con muchos problemas económicos. Pocas horas más tarde, casi 200.000 personas acompañaban sus restos mortales. Gente que apreciaba su música y su talento. Gente que le quería... pero que no supo ayudarle cuando él lo necesitó.

Desconozco si Ana María Crack estaba pensando algo así cuando compuso una de sus odas. Llegó a ser famoso aquel estribillo que decía:

"Quiero que me den las flores, Señores,
Antes de mi funeral"

Tiene razón. Yo jamás entendí como era posible llenar un féretro de flores, cuando horas antes pocos se habían preocupado por la persona que estaba en el ataúd. Pocos vinieron a visitarle, escucharle, animarle o simplemente ayudarle en los últimos momentos de su vida. Y eso (desgraciadamente) ocurre muy a menudo. Loamos, contamos y no paramos de ponderar las virtudes de la persona difunta... y quizás jamás en su vida le hemos dicho una sola palabra agradable. ¿De qué sirven las flores que le enviamos después? ¿Lo hacemos por culpa de nuestra conciencia?

Voy a proponerte algo, y sé que no te dejarás llevar por la impresión de que estoy hablando de una manera un poco "fúnebre". No esperes al funeral de la gente que conoces para agradecerles lo que han hecho por ti, o para ayudarles en un momento difícil. Quizás lo más importante que puedes hacer hoy es ser agradecido. ¡Sí!... ¡Vamos! Haz una lista: Piensa en quién te haya hecho algún bien durante este año; piensa en quién es amigo/a de verdad; piensa en tu familia, en los que han pasado trabajo contigo.

¿Ya? Pues INMEDIATAMENTE, llámale o escríbele para darle las gracias. Haz una nota cariñosa para que sepa lo que ha significado en tu vida... y hazlo siempre que puedas, desde hoy en adelante. NO dejes las flores para entregarlas en el funeral, regálalas hoy con la mejor sonrisa de tu corazón.

para los que buscan algo más
salmo 25

20 febrero

A Elton John se le considera uno de los cantantes románticos más influyentes en la juventud mundial de los últimos 30 años. Composiciones como "Sorry seems to be the hardest Word" le han llevado al número uno en múltiples ocasiones... De la misma manera que el dinero y la fama le llevaron a un estilo de vida desenfrenado y problemático, en el que la bulimia, el alcoholismo, el sexo, y la cocaína casi le destruyen por completo. Recientemente declaraba que "Es bueno que la gente sepa lo imbécil que puede ser uno de sus ídolos", refiriéndose a sí mismo, y por si eso fuera poco, también comentaba en cuanto a su afición por la droga: "La coca es el caramelo del diablo".

Muchas veces las personas crean ídolos para alejarse de Dios. Y sus ídolos son hombres y mujeres de carne y hueso, que en muchas ocasiones les enseñan caminos de destrucción y muerte. Aún así, en la mayoría de las ocasiones, todos lo hacen de "buena voluntad". No es extraño, porque el hombre se ha hecho a sí mismo su propio dios para no tener que dar cuentas a nadie. El hombre crea su propia moral para vivir a su antojo sin importarle las consecuencias o los peligros. Como tontos rechazamos todo aquello que tenga que ver con lo trascendente, con el Creador del Universo, con el Dios único que nos ama, nos comprende y se preocupa por nosotros.

Nuestra rebelión es irracional porque despreciando a Dios, abrazamos lo que nos destruye.

Nuestra rebelión es imbécil porque dejamos de lado la vida, la alegría, el gozo, la paz, el placer y la ayuda a los demás, mientras aceptamos caramelos diabólicos que nos arrastran cada vez más a nuestra propia miseria.

Nuestra rebelión es fatal, porque muy pocos son capaces de salir "ilesos" de las consecuencias de sus juegos.

Y el problema es que un día llegará el fin, y entonces ¿Qué?... "¿En quién confías para rebelarte contra mí?, dice Dios"*.

No te preocupes por quienes puedan estar siguiendo los demás. No creas que vas a ser más feliz confiando en personas destruidas por los caramelos del diablo. Si quieres ser inteligente, deja de hacerte ídolos inútiles y confía en tu Creador. Si quieres disfrutar de la vida, busca el cariño de quién te conoce perfectamente y es capaz de hacerte feliz.

Tu corazón puede sentirse completamente tranquilo confiando en el único digno de toda confianza. No necesitas rebelarte contra El, sino todo lo contrario, descansar en Sus brazos.

(*) Isaías 36:5

para los que buscan algo más
salmo 26

21 febrero

Annie Johnson Flint fue la autora de más de 6000 himnos y canciones gospel, muchas de las cuales son cantadas hoy en Iglesias evangélicas por todo el mundo. Annie era huérfana, y la mayor parte de su vida sufrió una artritis crónica, que le impedía llevar una vida "normal". En los últimos años de su vida padeció un cáncer, pero lejos de llenar su vida de tristeza, compuso uno de sus himnos más conocidos:

"Dios da más gracia cuando aumenta las cargas...
A mayores aflicciones, mayor misericordia.
Si las pruebas son muchas mayor es la paz"

Se han escrito muchas cosas sobre el sufrimiento. Personalmente he leído casi un centenar de libros en los que se explicaban las razones para sufrir, las verdades psicológicas, bíblicas, o sociológicas por las que sufrimos. Tengo que reconocer que no me han ayudado mucho.

Algunos hablan de una actitud que aprende a "soportar" todas las cosas, sin salir del sufrimiento, pero demostrando que somos "buenos cristianos". Otros te dicen que tenemos que pasar por encima de todas las cosas y vencer. Ver la vida de una manera diferente. Otros van aún más allá y enseñan que si sufrimos es porque hay algo que anda mal en nuestra vida, y que los culpables de nuestro sufrimiento somos nosotros mismos.

¿Sabes? La mayoría de las veces, lo que necesitamos es llorar, sencillamente, y decirle al Señor todo lo que hay en nuestra alma. Aunque no entendamos nada. Aunque a veces nos dé la impresión (¡Nunca es cierto!) de que nadie nos escucha.

Cuando sufrimos, lo que necesitamos no son explicaciones, sino a una persona, nuestro Padre celestial. Como nuestros hijos nos buscan cuando tienen dolor, no para que los curemos, ni para que los llevemos al médico, sino para que los abracemos, para que los consolemos, para que estemos con ellos mientras sufren. Si el llanto de nuestros hijos nos conmueve a nosotros, ¡Cuánto más no conmoverá el corazón de Dios nuestro sufrimiento! A Dios no le preocupa nuestra ira, sino nuestra indiferencia. No teme los arrebatos de palabras contra El, lo único que le entristece es nuestro silencio. No nos echa en cara jamás nuestras lágrimas, lo que nunca puede comprender es que le demos la espalda.

Dios nos da mayor gracia. Dios pone paz en nuestro corazón porque sabe exactamente lo que estamos pasando. Sufre con y por nosotros... Eso es lo más grande del sufrimiento.

para los que buscan algo más
salmo 43

22 febrero

Una de las películas de terror más conocida a finales de los años noventa fue producida por una compañía filial de la "Disney". Se titulaba "Scream". La película comienza con el asesinato de una chica joven. El asesino destripa el cadáver y lo pone en un lugar en el que la madre puede encontrarlo. Esos son los primeros fotogramas cruentos y salvajes de uno de los filmes favoritos de muchos jóvenes. Más tarde vendrían "Scream 2" y "Scream 3", también de la Disney. La verdad es que muchos se quedaron impresionados por el hecho de que la violencia, el terror y el salvajismo fuese patrocinado por una compañía en la que la mayoría de sus productos son para niños, porque al final, aunque no nos guste reconocerlo, esos modelos son los que los niños aprenden.

Hay mucha gente en nuestra sociedad que cree que nada ni nadie puede detener a la gente violenta. Aparentemente viven con la falsa seguridad de que el mundo les pertenece. Y lo más triste es que situaciones violentas no sólo son "exclusivas" de los que las exteriorizan, sino que desgraciadamente gente "normal" puede estar acumulando una clase terrible de violencia dentro de sí mismos: la ira. Ira contra su familia, contra las circunstancias, contra el trabajo, contra otras personas, contra Dios…

Las señales de la ira están siempre muy cerca de nosotros. Piensa por un momento:

- Violencia en la mente
- Fuego lleno de odio en los ojos
- Un corazón malvado
- Las manos apretadas
- Los dientes apretados
- Los deseos de venganza
- Las reacciones descontroladas
- Las palabras crueles
- Los golpes desesperados

Y cuando estamos a punto de estallar, siempre hacemos cosas de las que luego nos arrepentimos. Por eso escribí alguna de las características, para que al reconocerlas en nosotros, INMEDIATAMENTE abandonemos la ira. Porque ¿Sabes? TODOS van a tener que pagar por la violencia, la sangre, la destrucción que han ocasionado. Y las palabras de Dios suenan como una terrible amenaza que se va a cumplir: "Trae tus argumentos a ver si sales inocente"*

(*) Isaías 41:21

para los que buscan algo más
salmo 28

23 febrero

STOP. Un dúo admirado por casi todos STOP. Carpenters STOP. Una de sus mejores canciones STOP. "Yesterday once more" STOP. El motivo de la canción: Las melodías son como viejos amigos que vuelven a estar con nosotros y nos devuelven la ilusión y la fantasía. Las que nos hacen llorar con sus historias... Esas melodías que aprendes de memoria y que con el paso de los años todavía están pegadas al corazón. STOP Los dulces recuerdos que llenan nuestra mente cuando dejamos de estar obsesionados con la vida real. STOP

¿Te han enviado algún telegrama así? Normalmente sólo nos ponemos en contacto por este medio cuando algo urgente debe ser comunicado (y generalmente también no suelen ser buenas noticias). Pues bien: los recuerdos deberían ser alimento permanente al menos una vez al mes. Como si de una receta médica se tratase. Porque si no somos capaces de endulzar nuestro corazón con algo bueno del pasado, nos perdemos lo mejor de la vida.

¿Quieres que te deje pensar? ¡Mejor dicho recordar!, porque recordar es volver a pasar las cosas por nuestro corazón...

- Recuerda los momentos más felices de tu infancia
- Todo lo que tus padres hicieron por ti
- Las canciones de tu niñez (y adolescencia si ya has llegado)
- Las personas queridas
- Los amigos
- Los lugares más bonitos que has visto
- Los acontecimientos que han marcado tu vida
- Las bendiciones que Dios te ha dado
- Los juegos y las risas
- Los viajes, las buenas conversaciones, los días en la naturaleza
- Los paseos, las historias, el mar...

Seguro que aún te quedan muchas cosas que recordar. Lo mejor que podrías hacer hoy es abandonar la maldad que muchas veces asoma por nuestro corazón, y llenar el día de agradecimiento y recuerdos. Puedes volver al ayer una vez más, sin dolor y sin odio. Sólo llenando el día de buenos recuerdos.

(*) juan 8:29

para los que buscan algo más
salmo 29

24 febrero

Charlotte Elliot era una mujer sola y despreciada por la sociedad en la que vivía. Su inmovilidad en una silla de ruedas le hacía pensar (a ella y a los que la rodeaban) que era poco menos que un estorbo. Además, la época en la que le tocó vivir (hace más de 100 años) fue cruelmente injusta con las mujeres. No sólo en el trato, sino incluso en el aprecio. Muchos pensaban entonces que la mujer era poco más que un ser con no demasiadas luces.

Y Charlotte se sentía una inútil. Su vida no tenía ningún sentido, ni para los demás ni para ella misma. Estaba inmóvil, dependía de los que vivían cerca de ella para casi todo, y no podía hacer ningún trabajo que mereciese la pena. Su futuro era tan poco halagüeño, que pedía a Dios que le quitase la vida... ¡si se podía considerar que aquello era vivir!

Una vez alguien le dijo que Dios la amaba, y eso le causó risa. No podía entender que Dios se preocupase por una inútil como ella. Sin embargo no lo olvidó, y día tras día aquellas palabras fueron llegando al fondo de su corazón. Una noche, llorando de emoción le habló a Dios y le dijo que venía a Él tal como era. Que ella se sentía una inútil, pero así quería acercarse a Dios... No podía ir a ningún otro lugar.

Y aquella oración se convirtió en una canción. Dios le dio una melodía que más tarde cantaron en la Iglesia... y que con el tiempo se ha convertido en la canción más importante sobre el amor de Dios, de los últimos 50 años. Miles de personas en todo el mundo han encontrado sentido a sus vidas llegando a conocer a Dios, al escuchar aquella hermosa melodía... "Tal como soy"

"Tal como soy sin más decir,
Que a otro, yo no puedo ir
Y Tú me invitas a venir
¡Bendito Cristo, heme aquí!

Tal como soy, sin desmayar
Del mal queriéndome librar
Me quieres siempre Tu salvar
Bendito Cristo, heme aquí"

La canción que ha tocado más vidas, la canción con la que más personas en toda la historia han llorado y han reconocido su necesidad de volver a Dios, la canción más importante para miles de personas... Nació del corazón de una mujer sola, y a simple vista, inútil.

(*) Juan 8:32

para los que buscan algo más
Juan 3

25 febrero

"Se está arrimando un día feliz...
Se está acercando un día de Abril,
Se va a arrimar
Para finales de Noviembre.
Se está arrimando un día de sol
Un día de duendes en añejo (...)
Un día feliz que está llegando" (1)

Gran parte de los días son como empiezan. Y muchas de las cosas que nos ocurren dependen de nuestra actitud hacia ellas. Es cierto que hay días terribles, donde el mal nos sacude y hagamos lo que hagamos, todo parece ir a peor por momentos... pero suelen ser las excepciones.

Por eso debemos dar trascendencia a las decisiones que tomamos cada día, cada mañana al despertar, en cada momento de nuestra existencia. No podemos dejar que la vida pase de cualquier manera, como si no fuese con nosotros, como si en vez de pasar nos estuviera atropellando. Se está arrimando un día feliz, lo que hoy ocurre puede ser completamente nuevo... ¡Nuestra vida puede ser diferente!

Cada día está lleno de oportunidades para demostrar la confianza que tenemos en nuestros valores, nuestras actitudes, nuestras metas, nuestros propósitos. En cada momento podemos elegir nuestras reacciones a todas las circunstancias. Conforme pasan las horas podemos sentir la seguridad de nuestros principios si los basamos en la Palabra de Dios.

Y todo esto debemos hacerlo paso a paso. Sin miedo. Sin temor a lo que pueda venir o lo que pueda pasar. Con la certeza de que nuestra manera de ver las cosas es diferente porque también estamos delante de un día diferente. No te quedes desesperado en tu cama esperando a que el día pase, o pensando que mejor sería no levantarse. Abre los ojos al nuevo día y sé agradecido/a. Vive a pleno pulmón sabiendo que cada experiencia es nueva y siempre puedes enriquecerte con ella. Espera que llegue un día de Abril en pleno Noviembre... porque quizás va a ser así.

Y por favor, no te unas al coro de desanimadores frustrantes que aguardan a que la nueva mañana llegue para encontrarse con problemas y dificultades antiguas. Que ellos les den la bienvenida, si es que no saben vivir sin su compañera "amargura". Para ti, se está arrimando un día feliz.

(1) "Se está arrimando un día feliz", de "Yo doy una canción" Silvio Rodríguez; fonomusic, 1991

para los que buscan algo más
salmo 31

26 febrero

A veces, incluso con nuestras mejores intenciones, no somos capaces de prevenir lo que puede ocurrir en el futuro. Le ocurrió a Mimi Stanley, la madre adoptiva del famoso John Lennon: Un día le echó en cara a su hijo: "No tengo nada en contra de la guitarra, pero nunca vas a vivir de ella". Curiosa profecía, porque quizás nadie llegó a ganar tanto dinero con la música como el famoso (ya fallecido) ex Beatle. Sólo los derechos de autor que recibía cada año sobrepasaban varios millones de dólares.

Hay una semilla que tenemos casi siempre escondida en el fondo del corazón y es nuestra incredulidad. Dejamos de hacer cosas en ocasiones por culpa de lo que (creemos) va a ocurrir en el futuro... o mejor dicho, de lo que no creemos. Por esa razón son tan importantes los amigos que saben animarnos y que, parece, tienen la sensación de que algo grande puede ocurrir en nuestra vida. Porque ellos son los que nos alientan para no abandonar.

¡Es cierto! Incluso a veces tenemos la certeza de que algo bueno va a ocurrir, pero no lo aceptamos por incredulidad. Tenemos miedo de que alguien se burle de nosotros, de que puedan decir que "caímos" en la trampa... y mientras, el mundo se traslada a las manos de los que creen, de los que se atreven, de los que deciden correr riesgos. A veces controlados, pero riesgos al fin y al cabo.

¿Sabes lo más terrible? Estamos tan acostumbrados a nuestra incredulidad, que la manejamos con destreza cuando nos enfrentamos a Dios. Y eso sí que es serio. Hace miles de años, un especialista en incredulidad formuló la frase lapidaria que muchas veces nos define a todos: "Aún si Dios abriera ventanas en el cielo, no podría suceder lo que has dicho". ¡Qué barbaridad!... Nada puede herir tanto a una persona como no creerle. Nada puede insultar tanto a alguien como dejarle por mentiroso, y sin embargo... ¡Nosotros no creemos a Dios! ¡Y a veces le dejamos por mentiroso!

Mira en tu vida: en lo más hondo, en las decisiones de vida o muerte... ¿Crees a Dios? ¿O aunque vieses ventanas en el cielo no lo creerías?* Terrible, porque cuando nos enfrentamos a Dios con nuestra incredulidad, nos estamos jugando la vida. Y no tanto porque Él nos odie, sino porque rechazamos de plano todas sus promesas y dejamos de confiar. .

Sería mucho mejor confesarle nuestras dudas y descansar en su cariño. ¿No crees?

(*) mataquías 3:10

para los que buscan algo más
salmo 34

27 febrero

Carlos Gardel y Alfredo Lepera formaron uno de los dúos de compositores más felices para la lengua castellana. Aunque Carlos cantaba, el mérito de las canciones lo tenían los dos. La más representativa en todo el mundo fue "Volver"

"Sentir que es un soplo la vida
Que veinte años no es nada,
Que febril la mirada
Errante en las sombras
Te busca y te nombra,
Volver con la frente marchita
Las nieves del tiempo
Platearon mi sien" (1)

Difícilmente se podría expresar de una manera más poética la vuelta junto a un ser querido después del paso del tiempo... pero ¿y si aquel o aquella por quien volvemos ya no está, o ya no nos espera?

Es bueno tener esperanza en nuestros semejantes. Es preciso confiar en alguien y dejar que el tiempo fortalezca esa confianza. Incluso puede tocar nuestro corazón la historia de quien ha permanecido día tras día esperando, aunque las nieves del tiempo platearan su sien. Pero desgraciadamente no siempre es así. A veces los regresos quedan llenos de desaliento, y entonces... no debemos olvidar que sólo hay uno que jamás nos abandona, sólo hay "una esperanza que no desilusiona"*, y es la confianza de estar en las manos de Dios: la certeza de volver a Dios en cualquier momento de nuestra vida.

Si tienes que empezar de nuevo, toma fuerzas e ilusiónate en la esperanza de que hay un futuro para ti. Lucha por los tuyos, aún en contra de recuerdos infelices o situaciones difíciles que te hacen dudar en cuanto al pasado. Busca el perdón sobre todas las cosas, porque la vida es demasiado corta como para gastarla en venganzas o amarguras. Vuelve una y otra vez junto a quienes necesitas recuperar, no te preocupes si el tiempo ha pasado, nunca es tarde para perdonar y restaurar.

Pero sobre todas las cosas, vuelve a tu Creador, a Dios, porque con Él, el futuro es eterno. Y a la luz de la eternidad si que es cierto que veinte años son nada.

para los que buscan algo más
romanos 5

28 febrero

Uno de los videoclips más impresionantes de la historia de la música pop es el de la canción "Nothing compares to you" de Sidnead O´Connor. La composición habla sobre las heridas del amor, y en varios momentos del clip, la cantante aparece llorando. La canción era de Prince, pero nadie la había querido porque parecía que no sería comercial. Un día, una copia de la canción cayó en manos de Fachtna O´Ceallaigh, la pareja de Sidnead que estaba lanzando su carrera musical, y él produjo la canción. Un mes antes de grabarla se separaron, y la cantante se fue con el batería.... Esa es la razón de las lágrimas sinceras en el videoclip, al cantar "Nada se compara a ti".

Las canciones de amor siempre han sido un punto de referencia a lo largo de la historia de la música. Ningún otro tema ha movido a más gente para escribir hermosas melodías, que el amor. Y es que el amor toca todas las esferas de la personalidad: emoción, sentimientos, voluntad, inteligencia, sentidos... Cuando estamos enamorados, nada escapa a esa sensación, nada queda fuera del sentimiento de primavera interior que lo llena todo. ¿Recuerdas la poesía de Quevedo definiendo el amor?

"Tras arder siempre, nunca consumirme
Y tras siempre llorar nunca acabarme
Tras tanto caminar nunca cansarme
Y tras siempre vivir, jamás morirme
Después de tanto mal, no arrepentirme
Tras tanto engaño, no desengañarme
Después de tantas penas, no alegrarme
Y tras tanto dolor nunca reírme
En tantos laberintos no perderme
Ni haber tras tanto olvido, recordado
¿Qué fin alegre puede prometerme?
Antes muerto estaré que escarmentado;
Ya no pienso tratar de defenderme
Sino de ser de veras desdichado"

Vivir enamorado es una de las mejores cosas que nos pueden ocurrir. Pero no es un sentimiento que desciende del cielo tocado por felices flechas de ángeles juguetones. Quizás conocemos así al amor cuando nos lo presentan, pero si queremos entablar una relación duradera con el verdadero cariño, necesitamos llegar a palabras mayores.

Amor tiene que ver con sacrificio, con decisión, con horas y días de disciplina y cansancio; con manos llenas de paciencia y bondad, con sueños acabados y lágrimas de dolor... y aunque todo merece la pena porque el amor es lo único que llega a mantenerse por encima de todas las circunstancias, siempre es a costa de renunciar a muchas cosas, de luchar para que no llegue el final. Eso es el amor.

para los que buscan algo más
1 corintios 13

29 febrero

El Dvd es uno de los inventos modernos más apreciados por todos aquellos que disfrutamos con la música y la imagen. Puedes ver conciertos y películas en versión original, la traducción en diferentes lenguas y un sin fin de extras, subtítulos, canciones, etc. en un solo disco. A pesar de todo, tengo que reconocer que una de las secciones que más aprecio es "Cómo se hizo", normalmente con los comentarios del director del film. En algunas películas históricas o de aventuras y en aquellas tienen efectos especiales, siempre es impresionante ver cómo han tenido que colocarse las cámaras, los extras, los decorados, los efectos visuales, etc. Casi siempre, para una película que apenas dura una hora y media, han tenido que pasar una docena de meses entre grabación, montaje, recursos etc.

Cuando nosotros vemos el dvd y disfrutamos de la película pueden pasar sólo unos minutos. A muchos les encantaría que las cosas salieran así ya, tal como aparecen, pero es imposible. El trabajo es inmenso. El derroche de tiempo, dinero, recursos y fuerzas en muchos casos es extraordinario. Nada que merezca la pena aparece "como por arte de magia", hay que invertir mucho para que todo salga bien.

Todos saben que en la vida es así también, pero muchos intentan alcanzar el "éxito" de otra manera. Te aseguro que no sé a quién se le ocurrió la frase, pero es genial: la "ley del mínimo esfuerzo". Puede que sea una de las leyes más respetadas hoy. Dentro de la bien llamada "cultura del pelotazo", las normas son: Subir lo más alto posible haciendo la menor cantidad de trabajo. Y sin sufrir en absoluto, claro. Es el tipo de oficio que todos quieren tener.

De esta manera muchos se han encontrado con dinero calentito entre las manos... Después de un buen golpe de "suerte" en el llamado mundo de los negocios y muchos otros se han quedado con las mismas completamente llenas de "nada". Si lo único que decide lo que tenemos o no, es un simple "pelotazo" y muy poco trabajo, mal asunto.

La pereza es uno de los males mayores de nuestra vida, porque te ataca y te lleva a la cama completamente sano. "Te cruzas de brazos para dormir mejor"* es una definición perfecta de los seguidores de la ley del mínimo esfuerzo. El problema es que nada bueno sucede cuando duermes, porque en lo mejor del sueño siempre alguien te despierta. Y es que la vida es mucho más que sueños perezosos.

¡Piensa en quién eres! ¡Deja de seguir los dictados de la ley del mínimo esfuerzo, y ponte a trabajar! ¡Enséñanos a todos el talento que Dios te dio, porque necesitamos disfrutarlo! Y de paso, tú mismo/a tendrás mucho más significado en tu vida. Porque la pereza da a luz hijos muy desgraciados, terriblemente infelices.

(*) proverbios 24:33

para los que buscan algo más
daniel 1

1 marzo

El dúo "Ella baila sola" comenzó a despuntar en España y otros países de América latina a finales del año 1996. Sus canciones estaban llenas de armonías vocales y de letras que hacen pensar. Una de ellas es la titulada "Yo de mayor quiero ser mujer florero" (compuesta por Marilia A. Casares) en la que menciona de una manera sarcástica, la situación de muchas mujeres en el día de hoy...

"Yo de mayor quiero ser mujer florero
Y por la noche te haré la cenita
Mientras ves el partido o alguna revista
Y hablaré sin parar de mi día casero
Tú no me escuchas ni me miras...
¡Ay! ¡Cuánto te quiero!" (1)

El primer gran enemigo de muchas personas es su propio egoísmo, su orgullo y su arrogancia. Es demasiado duro decir esto así, pero la verdad es que sólo vemos aquello que nos satisface a nosotros, y pocas veces somos capaces de pensar en los demás. Como los maridos que describe esta canción, gran parte de la humanidad vive sólo para sí misma sin preocuparse de ninguna otra cosa.

El grave problema es que el egoísmo influye en todo lo que somos. Influye en nuestro cuerpo: no hay que olvidar que el cáncer no es nada más que células egoístas que dejan a un lado lo que están haciendo para vivir "a su aire". Influye en nuestro espíritu: no somos capaces de hacer ninguna otra cosa que no sea lo que nos conviene a nosotros. Influye en nuestra mente: lo que pensamos tiene que ver continuamente con lo que nosotros somos y tenemos... y por último, influye también en nuestra conducta: ¡No necesito explicar mucho en cuanto a reconocer a una persona egoísta!.

Egoísmo, orgullo, vanidad... El primer grave problema con el que se enfrenta nuestro Universo. Y lo es, porque el orgulloso no admite ninguna solución a su vida "perfecta", y el vanidoso jamás quiere admitir que pueda estar equivocado. Y mientras, regamos todo el orgullo y la vanidad del mundo con un egoísmo fuera de lo normal. Y así nos luce el pelo. Y así la humanidad se desata en problemas irresolubles en cuanto a los que sufren o los que no tienen nada. Y desgraciadamente, en un día no demasiado lejano, parece que el egoísmo del hombre le llevará a la destrucción del mundo.

(1) "Ella baila sola", Hispavox 1996

2 marzo

Bobby Cruz y Richie Ray, son dos músicos centroamericanos, que desde 1965, alcanzaron varios éxitos con un estilo nuevo tropical, que llegó a todas las partes del mundo. En Venezuela, un locutor les preguntó cómo era su estilo, y ellos dijeron que era como el ketchup, la salsa de tomate que se le echa a ciertas comidas para que les dé sabor... Desde entonces, su estilo se llamó "salsa" y ellos fueron denominados los reyes de la salsa. Hoy son creyentes, y hacen "salsa" cristiana.

Me gusta como es Dios. Todo lo que hizo tiene sentido, y además le añadió una dosis de "diversión y alegría" a lo que es nuestra vida. Por ejemplo el sexo como medio para tener hijos. Otro caso, comer para vivir, o pasear y al mismo tiempo disfrutar de la naturaleza; tener amigos y ayudarlos, etc. Todo lo que tenemos que hacer no sólo es agradable, sino que podemos hacerlo con gusto. Dios es alguien inmensamente feliz y divertido.

Todas las cosas bonitas que existen en la vida las ha creado Dios. Todo lo digno de elogio, lo agradable, lo que merece la pena, lo que nos hace disfrutar de verdad, lo amigable y amistoso, todo lo que admiramos de la naturaleza... lo ha creado Dios. Él es el ser más extraordinario que existe, y quiere que todos disfrutemos de una vida llena de significado, plena, feliz.

Jesús mismo lo predicó una y mil veces: "Yo he venido para que tengáis vida, y la tengáis de una manera abundante"*. Mucha gente vive de cualquier manera. Mucha gente intenta buscar placeres inmensos que sólo traen dolores de cabeza. Hay gente que subsiste intentando comprender la razón de lo que le sucede, para desesperarse en el momento de la calma.

Si quieres emociones de verdad, búscalas en quién las creó. Si quieres aventuras, habla con el que diseñó la naturaleza. Si quieres vida abundante, Jesús puede dártela. Todo lo demás son imitaciones frustrantes y sin sentido.

En el mismo versículo dice que hay quien quiere matarte, robarte y destruirte, aunque lo disimule muy bien; Jesús mientras, sigue ofreciéndote vida, y vida en abundancia. Tú tienes mucho que vivir todavía. Necesitas hablar con Dios. Necesitas abrir tus ojos a tu propia belleza y a la belleza de lo que te rodea: necesitas recibir la vida que sólo Dios puede dar.

(*) juan 10:10

para los que buscan algo más
juan 10

3 marzo

El 3 de Febrero de 1959 fue una fecha marcada por la tragedia. De acuerdo a la composición "American Pie" de Don McLean, ese fue el día en que "La música murió". A los 22 años, Buddy Holly (uno de los grandes del rock) moría en un accidente de aviación junto a Big Bopper y Ritchi Valens, dos de los mejores compositores de la época, y también veinteañeros como Buddy.

Uno de los problemas interiores más importantes del hombre de hoy, es el temor. El miedo a muchas situaciones diferentes, pero sobre todo temor a lo desconocido, y por supuesto, a la muerte. Nadie ha logrado desde una posición seudomoderna (filosófica, social, o científicamente hablando) construir una fuente de consuelo que amortigüe los golpes que el temor y el dolor dejan en lo profundo de cada persona. Y no se logrará tampoco en el futuro. En cierta manera, el temor y el miedo gobiernan en muchas ocasiones en nuestra vida... ¡Incluso cuando todo va bien!... Siempre aparece esa rara sensación de "¿Y-si-pasara-algo-malo-ahora?".

Desgraciadamente, esos dos grandes temores aparecen en todas partes, el temor a lo desconocido y el temor a la muerte. Tenemos miedo de lo que no podemos controlar, y sólo nos sentimos seguros cuando todo está en nuestras manos ¿? Y eso todavía es peor, porque nos engañamos a nosotros mismos al sentirnos seguros cuando podemos controlar todo. A veces es en esos momentos cuando más inseguros vivimos.

Por eso el hombre moderno lucha porque quiere tener más cosas. Cuanto más cosas sabe y tiene en sus manos, más seguro está. Olvida que hace muy poquito tiempo, Einstein confesaba que el hombre conoce a lo sumo un 8 ó 9 % del Universo... ¿Y qué vamos a hacer con el 90 por ciento restante?

Miedo a lo desconocido, y miedo a la reina de los desconocidos, la muerte. Si poco sabemos de ella, ¡mucho menos conocen algunos sobre lo que hay después! ¡Eso sí!, hacemos todo lo posible por ocultarla y vivir felices mientras no llega. ¡Y esa sí que es buena! Nos parecemos demasiado a aquel hombre que iba cayendo desde un gran rascacielos a una muerte segura en el suelo, pero en su caída decía: "Por ahora todo va bien, aún no me ha pasado nada".

Es hora de que busques una Biblia y te pongas a leer sobre lo que REALMENTE hay después de la muerte. Deja de escuchar a sabihondos inútiles que te dicen que todo eso son cuentos de viejas. Te llevarás la gran sorpresa de tu vida. Te lo aseguro.

para los que buscan algo más
salmo 26

4 marzo

El gran Antonio Flores popularizó en sus primeros tiempos como cantante un tema que reflejaba en parte lo que eran sus propios deseos. Realmente la canción es una gran obra, y nos puede ayudar a recordar algunas cosas importantes.

"Si pudiera olvidar todo aquello que fui,
Si pudiera borrar todo lo que yo vi. (...)
Si pudiera explicar las vidas que quité
Si pudiera destruir las armas que usé
No dudaría, no dudaría en volver a reír
Si pudiera sembrar los campos que arrasé (...)
No dudaría, no dudaría en volver a reír.
Prometo ver la alegría escarmentar de la experiencia
pero nunca, nunca más usar la violencia" (1)

Aunque sólo las almas sensibles se dan cuenta del mal que pudieron haber hecho, los sentimientos de culpa son algo común en casi todas las personas del mundo, por lo menos en algún momento de su experiencia. Sí, el perdón es ese amigo anhelado que muchas veces tarda en venir, y por su "culpa" dejan de visitarnos la alegría, la paz, el ánimo e incluso las fuerzas. Todo esto nos falta cuando nos sentimos culpables, y sabemos (o por lo menos pensamos) que nadie puede perdonarnos.

El sentimiento de culpabilidad es algo que nos esclaviza y va poco a poco destruyendo nuestro corazón. Vivimos siempre con la necesidad de sentirnos y sabernos perdonados. Necesitamos la paz que da el tener nuestras cuentas a cero. Así podemos volver a reír... aunque en el fondo de nuestro ser siempre nos da la impresión de que no podemos volver atrás nuestro pasado.

Y claro que es cierto. No podemos regresar a las cosas que hemos hecho mal y rectificarlas... pero Dios tampoco nos pide eso. La Biblia nos enseña que cuando Dios nos perdona, olvida nuestra culpa... y es más, ¡Nos declara justos! ¡No recuerda nunca aquellas cosas que no fueron correctas! ¿Cómo? Muy sencillo, porque hubo alguien que pagó el precio a nuestro favor. El Señor Jesús.

Es como si Él hubiese cometido todo lo que nosotros hemos hecho. Es como si Él llevase consigo nuestras equivocaciones y fuese declarado culpable. Así es. Y así debes aceptarlo, porque el perdón sólo tiene lugar para aquellos que lo quieren.

Y a partir de ahí, puedes volver a reír.

(1) "Las cien mejores canciones del verano" arcade 1997

para los que buscan algo más
salmo 38

5 marzo

Un famoso maestro se encontró frente a un grupo de jóvenes, que estaban en contra del matrimonio. Los muchachos argumentaban que el romanticismo constituye el verdadero sustento de las parejas, y que es preferible acabar con la relación cuando éste se apaga, en lugar de pasar por la monotonía del matrimonio.

El maestro les dijo que respetaba su opinión, pero les relató lo siguiente:

"Mis padres vivieron 55 años casados. Una mañana mi mamá bajaba las escaleras para prepararle a papá el desayuno y sufrió un infarto. Cayó. Mi padre la alcanzó, la levantó como pudo y casi a rastras la subió en el coche. Se dirigió a toda velocidad hasta el hospital, pero desgraciadamente cuando llegó, mi madre ya había fallecido.

Durante el entierro, mi padre no habló, su mirada estaba perdida. Casi no lloró. Esa noche sus hijos nos reunimos con él. En un ambiente de dolor y nostalgia recordamos hermosas anécdotas. Él pidió a mi hermano teólogo que le dijera donde estaba mamá en ese momento. Mi hermano comenzó a hablar de la vida después de la muerte, conjeturó cómo y dónde estaría ella. Mi padre escuchaba con gran atención. De pronto pidió: "Llevadme al cementerio". "Papá" –respondimos– "¡Son las 11 de la noche! No podemos ir al cementerio ahora!" –Nos miró a todos con sus ojos mojados por la tristeza y dijo– "No discutáis conmigo por favor, no discutáis con el hombre que acaba de perder a la que fue su esposa durante 55 años".

Fuimos al cementerio y con una linterna llegamos a la lápida. Mi padre la acarició, lloró y nos dijo a sus hijos que veíamos la escena conmovidos: "Fueron 55 buenos años ¿sabéis? Nadie puede hablar del amor verdadero si no tiene idea de lo que es compartir la vida con una mujer así". –Hizo una pausa y se limpió la cara–. "Ella y yo estuvimos juntos en momentos muy difíciles, como cuando me echaron del trabajo" –continuó–, "Hicimos el equipaje cuando vendimos la casa y nos mudamos de ciudad. Compartimos la alegría de ver a nuestros hijos terminar sus carreras, lloramos uno al lado del otro la partida de seres queridos, oramos juntos en la sala de espera de algunos hospitales, nos apoyamos en el dolor, nos abrazamos en cada Navidad, y nos perdonamos el uno a otro un montón de veces"... "Hijos, ahora se ha ido y estoy contento, ¿sabéis por qué?, porque se fue antes que yo, no tuvo que vivir la agonía y el dolor de enterrarme, de quedarse sola después de mi partida. Seré yo quien pase por eso, y le doy gracias a Dios. La amo tanto que no quería que hubiese sufrido por mi".

Cuando mi padre terminó de hablar, mis hermanos y yo teníamos el rostro empapado de lágrimas. Lo abrazamos y él nos consoló: "Todo está bien hijos, podemos irnos a casa; ha sido un día muy largo". Esa noche entendí lo que es el verdadero amor...... Dista mucho del romanticismo, no tiene que ver demasiado con el erotismo, mas bien tiene que ver con el trabajo y el cuidado que viven diariamente dos personas realmente comprometidas".

Cuando el maestro terminó de hablar, los jóvenes universitarios no pudieron debatirle. Ese tipo de amor era algo que no conocían.

para los que buscan algo más
salmo 39

6 marzo

El conocido actor Oliver Reed murió en el año 2000. Su última participación fue en la película "Gladiator" y durante la grabación tuvieron que rodar varias escenas después de su fallecimiento y cambiar parte del guión para que él no apareciese. Famoso por sus borracheras en los rodajes, Oliver dijo un día: "Lamento no haber bebido en todos los pubs del mundo". Murió de un ataque al corazón.

El célebre chiste "Bebo para ahogar mis penas pero el problema es que saben nadar muy bien" sería divertido si no fuese por los millones de personas que son víctimas del alcoholismo en todo el mundo. En España se dice que son varios millones. Hay muchas personas que no son capaces de parar de beber, gente para las que el alcohol es una parte imprescindible de su cuerpo, y que se están destruyendo poco a poco. Sea cual sea el motivo por el que se emborracharon la primera vez. Si normalmente cada día mueren en nuestro cuerpo unas diez mil neuronas, en una sola borrachera pueden llegar a ser varios millones. Un alcohólico vive cada día más cerca de su propio infierno.

El alcohol es uno de los mayores enemigos de los jóvenes. Desde muy temprana edad, atrapa en sus lazos a muchos, y no los abandona hasta la tumba. Y en cierta manera es curioso (aunque cruel) conocer las razones por las que los jóvenes beben. Fíjate en las primeras de la lista:

1. Beber para entrar o formar parte del grupo
2. Beber para "ser mayores"
3. Beber alcohol para atreverse a hacer cosas que uno no haría de otra manera
4. Beber para perder el control de uno mismo

Un engaño tras otro. ¡No puedo dejar de preguntarme cómo puede ser que tantos caigan en ese engaño! ¿Leíste las razones? ¿Alguien quiere aceptarte sólo si bebes alcohol? ¡Pues más vale que pases de él (o de ella)! ¿Qué amigo te obliga a destrozar tu vida para ser tu amigo?... ¿Beber para hacer cosas a las que no te atreverías? ¡Qué barbaridad! ¿Sabes cuántas veces lo lamentarás después? ¿¡Quieres llenar de lágrimas tu vida sólo por aparentar ser mayor, o por querer ser otra persona!?

"¡Hay de los que trasnochan para que el vino los encienda!"* ¡hay de ti si pones toda tu confianza en una sustancia! ¡hay de ti si la única manera en la que te sientes libre es siendo esclavizado por el alcohol! ¿Por qué no realizas tu primer y gran acto de libertad personal, abandonando lo que te destruye?

Hazlo ya.

(*) isaías 5:11

salmo 41
para los que buscan algo más

7 marzo

Los dos principales compositores de los Beatles, Lennon y McCartney dedicaron alguna de sus canciones a sus respectivas madres. John Lennon lo hizo con "Julia" que murió en un accidente de coche en 1958. Paul McCartney dijo repetidas veces que había sentido lo mismo que su compañero de grupo porque él también perdió a su madre por culpa del cáncer en 1956. A ella le dedicó "Yesterday", "Lady Madona" y "Let it be".

En el otro lado del "espejo" encontramos a una madre, Kim Boyce que en 1994 lanzó su CD titulado "By faith" (por fe) con canciones escritas por ella durante su embarazo. Su pequeño Gary creció en su vientre escuchando las melodías que su madre componía mientras tenía que estar (por razones de salud) dos meses en la cama.

Para recordar algún detalle más, y desde luego uno de los más importantes, la frase lapidaria de Abraham Lincoln: "Nadie es pobre si tuvo una madre santa". Y el hermoso texto de la Biblia dedicado por el padre de familia a su mujer: "Muchas mujeres hicieron el bien, pero tu las sobrepasas a todas"*.

En cierto modo, todos podríamos reconocer que ése es el papel de nuestra madre: la persona que nos ha dado todo lo que tenía y más... y que nunca ha regateado esfuerzos para hacernos sentir bien enseñándonos lo más importante de la vida. De alguna manera, todos seguimos siendo un poco niños durante toda nuestra vida, y vivimos recordando y disfrutando experiencias que hemos tenido cuando éramos niños.

En general, todos admiramos profundamente a nuestra madre, y todos le agradecemos a Dios haber venido a este mundo a través de ella. Yo no la cambiaría por nada del mundo, y supongo que tu tampoco, porque ésa es una de las bases más importantes de nuestro desarrollo como personas, aprender a ser agradecidos a quien lo dio todo por nosotros.

Quizás no somos lo suficientemente famosos como para dedicarle una melodía que llegue a lo más alto del "top", pero seguro que sí podemos dedicarle nuestro agradecimiento. Seguro que podemos decir las palabras que más endulzan el corazón de una madre. No tengo ninguna duda de que hoy mismo, si todavía no la has perdido, podrás llevar felicidad al corazón de quién te ha traído al mundo.

(*) proverbios 31:29

8 marzo

A veces, algunas personas relacionadas con el mundo de la música no son precisamente buenos ejemplos de casi nada. Es una pena que quienes tienen tanto poder para influir en los jóvenes, no sean personas que se preocupen de lo que ocurre en su vida, o por lo menos de lo que trasciende al exterior. Y no sólo es un problema para los músicos, sino para muchos otros "héroes" del mundo de hoy: deportistas, artistas, políticos, grandes financieros...

Hace bien poco, uno de los más grandes compositores del pop, Paul McCartney reconocía que uno de los problemas de su grupo (los Beatles) allá a mediados de los 60, era el consumo de drogas. Tanto, que incluso una de sus canciones, "Lucy in the Sky with Diamonds" estaba, de una manera semi-oculta, reconociendo el uso de alucinógenos en su trabajo. Fíjate en las iniciales del título, Lucy, Sky, Diamonds (LSD). "Soy padre de 4 hijos, y ahora es muy complicado hablar de esas cosas" afirmaba Paul.

¿Sabes? No nos gusta la palabra "pecado". La gente huye de ella como si se tratara de la peor enfermedad (y en cierta manera así es). Casi estoy seguro de que algunos de vosotros ya estáis pensando muy seriamente dejar de leer la historia de hoy. Y sin embargo, Dios habla y llama por su nombre a nuestro pecado. La Biblia enseña que pecar es transgredir, pasar el límite de algo que es correcto: esa es la palabra que se utiliza cuando nos dice que estamos "Muertos espiritualmente a causa de nuestras transgresiones"*. Y ese es el problema, que nos pasamos la vida traspasando límites que no debemos traspasar.

Cuando la gente consume más alcohol del que necesita y la sustancia pasa a dominar su cuerpo, ha traspasado el límite, y por lo tanto está pecando. Cuando algunos se introducen sustancias nocivas en su cuerpo y viven bajo los efectos alucinógenos de la droga, han traspasado el límite, y por lo tanto están pecando. Cuando otros viven destruyendo su propio cuerpo en placeres incontrolados y sexo fuera de lugar... están traspasando el límite, y por lo tanto, están pecando. Si hacemos daño a los demás o no somos justos en nuestro trato, traspasamos los límites y estamos pecando.

Y recuerda que el resultado del pecado siempre es la muerte. No el placer, las visiones celestiales o el calor etílico. Puede que consigas eso por algunos momentos, pero el final siempre es la muerte. No merece la pena. No debemos ser tan necios como para traspasar el límite: la verdadera alegría se encuentra en los momentos en los que aprendemos a disfrutar de la vida tal como la vida es. Sin sustancias extrañas. Sin engaños comunes. Sin alegrías alcoholizadas. Piénsalo: No traspases el límite. No juegues con destrucción

(*) colosenses 2:13

para los que buscan algo más
colosenses 2

9 marzo

Gary Guthre era un desconocido pinchadiscos de Lousville, que un día puso en la radio la canción de Barbra Streissand "You don´t bring me flowers" y se dio cuenta que estaba exactamente en el mismo tono que la versión del mismo tema que Neil Diamond había grabado hacía varios años. Al mezclar las dos, alternando la voz de cada uno en antena, miles de personas empezaron a buscar el disco. El único problema era que ese disco no existía. La casa Columbia iba a denunciar a Gary por su osadía cuando se les ocurrió la idea de que los dos artistas podían grabarlo juntos y así lo hicieron. El disco se editó, y sólo 10 días después era una de las canciones más escuchadas en todos los Estados Unidos.

Muchas cosas podríamos decir de esa feliz ocurrencia. En primer lugar, podría haber terminado mal la historia, porque todo estuvo a punto de acabar en una denuncia por parte de los implicados, que creían que se estaba haciendo algo ilegal con sus grabaciones. Afortunadamente, la casa discográfica reaccionó a tiempo (vieron el dinero, claro) y no pasó nada... pero ¡cuantas veces nosotros nos creamos enemigos por no parar un momento y razonar lo que está ocurriendo! Somos especialistas en tomarnos casi todo a la tremenda, y en nuestro pecado llevamos la penitencia, porque muchas veces nos perdemos lo mejor por ver enemigos en todas partes.

Otra cosa: no debemos despreciar a nadie. Quizás te puede servir este consejo para algo en el día de hoy, porque muy rápidamente desechamos a quien aparece a nuestro lado sin preocuparnos de que en algún momento puede ser parte de nuestra salvación. Juzgamos a todos de una manera rápida, y en muchas ocasiones nos equivocamos. "Este no", "aquel tampoco", "¡Huy, aquel otro con la pinta que tiene!"... Como nos creemos perfectos cerramos los ojos demasiado pronto.

Y así se nos escapan muchas oportunidades en la vida. Entre la poca paciencia y el mucho juicio. Entre enfados con unos y desprecios para otros. Y así nos va, aunque nos arrepintamos luego cientos de veces cuando ya no hay solución. Hubiera sido mucho mejor tener un poco más de amabilidad.

A propósito, tampoco se puede ser tan egoísta y estar pensando siempre en uno mismo. No veas a los demás solo con los ojos del "a ver que puedo sacarle a este". Lo mejor en la vida es comprometernos nosotros en ser la ayuda para otros. Lo más interesante es encontrar los discos que pinchar y hacer el favor a quién lo necesita. Así que, hoy mismo necesitamos pensar más en los demás y proponernos ayudarlos. Eso mola.

para los que buscan algo más
proverbios 4

10 marzo

Varias veces hemos mencionado algunos detalles de la película "Tierras de penumbra". La verdad es que es una de mis favoritas: la manera en la que trata la vida de C.S.Lewis y el problema del sufrimiento es magistral. Aún a pesar de todas las circunstancias, y de la muerte de la persona que más quería, C.S. Lewis nunca renunció a Dios. En varias ocasiones de su vida no fue capaz de entender lo que estaba pasando; el sufrimiento a veces parece que nos va a volver locos, pero aún así, siempre se aferró a su Creador.

Todos tenemos que reconocer que ésa es una de las mayores tentaciones de nuestra vida: abandonar a Dios por unos momentos, pensar que Él no está ahí, creer que no merece la pena seguirle. A veces nuestro propio sufrimiento parece un enemigo imposible de vencer, en otras ocasiones son las cosas que no entendemos las que nos alejan de Dios. Muchas veces renunciamos a nuestro Creador por algunos momentos cuando creemos que la presión es demasiado fuerte, cuando los demás nos señalan o cuando no sabemos contestar a algo trascendental que nos está ocurriendo.

Puede llegar a ser uno de nuestros mayores problemas: no querer que nos reconozcan, callarnos en una conversación porque no está de moda creer en Dios, renunciar a enseñar lo que hay en nuestro corazón porque los demás van a burlarse de nosotros o porque nosotros mismos no estamos seguros de que Dios nos está escuchando y defendiendo.

¿Y si Dios renunciase a nosotros también por unos momentos? ¿y si Él dejara de cuidarnos, sólo por unos instantes? ¿y si perdiéramos nuestro aliento o dejásemos de respirar porque queremos ser independientes de quién nos dio la vida? ¿y si el Creador sólo por un momento olvidara que nosotros existimos? ¿y si dejara de perdonarnos? ¿y si….? Podríamos hacernos miles de preguntas, pero la respuesta sería siempre la misma: Dios nunca hace eso. Dios no nos abandona ni por un solo instante. Dios no nos deja solos, no nos olvida ni se esconde.

Aún en los momentos más difíciles, siempre está ahí. A veces, incluso da la impresión de que no importa que nosotros le neguemos, Él permanece fiel. Siempre a nuestro lado, inquebrantable, como si esperara siempre el momento en el que podemos fallar para darnos el abrazo más grande. De hecho lo sabe. Sabe que nos dejamos llevar y caemos. Sabe que nos avergonzamos muchas veces. Sabe que nos callamos cuando no deberíamos hacerlo, pero su fidelidad no tiene límites.

Esa misma fidelidad nos ayuda a no fallar tanto como ayer. No somos perfectos, pero una demostración de amor tan grande va haciendo mella en nuestra vida y nos va rescatando poco a poco de todas nuestras debilidades. Aprendemos a vivir descansando en su fidelidad. Aprendemos a descansar seguros en la lealtad de nuestro Amigo con mayúsculas.

para los que buscan algo más
efesios 1

11 marzo

"Si te dijera amor mío
Que temo la madrugada (...)
No sé que estrellas son estas
Que hieren como amenazas (...)
Presiento que tras la noche
Vendrá la noche más larga
Al Alba, Al Alba
Quiero que no me abandones
Amor mío al alba..."

Durante el principio de los años 70, tres jóvenes fueron condenados a muerte en España por sus ideas políticas. Eran momentos difíciles para la libertad, y a pesar de la mediación de numerosas personas en todo el mundo, la condena fue llevada a cabo. Luis Eduardo Aute compuso una pieza que intentaba describir la sensación de uno de ellos, justo la noche anterior a que le fuera quitada la vida. Es el sentimiento de una muerte segura que llegará "Al Alba".

A pesar de lo que muchos digan, todos sentimos temor al pensar en esa madrugada. Todos vivimos con un ojo puesto en el más allá, enfocando el momento (cercano o lejano, nadie lo sabe) en el que nuestra vida terminará aquí. Y ese es un sentimiento universal: nadie cree que su vida se acaba. Todos tienen la esperanza de que de alguna u otra manera, haya una posibilidad de vivir para siempre. Una racionalidad más allá de lo espacial y lo temporal como la nuestra, parece que demanda algo así, y todos lo saben. Y no es extraño, la Biblia misma nos dice que Dios: "Ha puesto eternidad en el corazón de los hombres"* Y con ese sentimiento de eternidad vivimos.

Lo que es diferente es la manera cómo reaccionamos a esa llegada del Alba. La gran mayoría de la gente sólo puede tener temor, y es lógico: siempre existe ese miedo a lo desconocido. Sin embargo hay otros "condenados a muerte" que pueden dormir a pierna suelta, como el caso de Simón Pedro (libro de los Hechos, cap. 12 y v.7) cuando estaba en la cárcel. Y es curioso, porque cuando vinieron a rescatarlo (recuerda que también iba a ser ejecutado al día siguiente) tuvieron que despertarlo casi a golpes.

¿Cual es la razón de que alguien pueda dormir tranquilo la noche antes de su ejecución? No hay duda que es la certeza que puede vencer cualquier tipo de temor: saber lo que viene después. Y qué importante es que el mismo Señor Jesús certificase a sus discípulos que ellos iban a vivir con él para siempre. A propósito, esa promesa es también para todos los que estáis leyendo ahora. Y es una promesa que no cambia, la misma Palabra de Dios lo atestigua: Nuestro futuro está en Sus manos.

Yo he confiado mi vida a Aquel que es poderoso para conservarla más allá de la muerte. El temor al Alba no existe... ¿Y para ti?

(*) eclesiastés 3: 11. t e. aute "al alba" (LD aDuaRal aRiola 1978

para los que buscan algo más
juan 1

12 marzo

El llamado "Acid rock" nació a principios de los 80. En cierta manera, la gente quería tener las mismas sensaciones que sentía cuando estaba bajo los efectos del ácido lisérgico (LSD) pero con un estilo de música determinada. Y como era obvio que la música solamente no podía llevar a esas sensaciones, algunos componían melodías bajo los efectos del alcohol y la droga, y muchos otros las escuchaban también tomando alucinógenos.

Fue uno de los caminos tomados por muchos para intentar buscar sensaciones nuevas. Lo que un día se denominó como música psicodélica. Música para "viajar". Las consecuencias a las que se llegó por estas vías fueron terribles. Muchos jóvenes muertos por sobredosis, o por adulteración de la droga. Muchos otros con sus vidas destruidas por el alcohol... y miles de vidas truncadas por completo y confinadas a una silla de ruedas por los numerosos accidentes de coche ocasionados por el consumo de todas esas sustancias.

Hoy puedes encontrar en todas las partes del mundo, hospitales llenos de jóvenes que viven tetrapléjicos, inmovilizados y con sus vidas sin ningún significado por culpa de momentos de búsqueda de experiencias nuevas.

En cierto modo, es una ley que casi siempre se cumple: es nuestro mundo, cuanto mayor es la libertad, mayor es el sufrimiento. Mayor es la desgracia que viene encima del que quiere disfrutar una libertad absoluta yendo por caminos para los que no está preparado ni su cuerpo, ni su mente, ni su corazón. Mayor es el sufrimiento para el Creador, que permite que nosotros tomemos nuestras propias decisiones sin hacer caso a su Palabra... mientras vivimos también las consecuencias de nuestra desobediencia.

Dios permite al hombre (esa es la razón de su libertad) ir hasta dónde quiere. Y muchas veces el hombre traspasa con mucho los límites de lo que debería ser su propia conciencia. Y "disfrutando" de esa libertad muchos se han esclavizado a sustancias (drogas, alcohol...) y experiencias que lo único que hacen es destruirlos. ¡Ese es el fin de los que defienden la necesidad de vivir como quieren!

Y esa vida sin límites incluye a veces pasar por encima de quien sea. Piénsalo: el que adultera la droga para ganar más dinero lo hace en función de su propia libertad. De la misma manera argumenta el que utiliza medios violentos en el sexo. O el que dice obtener placer en el sufrimiento de otros... Y así puedes encontrar miles de ejemplos. Desgraciadamente.

Mientras, Dios sigue sufriendo porque ese es el precio de nuestra libertad, aunque un día Él imparta justicia en el mundo y tengamos que dar razones que expliquen lo que hemos hecho. El problema es que nosotros queremos seguir viviendo de espaldas a Él. ¡Aún cuando día a día demuestra su bondad con cada uno! ¡¡¡ Qué tontos somos !!!

para los que buscan algo más
proverbios 5

13 marzo

Sheena Easton llegó al numero uno cantando con Kenny Rogers una melodía titulada "We´ve got tonigh" ("Tenemos esta noche"). Básicamente la canción trataba el mismo tema de muchas otras: no nos importa nada de lo que ocurra en los próximos días, o incluso en nuestra vida si podemos disfrutar esta noche.

La canción ya tiene sus años, pero el tema y sobre todo el fondo moral que está detrás de sus palabras, es algo perfectamente actual. Muchos han defendido, defienden y defenderán en cuanto a su manera de actuar, aquel principio que dice: "Si te gusta, o te hace sentir bien, es bueno". Siempre nos queda esta noche, no importa lo que ocurra mañana. No te preocupes, todo vale: incluso deshacerse de lo que no conviene... Y puede que lo que no conviene sea uno mismo (para la otra persona) cuando la mañana llegue. Lo único importante es el momento. Lo trascendental es esta noche: Las consecuencias no existen, y el día siguiente menos.

Y lo triste del asunto es que esta manera de pensar no se detiene en placeres momentáneos o discusiones sobre principios éticos. No. El "Si te gusta hazlo, sin importarte las consecuencias" ha llegado a producir verdaderos monstruos en cuanto a la manera de vivir la vida. Y si no lo crees, fíjate: si una familia no quiere tener a su hijo, siempre puede matarlo (eso es el aborto). Si un abuelo estorba, siempre se le puede mandar a un asilo o al más allá (detrás de la eutanasia activa, hay algunas oscuras intenciones). No te puedes imaginar la cantidad de personas mayores ingresadas en los hospitales cuando llegan las vacaciones... "casualmente" casi siempre gente que "estorba" en los viajes de la familia.

Más tarde o más temprano, algunos de los más fervientes defensores del "Si te gusta hazlo", sufren en sus propias carnes las consecuencias de su propia filosofía. El problema es que nadie aprende en la piel ajena. El mayor peligro para todos es que esa filosofía se ha introducido hasta lo más hondo de la humanidad (desde luego a muchos les viene de perilla), y no hay forma posible de sacarla de ahí. Con el paso de los años asistiremos asombrados (y depende que caso, llenos de temor) a las nuevas consecuencias de una vida sin ninguna referencia a lo que Dios dice, o a las leyes que Él ha puesto en la naturaleza. Y lo peligroso es que ya no parece haber vuelta atrás.

para los que buscan algo más
proverbios 6

14 marzo

El día 24 de Junio de 1935 pudo haber sido una fecha normal para mucha gente, pero fue un día de luto para la música. En un accidente de avión en Medellín, el cantante tan querido Carlos Gardel, y su letrista Alfredo Lepera, encontraron el final de su vida. Su avión cayó sobre otro que intentaba despegar. Más adelante en las investigaciones se descubrió que el piloto del avión tenía un tiro en la nuca y una pistola en la mano: nadie supo lo que ocurrió. El caso es que todos los ocupantes del avión quedaron carbonizados.

"Nadie sabe lo que ocurrió". Desgraciadamente estas palabras se repiten muchas más veces de las que hubiéramos deseado. Accidentes, muertes, catástrofes... situaciones que más o menos podían estar controladas, sucumben en un momento ante el fatídico destino del "nadie sabe lo que ocurrió, pero...".

No vamos a hablar del problema del mal en el mundo. Necesitamos mucho más tiempo y espacio del que tenemos aquí. Pero sí debemos llegar a una reflexión antes que sea demasiado tarde. Y espero que no sea una reflexión excesivamente pesimista: de todas maneras, tenemos que hacerla ahora, mientras somos jóvenes.

La vida a veces es difícil, dura, incomprensible si me apuráis. Quienes hacen el bien, a menudo son los maltratados y los injustos disfrutan de su mal ganada fama de que pueden hacer lo que quieren sin sufrir las consecuencias. Ya sé que no siempre es así, pero en ocasiones, nuestra propia maldad es la base misma de la dureza, la dificultad y la incomprensión de nuestra vida y la de los demás.

Quizás deberíamos revisar los cimientos de nuestra vida. Jesús contó una vez una historia en la cual dos personas estaban construyendo su casa: una sobre la roca y la otra sobre la arena. Lo curioso de la historia es que los problemas, las dificultades, las inundaciones y las catástrofes que aparecieron fueron las mismas para los dos... ¡Pero la casa de uno estaba construida sobre la roca y resistió, mientras que la casa del otro, que estaba construida sobre la arena no pudo soportar absolutamente nada!

A veces cae la lluvia. Y no tres o cuatro gotas precisamente. De no-se-sabe-dónde aparecen problemas y catástrofes que parecen hundirnos, pero... ¡Debemos afirmarnos en la Roca!*". No podemos cambiar nuestra existencia ni tampoco la de los demás. No podemos negar la dureza (y a veces crueldad) de la vida. La cuestión no es comprenderlo todo (¿De qué valdría tener respuestas para todo, si seguimos hundidos?), sino vivir firmemente asentados en la Roca. Desde hoy mismo.

(*) mateo 7:25

15 marzo

La historia de la canción "Smoke on the water" ("Humo en el agua") del grupo Deep Purple es, cuando menos, curiosa. Durante la grabación de uno de sus Lps en Montreaux (1971) se produjo un incendio en la sala contigua (dónde actuaba Frank Zappa) y se destruyó el estudio, incluidos instrumentos y partituras. De una historia llena de humo y fuego, salió una de las canciones más famosas en el mundo del rock, y una de las que más beneficios les dieron.

Sé que es difícil hablar de sobreponerse cuando uno ha pasado por una situación complicada, pero es algo que todos debemos aprender. En cierta manera, todos tenemos que saber sacar algo de cada momento difícil, aún cuando alguno de nuestros sueños haya terminado de quemarse, o sólo podamos ver humo sobre el agua.

Es triste que casi siempre resulte complicado estar un poco "por encima de todo". Las circunstancias nos dominan, y nos da la impresión de que aunque nuestra actitud sea diferente, aquello que nos hace sufrir va a continuar igual que siempre... Y por eso abandonamos. Renunciamos una y otra vez. Dejamos que el fuego lo consuma todo, y que el humo se plante delante de nuestros ojos impidiéndonos la visión. De esta manera muchas vidas se terminan casi para siempre, viéndose sometidas al imperio de la desilusión y la tristeza.

Y nos sentimos perseguidos: por las circunstancias, por otras personas, por nuestros amigos, por nuestra familia, por los enemigos, por los que nos rodean, ¡A veces perseguidos por Dios mismo! Da la impresión de que no importa a quién echarle la culpa, ¡siempre vamos a encontrar a alguien que nos persiga, nos haga mal o llene de humo y fuego nuestra vida!

¡Que sencillo resulta vivir así! Para todo aquel que nos pregunte, tenemos una coartada perfecta: "No me diga nada, por favor, Vd. no conoce mi historia..." Y cuando encontramos a cualquier otro que está pasando por una situación parecida, organizamos un coro de "perseguidos" que puede llegar a dar las notas más tristes que se recuerdan desde que el mundo es mundo.

En ese proceso tan conocido, casi siempre olvidamos la salida: "Nos persiguen, pero no estamos abandonados"*. No estamos solos. Nuestros sueños no se terminan por un simple fuego, o por el humo que otros (o las circunstancias) quieran poner alrededor de nuestra vida. No estamos abandonados. De ninguna manera. No necesitamos quejarnos o sentirnos mártires. No queremos buscar excusas ni culpables, ¡Vamos a vivir!

(*) 2 corintios 4:9

para los que buscan algo más
2 corintios 4

16 marzo

Creo que todos recordamos (o hemos visto en imágenes) el momento en el que Martin Luther King se dirigía a una multitud reunida en una de las principales ciudades norteamericanas (y por la trascendencia de sus palabras estaba hablándole prácticamente a todo el mundo), con aquella expresión antológica "Tengo un sueño", en la que relataba el momento en el que terminarían todos los enfrentamientos raciales en el mundo. Desgraciadamente, ese sueño todavía no se ha cumplido por completo, y el odio incluso llevó a un loco a matar al propio Martin. "The king of love is dead" (El rey del amor está muerto) cantó Nina Simone cuando le quitaron la vida a Luther, y todavía hoy muchos no entendemos cómo se puede asesinar a alguien que sólo buscaba la comprensión entre las gentes.

Martin Luther King había hecho suyas las palabras de la Biblia "Levanta la voz por los que no tienen voz, defiende a los indefensos"*. Él era pastor evangélico y había consagrado su vida a luchar contra el odio y las discriminaciones raciales. No tenemos demasiados ejemplos así, desgraciadamente nuestra sociedad le hace poco o ningún caso a las palabras de Dios, y mientras Él espera que nos amemos unos a otros, los hombres matamos y destruimos. A pesar de que Dios dice que debemos defender a los indefensos, nosotros los dejamos de lado y seguimos viviendo cómodamente en nuestras casas. Aunque el Creador enseñe una y otra vez que levantemos nuestra voz por los que no tienen voz, nosotros callamos y bendecimos a los poderosos.

Es cierto que es muy poco lo que cada uno de nosotros podemos hacer, pero sin ninguna duda, el mundo sería muy diferente si hiciésemos algo. Habría docenas, cientos, miles de pequeños lugares en dónde todos tendrían voz, en dónde nadie estaría indefenso. Sí, sé que seguirían existiendo problemas, y que muestro mundo no sería perfecto, pero al menos tendríamos algo más de la justicia de Dios en nuestra tierra: al menos haríamos desaparecer las discriminaciones raciales. Por lo menos aprenderíamos a vivir como Aquel que un día dijo "Amaos unos a otros como Yo os he amado"*

(*) proverbios 31:18, (*) juan 15:9, (*) canción "Why?" nina simone

para los que buscan algo más
juan 15

17 marzo

Déjame recordarte una de esas frases "estrella" que siempre se escuchan en la entrega de los "Oscars". Dustin Hoffman fue galardonado como el mejor actor por su papel en la película "Kramer contra Kramer", la historia de un matrimonio que comienza los trámites para el divorcio y luchan por la custodia de su único hijo. Dustin dijo cuando le fue entregado el premio: "Quiero darle las gracias a mis padres por no haber practicado el control de natalidad"

Somos responsables de lo que le ocurre a los niños. ¡Incluso antes de que nazcan! Jamás podré comprender las razones que esgrimen todos aquellos que defienden el asesinato libre de los niños cuando están en el vientre de su madre. Tampoco comprendo a los que maltratan a los más pequeños, o viven como si les estorbasen. Menos aún entiendo la situación económica mundial que nos "obliga" a ver como día a día miles de niños mueren de hambre y enfermedades, cuando en otros lugares sobra dinero y alimentos para solucionar el problema.

Asesinato antes de nacer. Maltratos infantiles. Muerte de niños inocentes por falta de recursos económicos... parece ser sólo la punta del iceberg en cuanto al sufrimiento de los más débiles.

Tenemos que hacer algo. O por lo menos no quedarnos callados. No quedarnos en silencio ante los que dicen que la comodidad o la salud social de los padres es tan importante como para quitarle la vida al no nacido. No dejar de responder y encarcelar a aquellos que maltratan a los niños ¡Aunque sean los suyos propios! Hacer todo lo posible para buscar a niños necesitados que vivan cerca de nosotros, o apoyar a quienes trabajan llevando comida al tercer mundo.

Los niños son de Dios. A Él le pertenecen, y es Él quien imparte justicia contra los que los abandonan, maltratan o matan. Ningún inocente sufrirá sin que Dios lo tenga en cuenta. Nadie se saldrá con la suya cuando se trata de maltratar a los débiles. Dios tiene en su mano a los niños, y nadie los va a quitar de allí. Pase lo que pase.

De los niños es el reino de los cielos, dijo Jesús, y como niños tenemos que ser si queremos llegar a disfrutar de la vida que jamás termina... porque Dios nos conoce y nos ama desde mucho antes de que hubiésemos nacido. "Tú me sacaste del seno, me hiciste confiar desde los pechos de mi madre"*.

Si quieres aprovechar el día de hoy de la mejor manera posible, ayuda a un niño que lo necesite.

(*) salmo 22:9

18 marzo

Una de las canciones más conocidas de Bruce Springsteen (llamado "The Boss", El jefe) fue "Born in the USA" que dio nombre a un LP colocado durante muchas semanas en los primeros puestos de todo el mundo. En la canción lema, Bruce canta sobre algo que nos sucede a casi todos en algunos momentos de la vida:

"Mi madre me ha dicho que no mire al sol,
que puedo perder la vista...
Madre, ¿cuando comprenderás que eso es lo divertido?" (1)

Digo que es un fenómeno curioso, porque todos hemos experimentado alguna vez la diversión que emana de buscar lo prohibido. Para muchos el mayor placer consiste precisamente en eso: hacer las cosas que no podemos hacer, aunque nos haga daño y casi perdamos la vida en el intento, porque no somos capaces de vencer la tentación que supone lo que no está permitido. Lo importante es mirar al sol, y no nos preocupa si perdemos todo lo que tenemos. Queremos conocer el mal de una manera experimental, con todas sus consecuencias y su dolor. Ésa es la raíz del pecado.

Y cuando intentamos explicar lo que significa la palabra "pecado", muchas imágenes vienen a nuestra mente. Una de ellas tiene que ver con la maldad, y ésa es precisamente una de las definiciones: algo torcido, diferente al uso original, algo que se utiliza de una manera equivocada, e incorrecta. Los ojos no están hechos para mirar al sol.

El problema es que no queremos reconocerlo. No sólo nos gusta hacer lo que está prohibido, sino que encima, no queremos que nos digan que eso es malo. Martín Lutero dijo una vez que "La prueba definitiva de que un hombre es pecador, es que no reconoce su propia maldad". Y eso sí que es grave, porque cuando algo se hace de una manera equivocada si por lo menos se busca solución, la cosa tiene remedio. ¿Pero que pasa cuando el hombre o la mujer se empeñan en defender lo que es una necedad?... Dios lo tiene muy claro: "Alejaos de mí, malvados"*, y muy terrible debe de ser nuestra maldad cuando alguien inmensamente amoroso como Él, no puede resistir nuestra presencia.

Por eso es mejor reconocer que estamos equivocados y vivir de otra manera. En serio, te lo recomiendo.

(*) mateo 7:23, (1) "born in the USA" CBS, 1984

para los que buscan algo más
mateo 8

19 marzo

Renato casi ni vio a la señora que estaba dentro del coche parado a uno de los lados de la carretera. Llovía fuerte y era de noche, pero enseguida se dio cuenta de que alguien necesitaba ayuda. Se acercó y notó que el coche de la señora olía a nuevo. La mujer pensó que el hombre podría ser un atracador. No inspiraba ninguna confianza, parecía pobre y hambriento.

Renato se dio cuenta de que ella tenía mucho miedo y la tranquilizó: "Estoy aquí para ayudarla, no se preocupe. Mi nombre es Renato" Miró el coche de la mujer y se dio cuenta que tenía una rueda pinchada. Ella era una señora de edad avanzada. Renato se agachó, colocó el gato mecánico y levantó el auto. En poco tiempo cambió el neumático, aunque se llenó de suciedad, y se hizo una pequeña herida en una de sus manos.

Cuando apretaba las tuercas de la rueda ella abrió la ventana y comenzó a conversar con él. Le contó que no era del lugar, que solo estaba de paso y que no sabía cómo agradecerle su ayuda, porque ignoraba qué hacer y no conocía a nadie. Renato sonrió mientras se levantaba.

Ella le preguntó cuánto le debía. Ni siquiera podía imaginar lo terrible que habría todo sido si Renato no hubiese venido a socorrerla. Renato no pensaba en dinero, a él le gustaba ayudar a las personas. La miró y le respondió: *"Si realmente quiere pagarme, la próxima vez que encuentre a alguien que precise ayuda, déle a esa persona la ayuda que necesite y acuérdese de mí"*

Algunos kilómetros después la señora se detuvo en un pequeño restaurante. La camarera vino hasta ella y le trajo una toalla limpia para que secase su mojado cabello y le dirigió una dulce sonrisa. La señora notó que la camarera estaba embarazada, quizás de unos ocho meses, pero le encantó que a pesar del cansancio y las incomodidades, su actitud fuese increíblemente buena.

La señora se quedó impresionada al ver cómo alguien que teniendo tan poco, y estando tan cansada podía tratar tan bien a una extraña. Entonces se acordó de Renato. Después de que termino su comida, y mientras la camarera buscaba el cambio, la señora se fue. Cuando la camarera volvió, vio cinco billetes de 100 dólares y algo escrito en la servilleta.

Mientras leía lo que aquella desconocida le había escrito, las lágrimas recorrieron sus mejillas: *"Tú has sido muy buena conmigo. Alguien me ayudó hoy y de la misma forma te estoy ayudando. Si tú realmente quisieras reembolsarme este dinero, no dejes que este círculo de amor termine contigo, ayuda a otra persona"*

Aquella noche, cuando se acostó en su cama, cansada, su marido ya estaba durmiendo. Ella comenzó a pensar en el dinero y en las palabras que la señora dejó escritas… ¿Cómo podía esa mujer saber que ella y su marido necesitaban el dinero? El bebé iba a llegar en muy pocos días, y ellos estaban pasando una necesidad económica muy grande.

Se quedó pensando en la bendición que había recibido, y sonrió. Dio gracias a Dios y se volvió hacia su marido que dormía a su lado y que había estado preocupado en los últimos días acerca del dinero que necesitarían en el futuro. Le dio un beso suave y susurró:

"Todo irá bien; te amo… ¡Renato!"

para los que buscan algo más
proverbios 9

20 marzo

En Julio del año 1965 se editó una canción que, en cierta forma, iba a revolucionar la historia de la música pop. Era la célebre "Satisfaction (I can´t get no)" de M. Jagger & K.Richards, dos de los miembros de los Rolling Stones. Gran parte del éxito del tema se debió a lo que significaban esas palabras en ese momento de la historia social, y cómo promovieron una auténtica "revolución" entre los jóvenes:

"No puedo obtener satisfacción,
aunque lo intento
A través del mundo
hago esto, canto aquello
pero no puedo obtener satisfacción"

Eran los momentos en los que la gente buscaba una nueva moral y nuevos modelos. Para muchos, todo lo que se había dicho hasta entonces no valía, por lo tanto el mundo entero (y sobre todo los jóvenes, los que ahora son padres) se lanzó a la búsqueda de todo lo que hasta entonces estaba prohibido o era tabú.

De la misma manera que los Rolling, muchos pidieron (y de hecho obtuvieron) libertad absoluta para hacer cualquier cosa. Libertad en su estado más salvaje. Y de la misma manera que ellos, todos regresaron por el mismo camino, insatisfechos y amargados de un viaje sin sentido. Hoy los Rolling siguen cantando, casi 40 años después... y siguen buscando satisfacción. Al igual que todos aquellos que han intentado seguirlos.

Son los modelos que muchos han tomado. La llamada nueva moral que, como otros han explicado no es más que la vieja inmoralidad cambiada de nombre. Pero no vamos a discutir ahora sobre principios morales, sino sobre principios de vida. ¿Qué han obtenido todos aquellos que han podido hacer TODO lo que han querido? ¿Su existencia ha llegado a ser lo que esperaban? ¿Han encontrado satisfacción?... porque esos son los modelos que muchos jóvenes siguen hoy. Hasta darse cuenta de la tontería que tienen los que no saben lo que están buscando.

Porque ese es otro problema: saber lo que uno quiere. ¿Cuál es tu meta? ¿La búsqueda de la satisfacción caiga quien caiga?... Permíteme decirte que sólo hay alguien que puede poner verdadera satisfacción en tu vida. Y ese Alguien se deja encontrar con mucha facilidad. Sólo basta con que tu corazón diga: "Mi alma tiene sed de Dios"*

(*) salmo 42:1

para los que buscan algo más
salmo 42

21 marzo

Mucho se ha escrito sobre el Rey del rock, Elvis Presley. Quizás desconoces algunas curiosidades que influyeron notablemente en su vida, como por ejemplo el hecho de que nunca actuase en Europa, porque su manager, el coronel Parker era inmigrante ilegal y por lo tanto no podía salir de USA (aunque Elvis jamás supo la razón). Otra curiosidad fue que Elvis jamás dio una sola canción "de propina" en sus conciertos, creía que era mejor dejar con ganas a los que habían ido a escucharle.

Otro dato muy importante para comprender su carrera es que había ingerido miles de barbitúricos en los dos últimos años de su vida, y siempre creyó que moriría con los mismos años que su madre: 42. Más de 700.000 personas visitan cada año la casa dónde vivió y está ahora enterrado un mito al que muchos lloran por todo lo que significó en el mundo de la música.

Una de las grandezas de nuestro Creador es permitir que nosotros ejerzamos nuestra libertad, aún a costa de cometer equivocaciones. Dios permite que la gente vaya en Su contra, diciendo que no creen en Él, y viviendo de cualquier manera. Es lo más grande del carácter de Dios: Él otorga a todos la libertad para vivir y expresarse. Podríamos decir que hasta sus "enemigos" (aquellos que dicen que no existe) viven disfrutando su libertad, porque por encima de todo, Dios permite que cada persona tome su propio camino, que cada uno cometa sus propias equivocaciones... que cada cual marque las consecuencias de su propia rebeldía.

Dios permite al hombre elegir. A veces nos gustaría que Él fuese de otra manera, que interviniese en la historia y no permitiese ciertas cosas. A veces gritamos queriendo culparle a Él por no parar en seco el final cruel de una persona o de una situación. Y nos equivocamos. Si Dios respondiese a nuestros actos eliminando aquello que no es justo, ni siquiera tendríamos la posibilidad de argumentar contra Él. Cuando un ateo argumenta que Dios no existe, juega con la ventaja de saber (le guste o no) que ese Dios a quién desafía, le ama, y en cierto modo "respeta" su opinión, le da la libertad de expresarla. Cuando un agnóstico afirma a los cuatro vientos que a Dios no se le puede conocer, disfruta de la consideración necesaria por parte del Creador para permitir su libertad de conciencia.

Y aunque algunos no lo entiendan, esa grandeza de Dios, permitiendo que sus contrarios expresen todo su "odio" en contra de Él... me lleva a mí a amarle más profundamente. Un Ser que me da tal libertad, es digno de toda mi admiración y mi respeto incondicional: merece la pena tener un Amigo así.

(*) salmo 42:1

para los que buscan algo más
salmo 40

22 marzo

Eric Carmen compuso una de las canciones más versionadas y más sensibles de toda la historia de la música pop, "All by myself". Casi se puede decir que es única en muchos sentidos (Está compuesta sobre una base melódica de Rachmaninoff), pero lo es sobre todo por lo que expresa:

"Cuando era joven, nunca necesité a nadie
Hacer el amor era sólo una diversión más...
Pero esos días se han ido, y ahora vivo solo.
Pienso en todos los amigos que he conocido,
Pero cuando llamo por teléfono, nadie está en casa.
Completamente solo...."

Muy pocos años después, Julio Iglesias hizo famosa en España una canción en la que más o menos expresaba los mismos sentimientos, y cuyo título es en sí mismo una lección de sinceridad: "Me olvidé de vivir". En ella, el autor, expresando su necesidad de correr, de ganar, de disfrutar, de tenerlo y probarlo todo... se olvida de vivir. ¡De lo más importante!

Y no es extraño: Muchos han querido tenerlo todo en la vida, para darse cuenta más tarde de que habían corrido en el camino equivocado. Otros, ni siquiera se han dado cuenta todavía: siguen en una carrera desenfrenada por hacer lo que quieren y cuando quieren... ¡Ya llegarán a su triste meta un día!

En contraste, Dios ofrece una vida abundante en la cual el secreto no es lo que se encuentra afuera, sino lo que hay dentro de cada uno. Sí, porque Dios promete enviar su propio Espíritu a vivir dentro de todos los que le aman. Viviendo la misma vida con nosotros, para que jamás estemos completamente solos.

Y lo que el Espíritu de Dios pone dentro del corazón no es cualquier cosa, fíjate:

1. Amor
2. Gozo
3. Paz
4. Paciencia
5. Amabilidad
6. Bondad
7. Fe/Fidelidad
8. Mansedumbre
9. Dominio propio*

¡Eso sí que es vida!

para los que buscan algo más
gálatas 5

23 marzo

"¿Cuantos caminos debe recorrer un hombre
antes de que le llaméis hombre?
¿Cuántas veces puede volver la cabeza un hombre
fingiendo que no ve?
"¿Cuantos oídos necesita un hombre
Para poder oír llorar a los demás?
¿Cuántas muertes hacen falta
Para que se dé cuenta que han muerto demasiadas personas?
La respuesta está flotando en el viento." (1)

En la mitad de los años 60, esta hermosa canción de Bob Dylan (Blowing in the wind) se hizo tan popular, que muchos podrían recitarla casi de memoria. La canción está llena de preguntas sin respuesta... Bueno, mejor dicho con la respuesta flotando en el viento, que es una manera de decir que hay muchas cosas en la vida que no sabemos, y que son difíciles de encontrar.

Cuando estamos entrando en el tercer milenio, muchas respuestas parecen seguir flotando en el viento. Conocemos mucho más que nuestros antepasados en cuanto a cómo funcionan ciertas cosas, en cuanto a nuevos aparatos y comodidades que hacen más "feliz" nuestra vida, pero cada día que pasa, sabemos menos en cuanto a los porqués y a los significados profundos de lo que es realmente importante.

Nuestra humanidad ha ido ganando en conocimientos teóricos y perdiendo en fe. Nos hemos doctorado en muchas cosas, pero en las cuestiones espirituales apenas pasamos del primer curso. Y lo que es más triste, muchos no quieren ni siquiera llegar ahí: les estorba todo lo que hable de Dios, y de esa manera, siguen buscando respuestas en el viento. No te olvides que, si rechazas todo lo espiritual de tu existencia, tampoco puedes encontrar una respuesta espiritual en tu vida... y mucho menos una trascendencia. Lo material no tiene trascendencia: tal como se construye, se destruye. Tienes que reconocer conmigo que hay muchas cosas en tu vida que son demasiado valiosas como para ser sólo materia. Tu misma capacidad para amar y disfrutar de la vida, por ejemplo.

Por eso, una de las preguntas más importantes, la que Dios dejó escrita en la historia, sigue esperando respuesta. En cierta manera, puede decirse que sigue ondeando en el viento para que todos la escuchen y la respondan: "Cuando el Señor Jesús vuelva, ¿hallará fe en la tierra?" *

para los que buscan algo más
mateo 24

24 marzo

Todos lo recuerdan como uno de los Reyes del Country, aunque su influencia musical ha llegado a casi todas las partes del mundo y a todos los estilos musicales. Hablamos de Roy Orbison, muerto en el año 1988, y cuyas canciones todavía están en nuestro recuerdo.

Una vida difícil la de este hombre: su esposa Claudette murió en un accidente de motocicleta a los 25 años, y dos años después se incendió su casa muriendo también dos de sus tres hijos. A pesar de todo, Roy afirmaba poco antes de morir "Mi vida no ha sido tan dura como la gente piensa, he tenido momentos de gloria".

Es difícil "filosofar" sobre la vida cuando parece que todo se nos viene encima. Desconozco cual es la situación personal de cada uno de los que estáis leyendo ahora, pero seguro que en la vida de muchos, los últimos días quizás han estado llenos de lágrimas o dificultades. Y si entonces hablásemos de "momentos de gloria" ¿Verdad que parecería casi un sinsentido? Un buen amigo mío siempre decía que "la vida es un problema tras otro y después te mueres". Una visión más bien pesimista de la existencia, aunque al menos tomada con un poco de sentido del humor.

Es muy complicado aceptar la vida como es, con todos sus problemas y momentos de sombras, pero debemos hacerlo así. Con cada situación difícil hay un desafío a seguir adelante. Con cada patente oscuridad hay una luz para vencerla. En cada momento herido está escondida una pincelada de gloria. Depende de nuestra actitud... Y de la ayuda que tengamos.

Alguien muy conocido hace muchos años dijo que "Aunque vivimos llenos de problemas no estamos sin salida "* Y tenía mucha razón. En primer lugar, porque nuestra manera de ver la vida tiene que ser diferente. A pesar de todo, todavía nos quedan momentos de gloria.... pero en segundo lugar (y sin duda lo más importante) porque nuestro Creador es el que está dispuesto a poner en nuestra existencia esos momentos de gloria. Necesitamos elevar nuestra mirada hacia Él, porque por muy difícil que sea una situación... Él conoce la salida.

(*) 2 corintios 4:8

para los que buscan algo más
2 corintios 5

25 marzo

"Si me dijeran: "Pide un deseo"
Preferiría un rabo de nube..." (1)

Estas poéticas palabras forman parte de los primeros compases musicales de la hermosa canción de Silvio Rodríguez, "Rabo de nube". En ella, el poeta narra las experiencias de su vida en cuanto a lo que merece la pena y lo que no. En otro momento importante expresa que lo que realmente necesita en su existencia es un "barredor de tristezas". Silvio fue uno de los integrantes de la llamada "Nova trova cubana" junto con otro poeta de la música, Pablo Milanés (Creo que todos recordamos su hermosa melodía "Yolanda").

Muchos crecemos abrigando íntimos deseos en cuanto a lo que nos gustaría tener o ser. Y desde luego no sería una mala cosa que los "barredores de tristezas" fuesen un modelo patentado en la ingeniería de lo cotidiano. Quizás así gobernaría la emoción y no la desidia y puede que de esa manera nos despertásemos diariamente con el sano placer de sentirnos preñados de felicidad.

Pero hay algo que sí tenemos al alcance de la mano... y que no es menos importante que lo referido más arriba. Dios nos ofrece la posibilidad de una tarea para la que no se necesitan años de Universidad, y en la que nadie va a asustarnos con un subsidio por desempleo: Ser un (una) Reparador de brechas*.

No necesito explicar mucho en cuanto a las brechas que todos tenemos en nuestras vidas, amistades, familias, sociedad... Brechas que amenazan con romper el fondo de nuestra alma, y siempre dañan las relaciones entre gente que se quiere de verdad. Si comenzamos con las más obvias ¿Cuántas brechas están escondidas en lo profundo del corazón de mucha gente?... ¡Brechas que un día rasgarán por completo la vida del que no las repara!

Y ¿Qué de las relaciones? ¿conoces familias que no se hablan? ¿padres que no devuelven una sola palabra de cariño a sus hijos? ¿hijos que han sepultado en el olvido a sus padres? ¿matrimonios separados, no por la muerte sino por la incomprensión? ¿y las amistades?...

No voy a seguir mucho tiempo más, porque puede ser que tú mismo/a tengas una brecha en tu vida... o quizás vivas una relación rota que necesita ser restaurada. ¿Por qué no comienzas hoy a reparar brechas? ¿Por qué no dar el primer paso para restaurar una relación que merece la pena? ¡¡¡Vamos...!!!

(*) Isaías 58:17, (1) "rabo de nube" fonomusic, 1935

26 marzo

Desde finales de los años cincuenta el rock tomó una dimensión extraordinaria. Grandes músicos de color llenaban las listas con sus canciones repletas de ritmo (ahí nació el rock & roll). Chuck Berry arrasó con todos al componer el famoso "Roll Over Beethoven" que tantas y tantas versiones distintas conocería en el futuro. Los Beatles popularizaron todavía más la canción, y en este momento, recuerdo parte de la letra:

"Hay un disco de rock que quiero que me ponga...
aunque mi alma sigue cantando blues.
Apártate Beethoven, y cuéntale la noticia a Tchaikovski" (1)

Es obvio que Chuck escribía en un tono un poco humorístico y presuntuoso al decir que su canción iba a dejar de lado a dos genios como Beethoven o Tchaikovski, pero hay algo en el tono distendido de la canción que nos hace ver que él estaba contento con lo que hacía y feliz con su "blues". Contento con el papel que la historia le había asignado, y feliz por poder vivir de aquello que más le gustaba, la música.

A mi me encantaría saber lo que haces, quién eres, cuales son tus sueños. Me gustaría conocerte, porque cada persona es un mundo increíblemente maravilloso diseñado por Dios. Me gustaría estar a tu lado y decirte que merece la pena lo que haces y tu trabajo (aunque creas que no tiene importancia) está encaminado a ayudar a otros y a realizarte tú mismo, tú misma. Que se aparten Beethoven, Tchaikovski y todos los demás, porque lo que hay en tu corazón es lo más hermoso de tu vida: Dios te ha hecho especial, y no deberías olvidarlo nunca.

No te juzgues por la "trascendencia" que los demás le dan a lo que haces. La canción de Check sería exactamente igual aunque pocos la hubiesen conocido. La clave en la vida es ser feliz con lo que nosotros mismos hacemos. Nadie puede juzgarnos en eso.

Por favor, escríbeme y dime quién eres. No quiero saber si tienes mucho o poco; si eres más o menos famoso/a, sólo quiero conocerte a ti, tal como eres. Porque mi propia vida va a enriquecerse al saber de ti.

(1) "With the beatles" 1963, emi

para los que buscan algo más
salmo 45

27 marzo

Carole King y Gerry Groffin compusieron una canción que intentaba plasmar la sensación de inseguridad que aparece delante de lo que se llama "amores de una sola noche". "Do you still love me tomorrow?" (¿Me seguirás queriendo mañana?) narra la falsedad de un amor sin decisión, sin fidelidad, sin compromiso. Amor que nos parece tan normal, y que ha llevado al desencanto fatal a muchas personas...

"Esta noche eres mío completamente
¡Me has dado tu amor de una manera tan dulce!
Esta noche la luz del amor está en tus ojos
Pero, ¿Me querrás todavía mañana?
¿Puedo creer en la magia de tus susurros?
Esta noche, con palabras que no se han dicho
Tú me dijiste que soy la única
Pero, ¿Se romperá mi corazón
cuando la noche encuentre el sol de la mañana?
Necesito saber que tu amor
es un amor del que puedo estar segura
¿Me amarás todavía mañana?..." (1)

"Vuestra lealtad es como el rocío que desaparece muy temprano"* Una frase lapidaria que parecería haber sido escrita justo para este momento. Cuando el amor está fundado en todo menos en el compromiso, la lealtad y la fidelidad, mal asunto. Muchos viven de manera que todo es una aventura de una sola noche, o puede que de alguna más. Yo creo que eso es completamente antinatural. Porque lo natural, lo que Dios creó, es vivir bajo la fidelidad de una amistad permanente. De ahí tiene su fruto el amor. De esa lealtad se nutre la confianza de la pareja. Y no es de otra manera. No puede ser.

Nuestra lealtad a veces no tiene ningún valor, y ¡qué triste es intentar confiar en alguien que no tiene el mínimo deseo de ser fiel! "¿Me seguirás amando mañana?" es el grito desesperado de muchas aventuras nocturnas. "¿Puedo estar seguro/a de tu amor?" es la pregunta sin respuesta en más de una vida.

Si quieres saber lo que es verdaderamente el amor, busca la fidelidad, la lealtad, la comprensión y el cariño de una decisión total. Cualquier cosa menos que eso no puede considerarse ni siquiera un sucedáneo de amor. Algo menos que eso es sólo un engaño. Un engaño fatal.

(*) Oseas 6:4. (1) cantada por Debbie Gibson en su cd "think with your heart", emi 1966

para los que buscan algo más
salmo 46

28 marzo

Yo no sé si a ti te pasa lo mismo, pero a mi me encanta recibir noticias de mis amigos. Cartas, llamadas telefónicas, fax, correo electrónico, mensajes… Existen muchas maneras en las que uno puede sentir que es importante para aquellos a quienes ama. Una de las primeras canciones que dos grandes grupos, (Beatles, y más tarde Carpenters) hicieron famosas, era una hermosa composición de Dobbin-Garret-Garman-Brianbert, titulada "Please Mr. Potsman" (Por favor Señor Cartero), en la que se explica el deseo de quien está esperando una carta (de amor, claro) por tanto tiempo que casi empieza a desesperarse. ¿Te ha ocurrido alguna vez?

Esa sensación de ir a donde recogemos las cartas que nos llegan y mantener la ilusión de que alguien querido nos escriba, es imposible de explicar. Puede sobrepasar cualquier tipo de emoción, porque lo inesperado siempre nos sorprende. Y cuando lo inesperado se viste de felicidad, mejor que mejor.

Por favor, no cierres el libro si no tienes novio o novia, si no estás casado, si no estás enamorado o incluso si crees que no tienes amigos y por lo tanto, nadie va a escribirte. Quiero proponerte algo, y en cierta manera, da igual quien seas o el lugar en el que estés.

Piensa en alguna buena noticia ¿Quieres decirle algo bueno a alguien?

Considera algún gran favor que te han hecho, ¿Quieres agradecer algo?

Recuerda lo que alguien te regaló hace algún tiempo, ¿Vas a decirle lo que significa para ti?

Y si crees que no tienes ningún motivo para escribir, no importa ¿Quieres decirle a tu familia o a tus amigos, que les amas?

¿Quieres buscar a alguien que esté solo/a y darle un momento de felicidad?

Hoy es muy fácil: Puedes hacerlo por correo (Please, Mr. Potsman), puedes llamar por teléfono, puedes mandar una nota por Fax. Puedes escribir un email, un mensaje o ver a ese amigo personalmente. Hay mil maneras diferentes para llevar alguna noticia buena, alguna palabra agradable, algún sentimiento de cariño.

Y no voy a escribir mucho más, para que te quede tiempo para hacerlo ahora mismo.

Venga… No esperes más, ¡hazlo!

D.a. la carta de amor de dios para nosotros, la biblia ¿la has leído?

para los que buscan algo más

Salmo 119:1-80

29 marzo

La famosa serie de Televisión "Cosas de casa" cuenta con un personaje inolvidable, el muy conocido Steve Urkel. El "pesado" vecino de los Winslow es un tipo difícil de olvidar (y supongo que pocos desearían tenerlo tan cerca de casa) por todas las "catástrofes" que siempre ocurren a su alrededor. No queda títere con cabeza cada vez que él pasa por algún lugar, y a pesar de su buena voluntad, siempre le escuchamos aquello de "¿He sido yo?" después de algún gran lío que ha montado. Claro que, en ocasiones, la juerga aparece por propia voluntad, y entonces el propio Steve arremete contra todo y contra todos cuando al grito de "!!!Despiporreiii" es capaz de lanzar ketchup a la cara de cualquiera, o empezar una guerra de tartas.

Uno de los rasgos más característicos de Steve es su apasionado amor por Laura, su vecina, amor que como sabéis no es correspondido. La pobre chica tiene que soportar piropos como "bomboncito", "churimel" o "profiterol", y además vivir con el constante asedio de su infatigable galán. Steve tiene un sueño, y cree que es posible luchar por él. En uno de los episodios, le explica a su imposible amor "No puedo tocar las estrellas, pero al menos puedo soñar y luchar por hacerlo un día".

El actor que encarna a Steve es Jaleel White, y contrariamente a lo que muchos pudieran pensar, Jaleel está orgulloso de su personaje. Hace poco declaraba en una entrevista que "De Urkel he aprendido una cosa, lo más importante en mi vida: no tener nunca miedo de ser tú mismo, de ser diferente". Lo que significa que ha conocido quizás la más bonita lección que puede aprenderse.

En nuestro mundo lleno de números, estadísticas y porcentajes, hemos olvidado lo que significa UNA sola persona. Todos los cambios trascendentales en la historia los llevó a cabo una sola persona. Alguien que se atrevió a ser él mismo/ella misma a pesar de que los demás no lo entendiesen. Alguien que no se avergonzó de luchar por un sueño e intentar conseguirlo. Alguien que no abandonó lo que creía que era justo. Alguien que trabajó duramente para llevar a cabo planes insospechados que hicieron de nuestro mundo un lugar mejor para vivir.

Puedes repasar los libros de historia. Puedes incluso hacer tu propia lista de gente importante. Pero sobre todas las cosas necesitas (necesitamos) aprender el significado de una persona (de CADA persona) y la necesidad de tener la valentía de vivir sin sentirse condicionado por los demás.

Si tienes un deseo en tu vida que hará bien a otras personas, lucha. No te desanimes. El valor de cada uno es eterno.

para los que buscan algo más
salmo 47

30 marzo

"Estoy solo, soy una roca
Soy una isla.
He construido paredes que nadie puede traspasar.
No necesito la amistad,
la amistad causa dolor.
Soy una roca.

Si nunca hubiese amado, no habría llorado nunca.
No toco a nadie, y nadie me toca a mí;
Soy una roca, soy una isla
Y una roca nunca sufre,
y una isla nunca llora" (1)

—"I'm a rock" Paul Simon

Puede parecer increíble, pero una docena de líneas bastan para explicar casi perfectamente los sentimientos de muchas personas en la actualidad: no quieren comprometerse con nada ni con nadie. No quieren amistad. Ni relaciones personales. No quieren tener que ayudar a otros ni ser ayudados: han construido paredes a su alrededor y viven en la soledad más total. Buscan su propia felicidad en el egoísmo y la huida de los otros... y piensan que así nunca sufrirán y nunca llorarán.

La mayor equivocación del hombre y la mujer de hoy es creer que no necesitan a nadie. No sólo hemos intentado echar a Dios de nuestras vidas, sino que incluso los demás nos sobran. Y así nos luce el pelo. Protegidos con nuestra armadura y ocultos en nuestra habitación somos los seres más infelices y desgraciados de toda la historia de la humanidad. Y eso que lo tenemos casi todo... pero no tenemos cariño. Y nadie (crea lo que crea) puede vivir sin cariño.

Ya lo dijo el siempre admirado pensador C.S. Lewis: "Salvo en el cielo, el único lugar en el que uno puede estar a salvo de los males del amor, es en el infierno". Por favor, ¡No hagas que tu vida sea el preludio del infierno!

(1) "anthology" Warner bross 1993

31 marzo

"Los demonios de nuestro interior nos crean tantos problemas, y nos ponen tantas dificultades para vivir con alegría, que el simple hecho de levantarse cada mañana de la cama y lavarse los dientes se convierte en un acto penoso" (ABC 21-1-96)

Algunas frases que podemos leer en algunas entrevistas son casi lapidarias, y esta es una de ellas. Es Michelle Pfeiffer, la célebre actriz, que trabajó en la película "Mentes peligrosas". Esta película fue ganadora del grammy a la mejor canción por la interpretación de la banda sonora del film: un rap de Coolio, titulado "Gangsta's paradise".

Voy a proponerte un pequeño ejercicio. Dudo que lo logres hacer, porque es uno de los más difíciles de tu vida. Y no me eches la culpa, porque de entrada te aseguro que a mi mismo me resulta casi imposible también. No, no estoy hablando de ninguna pirueta artística, ni de la participación en un deporte complicado: A simple vista voy a pedir algo mucho más sencillo... pero no menos difícil.

Vas a intentar (Vamos a intentar) vivir UN DÍA sin quejarse. ¿Que te parece? ¿sencillo?... ¿por qué no lo pruebas?

Recuerda que es un día entero sin decir nada mal de nadie (tampoco puedes decir hoy que no te gusta este libro ¿ieh!?); sin echarle la culpa a nadie por ninguna cosa. Un día sin expresar que hace mal tiempo, que el gobierno ha hecho esto o aquello mal (¡Eso ya es más difícil de callar!) o lo que no te gusta de tus vecinos. Un día sin decirle a nadie lo que te duele (¡Eh! Si estás mal, corre al médico, que no es una broma), y sin quejarte de algo en el trabajo. Un día sin hablar de lo malos que son tus profesores (¿Ves como lo que digo no es tan fácil?) y sin decirle nada desagradable a tu madre por la comida. Un día sin protestar, sin enfadarse, sin expresar odio y sin decir nada peligroso. ¿Estás preparado?

¿Te crees capaz? Te aseguro que si muchas personas decidieran vivir así las próximas veinticuatro horas, el mundo sería muy diferente. Casi no importa mucho que lo logren (Yo vuelvo a repetirte, creo que es casi imposible), pero sí importa la actitud. Y nuestra actitud siempre suele ser la contraria: nos encanta fastidiar, hablar mal, quejarnos, explicar una y mil veces las cosas que van mal... parece como si nos sintiésemos más felices cuando podemos encontrar a alguien con el que compartir tristezas.

Y sin embargo, a mi me encantaría que me hicieses caso, y todos aprendiésemos a vivir de otra manera, que supiésemos ayudar, abrazar, bendecir. Si no es así, quizás los "demonios" de nuestro interior estén empezando a tener mucha más fuerza de lo que creemos.

para los que buscan algo más
salmo 48

1 april

Una de las canciones claves en la carrera de Elvis Presley fue la titulada "It´s now or never" (Ahora o nunca). Se vendieron más de 20 millones de copias de esta melodía, y el tema marcó un hito en los records de singles radiados a petición del público. La canción parecía ser una premonición de todo lo que ocurrió en la vida del cantante: ese era el momento clave para triunfar.

Es ahora o nunca. ¡Cuántas veces vinieron a nuestra mente estas palabras!... Decisiones importantes en la vida, oportunidades que se presentaron y no quisimos dejarlas escapar... ¡Ahora o nunca! Tristemente recordamos también momentos en los que no nos decidimos, y nuestra propia indecisión significó perder la oportunidad. "El hombre nunca sabe lo que ha de traerle el futuro" (*). Muchas veces nos equivocamos; por no hacer lo que debíamos hacer o por hacer más de lo que debíamos, el caso es que no siempre las cosas salen bien.

Es difícil saber tomar decisiones. Es más difícil saber lo que es justo en cada momento. Es mucho más complicado actuar o dejar de actuar en cuanto a lo que es trascendente de cara a nuestro futuro. Y sin embargo, hay un pequeño secreto: buscar en todas nuestras decisiones lo que es más importante, lo que es más esencial. NO dejarnos llevar por circunstancias o luces de colores. ¿Entiendes?... Muchas veces lo que más brilla, la mayor comodidad, nuestro propio provecho o el orgullo de hacer nuestra propia voluntad pesan más en nuestra decisión que aquello que realmente importa.

Lo que siempre merece la pena es lo esencial. Y no me refiero sólo a la faceta espiritual de las cosas, sino a que te hagas varias preguntas bien sencillas:

- Lo que vas a decidir ¿Es justo?
- ¿Hará daño a otras personas de una manera irresponsable?
- ¿Te ayudará a encontrar verdadero significado como persona?

Piensa en ello. No te dejes llevar por lo que es obvio y busca el fondo de las cosas. Agárrate a la comprensión y la sabiduría y deja de lado pequeñas sensaciones interiores (aunque a veces puedan ayudarte) de las que no estás seguro. Busca lo que merece la pena y toma las decisiones importantes con cuidado. Y si necesitas sabiduría (¡ya lo creo!) pídela al Cielo, porque llegará. Seguro.

(*) eclesiastés 7:14

para los que buscan algo más
proverbios 12

2 abril

Las historias de algunas canciones son verdaderamente curiosas. La primera melodía que se grabó para el famoso Lp "Sgt. Peppers" (Supongo que ya sabrás que estoy hablando de un disco de los Beatles) se titulaba "Nothing is real" (Nada es real), pero finalmente sólo se editó en sencillo y no en el Lp. La canción habla sobre las sensaciones interiores que muchas veces tenemos, y entre sus palabras dice:

*"Sólo encuentro incomprensión,
cada vez me es más difícil ser alguien"* (1)

A pesar de que esa melodía tiene 40 años (¡Cómo pasa el tiempo!) la misma sensación de irrealidad ha ido creciendo en la gente poco a poco. Y gran parte de la culpa la tiene nuestro propio progreso. Me explico: Tenemos todo lo que necesitamos en cuanto a nuestra propia diversión... tenemos televisión, radio y ¡ordenador personal! y muchos creen que con eso ya lo tienen todo. Otros piensan que ya no necesitan para nada a sus mayores. Ni siquiera necesitan un gramo de sabiduría.

Puesto que tenemos cables y botones, ya nos sentimos totalmente satisfechos. Y mientras vivimos entretenidos pulsando y enchufando, la vida real se nos escapa por entre los agujeros de nuestra propia incomprensión. Porque al final no comprendemos a nadie, nadie nos comprende a nosotros ¡Y dudo mucho que nos comprendamos a nosotros mismos!.

Hemos construido un mundo a nuestra medida, y en ese mundo no cabe nadie más que nuestros cables y mandos a distancia. Creemos ser felices con máquinas y ordenadores. Bebemos la felicidad de otros como espectadores frustrados que no saben lo que es divertirse. ¿Y qué más? ¿de qué sirve todo lo que tenemos? "¿qué se gana con tener, aparte de contemplar lo que se tiene?"*

Como no dejes de lado tus cables y tus botones preferidos, y comiences a pensar seriamente en cuanto a lo que significa tu vida, puede que la estés perdiendo poco a poco. Si estás atrapado en lo irreal, solamente podrás disfrutar siendo espectador de lo que otros hacen. Disfrutando las aventuras de otros. Viviendo la vida de otros.

(*) eclesiastés 5:11, (1) "Nothing is real" del cd. "Sgt. peppers" the Beatles, emi records, 1967

**para los que buscan algo más
salmo 110**

3 april

Es curioso como las canciones preferidas de los grandes compositores no suelen ser aquellas que han tenido más éxito. No sé si en el fondo subsiste un cierto cariño al desvalido y al necesitado, disfrazado de sentimiento afectivo por la melodía que no ha triunfado. Bueno, con mucha menos filosofía, quizás sea sencillamente porque cada canción es compuesta en un momento determinado de la vida que jamás se puede olvidar. Le ocurrió a Roberto Carlos, cuando en una entrevista mencionaba que una de sus canciones preferidas es: "Cosas de la vida". Ni de lejos una de las más conocidas por el gran público.

"Cuantas veces yo pensé marchar de casa y desistí...
Pienso en irme lejos y volver a comenzar,
Pienso andar sin rumbo por las calles en la noche...
Recapacito y me convenzo que aquí es mi lugar
La noche siempre es fría cuando uno tiene un techo sin amor,
Y ese amor lo tengo pero a veces no le doy ningún valor"

¡Cuantos jóvenes -y no tan jóvenes- han pensado en escapar!... Huir de su casa, de los que (siempre se piensa eso) te controlan y te dominan. Tener una vida propia sin obligación de dar cuentas a nadie... Y sin embargo, cuando la vida va pasando, te das cuenta de que sólo era una pequeña locura. Y reconoces que no hay mejor lugar que el propio hogar. Por eso, quiero darte sólo algunas recomendaciones:

1. Pocas veces la respuesta a un problema es huir.
2. Debes aprender la importancia de ser agradecido por lo que los demás hacen por ti.
3. Nada tiene más valor que lo que tienes en tu casa.
4. No vivas comparando cosas incomparables.
5. Aprende a disfrutar de lo que Dios te ha dado, y sobre todo del amor de tu familia.
6. Pocas cosas hay tan importantes como saber dar y recibir cariño, en tu hogar, con tus padres.
7. Aún por muy buena apariencia que pueda tener el exterior y la vida "sin límites", muchas veces te encontrarás solo/a.

Un niño dijo un día que el hogar es el lugar al que uno va cuando anochece. Cuando todo se pone oscuro, tienes un lugar a donde ir. No lo menosprecies por favor.

4 april

"El que es cruel provoca su propio mal"*. Quizás sean las palabras apropiadas para alguien que lo tuvo todo en el mundo de la música, y que lo fue perdiendo poco a poco, por su comportamiento con la que (aparentemente) era quién más quería: su propia mujer. La conocida Tina Turner se casó con Ike Turner en Tijuana (USA) de una manera bastante atropellada, porque estaba embarazada e Ike tenía una muy bien ganada fama de mujeriego. Lo que más tarde descubriría Tina es que Ike perdía fácilmente el control de sus actos, y la golpeaba repetidamente sin ninguna causa aparente, o bajo cualquier mínimo pretexto. La vida de casada de Tina llegó a ser tan difícil que incluso en ocasiones se vio obligada a compartir su propia cama con otras mujeres.

Desgraciadamente los malos tratos no son un tema de ficción. El número de personas maltratadas (y muy particularmente mujeres) en la actualidad aumenta cada día. Es curioso como todos esperaríamos que los países más avanzados luchasen contra eso... Y sin embargo es precisamente en ellos, en los que la vida parece tener menos valor. Parte del problema viene dado por el olvido (consentido o no) de una base de ética cristiana en la que la vida de todos es igual de importante, y en la que nadie tiene NINGÚN DERECHO para hacer sufrir a otro. De la misma manera que también en nuestro comportamiento influyen el egoísmo y la vanidad de creer que los demás (en cierta forma) nos pertenecen, y deben rendirse a nuestros deseos.

"El que es cruel provoca su propio mal"* Dice la Biblia, y esa premisa siempre se cumple. Dios mismo nos enseña a preocuparnos de defender a los débiles y a los que sufren... y en todo lo que podamos, denunciar las situaciones de injusticia o malos tratos que nosotros conozcamos. Si hay que ayudar al débil, nosotros debemos ser los primeros: si hay que denunciar los abusos de alguien, nosotros debemos ser los primeros. No debemos permitir que el cruel quede sin castigo, y por todos los medios legales debemos ponernos del lado de los que sufren.

Y para el futuro, tú que eres joven y que estás leyendo este libro, piensa que jamás tendrás derecho a hacer sufrir a otro. Tu vida no será feliz de ninguna manera si la basas en el mal de quienes te rodean. No debes hacerlo. No causes sufrimiento. No defiendas los malos tratos... ni siquiera lo intentes. Ni busques la compañía de los que se creen "muy hombres" haciendo sufrir al débil. Abandónalos ¡ya!

(*) proverbios 11:17

para los que buscan algo más
proverbios 14

5 april

El 3 de Mayo de 1950, en una incubadora de un hospital de Michigan (USA) se encontraba un bebé prematuro llamado Steveland Morris. En un momento de descuido, se le introdujo demasiado oxígeno y el niño casi perdió la vida. Al final pudo salir adelante, pero el oxígeno dañó su vista por completo. Su padre no quiso saber nada del niño ciego y abandonó a la familia. Su madre, ayudada por otros familiares siguió educando a su hijo, y amándolo incondicionalmente. A los 4 años uno de sus tíos le regaló una armónica... Ese día empezó una de las carreras musicales más importantes de la historia: la de Stevie Wonder.

A veces la vida tiene demasiados momentos oscuros para nosotros, y sin embargo, no tenemos ningún derecho a pensar que somos mártires, o a deleitarnos con nuestras desgracias. ¡Aunque muchas veces lo hagamos así! De la misma manera que hay una primera palabra en cada situación, también hay una última... y es Dios quién tiene las dos*. No son las circunstancias las que deben decidir nuestro futuro. Tampoco pueden hacerlo otras personas. ¡Y mucho menos los que nos quieren hacer daño o nos abandonan! Aunque aparentemente todo en nuestra vida pueda dar la impresión de estar "patas arriba", siempre hay una última palabra... y nada de lo que ocurre está fuera del control del Creador.

Es difícil de entender a veces. Mucho más difícil de creer para algunos, sobre todo si su situación parece no tener remedio. Pero tampoco sirve de nada lamentarse y buscar rápidamente a quien echar la culpa. Poco consuelo encontramos en la resignación o el odio. Lo que sí es seguro es que siempre hay un mañana: A veces lo conocemos, y a veces no, pero de nosotros depende nuestra actitud en cuanto a lo que estamos viviendo ahora.

Siempre hay una primera palabra y una última. No dejes que nadie la diga en tu vida. No te abandones para que las circunstancias lo hagan. No permitas que "todo siga su camino" de cualquier manera como si nada tuviese remedio. No caigas en el desánimo o la desesperación. No merece la pena, tu vida es mucho más valiosa. Confía en Aquel que un día dijo la primera palabra en tu vida, y que es capaz de cuidarte, entenderte y amarte más que nadie. Sin condiciones, independientemente de las circunstancias, muy por encima de odios y abandonos. Quien tiene la última palabra en tu vida puede hacer que esa palabra desborde felicidad.

(*) apocalipsis 1:8

para los que buscan algo más
salmo 49

6 april

Casi todos conocen la primera cadena de televisión íntegramente dedicada a la música pop: la MTV. A lo largo de los últimos años, muchos otros canales han aparecido en diferentes países, e incluso con diferentes tipos de música, pero en cierta manera casi todos recuerdan siempre quién es el primero en algo. Lo que es algo más que curioso es lo que ocurrió con el videoclip de Michael Sweet "Ain't no safe way" (No hay una manera segura), dado que fue prohibida su emisión. Y la única razón fue porque proclamaba la abstinencia sexual como mejor prevención contra el sida. Parece mentira.

Más que curioso, digo, porque en una cadena en la que se admiten todo tipo de videoclips: los de violencia sexual explícita, los que contienen una más que subliminal animación a la violencia física y el suicidio... (recuerda que hay casos de jóvenes que se han suicidado siguiendo "principios" de algunas canciones de sus artistas favoritos). Además, se emiten canciones relacionadas con el mundo de lo oculto: partes de misas satánicas, ritos con la ouija, etc... ¡Dicen que es peligrosa la emisión de una canción que proclama la limpieza y la fidelidad en las relaciones sexuales! ¿Quién ha sido la mente "inteligente" (por no decir otra cosa) que ha descubierto el peligro?

Segunda reflexión, la certeza de lo que el vídeo proclama: ¿Desde cuando está prohibido decir la verdad? Está demostrado que los preservativos previenen el sida solo en un 93-94% de los casos. Es cierto, un porcentaje muy alto, pero permíteme hacerte una pregunta: ¿Qué pasa si tu perteneces al otro 6%?. Para que nos entendamos, de cada 100 personas que tienen relaciones sexuales y se protegen sólo con los preservativos, hay 6 que tienen todas las posibilidades de ser contagiados por cualquier enfermedad venérea (incluido el sida). Por lo tanto, es cierto que no hay manera segura. O es el matrimonio fiel entre dos personas sanas, o la abstinencia. Lo demás son cuentos.

Y ese es uno de los problemas. Vivimos en medio de una generación que no quiere conocer la verdad. Sólo le preocupa el placer. Y el placer como absoluto: el bienestar personal por encima de todo. Muchos olvidan que el placer enseña principios no reales, entre ellos el principio de satisfacción inmediata: Lo único que merece la pena es hacer lo que uno quiere, como quiere y YA. Sin importar las consecuencias o los problemas para otros. De esta manera, muchos se están muriendo poco a poco.

Si a ti no te importa pensar, y crees que es lo mismo destruirte que saber por dónde andas, pues vale. Cuando quieras rectificar ya estarás casi muerto/a (¿o sin el casi?). Pero si no te dejas llevar por los "inteligentes" que sólo quieren enriquecerse a tu costa, piensa que hay algo muy importante en el carácter humano. Algo que debemos practicar mucho más a menudo. Es parte del Espíritu de Dios, y se llama dominio propio.

para los que buscan algo más
colosenses 3

7 april

El cine y la televisión se han llenado de películas e imágenes que incitan a la violencia. Contrariamente a lo que creen algunos (defienden que sólo son momentos de ocio que para nada influyen en los que los ven), los últimos estudios nos demuestran que la sensibilidad de los niños es afectada terriblemente por lo que ven.

- "La Naranja Mecánica" ocasionó muchos actos imitativos (violencia sexual, física, creación de pandillas...) hasta que el propio director, Kubrick retiró la película de los cines británicos.
- "Viernes 13".– Un niño de 14 años intentó asesinar con un hacha a una vecina de su abuela y a una prima. Acababa de ver la película y "Quería probar a hacer lo mismo".
- "El muñeco diabólico".– Relacionada con el asesinato de un niño inglés de dos años a manos de otros dos de 10. Varios asesinatos más se han relacionado con la visión de esta película.
- "Poltergeist ".– (1982) Dominique Dune (una de las actrices de reparto) fue salvajemente asesinada por su novio. Will Sampson que participó en Poltergeist II (1986) murió de un infarto muy poco después del rodaje. Heather O´Rourke, la niña protagonista de las tres películas murió en extrañas circunstancias después de terminar Poltergeist III. Grupos satánicos habían sido relacionados con las tres grabaciones.
- "The Crow".– Una de las canciones de la banda sonora de esta película era la ya conocida "Simpatía por el diablo". Este filme se vio afectado por la muerte de Brandon Lee (el hijo de Bruce Lee) con una pistola de "atrezzo", que no tenía que estar cargada con una bala real.

¿Sabes? Es el mismo diablo el que está detrás de todo esto, queriendo acostumbrar a los niños a la violencia y la insensibilidad, mientras no parece importarles ni a sus padres ni a la sociedad. Por otra parte, son muchas las historias de películas relacionadas con el mundo de lo oculto, que sembraron de muerte y odio a los que participaron en ellas, o simplemente las vieron...

A una lista casi interminable de películas de terror y de corte diabólico, hay que añadir los cientos de adivinos y brujos que aparecen diariamente en los medios de comunicación como la cosa más normal del mundo, hablando de sus espíritus y sus guías, mientras muchos les ríen las "gracias", hasta que un día se dan cuenta del lugar en el que han caído. Desgraciadamente, ese día suele ser demasiado tarde.

Aún hay tiempo de escapar a todo eso, Dios nos habla de una manera muy clara acerca de los que... "Andan a la caza de la gente, cosen vendas mágicas para que todo el mundo se las ponga como pulseras"*

El mal quiere cazarte y destruirte. ¡Huye por tu vida!

(*) ezequiel 13:.18

para los que buscan algo más
proverbios 15

8 april

Una interesante película fue recreada sobre el argumento de una mujer que defiende a su propio padre juzgado poco después de la segunda guerra mundial, debido a sus crímenes contra personas indefensas como miembro del organigrama de la Gestapo. Hacia el final de la historia, la joven abogada (cuyo papel es interpretado por la actriz Jessica Lange) descubre la verdad del entramado argumento, escondida en una pequeña "Caja de música"

Muy pocos meses después, la misma actriz lograría el Oscar por otro trabajo, y en una de sus primeras entrevistas aseguró: "Una hora con mis hijos vale más que cualquier Oscar" lo cual es una frase digna de recordar.

Muchos padres viven ansiosos y adictos al trabajo. Como el protagonista de la película, están tan llenos de actividades que sus propios hijos no los conocen de verdad. Y lo que es más triste, jamás han pronunciado las palabras más hermosas para el corazón de un niño: "Te quiero". Y de esa ansiedad, de la adición al trabajo, de la múltiple ocupación, del llegar una y mil veces tarde a casa, de querer ganar más dinero o más posición social, sólo se recogen hijos adictos al dinero, al sexo fácil, a las drogas, a la incomprensión, a la depresión y al odio.

Muchas veces los padres olvidan la primera ley universal en todos los países y todas las culturas: el deseo más ardiente de un niño (¡y de un adolescente!) es ser amado y apreciado por lo que es. Ser escuchado, querido, corregido y animado. Disfrutar de los mejores compañeros de juegos que puede tener: sus propios padres. Saber que siempre puede regresar a casa porque allí le esperan y le quieren.

Por otra parte, no está de más decir, que esas son las mismas necesidades que también tenemos los mayores, pero que muchas veces queremos ocultar, sin saber muy bien porqué.

Ésa es la razón por la que, aún con toda nuestra rebeldía y nuestro odio, Dios nos trata con el candor que nace del corazón de una madre: "Te llevé en mis brazos, te atraje con lazos de amor"*. Y de la misma manera que no hay lugar mejor para descansar que los brazos de nuestro Padre del cielo, todos debemos aprender a ofrecer en primer lugar esos brazos a nuestros hijos. Porque una hora con ellos vale más que cualquier otra cosa.

(*) oseas 11:3

para los que buscan algo más
proverbios 16

9 april

Ahora somos tres,
Todavía no he encontrado el momento
De hacer un hueco en mi corazón:
La magia ilusionante del encuentro
Ha llenado cada página de nuestra casa
Sin tiempo todavía a posarse
En lo más profundo del alma.
Allí, sí, allí dónde se crea el cariño,
Fue a caer una sonrisa ideal;
Para contar a cada sueño olvidado
La resurrección de juegos y gritos.
Aún sin poder escucharte
Sentimos miradas y abrazos,
Sabemos, como por encanto
De tu risa y tus andares...
Conocemos como nunca
La dulce paz de tu presencia,
Porque hay cariño acumulado
Para rebosar de colores tu cuna
Y tomar uno a uno tus sueños
Cuidándolos con mimos de Abril.

Ahora somos tres
¡Y el hueco no aparece!
¿Será porque te has tejido
Tan hondo en nuestro corazón
Que es difícil descubrirte
Porque estás en todas partes?
Aún no has nacido y ¡ya!
Ya navegas por entre las ilusiones del alma.

El día que nos mires a los ojos
Encontrarás tu hogar

Marzo 1997, dedicada a nuestra primera niña: Iami

para los que buscan algo más
salmo 20

10 april

*"Nunca había imaginado
vivir sin tu sonrisa
Cuando siento y conozco que me escuchas,
eso me mantiene vivo
Y yo sé que tu estás brillando para mí desde el cielo
Como muchos amigos
que hemos perdido a lo largo del camino. (...)
Y sé que un día estaremos juntos,
Un dulce día. (...)
Señor, yo sé que cuando vaya a dormir
Siempre me escucharás cuando oro" (1)*

Estas son algunas de las líneas más recordadas de la canción "One sweet day" que María Carey y Boyz II Men llevaron al número uno de las listas de éxitos durante los años 1996-97. La trama es muy sencilla: uno de los más importantes amigos ha muerto, y ahora la única esperanza es volver a verlo un día ("un dulce día") en el cielo.

A lo largo de la vida perdemos muchas cosas. Y desgraciadamente también perdemos muchas relaciones. Algunas de ellas por circunstancias que parecen escapar a nuestras manos: un cambio de domicilio, un malentendido, una situación diferente... Otras, las más tristes sin ninguna duda: perdemos a seres queridos porque la muerte se los lleva.

Y entonces luchamos toda la vida con la tristeza de no poder ver otra vez a quien significaba tanto para nosotros, y con la amargura de no haberle dedicado el tiempo que –ahora nos damos cuenta–, debíamos haberle dado. Y lo que más nos ata es que ninguna de las dos cosas parecen tener solución.

Sin embargo, todavía hay algo que podemos hacer. Podemos traer a nuestro recuerdo lo mejor que nos ha pasado en esa relación: las cosas que merecen la pena, las situaciones que amábamos juntos, las palabras que nos hacían reír y los momentos que son sólo nuestros... Y, por otra parte, también podemos abrir nuestros ojos y contemplar a los amigos que ahora tenemos. Buscar a aquellos que no hemos perdido a lo largo del camino, y dedicarles nuestro tiempo y nuestro cariño. Dejar que brillen en nuestro corazón hoy, antes que tengan que hacerlo desde el cielo.

Y desde luego, no debemos olvidarnos de agradecer también a los que están más cerca de nosotros, a nuestra familia. Los que ponen su mano en nuestras heridas cuando vamos a dormir. Los que nos sonríen aún en los momentos más duros.

Y al final del día, recuerda que Alguien nos escucha cuando oramos.

11 april

Los días de nuestra vida pasan rápido, y en nuestra mente se va formando la idea de que cada día que pasa nos volvemos menos capaces de hacer cosas, que con el tiempo nos volvemos más ineptos y tenemos menos valor como personas. La publicidad enseña la tiranía de lo bello y juvenil, mientras desprecia la experiencia, la madurez y la tranquilidad de los años. Afortunadamente siempre conservamos buenos ejemplos para entender que nunca es tarde para vivir, que siempre existe la posibilidad de disfrutar de la vida independientemente de los años que tengamos. Celia Delavrancea (1887-1991) dio su último recital de piano en público cuando tenía 103 años.

Los días que pasan nos enseñan a vivir, y nunca es tarde para reconocer ese aprendizaje. Nuestro corazón se ensancha conforme vamos disfrutando nuevas experiencias, y el futuro siempre es mejor que el pasado: las circunstancias físicas parecen decir lo contrario, pero en la vida puede más la aventura que la ciencia. Quien cree que su tiempo ya no merece la pena, está despreciando la posibilidad de vivir y hacer vivir a los demás. Dios parece haberlo hecho así, puesto que los años son la mayor fuente de sabiduría en la Biblia, y además El mismo empeña su Palabra en la relación con los físicamente más débiles: "Yo os sostendré aún en vuestra vejez"*.

Y todos los que no hemos llegado todavía a esos años, tenemos mucho que aprender. No es posible desechar a los mayores, salvo que tengamos el deseo decidido de destruir nuestra propia historia. Es inmoral dejarlos de lado, salvo que estemos pensando en vivir como vulgares seres sin sentido el resto de nuestros días. Nuestros "abuelos" son los que nos enseñan quienes somos y cuales son nuestras raíces. De nuestras conversaciones con ellos aprendemos el lugar que ocupamos en el mundo.

Lo mejor que podemos hacer ahora es amar, escuchar, respetar y admirar a nuestros mayores: pasar tiempo con ellos, hacerles ver que son importantes para nosotros y que sus palabras tienen trascendencia en nuestra vida. Es la mejor manera de aprender. Es sin ninguna duda la mejor manera de prepararnos para lo que pueda ocurrir en el futuro, para los momentos en los que nosotros mismos vamos a alcanzar esa misma edad. Porque eso será nuestro propio futuro.

(*) isaías 46,4

para los que buscan algo más
salmo 60

12 april

Cada persona necesita un pequeño toque de locura. Dijo el sabio español que de "poeta y de loco todos tenemos un poco", y en cierto modo, es un dicho inteligente. Muchas cosas suceden ya en la vida que hacen contristar a nuestro espíritu, como para que no defendamos la necesidad que todos tenemos de volver (alguna vez) a nuestros pequeños juegos de niñez, a un simple momento de "locura" sin consecuencias.

El grupo Dire Straits hizo famosa una canción titulada "Tunnel of love" (del Lp Making movies) en la que narra la historia de su niñez, cuando a la salida de la escuela subían a un tren para ir a un castillo encantado de cartón piedra dentro de una feria: allí se inventaban todo tipo de juegos y situaciones ficticias que les hacían ver la vida de una manera mucho más ilusionante.

Esas pequeñas aventuras de niños son las que no debemos olvidar. Al referirme a un "toque de locura" es obvio que no estoy hablando de algo inasumible o éticamente incorrecto... El momento de locura no significa quedar atrapados en adiciones o incomprensiones. No, lo que intento traer a nuestra memoria son las más simples ilusiones que disfrutábamos cuando éramos niños y que quizás no deberíamos olvidar nunca.

Nuestro mundo está basado en un principio de competencia, egoísmo e insolidaridad; de tal manera que las mejores lecciones que aprendemos cuando somos niños, muy pronto las olvidamos. Lo "importante" no deja lugar para lo trascendente, porque con el paso del tiempo olvidamos lo que significa disfrutar con los demás. Nos olvidamos de formar equipos y defendernos "hasta la muerte" en situaciones inventadas por nuestra imaginación. Olvidamos la grandeza de la lealtad, que sólo se aprende a base de luchar hombro con hombro frente a enemigos inexistentes. Y lo más grave, olvidamos que la vida puede ser terriblemente divertida cuando dejamos de pensar en nosotros mismos y descansamos en la amistad que tenemos con otros.

Y lo que es más peligroso todavía: estamos a punto de romper los sueños de nuestros niños cuando no les enseñamos a jugar, y permitimos que televisores, ordenadores, máquinas y otros "señores" les priven de la grandeza del juego con sus amigos del alma... Tanto, que algunos de ellos crecen ya sin tener amigos.

para los que buscan algo más
salmo 52

13 april

La actriz Wynona Ryder protagonizó con Richard Gere la película "Otoño en Nueva York" en la que interpretaba el papel de una joven que vive su última historia de amor antes de morir de cáncer. En una entrevista para la revista "Fotogramas" Wynona aseguraba: "La muerte no es el final, sino el comienzo de otro viaje". Lo que no explicó fue lo que ella pensaba en cuanto a ese viaje, o a dónde cree que la gente va después de morir.

La verdad es que la muerte es un invitado que a nadie le gusta recibir. Ni siquiera para conversar o estudiar sobre ella. Ésa es la razón por la que la gran mayoría de la gente reacciona de varias maneras cuando le hablan de la muerte.

1. Muchos piensan que después de la muerte no hay nada.
2. Otros ni siquiera quieren hablar de eso, puede traer mala suerte, dicen.
3. Algunos creen cualquier cosa que cualquier persona diga, aunque no tenga ningún fundamento (incluso dicen que después de la muerte hay una reencarnación) con tal de no "complicarse más la vida" y tirar para adelante.
4. Lo más "moderno" actualmente es creer que la muerte incluso es algo divertido, algo de lo que puedes hacer chistes, o burlarte.

- ¿Realmente es algo divertido?
- ¿Sabes a dónde irás cuando mueras?
- ¿Crees que todo es una broma pesada?
- ¿Sabes por qué estás viviendo?
- ¿Crees que un muerto puede cambiar su destino?
- ¿Estás seguro/a de que tu manera de vivir es la correcta?
- ¿No te importa lo que pueda ocurrir después?
- ¿Te da lo mismo que tu vida se acabe ahora, o dentro de 5, 10, 15 años?
- ¿Estás segura/o de que lo que crees es cierto?
- ¿Te diviertes hablando del futuro, sólo para vencer tu miedo?
- ¿Sigues pensando que la muerte es algo divertido?

Si vives de cualquier manera y no te preocupa nada lo que pueda ocurrir después de tu muerte... ¿Qué harás en el día del castigo? ¿A quién irás pidiendo auxilio? *

(*) isaías 10:3

para los que buscan algo más
salmo 57

14 april

"Tengo una hija de 16 años y sufro cuando, para agradar a las que se dicen sus amigas, intenta comportarse como alguien que no es. Es uno de los grandes males de nuestra sociedad y una de las causas del estado de caos y confusión en que vivimos" Estas sabias palabras fueron pronunciadas por la conocida actriz Glenn Close en una entrevista a la revista "Guía de Madrid".

Agradar a los demás. Tomar decisiones sólo porque nuestros "amigos" lo digan. Querer ser "importante" a cualquier precio, necesitar ser "aceptado" haciendo cosas que poco a poco van a destruirnos... Estos son algunos de los problemas más graves en nuestra sociedad. Una de las causas del caos. Un caldo de cultivo perfecto para la confusión. La situación ideal para que acabemos pensando que tenemos muy poco valor.

Los problemas de autoestima están muy de moda en nuestros días. Problemas que tienen que ver con una opinión irreal de nosotros mismos, porque siempre nos guiamos por lo que dicen los demás, y no por nuestro valor como personas. Parece como si viviéramos buscando la aprobación de otros, y cada decisión que tomamos, incluso las más personales, están influidas por lo que otras personas puedan decir.

Cedemos a las presiones de los demás y pensamos que eso es lo más normal del mundo, sin darnos cuenta que ellos no tienen por qué tomar nuestras decisiones. No son nuestros amigos los que nos "obligan" a hacer ciertas cosas, y si nos están obligando es que no son tan amigos como pensamos. Mucho menos debemos dejar que nos presionen personas que no conocemos, que no nos quieren, o simplemente gente que nos rodea o que quiere imponer ciertas cosas para su propio provecho económico o social.

Las presiones no deben decidir nuestra vida. Recuerda que entre "presión" y "prisión" hay sólo una letra de diferencia. Si cedemos a las presiones de los demás, estaremos cayendo en una prisión de la que quizás nunca podremos salir. Si nos presionan a ser de cierta manera, a consumir determinados productos, a ir más allá de "la raya" sólo porque es moda, a hacer lo que todos hacen, a vivir como todos viven... Si nos presionan de esa manera y cedemos, estamos cayendo en nuestra propia prisión. Y lo peor es que ellos se quedan con la llave.

No cedas a las presiones. Y si lo has hecho (desgraciadamente todos caemos alguna vez) recuerda lo que David pidió un día "saca mi alma de la prisión" (*). Mira hacia el cielo y confía en la ayuda que va a venir del Único que tiene todo el derecho a exigir y no lo hace. Él viene en nuestra ayuda, y nos ama. Nos saca de cualquier prisión... y nos enseña a vivir sin "presiones".

(*) salmo 142:7

para los que buscan algo más
salmo 142

15 april

No es nueva la acusación de "plagio" de una canción sobre otra. Las posibilidades musicales son casi infinitas, pero al mismo tiempo, las melodías penetran hasta lo más profundo de nuestro interior, haciendo que a veces las notas que surgen de un aparente deseo compositor, son "prestadas" de una música que ya tenía un lugar en nuestro recuerdo. Le ocurrió a Rod Steward con su famosa melodía "Do you think I'm sexy", tomada (según parecía) de una composición del brasileño George Ben. Lo que normalmente termina en un juicio y una indemnización tuvo un diferente final esta vez, porque los dos autores se encontraron, hablaron acerca de la canción, se hicieron buenos amigos... y terminaron cediendo todos los derechos de la melodía a UNICEF, para la ayuda a los niños pobres del mundo. Muy buena solución, desde luego.

En un mundo terriblemente materializado como el nuestro, no están de más algunas palabras que toquen nuestro corazón acerca de la importancia de la ayuda a los más desfavorecidos. Más de dos mil millones de personas viven por debajo del umbral de la pobreza, y de ellas casi una tercera parte son niños. Todos conocemos las estadísticas que muestran que cada tres segundos muere un niño en el mundo... Y eso sí que son palabras mayores. Mientras nosotros discutimos sobre cuestiones intrascendentes, varios cientos de niños no han encontrado lo mínimo para subsistir y pasan a la eternidad.

Y eso es culpa nuestra. Con todas las letras. Y sin ninguna disculpa posible. Nos preocupamos hasta la saciedad por vivir bien en nuestro mundo consumista, mientras cerramos los ojos a las necesidades más primarias de los que nos rodean. Y vez tras vez la Biblia nos enseña que Dios llora con los que lloran, que sufre con los que sufren, y que no entiende nuestra insensibilidad, nuestro cruzarnos de brazos mientras le culpamos a Él por lo que nosotros mismos podríamos solucionar.

Hay miles de ejemplos de cosas que nos sobran, y que serían cruciales en la vida de los que mueren de hambre o por inasistencia médica. Y no sólo hablamos de gasto militar, es también la comida para animales de compañía (¿No son más importantes las personas?); son los miles de millones que se mueven en la cultura del ocio, son los cientos de cosas que compramos y que no nos sirven para nada. Son, para decirlo claro, los millones de euros que muchos gastan en ropa y utensilios que no necesitan, simplemente porque son de una marca determinada, y que no valen ni una centésima parte de lo que pagan por ellos.

Es hora de cambiar: llegó el momento de preocuparse por los que sufren y dejar de lado nuestra comodidad y nuestra ceguera.

para los que buscan algo más
salmo 53

16 april

La expansión de los medios de comunicación nos ha traído fenómenos curiosos, impensables hace sólo unos pocos años. Uno de ellos es la proliferación de canales monotemáticos de televisión... y entre ellos los canales íntegramente musicales. La MTV se introdujo en la mayor parte de los jóvenes del mundo a base de videos musicales y de anuncios más o menos modernos como aquel de "Free Your Mind" (Libera tu mente), que más tarde fue tomado como un grito de guerra por muchos, para hacer cualquier cosa que les apetezca. Liberar la mente llegó a significar que uno tiene derecho a vivir como le plazca, sin preocuparse de nada... Aunque algunos han llegado a tener la mente tan abierta que se les ha escapado el cerebro.

Uno de los grupos más admirados en las cadenas musicales fue Queen, quienes también pusieron su granito de arena en esa libertad enmascarada. Uno de sus títulos "I want it all" (Lo quiero todo), decía algo tan explícito como:

"Lo quiero todo,
Y lo quiero ahora.
Quiero el futuro
Hecho a mi manera" (1)

Y así han crecido muchos de los jóvenes de hoy. Puede parecer divertido el hecho de quererlo todo, y quererlo ahora, pero la única salida para esa encerrona es la frustración continua. Porque nadie puede tenerlo todo. Cuando tienes lo que deseas, siempre acabas deseando lo que aún no tienes.

Esa es una de las razones por las que los gastos en salud mental, y lo que es peor, los índices de suicidio entre los jóvenes hayan aumentado de una manera escandalosa. Tanto que hoy es uno de los problemas número uno en el llamado primer mundo. Nadie parece saber como detener ni lo uno ni lo otro.

La libertad absoluta y el deseo incontrolado de tenerlo y quererlo todo en todo momento, sólo pueden llevar a una esclavitud completa y poco disimulada. Los mismos que llevan a cabo estas campañas, y que escriben este tipo de canciones "prometen libertad mientras ellos mismos son esclavos"*. La única manera de liberar la mente es utilizándola y razonando lo que hacemos. La única manera de conseguir que el futuro sea mejor es trabajando para que sea así, y ayudándonos unos a otros.

17 april

Siempre que cumples años
Tu corazón juega con el tiempo que se fue.
Comienzas a casar recuerdos y personas,
En una ceremonia entrañable de ilusiones y pasiones.

Siempre que cumples años
Recuerdas que el tiempo pasado nunca fue mejor,
Porque te felicitan hoy la vida y la esperanza
Mientras valoras una vez más amistades y sentimientos.

Siempre que cumples años
Retienes el futuro en el deseo de una sonrisa única;
Te obligas a ti mismo con miles de deseos
Y ríes con descaro en la complacencia de quién te quiere.

Siempre que cumples años
Intentas hacerle un guiño a la vida
Esperando que el reloj loquee con tus sueños
Y comience a correr en el camino equivocado.

Y todo en muy pocos minutos,
En miles de emociones contenidas;
Mientras de pronto, te quedas solo...
Con tus amigos, con tus sentimientos, con tus promesas,
Con tus recuerdos, con tus ilusiones, con tus sueños,
Con los días que te hacen un poquito más viejo.

para los que buscan algo más
eclesiastés 12

18 april

Es muy difícil conocer las razones. Nadie sabe qué mecanismos psicológicos están detrás de nuestros gustos. Y mucho menos los que se refieren a las preferencias musicales. ¿Porqué nos emocionamos al escuchar ciertas melodías y no otras? ¿Porqué recordamos canciones que quedaron marcadas desde nuestra juventud?... Lo único cierto es que la música forma parte de nuestra vida, y yo le agradezco a Dios que nos haya dado esta expresión directa del alma.

Escribo sobre esto, porque yo también recuerdo lo que escuchaba en los primeros años de mi juventud. A lo largo de los minutos que me has dedicado cada día, creo que ya te habrás dado cuenta. Una de las cantantes que más he admirado por su voz ha sido Paloma San Basilio, y es curioso como sus raíces también han surgido de mi propia tierra: Galicia. Hace algún tiempo tuve la oportunidad de hablar con ella, y me contaba algo que muy pocos saben, y que tiene que ver con su propio sufrimiento: había perdido a dos hermanos suyos, uno de un infarto y el otro en un accidente de aviación.

He estado contándote durante muchos días la razón de mi esperanza. Esperanza de que la muerte no sea el final de la existencia, esperanza de que hay una nueva vida, esperanza de que un día yo mismo estaré en la presencia de Dios para disfrutar de todo lo verdaderamente hermoso. ¿Sabes? Escribo sobre la esperanza, porque en la Biblia esta palabra no se utiliza como la utilizamos nosotros. A veces decimos "tengo la esperanza de que pueda aprobar este examen... o de tener este trabajo... o..." y a veces nuestras esperanzas se cumplen, pero otras no. Dios no actúa así: en la Biblia la esperanza basada en las promesas de Dios equivale a una seguridad eterna.

Dios nos da seguridad en cuanto a la vida futura. Dios nos da seguridad en su relación de amor con nosotros. Dios nos da seguridad cuando nos promete que nadie nos puede arrebatar de sus manos. Dios nos da seguridad cuando nos dice que volveremos a ver a nuestros seres queridos que murieron confiando en El. Dios nos da seguridad de que la muerte NO es el final. Dios nos da seguridad eterna. Por eso no vivimos como los que no tienen esperanza"*.

Porque nuestra esperanza no es un cuento de hadas. Ni siquiera es la confianza lógica en una probabilidad estadística. Nuestra esperanza descansa en la seguridad total que nos dan las promesas de Dios. Dios jamás mintió, miente ni mentirá. Él nos ama profundamente, con todo su ser. Y de su profunda justicia y fidelidad emerge como un volcán la seguridad que nos cubre por completo. Dios ha empeñado su Palabra.

(*) 1 tesalonicenses 4:13

19 abril

Donna Summer fue considerada la reina de la música disco en los años 70. Sus canciones se escucharon prácticamente en todas las discotecas del mundo... hasta que un día ocurrió algo trascendental. Un encuentro personal con Jesús le dio un nuevo sentido a su vida. Hace poco la escuché cantar una hermosa versión de "Amazing Grace" en mi propio salón... era la serie de TV "Cosas de casa".

Es agradable cuando algo bueno entra en nuestra casa. Pero no lo es tanto cuando cosas malas suceden en nuestra habitación. ¿Sabes lo que ha ocurrido en los últimos días en una sala de tu casa?... Pues varios asesinatos, alguna violación, muchas mentiras, una familia que se ha roto, robos y engaños, y varios cientos de cosas más. No, no te asustes que no voy a denunciarte, porque todo eso ha entrado también en muchas otras casas de nuestro país. Es culpa de la TV.

Quizás a nosotros nos parece una tontería, pero son miles las escenas violentas que vemos cada año en la pantalla tonta. Incontables las violaciones, escenas de sexo fuera de lugar, los asesinatos, los robos, y un larguísimo etc. Y no nos preocupa ni hacemos nada por evitarlo. Nos parece lo más normal del mundo.

Y mientras, nuestra vida sigue, y vamos alimentando nuestra mente y nuestro corazón de basura maloliente que sólo nos traerá enfados, situaciones difíciles y violencia añadida. Si, porque si crees que puedes ver todas esas cosas como si nada pasase, estás muy equivocado. La violencia genera violencia. El robo estimula a robar. Los engaños inciden en nuestra mente para que aprendamos a engañar... y así podríamos seguir casi sin parar. Esos minutos que dedicas cada día (¡para algunos son horas!) en dejar que otros decidan por ti, lo único que hacen es aborregarte. Y no sabes cómo siento tener que decírtelo.

Desgraciadamente son poquísimas las series o los programas que pueden darte algo nuevo, fresco y constructivo que pueda ayudarte en tu vida. Menos incluso son aquellos que te enseñan a pensar. No les interesa. A las "mentes inteligentes" que gobiernan las diferentes cajas tontas, por lo general sólo les interesa tenerte atrapado delante de tu TV la mayor cantidad de tiempo posible. De esa manera ellos (y los anunciantes) ganan más dinero. El tuyo, claro (por si tenías alguna duda).

Yo que tu, tomaba el "mando" del asunto. Yo que tu me preocuparía un poco más de lo que quiero o necesito ver, y dedicaría el resto del tiempo a estar con la familia, con los amigos, hacer deporte, escuchar buena música, leer, cantar, dar un paseo, descansar.... ¡Es curioso las miles de cosas que pueden hacerse cuando uno apaga el televisor!

para los que buscan algo más
proverbios 18

20 april

Marilyn Monroe hizo famosa una frase que, en cierta manera, reflejaba parte de la tristeza de su vida: "No me importa que hagan chistes sobre mi, pero no quiero parecer uno". ¡Qué mezcla de sabiduría y amargura! ¡Qué importante es la dignidad de una persona! A veces jugamos con los sentimientos de otros, sin darnos cuenta de que algo horrible sucede cuando alguien no se siente reconocido o querido.

Detrás de las palabras, siempre hay un sentimiento que no se quiere esconder. Y en este caso el sentimiento de estar solo, o de ser simplemente una marioneta de todos, puede ser lo más triste del mundo. Cuando uno no encuentra solución a su falta de cariño, llega a "parecer un muro agrietado que cuando menos se piensa, se derrumba"*. Si alguien vive sin dignidad personal, su vida se rompe por momentos. Y no importa lo poco o lo mucho que tenga, ¡incluso no tiene importancia su fama o su poder! La dignidad de alguien está muy por encima de casi todas las cosas.

Todas las personas deben ser reconocidas y apreciadas. Algo horrible sucede cuando uno no se siente querido, cuando piensa que no tiene ningún lugar en el corazón de nadie. Por eso todos debemos hacer algo: debemos aprender a apreciar a los demás por encima de lo que son o lo que representan. Debemos aprender a no burlarnos de otro, sea cual sea su situación. Debemos aprender a dar cariño y admiración si sabemos que alguien lo necesita.

Y si alguno de los que estáis leyendo ahora piensa que su vida no tiene dignidad es que no sabe lo que piensa. Te lo aseguro. Seas quién seas, todavía llevas en ti el reflejo de tu Creador. De la misma manera que una obra de arte toma valor simplemente por su autor, así hace Dios con nosotros. Puede que al ver un cuadro pienses que parece lo más normal del mundo, pero si te dicen que es un "Picasso", un "van Gogh" o un "Velázquez" de repente todos comienzan a hablar de millones de euros.

Tu fuiste creado/a por el más grade Artista que el mundo conoce. Todos nosotros somos sus obras, y sus manos han dejado en cada uno el valor supremo de su amor y cuidado por cada una de sus criaturas, su propio "toque personal" y el reflejo de su imaginación y belleza. Y eso no es cualquier cosa.

(*) Isaías 30:13

para los que buscan algo más
salmo 55

21 april

La película "Traffic" fue considerada una película "difícil" por tratar con extrema crudeza el tema de la droga. Algunos de los mejores actores del momento, entre ellos Michael Douglas participaron en el proyecto descubriendo en su propia carne la crueldad del mundo de los estupefacientes. Cameron, el hijo de Michael había sido arrestado por posesión de cocaína, sólo unos pocos meses antes del rodaje de la película.

Una de las escenas más impactantes ocurre cuando el actor acepta el cargo de agente en la lucha contra la droga y dice: "Si existe una guerra contra la droga, entonces muchos miembros de nuestras familias forman parte del enemigo. En este caso, ¿cómo podemos declarar la guerra a nuestra propia familia?"

Buena pregunta.

Sé que desde muchos lugares hoy se está proclamando lo mismo. No me importa. Creo que debo decirlo desde aquí: La droga MATA, NO LA PRUEBES. Son ya millones de personas en todo el mundo los que han caído en los lazos fatales de alucinógenos y estimulantes. Muchos de ellos ya han muerto, otros están en camino. Millones de familias destrozadas, vidas rotas, sueños perdidos; y todo por un instante de placer: por un vuelo a la locura.

Así es el hombre: capaz de crear sustancias para su propia destrucción. Capaz de probar la muerte en un instante de diversión atolondrada; sin comprender que se encamina a su fin, y que de esa manera "mueren con él sus esperanzas e ilusiones"*.

Hay cosas que merece la pena NO conocer por experiencia. El grave secreto del pecado es hacernos creer que debemos probar todo para sentirnos libres de verdad. Esa es la mentira más grande, una mentira que lleva a miles de personas a la muerte.

¿Sabes? Es infinitamente mejor que sepas disfrutar de tus ilusiones, de tus esperanzas, de tus sueños y que no pruebes sustancias que pueden matarte. Aprende a decir NO. Así de claro, y no importa que algunos se burlen. La verdad, no sé porqué razón las personas tenemos la rara cualidad de querer arrastrar a otros al mismo infierno en el que nosotros mismos hemos caído. Déjalo ya. La droga mata. No la pruebes.

(*) proverbios 11:7

para los que buscan algo más
mateo 20

22 april

Pocas personas habrá en el llamado primer mundo que no hayan crecido viendo películas de dibujos animados sobre historias fantásticas. Una de las más conocidas es la escenificación del hermoso cuento "La bella y la bestia", en la que un hombre con caractéres desfigurados, desproporcionados (y en cierto modo temibles) se enamora de una hermosa mujer y la lleva a su casa. Cuando ella responde a su amor, se produce una tremenda transformación en él (la bestia) hasta ver su belleza equiparable con la de la dama.

La canción lema es verdaderamente preciosa. Y la interpretación en castellano por parte de S. Zubiri y Michelle, más todavía. En un momento de la canción se da la clave de toda la filosofía del cuento:

"Antes de juzgar, tienes que mirar en el corazón" (1)

¿Sabes? Nunca se levantó una estatua a un crítico. Jamás alguien que sólo ve lo negativo de los demás ha sido admirado y puesto como ejemplo a generaciones venideras. Los que se especializan en ver los defectos de otros, viven amargados por su propio pecado, y en su misma maldad llevan ya su penitencia. Antes de juzgar a nadie, debemos aprender a mirar en su corazón.

El corazón de cada persona tiene el suficiente valor y belleza como para amarlo. Nuestro problema empieza cuando dejamos que el mal tome las riendas de nuestra vida y la manche. Nuestro propio corazón puede llegar a engañarnos si permitimos que surjan de él malas intenciones y deseos equivocados. Pero si aprendemos a vivir con limpieza, podemos mirar directamente "a los ojos" del corazón de los demás.. y lo que es más importante, dejamos de juzgar a otros porque comprendemos sus razones.

Lo que observamos en el exterior es siempre parte de la verdad. Pero no toda la verdad. Antes de juzgar, tenemos que mirar en el corazón: en el nuestro y en el de los otros.

(1) "La bella y la bestia" Michelle. "Los chicos del club" emi 1997

para los que buscan algo más
salmo 59

23 april

Muchas películas intentan ser fieles a lo sucedido en diferentes momentos de la historia. La titulada "Trece días" narra los acontecimientos que sucedieron en los años sesenta cuando el bloqueo de los EE.UU a Cuba era más intenso y se descubrió que había misiles desplegados en la isla. El actor Kevin Costner actuaba como uno de los principales consejeros del presidente Kennedy, y en el momento de mayor tensión, cuando una simple decisión podía desencadenar una guerra mundial, le dice a los miembros de su familia: "Si mañana vemos salir el sol será debido a hombres de buena voluntad, y eso es lo único que nos separa del diablo"

La buena voluntad sólo puede venir de nuestro Creador, y muchas veces, es lo único que nos mantiene vivos. La locura de la ambición, el querer pasar por encima de los demás, el buscar que todos nos honren y nos admiren, la amargura y falta de perdón, eso lo inventamos nosotros solos, y es lo que nos destruye.

Nos cuesta creerlo, pero muchas personas revelan lo que realmente son cuando están en puestos y en lugares donde no deben estar, en puestos y lugares que les quedan demasiado "grandes". Entonces derrochan toda su arrogancia y su vanidad destruyendo con sus actitudes todo lo bueno que otros pensaron de ellos.

Algunas personas deciden vivir de espaldas a la buena voluntad cuando se creen suficientes y son capaces de poner los pies encima de la mesa. Muchas personas olvidan lo que significa la tolerancia y el respeto cuando llegan casi por "accidente" a encontrarse tan arriba en algún lugar, que viven vencidos por el vértigo del poder. Queriendo o sin quererlo, comienzan a ver las cosas desde arriba, y eso es demasiado para ellos.

En ese momento, todo parece venirse abajo, porque las personas más peligrosas que existen son aquellas que se pasan la vida entera diciendo "yo". Es su palabra preferida. Las encuentras entre los políticos, entre los líderes religiosos, entre los actores, deportistas y artistas... Las encuentras entre las personas normales. Están por todas partes, no puedes mantener una conversación con ellos sin que te hablen de sí mismos y de lo que hacen casi todo el tiempo.

Parte de la culpa la tenemos todos, porque la arrogancia se ha convertido en la cualidad más admirada por muchos en nuestra sociedad. Parece como si la buena voluntad hubiera desaparecido como uno de los rasgos más valorados. Y esa es la razón por la que nuestro mundo cada día está más cerca de los presupuestos del diablo.

Si no aprendemos a crecer por una voluntad buena y firme, el mundo puede durar muy poco.

para los que buscan algo más
salmo 61

24 april

Hace unos años fue muy famosa la historia de una farmacéutica, secuestrada en la ciudad de Olot, y mantenida en un agujero en el que apenas podía moverse, durante más de quinientos días. Al final, pudo ser liberada, y en el juicio contra sus secuestradores, le preguntaron qué fue lo que le hizo continuar hasta el final y no desesperarse al no saber ni siquiera si era de día o de noche, cuánto tiempo llevaba allí, o cuándo iba a salir. Ella respondió: "Puede parecer una tontería, pero rezaba el padrenuestro y me quedaba tranquila". Lo dijo casi como si creyese poco en lo que estaba diciendo, o como si se disculpase, pero ella misma se dio cuenta de la trascendencia de recitar una oración a Dios.

Algunos piensan que Dios no nos escucha. Les resulta imposible creer que alguien pueda "hacer caso" de lo que nos ocurre, e incluso que pueda saberlo. "Alguien como el Creador debe estar demasiado ocupado y distante como para saber lo que está sucediendo en la vida de cada uno de nosotros" piensan muchos. No saben que no es la distancia ni la ocupación lo que determinan que Dios nos escuche, sino su deseo de ayudarnos. De la misma manera que un mensaje de nuestro cerebro se mueve a más de trescientos kilómetros por hora en nuestro cuerpo por medio del sistema nervioso, Dios escucha lo que nos ocurre y lo que le decimos, ¡Aún antes de que salgan las palabras de nuestra boca!

¿Sabes lo que ocurre? Muchos no oran hasta el último momento, hasta que no hay más remedio. Otros no lo hacen hasta que no se encuentran en una situación desesperada, porque mientras puedan resolver ellos todas las cosas, no necesitan a su Creador. Algunos incluso sólo se acuerdan de Dios cuando las cosas van mal, pero lo hacen para echarle la culpa de todo y para descargar su ira contra quien más los ama. Hace ya muchos años que un hombre dejó escritas estas palabras: "Al sentir que se me iba la vida, me acordé de Dios"*. Y esa ha sido y sigue siendo la experiencia de mucha gente: no importa si creen en Dios o no, cuando llega la dificultad, todos miran hacia arriba.

No esperes a una situación límite, ahora mismo es el momento de hablar con Dios. Si todo va bien, merece la pena escucharle y poner este día en sus manos, disfrutar de cada cosa que Él nos ha dado y vivir cerca de Él, porque sin ninguna duda es quien más nos comprende. Si las cosas van mal, nos daremos cuenta de cómo nuestra propia actitud cambia y nuestra confianza crece cuando hablamos con Dios

Él está muy cerca de ti, mucho más de lo que piensas.

(*) jonás 2:7

para los que buscan algo más
salmo 63

25 april

Las ceremonias de entrega de los "Oscar" suelen ser vistas por millones de espectadores en todo el mundo. Puedes encontrar cosas atractivas durante esa noche: la música, la puesta en escena, los actores y actrices, y muchas otras cosas. Aún así, siempre ocurre algo que no estaba previsto en el programa, alguna sorpresa, alguna frase ingeniosa de alguien al recoger un premio, etc. Steve Martin, el presentador, pronunció una de las mejores en la ceremonia de los "Oscar" del año 2001 cuando dijo: "Aquí estamos todos, blancos y negros, cristianos y judíos, hombres y mujeres, ricos y pobres, todos juntos trabajando por un amor común: la publicidad".

¿Crees que Steve exageraba? Yo creo que no, fíjate en un solo dato: en algunos de los llamados países del primer mundo se llega a gastar más dinero en comida para perros y gatos que en comida para bebés. Todas las grandes empresas gastan millones de euros en publicidad, porque saben que pueden influir en las personas para que compren aquello que no necesitan.

Otra pregunta ¿Crees que estoy exagerando ahora al decir que nos hacen comprar lo que no necesitamos?... Si quieres haz un pequeño ejercicio, entra en tu casa y mira todas las cosas que tienes y que no necesitas. Fíjate en todo lo que no es útil y que en cierta manera (¡la publicidad!) te "obligaron" a comprar. Haz una lista si puedes, piensa en el dinero que has gastado en los últimos meses en cosas que no te han servido para nada, o que no eran lo que pensabas, o que te has arrepentido por haberlas comprado.

No es una broma, haz la lista, porque si te dejas, ellos pueden hacer que tengas tu vida llena de cosas absolutamente innecesarias, que estés triste cuando no las compras, y que incluso ¡¡¡ llegues a pensar que tu vida no tiene ningún valor si no las tienes!!! Todos caemos tarde o temprano en la malvada red de esos amores comunes, la publicidad y el consumismo.

Menos mal que nuestro Creador nos da de vez en cuando un "toque" de atención. Muchas veces no queremos escucharlo. En la gran mayoría de las ocasiones olvidamos que Él nos ha dado valor como personas, independientemente de lo que tengamos o compremos. Pero como muchos siguen dándole la espalda, Él simplemente pregunta. No quiere sermonearnos, ni tampoco atacarnos duramente para que nos demos cuenta que estamos poniendo la confianza y la felicidad de nuestra vida en absolutas tonterías.

Dios simplemente pregunta:

"¿Qué vais a hacer cuando todo haya terminado?" *

(*) jeremías 5:31

para los que buscan algo más
salmo 65

26 april

No sé si lo sabías, o si te lo habías preguntado alguna vez, pero los compact disc generalmente tienen una duración de 72 minutos, porque esa es la duración de la novena sinfonía de Beethoven. El impacto que el músico tuvo en la historia de la humanidad, fue mucho más allá de lo que él mismo imaginaba.

Hace un par de años estaba visitando la ciudad de Corinto (Grecia) y me detuve en el lugar desde el que el apóstol Pablo hablaba a la gente. Desde un pequeño montículo de piedra, podía verse no sólo lo más impresionante de la ciudad con sus vías de roca firme, sino también el templo de Apolo, del que hoy conservamos sólo algunas columnas de varias decenas de metros de altura. Todos los que visitan esa zona de la ciudad se quedan maravillados por la majestuosidad de las columnas e imaginan cómo debió de ser el templo en su momento. Nadie puede visitar ese lugar y quedar insensible al ver las ruinas de calles y edificios que en otro momento fueron la admiración del mundo.

Imagínate lo que ocurrió hace más o menos dos mil años. ¿Qué pensaría Pablo al ver ese templo? ¿Qué pasaría por su mente al contemplar majestuosas columnas de piedra que parecían tocar el mismo cielo? ¡Cómo no sentirse pequeño y ridículo delante de una de las ciudades más imponentes del mundo, con sus calles, sus edificios inmensos y miles de personas rindiendo adoración a dioses de oro y piedras! ... Cuando Pablo hablaba a unas cuantas personas que le escuchaban en aquel momento, podría estar pensando "¿Cómo puedo luchar yo contra algo física, sociológica, cultural y religiosamente tan importante?

Hoy, sólo quedan las ruinas del templo. La ciudad está prácticamente destruida y los dioses han sido saqueados y robados. Hoy, las enseñanzas y los escritos de Pablo están vivos en cientos de millones de personas en todo el mundo. El impacto de una sola persona en la historia es mucho mayor del que jamás podremos pensar. Pablo sabía lo que realmente era importante, y fue capaz de dar su vida por ello: Aún siendo azotado, herido, vapuleado y cansado decía: "Por favor, permítanme hablarle al pueblo" (*) Su único objetivo era que todos pudiesen conocer el amor de Dios.

Era "peligroso" acompañar a Pablo en sus viajes. Casi tendrías que preguntarle "¿A dónde vamos hoy? ¿En dónde nos van a apedrear? ¿Sabes si podremos volver a casa?... No lo dudes, el impacto que una sola persona puede tener en la historia es inmenso. Sólo tiene que estar dispuesto/a a pagar el precio.

Y gran parte de ese precio es saber el lugar que ocupas en el mundo.

(*) hechos 21:39

para los que buscan algo más
hechos 21

27 april

La casa productora norteamericana "Dream Works" comenzó a realizar en los años noventa varias películas muy importantes de animación por ordenador. Una de las más famosas fue "Hormiga Z". En el transcurso del film, una de las hormigas soldado, llamada Barbatus le dice a la hormiga Zeta justo antes de morir: "No cometas mi error, no sigas órdenes toda tu vida, piensa por ti mismo".

Hacer siempre lo que otros dicen puede llevarnos a la mayor catástrofe de nuestra vida. La mayoría de la gente no siempre tiene razón. Es más, muchas veces son los que más se equivocan. Recuerda: "No imites la maldad de las mayorías" *

Los demás no son los que tienen que tomar las decisiones de tu vida personal. No tienen ningún derecho a ordenar tu vida. Pero jamás debemos olvidar que ellos lo hacen si les dejamos. Deciden lo que debemos comprar y lo que no. Nos enseñan las carreras y las profesiones más importantes y nos dicen las actitudes que tenemos que tomar ante determinadas personas, incluso las decisiones más personales están influidas por lo que amigos y enemigos nos dicen.

A veces nos parece más cómodo dejarnos llevar. Para nadar contra corriente se necesita decisión, fortaleza y valentía. Dejar que los demás tomen las decisiones puede llevarnos incluso a una guerra interior, o incluso a perder todo lo que tenemos.

Déjame ponerte un ejemplo: Hoy no está de moda hablar de Dios. Los medios de comunicación desprecian todo lo que tiene que ver con la vida espiritual, y no está bien visto oponerse a lo que los medios de comunicación dicen. Pero no sólo eso, no está de moda amar a tu familia y disfrutar con tus amigos. No está de moda ser una persona sensible que se preocupe por las necesidades de los demás. No está de moda ser fiel y luchar por el honor, lo moralmente aceptable y lo que ayuda a los más desfavorecidos.

Lo que algunos quieren imponernos es que no creamos en nadie ni en nada, que hagamos todo lo que nos dicen, que no seamos leales y que intentemos ser los primeros en todo, pasando por encima de quién sea para alcanzar nuestros objetivos. Lo más peligroso es que no lo hacen de una manera aparentemente "dictatorial" (¡Todos lucharíamos contra eso!) sino bajo el casi irreconocible disfraz del desprecio, la burla y la soledad obligada si no haces lo que te dicen y no piensas como ellos quieren.

No cometas esos errores. No sigas órdenes toda tu vida, piensa por ti mismo/a.

(*) ÉXODO 23:2

para los que buscan algo más
salmo 66

28 abril

"¿Quién puede explicarme por qué la vida golpea de una manera tan despiadada?" Cualquiera de nosotros podría haber hecho esta pregunta en momentos difíciles, pero fue Romy Schneider, una de las mejores actrices europeas del siglo veinte, quién la formuló ante la prensa después de conocer la muerte de su hijo, atravesado por los barrotes de la verja de su propia casa.

Muchas situaciones no tienen explicación. A veces queremos saber las razones por las que ocurren ciertas cosas, pero déjame decirte que esas razones no nos ayudarían en absoluto. El sufrimiento no escucha explicaciones, no se desvanece con las razones que alguien pueda darle, no tiende a desaparecer cuando nuestra mente controla las circunstancias.

El sufrimiento marca la medida del amor, hasta dónde somos capaces de sufrir por alguien que amamos, sin recibir nada a cambio. Si sufrimos poco, amamos poco. Si somos capaces de sufrir por alguien, pase lo que pase y ocurra lo que ocurra, es que realmente le amamos, aunque no obtengamos ninguna recompensa por lo que hacemos. El Señor Jesús, habiendo amado a los suyos, los amó hasta el fin, hasta el límite del sufrimiento, hasta que no pudo sufrir más.

Esa es una de las razones más importantes del amor de Dios, y de nuestro amor hacia Él. No tenemos ninguna duda del amor del Señor por nosotros, como uno de sus mejores amigos dijo un día: "Mi Intercesor es mi amigo, y ante Él me deshago en lágrimas" *

La escritora Elizabeth Lloyd Howell le dijo un día a Dios en medio del sufrimiento: "Esta oscuridad es la sombra de tus alas". Ella sabía que muy por encima de cualquier razón o filosofía sobre el sufrimiento, está la certeza de que Dios mismo nos cuida más allá de lo que pensamos o entendemos. Su presencia es la mayor garantía de nuestra paz.

No lo olvides, la vida es completamente diferente cuando se vive lejos del Creador, porque el mismo sufrimiento puede llegar a ser insoportable, si no queremos compartirlo con Él, si no reconocemos que Él está a nuestro lado.

Si nos empeñamos, como tantas veces, en vencer el sufrimiento por nosotros mismos.

Si queremos sufrir solos y rechazamos cualquier tipo de ayuda.

(*) Job 16:20

para los que buscan algo más
salmo 67

29 april

Fue una de las frases más celebradas en los últimos años de la historia del cine. La pronunció el actor Cuba Gooding Jr. ganador del Oscar al mejor actor secundario en el año 1996 por la película "Jerry Mcguire" y más que pronunciarla, podía decirse que se pasaba media película gritándola...

"Enséñame el dinero" (*"Show me the money"*)

Ese era casi el motivo de su vida, la base de todas sus decisiones. Y eso sigue siendo lo más importante para muchos, el dinero. No nos importa si algo es justo o no, incluso si vamos a hacer daño a otra persona o si le quitamos lo que le pertenece a otro; lo importante es que nuestra cuenta corriente aumente.

Casi nadie quiere seguir el consejo que el Sabio dejó escrito hace más de tres mil años: "Más vale ser pobre que tramposo "(*) Hoy defenderíamos justo lo contrario, de hecho casi podríamos decir que muchas fortunas han sido hechas en base a más o menos "pequeñas" trampas.

Hablamos de la honestidad, palabra prácticamente desaparecida del diccionario académico de muchos *dinerotenientes*. Hablamos de las injusticias de ganancias ocasionadas por el trabajo de los oprimidos. Hablamos de las "mentiras piadosas", fieles amigas de algunos empresarios y banqueros. Hablamos de todo tipo de engaños que tienen sentido en el debe y el haber, de quién necesita incrementar su cuenta corriente, mientras disminuye a pasos agigantados su dignidad como persona.

Algunos son tan pobres que sólo tienen dinero. Otros viven tan mal que sólo pueden disfrutar de sus posesiones. Muchos se han acostumbrado tanto a sus propias mentiras que se mienten a sí mismos. Triste destino el del hombre que sólo encuentra su dignidad en lo que tiene, lo que aparenta o lo que malgasta.

Y una de las cosas más peligrosas es nuestra capacidad para pasar por encima de todo, y creer que no va con nosotros la cosa. Quizás los que tienen vestidos tan caros no se encuentran tan mal si se comparan con otros. Quizás los que derrochan millones viven sin que su conciencia les recuerde los otros millones, los de niños que mueren sin tener que comer. Puede que llegar a tener mucho sea el pasaporte necesario para caer en la imbecilidad del que vive sin conocer a nadie a su alrededor. ¿Puede? Más bien creo que no. El buen ejemplo de muchos que saben administrar su dinero me enseña que no.

Y si esa fuese la ley: Deshonestidad, mentiras, engaños y mala conciencia... más vale buscar otros ejemplos. Y otra manera de vivir. Es mejor ser pobre que ser tramposo.

(*) proverbios 19.??

para los que buscan algo más
proverbios 19

30 april

"¿Este es el mundo que creaste, Dios mío?
¿Para eso tus siete días de asombro y trabajo?"

Estos dos versos forman parte de una canción inolvidable. El llorado cantante chileno, Víctor Jara tuvo que pasar estos versos a sus compañeros instantes antes de morir en un estadio en Santiago de Chile durante el golpe de estado del general Pinochet.

Víctor pasó los últimos días de su vida cantando junto a varios miles de personas más en aquel estadio. Algunos de los que pudieron salvar su vida cuentan que muchas veces había llanto en las noches y gritos de desesperación por la incomprensión y la injusticia del hombre contra sus propios hermanos.

Roberto Orellana es otro conocido cantante chileno. Siendo muy joven, Roberto se manifestó también contra la dictadura del General, y acabó en la cárcel. Allí un buen amigo le habló de alguien que llevó el castigo de todas las injusticias, uno que cargó sobre sí mismo el peso de todas nuestras equivocaciones, que llevó todos nuestros dolores. Roberto encontró en aquella cárcel lo mejor de toda su vida, y comenzó a cantar…

"Yo, tengo un nuevo amor
El corazón me late sin parar
Hay Uno que me ha dicho,
"Te amo de verdad",
Jesús mi amor, y más que amor
Mi dulce paz"

La cárcel es igual para todos, pero la libertad comienza no cuando desaparecen las ataduras externas, sino cuando nuestro corazón abre sus ojos. "Si por la noche hay llanto, por la mañana habrá gritos de alegría" * escribió otro compositor musical hace más de tres mil años, cuando reconoció que en cualquier lugar en el que estemos, Dios puede encontrarnos, aunque sea en la más solitaria cárcel. Aunque sea en un lugar en el que nadie más nos pueda acompañar. Aunque nos hayan dejado en la noche más oscura de nuestra alma. Hasta allí llega Dios para traer gritos de alegría.

Es nuestro Creador el que nos enseña y nos mueve a luchar contra las injusticias. Él mismo que tiene la primera y la última palabra en todo. El mismo que juzgará a dictadores, asesinos, mentirosos y desalmados.

(*) salmo 30:5

para los que buscan algo más
salmo 69

1 mayo

La famosa cantante Mariah Carey, se crió en Long Island (Nueva York), y en su infancia pasó por momentos muy complicados. Su madre se divorció y muchas veces les faltaba el dinero para vivir. En ocasiones tenía que pasar la noche en casa de sus amigos. Pocos años más tarde, y después de vender más de sesenta millones de discos, su vida era completamente diferente. María confesaba en una entrevista al diario "El País": "No quiero volver a tener esa sensación de inestabilidad, de que el suelo puede desaparecer debajo de mis pies, porque así es como me he sentido siempre".

La inestabilidad es una de las sensaciones que más odiamos. No saber lo que está ocurriendo o lo que va a ocurrir nos "pone de los nervios". Creemos casi siempre que uno de los mayores problemas de nuestra vida es no poder controlar las cosas. Vivimos muchas veces agobiados por problemas, pero no por los problemas en sí, sino por la sensación de que las cosas se nos escapan de las manos. Que algo imposible e imprevisible puede suceder. Es como si disfrutáramos preocupándonos. A nadie le gusta hacerlo, pero muy pocos son capaces de dar los pasos necesarios para dejar de agobiarse.

"De tanto andar te cansaste, pero no dijiste: "Hasta aquí llego" *. Esa es la sensación que muchos hemos tenido. Cansancio, extenuación, inestabilidad, frustración, desesperanza, nerviosismo... Hemos dejado entrar en nuestra casa a todos estos impostores, pero no hemos tenido fuerzas para echarlos de una vez. Para decirles: "Hasta aquí hemos llegado".

Existe otra manera de vivir. Varias personas estaban hablando sobre la situación actual de nuestra sociedad y uno de ellos comentó: "El mundo se acaba, ¿qué haremos?" Un niño que estaba escuchando la conversación respondió: "Podemos pasar muy bien sin él" No creas que es sólo una respuesta divertida, quizás tiene mucha más sabiduría de lo que pensamos.

Porque todos necesitamos aprender a vivir sin preocupaciones. Sin la ansiedad de que cualquier cosa que suceda va a obligarnos a perder nuestra felicidad o nuestra sonrisa. La ansiedad y la preocupación no vacían el mañana del dolor que puede venir, pero sí nos quitan toda la alegría del hoy. Por eso es necesario aprender a vivir sin que la sensación de inestabilidad controle nuestros sentimientos.

Puede que si un día Dios permite que el suelo desaparezca de debajo de nuestros pies, aprendamos a volar de una vez.

(*) isaías 57.10

para los que buscan algo más
salmo 70

2 mayo

"Salvar al soldado Ryan" dirigida por Steven Spielberg es una de las películas más visionadas en la historia del cine. El film comienza en el desembarco de Normandía durante la segunda guerra mundial. La historia gira alrededor de una madre que pierde a tres de sus hijos en la guerra, y el ejército envía a un grupo de soldados para buscar al cuarto hijo (Ryan) y salvarlo. El capitán Millar (interpretado por el actor Tom Hanks) jefe de la expedición, dice en un momento a sus compañeros: "Espero que ese Ryan haga algo que merezca la pena y que cuando regrese a casa cure alguna enfermedad o invente una nueva bombilla duradera". El rescate de ese soldado estaba costando muchísimo esfuerzo, dinero, tiempo e incluso varias vidas, y el desánimo comenzaba a reinar en la expedición.

Cada persona merece la pena. Dios nos ha hecho diferentes a cada uno, y cada uno de nosotros lleva en sí la imagen del Creador. Tu tienes valor, cada uno de nosotros lo tenemos independientemente de lo que seamos, de lo que tengamos, de la familia en la que hayamos nacido, de nuestro país, nuestra lengua o nuestra raza. En cierta manera, no importa lo que hayamos hecho en el pasado o lo que podamos hacer en el futuro. Independientemente de si otros creen que lo que hacemos merece la pena o no. Nuestro valor está muy por encima de todo eso.

Sé que es algo que no está de moda, y que casi nadie se preocupa por proclamar a los cuatro vientos, pero sé también que es una de las verdades que más necesitamos oír. Necesitamos ser nosotros mismos. Encontrar el diseño original y perfecto que Dios hizo para cada uno de nosotros. No tenemos que imitar a nadie, no necesitamos luchar por llegar a ser como otra persona. Dios nos conoce como somos y nos ama como somos.

Porque sólo cuando sabemos quienes somos, podemos luchar por salvar a otras personas. Aunque algunos piensen que su vida no es importante. Aunque muchas personas en la sociedad se "midan" por lo que tienen, lo que son o lo que valen. Dios nos ha hecho y nos ama tal como somos. Dios "derrochó" su vida por cada uno de nosotros y nos enseña a vivir de una manera diferente: nos llena de cosas buenas y espera que nosotros hagamos lo mismo por los demás.

Merece la pena salvar la vida de cada uno. Ayudar a quien esté en una situación difícil o no pueda salir por sí mismo. Merece la pena reconocer nuestro valor y ayudar a los demás para que encuentren el suyo

para los que buscan algo más
salmo 71

3 mayo

Uno de los actores de comedia más conocidos en los últimos años del siglo XX fue Walter Matthau. Sería casi interminable mencionar alguna de sus películas más famosas (sobre todo las que hizo "a dúo" con Jack Lemmon) aunque a mí la que más me hizo reír fue la famosa "California Suite". El sentido del humor de Walter no quedaba registrado sólo para los filmes, sino también para la vida real. Un día, poco antes de su muerte, comentó: "Mi médico me dijo que me quedaban seis meses de vida, pero cuando no pude pagar su factura me dijo que me quedaban seis meses más".

Ya en un tono mucho más serio, Walter comentó algo que dejó impresionada a mucha gente. El mismo confesó que había aceptado muchas interpretaciones en películas en las que no hubiese querido participar, pero no tenía otro remedio, por la gran cantidad de deudas que tenía por el juego... Se jugaba muchas veces todo el dinero que tenía.

El juego puede llegar a ser una enfermedad. Un peligro grave para nosotros y para quienes tenemos a nuestro alrededor. Por contarte un caso extremo, en los años 80, en un hospital de las Vegas, se suspendió de trabajo a varios empleados por apostar la hora de la muerte de algunos enfermos. Parece como si no fuésemos capaces de vivir sin jugarnos el dinero en algo, sin esa emoción de perder lo que tenemos o querer alcanzar algo más por el puro placer de jugárnoslo.

Apostar, discutir, querer ganar. Muchos dicen que todo eso está escrito dentro del código genético de cada persona, porque nos atrae mucho más de lo que pensamos. Hay mucha gente que incluso es capaz de perder su propia vida (la gente que se la juega a la ruleta rusa) sólo por el placer de jugar... Y cuando estás atrapado en el "juego" llegas a sentir que tu vida no tiene ningún sentido. Pierdes tus amigos, tu familia, tu trabajo, tu dinero, todo lo que te gusta, sólo por el placer de tirar todo "por la borda" y volver a jugar

No te dejes atrapar. No creas que tu suerte cambia un día de éstos, porque con esa excusa muchos han perdido todo en su vida, esperando que apareciese ese día. Recuerda que todo está montado de manera que "la banca nunca pierde" así que el único que pierdes eres tú. Y cuando vayan pasando los días y cada vez te sientas más solo/a, llegará un momento en el que quizás ya no haya remedio. No merece la pena. Deja de jugar antes de que otros jueguen con tu vida.

para los que buscan algo más
salmo 72

4 mayo

Arthur Miller fue una de las más importantes figuras mundiales de la literatura del siglo XX. A pesar de su valor como escritor y pensador (llegó a ser premiado con el "Príncipe de Asturias"), muchos le conocen porque en los años sesenta se casó con la actriz Marilyn Monroe. En una de sus obras, Arthur pone en boca del protagonista una frase genial: "Hay que tomar en brazos la propia vida y besarla".

Creo que es una frase genial, porque hay pocas cosas tan importantes como disfrutar de la vida que Dios nos ha regalado. Disfrutar de lo que somos y de lo que hacemos cada día tiene mucha más trascendencia de lo que creemos. Tomar nuestra propia vida en brazos y aprender a amar, a los demás, a nosotros mismos, incluso amar las circunstancias y las situaciones en las que estamos, aunque no sean las mejores posibles.

La gente que ama mucho vive más. Muchos pueden dar sin amor, pero es imposible amar sin dar. Besar la vida es aprender a dar a otros. Disfrutar de la vida es compartir, no sólo lo que nos sobra (¡muchos ni siquiera hacen eso!) sino también lo que necesitamos. Abrazar nuestra vida es aprender a compartir cariño con nuestras palabras, no decir demasiadas cosas con amargura u odio, porque raramente podemos ayudar a nadie con eso.

Besar la vida es disfrutar con cada momento, con cada cosa que ocurre, disfrutar en el proceso y no tanto en lo que queremos llegar a hacer. Ver la vida con ojos diferentes, y aprender de todas las situaciones, de las buenas y de las malas. Reír, llorar, pensar, admirar, decidir, abrazar, asombrarse, llenar nuestra vida de significado, porque cada minuto tiene un sentido diferente. Agradecer cada mañana que vivimos porque es un regalo de Dios.

Besar la vida es aprender a descansar, dejarnos mecer en la calma y en la paz del corazón, aunque estemos en la mayor de las tormentas. Saber que Alguien nos cuida y nos lleva en sus brazos. Descansar en el hecho de que nadie puede derrotarnos, que la dignidad de nuestra vida está muy, pero que muy por encima de lo que otros digan, de las circunstancias o del momento en el que nos encontremos.

Y recordar siempre que muchas veces, la diferencia la hacen los pequeños detalles. Los que nosotros tenemos con los demás, y los que podemos recibir de nuestra familia, de nuestros mejores amigos… Incluso a veces de alguien desconocido. Recuerda que "Una mirada radiante alegra el corazón, y las buenas noticias renuevan las fuerzas"*.

(*) Proverbios 15:30

5 mayo

En el mundo del cine, parece lo más normal del mundo casarse y descasarse varias veces a lo largo de la vida. Actrices como Elizabeth Taylor y Lana Turner, se casaron ocho veces cada una. Parece que nunca daban con la persona correcta, o quizás eran ellas las que no eran la persona correcta. Lo que suena increíble es la historia de los que llegaron a casarse dos veces con la misma persona: Richard Burton y Elizabeth Taylor; Melanie Griffith y Don Johnson; Natalie Wood y Robert Wagner... ¿Volvieron para reconocer que se habían equivocado al separarse? Quizás no, porque todos se casaron después con otras personas. La verdad es que no sólo en el cine, sino también en la vida "normal" el matrimonio parece ser el fenómeno más incomprensible para muchos.

Si no lo crees, aquí tienes algunas de las frases que sobre el matrimonio, algunos amigos me enviaron en los últimos días:

▶ Cuando una pareja de recién casados sonríe, todo el mundo sabe por qué. Cuando una pareja con veinte años de casados sonríe, todo el mundo se pregunta: ¿por qué?

▶ Una mujer puso un anuncio en un periódico buscando esposo. Recibió más de cien cartas de otras mujeres que le regalaban el suyo.

▶ Cuando un hombre le abre la puerta del coche a su esposa, usted puede estar seguro de una cosa: o el coche es nuevo, o es una nueva esposa.

Amor, matrimonio, familia... parece que siempre bromeamos sobre las cosas que son más importantes en la vida. Te aseguro que pocas cosas pueden llenar tu vida de significado como comprender de qué se trata el verdadero amor. Vivir la lealtad y la fidelidad de quién amas, y devolverle la ilusión por envejecer juntos, porque cuando nos comprendemos más cada día, y aprendemos a ayudar cada uno en las debilidades del otro, sabemos lo que significa el verdadero amor.

Amor tiene que ver con lealtad y cariño sobre todas las cosas. Por encima de todas las circunstancias, por encima de enfermedades, de incomprensiones a veces, por encima del propio carácter y de las cosas que no entendemos del otro. No existe nada más grande que el valor de edificar una relación con el compromiso de que no termine. Todo lo demás son bromas y amor sin sentido. Si me dejas ser un poco radical, te diría que ni siquiera puede llamarse amor. Aunque haya muchos que vivan así.

6 mayo

En los últimos años, varias series de televisión norteamericanas han sido emitidas en nuestro país. Una de mis preferidas es "Yo y el mundo", que va narrando la historia de un niño y su familia desde los ocho hasta los dieciocho años. En uno de los episodios, después de una gran discusión entre los dos amigos protagonistas, el profesor de instituto de la serie le dice a uno de ellos, Corey: "El que pierde un amigo, pierde a otros amigos y se pierde a sí mismo".

Hace poco leí que en Edimburgo hay una estatua a un perro llamado "Bobby" que cuando murió su amo (un pastor escocés) se quedó cerca de la sepultura durante catorce años, esperando que su amo volviese. La gente le daba comida para que no muriese, y finalmente cuando murió en 1872, los ciudadanos lo enterraron con su amo. Puede que en muchas ocasiones los animales tengan que enseñarnos algunos principios sobre la amistad a nosotros, que creemos que lo sabemos todo.

Déjame que te cuente sólo cuatro o cinco principios que he logrado aprender en los últimos años. Si te sirven, ¡genial! Tanto tú como tus amigos vais a disfrutarlos:

1. Es mejor ser engañado por un amigo que desconfiar de el. Si quieres a alguien y alguna vez tienes que escoger entre la desconfianza y la vergüenza de ser engañado, acepta la vergüenza.

2. Amistad significa aceptar y comprender a nuestros amigos. El querer tener a nuestro lado sólo a los que nos gustan o hacen lo que nos gusta a nosotros, es una señal de que jamás hemos aprendido a tener amigos, y no sabemos vivir con otros.

3. Lo más precioso en una amistad es la lealtad. Hay que luchar cada día para que la fidelidad crezca, hay que trabajar y ponerlo todo por las dos partes.

4. Para que una amistad se fortalezca hay que arriesgarse. Hay que dar pasos incomprendidos muchas veces. Es necesario sufrir y abandonar nuestra "estabilidad controlada".

5. Cuando pierdes a un amigo, pierdes gran parte de ti mismo, pierdes la relación con alguien que te comprende y te ama, pierdes tus propias reacciones cuando estás con tu amigo.

Alguien dijo un día: "Me gusta estar contigo, no sólo por lo que tu eres, sino por cómo soy Yo cuando estoy contigo". De eso se trata la amistad. No sólo de acompañar a otros, sino también de hacerlos mejores. Y que ellos nos ayuden también a nosotros. Porque pocas cosas hay tan tristes en la vida como perder a un amigo.

para los que buscan algo más
salmo 73

7 mayo

Dolly Parton ha sido una de las cantantes de música country más conocidas en los últimos cuarenta años. Ha participado también en diferentes películas y se ha convertido en el símbolo de varias generaciones al menos en Norteamérica. Hace poco leía unas declaraciones suyas en cuanto al fenómeno del aumento de los gimnasios y el llamado "culto al cuerpo".

"Me encantan los vídeos de aeróbic de Jane fonda, me los compré todos, porque me gusta mucho sentarme y comer galletas mientras los veo".

Es una frase genial, porque refleja un desinterés hasta cierto punto muy sano, delante de tanto negocio y tanto culto a la apariencia física. Demuestra muchas cosas, porque hay muchas personas que lo único que les preocupa es aparentar bien, aunque su interior esté vacío. Pero al mismo tiempo, el hecho de sentarse y mirar, nos dice mucho de uno de los problemas de nuestra sociedad…

Muchos viven siendo espectadores. Intentan disfrutar de lo que ven, pero sin comprometerse nunca con nada, sin hacer el mínimo esfuerzo, pensando que todo lo que ocurre no les compromete en absoluto. Un espectador termina siendo pasota en todo el sentido de la palabra. Se queda muy lejos de la línea de cualquier cosa que pueda sonar a compromiso.

La única manera de dejar una huella en la vida es poner nuestra vida en cada huella, arriesgarse, comprometerse, ser mucho más que un espectador. Si no ponemos nuestra fuerza y nuestro entusiasmo en lo que hacemos, raramente vamos a ayudar a nadie. El mundo está lleno de espectadores, y la vida sigue igual, sin cambios, sin nada que merezca la pena. Mientras unos cuantos realmente hacen cosas que trascienden y que pueden ayudar a otros, miles y miles de personas lo único que hacen es mirar.

Algunos piensan que no pueden hacer nada. Que aún con todos sus esfuerzos y luchas el mundo sigue igual que antes, con los mismos problemas de siempre, con las mismas miserias que ayer y que mañana. No es cierto. Influimos lo máximo posible en el lugar en el que estamos, en la sociedad en la que vivimos, en la familia con la que convivimos cada día. Podemos ayudar a nuestros vecinos, comprometernos con los que sufren, hacer que, por lo menos, la parte del mundo en la que transcurre nuestra existencia sea más justa, más libre, más solidaria.

Aunque nos guste mucho ser espectadores, siempre es mejor pasar a la acción.

para los que buscan algo más
salmo 74

8 mayo

La famosa novela de Víctor Hugo "Los miserables" ha sido interpretada en muchas ocasiones en el cine y el teatro. Una de las más famosas versiones en el cine fue interpretada por Liam Nelson, Geoffrey Rush y Uma Thurman. En un momento de la obra, el protagonista Jean Valjean, que ha sido vilipendiado, despreciado, ultrajado; y todo lo que ocurre parece estar en su contra, dice a los que piden que responda vengándose de los que le han herido:

"El amor es el único futuro que Dios nos ha dado".

El amor es el invento de Dios, su primera y última palabra. La esencia de su carácter. "Dios mira con los ojos relucientes de su eterna alegría. La bendición y el Espíritu de la vida tienen su origen en el "rostro brillante de Dios" escribió un día el teólogo alemán Jürgen Moltmann. El amor es el único futuro que tenemos, lo que nos hace mantenernos en pie, lo único que merece la pena. Todo lo demás son dudas, desconfianza, temores, venganzas, intranquilidad…

Recuerdo un día que estaba predicando en la República Dominicana y un chico se acercó a mí para que orásemos juntos. Cuando le pregunté la razón por la que había venido a la Iglesia, me contó que esa misma semana su padre borracho, había matado a su única hermana. "La había golpeado antes varias veces, pero mi hermana seguía amando a mi padre, ella creía en Dios y confiaba en él, yo quiero tener la misma relación con Dios que tenía mi hermana; yo quiero ser capaz de amar como ella", me dijo.

Podemos hacer muchas cosas en nuestra vida. Podemos intentar arreglar situaciones, ayudar a otros, ayudarnos a nosotros mismos, o dedicar todas nuestras energías para hacer un mundo mejor. No es una mala decisión. Lo que sí sería malo es olvidar que el amor es el único futuro que tenemos. Puedes intentar muchas cosas, trabajar, luchar, dar tu vida por una buena causa incluso, pero lo único que quedará es tu amor en los que te rodean. No importa si tienes mucho o poco, si eres famoso/a o no. Sólo si amas comprendes lo que significa estar vivo, lo único que quedará es tu amor a los que te rodean. Aún cuando ya no puedas estar aquí.

Si quieres conocer lo que realmente es el amor, recuerda que la definición que la Biblia da de Dios es precisamente esa: Dios es amor. Para Él no es difícil amar, todo lo contrario, el amor es su misma Esencia. Merece la pena vivir "apegado" a Él.

para los que buscan algo más
salmo 76

9 mayo

Uno de los más conocidos cantantes cubanos del siglo veinte fue Compay Segundo. En una entrevista a un periódico español, confesaba: "¿Sabes lo que mata a la gente?, el aburrimiento. Tengo 92 años y creo que llegaré a los cien porque no sé aburrirme, siempre tengo alguna ilusión". Falleció recientemente, pero antes nos dejó uno de sus mejores trabajos: "Yo vengo aquí" (compañía Dro-Eastwest).

Aburrimiento, uno de los males de nuestro siglo. Entiendo perfectamente lo que significa cuando una de mis niñas viene y me dice que está aburrida, mientras tienen la habitación llena de juguetes, libros, dvd´s, instrumentos musicales... Eso es lo que mata a la gente, tener demasiadas cosas y dejarse llevar por el aburrimiento.

El carácter del Creador es completamente diferente. La Biblia nos enseña que es el ser más gozoso que existe. Imaginativo, Lleno de ilusión, Entusiasmado, Gozoso, esas son algunas de sus cualidades más profundas, que descubres cuando llegas a conocerle. Recuerda que la tristeza y la desidia son inventos de su mayor enemigo, el diablo.

Esa es la diferencia, Dios nos dejó la creación, la ilusión y la imaginación como algunos de sus más preciosos regalos. El aburrimiento y la sensación de vacío son los caramelos envenenados del maligno. Dios hace brillar nuestros ojos, nosotros descubrimos lo que es la mirada perdida cuando no le vemos a Él.

Podemos vivir con gozo, creando, ilusionándonos, porque eso es lo que Dios nos regala. Podemos caer en la desidia, el aburrimiento y la sensación de vacío, dejándonos arrastrar por lo que nuestra sociedad nos ofrece. Nosotros escogemos cómo vivir, porque muchas veces aceptamos en nuestra vida cosas que nos matan, que nos destruyen poco a poco.

Existe otra manera de vivir y consiste en tener ilusión por las cosas sencillas o grandes, por cada día, por cada momento, por lo que estamos haciendo o por algo que está llegando. Ilusión por disfrutar lo que tenemos entre manos en este mismo momento.

Si un día de estos te ataca la desidia o el aburrimiento, ya sabes qué hacer. Pide ayuda al Creador y utiliza tu imaginación. Ilusiónate por lo que estás haciendo aunque parezca algo sin importancia, porque te va la vida en ello.

para los que buscan algo más
salmo 97

10 mayo

Cuando sucedió muchos dijeron que se había cumplido un "cuento de hadas". Una de las mejores actrices de los años sesenta, Grace Kelly, abandonó su carrera cinematográfica para casarse con el rey de Mónaco, Rainiero. Se cumplía el sueño de su vida y el que podían tener muchas personas: llegar a la casa real de un país. Pero no todo fue de color de "rosa" como ocurre en los cuentos o las películas. Creo que todos recuerdan sus problemas más conocidos, los divorcios de sus hijas, las situaciones sin resolver. Incluso su final fue triste, al morir en un accidente de coche cuando regresaba a casa con su hija Estefanía. Muy pocas semanas antes había dicho en una entrevista "mi papel más difícil es el de madre".

Hace unos años un profesor de Universidad se puso al frente de la clase y sin decir una palabra llenó un bote de cristal con piedras de unos dos centímetros de diámetro. Les preguntó a sus alumnos si el bote estaba lleno, y todos dijeron que sí. Entonces el profesor tomó una caja con piedras mucho más pequeñas y empezó a agitar el bote de manera que las piedras iban dejando espacio a las más pequeñas hasta que se llenó del todo.

Nuevamente preguntó a sus alumnos —¿está lleno ahora?...— todos volvieron a decir que sí, pero en ese momento el profesor tomó una caja de arena y la arena fue llenando todos los espacios que quedaban entre las piedras del bote de vidrio.

El profesor comenzó a hablar de nuevo: Quiero que entendáis que esto simboliza nuestra propia vida. Las piedras son las cosas importantes: la familia, los amigos, la salud, los hijos, el sentido de nuestra vida, las cosas que dan significado a lo que hacemos.

Las piedras más pequeñas son cosas menos importantes, como el empleo, la casa, el lugar dónde vivimos, etc. La arena representa todo lo demás, la apariencia de la vida, lo temporal, lo que no tiene valor, las cosas menos importantes. Si colocáis la arena primero, no habrá más espacio para el resto. Lo mismo ocurre en nuestra vida.

Si le damos importancia a la apariencia, el trabajo, el dinero, las diversiones, las posesiones, el coche, etc. No tendremos espacio para lo que realmente importa en la vida. Cuida las cosas que merecen la pena, Establece bien las prioridades. Preocúpate de las relaciones personales, de tu familia, de tus amigos, de la gente que te necesita. Piensa en el objetivo de tu vida y en el sentido de las cosas que haces. Dedica tiempo a considerar qué es lo más importante.

¡El resto sólo es arena que se llevará el viento!

para los que buscan algo más
salmo 77

11 mayo

En la década de los años 80, se filmaron muchas películas sobre historias reales relacionadas con la medicina y las enfermedades. Una de las más famosas fue "Despertares" con Robert de Niro y Robin Williams como actores principales. La trama nos llevó a conocer al Dr. Malcolm Sayer, que trabajaba con pacientes crónicos en el bronx de Nueva York, intentando que tuvieran sensibilidad, que hiciesen trabajos normales y pudiesen (en sus propias palabras) "volver a la vida". Uno de los pacientes se llamaba Leonard, y cuando llegó al hospital, su madre explicó: "Nació un hijo perfecto y fuimos muy felices con él, pero nunca dimos gracias porque había nacido, porque estaba bien. Más tarde enfermó y entonces sí nos preguntamos la razón por la que le pasaba".

En un momento de la película, Leonard que estaba completamente inmóvil y gracias al tratamiento que el médico le dio, pudo recuperarse después de 30 años sin moverse, dijo: "Todo son malas noticias, la gente vive triste y no sabe apreciar todo lo que tenemos, lo más sencillo de la vida, la amistad, la familia, el amor, etc."

El mismo doctor que durante la película sólo estaba absorto en su trabajo, al final de la película admite un café con una de las enfermeras, se da cuenta de lo que significa apreciar los actos sencillos de la vida, la belleza de las cosas que nos ocurren todos los días, y que no sabemos agradecer. Él, que estaba ayudando a otros a vivir, se da cuenta de lo que significa disfrutar de la vida.

Hace tiempo recibí un email de un buen amigo que decía:

"Con el tiempo aprendes que sólo quien es capaz de amarte con todos tus defectos, es el que puede darte la felicidad que deseas…

Con el tiempo aprendes que las palabras dichas en un momento de ira pueden seguir lastimando a quien heriste durante toda la vida…

Con el tiempo aprendes que discutir, cualquiera lo hace, pero perdonar pertenece sólo a corazones grandes…

Con el tiempo te das cuenta de que el que humilla o desprecia a un ser humano, tarde o temprano sufrirá las mismas humillaciones y los mismos desprecios…

Con el tiempo aprendes que intentar perdonar o pedir perdón, decir que amas, explicarle a alguien que lo extrañas o gritar que quieres ser su amigo delante de una tumba, no tiene ningún sentido…

Hoy es el momento de aprender, de no dejar que pase el tiempo, porque las personas nos hacemos viejas demasiado pronto, y sabios demasiado tarde…

Cuando ya no hay tiempo"

para los que buscan algo más
salmo 78

12 mayo

Se cuenta que el conocido actor Groucho Marx explicó un día lo que a él mismo le había sucedido… "Quise inscribirme en un club de natación, y me dijeron que no se admitían judíos. Yo les dije que mi hijo era medio judío ¿Le permitirían meterse en el agua hasta las rodillas?". A pesar de que pasaron ya bastantes años desde que eso sucedió, seguimos viviendo en un mundo en el que en algunos países se discrimina a otros por haber nacido en otro lugar, o simplemente por tener un color de piel diferente o una situación económica menos privilegiada.

Leí que hace unos años, durante un vuelo entre Johanesburgo y Londres, una señora de raza blanca se sentó al lado de un hombre de raza negra en el avión. De repente, todos vieron que estaba muy perturbada y comenzó a llamar a la azafata.

"¿Cual es el problema?", le preguntó la azafata...

"¿Usted no lo ve?", le dice la señora, "Me colocó al lado de un negro, yo no puedo viajar tantas horas al lado de alguien tan despreciable, déme otro lugar".

La azafata le dijo que esperara, porque todos los lugares del vuelo estaban ocupados, pero de todas maneras iba a ver si había un lugar disponible. Cuando la azafata volvió, le dijo a la señora: "Señora, como sospechaba, no hay lugar en clase económica. Le comenté su caso al comandante y me dijo que no hay lugar tampoco en clase ejecutiva, y sólo nos queda un lugar en primera clase".

Antes de que la señora pudiese hacer ningún comentario, la azafata continuó hablando: "Nunca en la compañía se había concedido un lugar de primera clase a alguien que está en clase económica, pero dadas las circunstancias, el comandante consideró que sería escandaloso obligar a alguien a sentarse al lado de una persona tan despreciable". Y dirigiéndose al pasajero negro le dijo: "Por lo tanto Señor, si hace el favor, tome todas sus pertenencias porque el lugar de primera clase está esperándole a Usted".

Todos los pasajeros alrededor admirados, se levantaron y aplaudieron.

No sé qué tendríamos que hacer para que de una vez por todas, la humanidad comprendiese que no hay diferencia de razas, condición social, económica, o política. Que Dios nos hizo a todos, nos ama a todos, y que no hay nadie superior a los demás. Todavía tenemos que seguir luchando para que esa igualdad sea real. Te aseguro que es una lucha que merece la pena.

para los que buscan algo más
salmo 81

13 mayo

Hace relativamente poco tiempo apareció un interesante artículo en el diario "El Mundo" en el que se explicaba que la Asociación de Pulmón Estadounidense (ALA) de Sacramento, en California, ha difundido un estudio que desvela, en base a documentos secretos de las tabaqueras, que R.J. Reynolds suministró tabaco gratis durante años a 188 estrellas del cine, entre ellas Liv Ullman, Shelley Winters y Rex Reed. Según ha señalado el portavoz de esta organización en favor de la salud: "Enganchar al tabaco a actores y directores era una forma de garantizar que el tabaco apareciera en sus filmes". Uno de los mejores actores de esa época, que murió por culpa del tabaco fue Yul Brynner, quien sin embargo, antes de fallecer en 1957 a causa de un cáncer de pulmón, se convirtió en uno de los más fervientes críticos contra este peligroso hábito.

Los estudios demuestran que las escenas en las que los actores fuman se convierten en un refuerzo del hábito para la gente joven, que enseguida absorbe la idea de que fumar va unido a rebelión, atracción sexual, poder y riqueza.

Es curioso que uno de los mayores estudiosos de la mente humana, Freud, tuviese innumerables problemas con el tabaco. Era un fumador empedernido, y llegó a tener cáncer de mandíbula, siendo intervenido en múltiples ocasiones en los últimos años de su vida. Murió inyectado por una dosis de morfina a petición propia, porque falleció de cáncer, aunque trató de dejar el tabaco en muchas ocasiones. Quién podía conocer "a la perfección" los problemas ajenos y las inmensidades de la mente humana, al punto de "demostrar" las razones de las acciones de muchas personas, no era capaz de controlarse a sí mismo, de dominarse a sí mismo y de vivir de una manera tranquila y descansada. Sus crisis nerviosas fueron célebres, y terminó vencido por un vicio.

Las cosas que hacemos cuando nadie nos ve, y cuando estamos absolutamente seguros de que no tendremos consecuencias, son lo que nos definen mejor. Aunque no lo creas, son el producto de nuestro pecado, y quizás sean peores que muchos crímenes, porque somos conscientes de nuestro mal pero al mismo tiempo, queremos seguir con nuestra apariencia de bien.

Algunas pueden parecer tan simples como el humo del tabaco (aunque puede llegar a matarte, no lo olvides) otras tan difíciles de entender como aquellos que asesinan o matan por placer. Sé que están muy distantes uno de otro, pero en el fondo siempre está nuestra propia maldad. Aunque no nos guste. Y mucho más cuando sabemos que un día: "Dios juzgará los secretos íntimos de toda persona"*.

(*) romanos 2:16

14 mayo

La obra más conocida de Richard Bach "Juan Salvador Gaviota" fue llevada en los años setenta al cine, y el famoso compositor Neil Diamond puso música a un filme apasionante. La trama de la película, igual que la del libro, es la vida de Juan Salvador, una gaviota que intenta ser diferente a todas las demás. Cuando las ve revoloteando entre la basura para encontrar comida, Juan les dice a las demás: "No estamos destinados a vivir así, tenemos que mirar hacia arriba, podemos volar". Los otros quieren que sea uno más, que vuelva a buscar alimentos entre la basura, que se conforme, pero Juan Salvador quiere volar, quiere ser libre.

Te aseguro que me pareció genial la imagen: ¡Mirar hacia arriba!

Sir Charles Chaplin (el conocido "Charlot") dejó escritos estos pensamientos:

"Cuando estés en dificultades y pienses en desistir, recuerda los obstáculos que ya superaste,
Mira hacia atrás.
Si tropiezas o caes, levántate, no quedes caído y olvida el pasado,
Mira hacia el frente
Si te sientes orgulloso por algo que has hecho, mira tus motivaciones,
Mira hacia adentro.
Antes que el egoísmo te domine, y en cuanto tu corazón es sensible, socorre a los que tienes cerca,
Mira hacia los lados
En las escaladas rumbo a posiciones más altas en el afán de cumplir tus sueños, mira que no estés pisando a alguien,
Mira hacia abajo.
En todos los momentos de la vida, sea cual sea tu actividad, busca la aprobación de Dios,
Mira hacia arriba.
Nunca te apartes de tus sueños, pues si ellos se van, tú continuarás viviendo, pero habrás dejado de existir"

Mirar hacia arriba, fundar nuestra fortaleza en el Creador de todo y de todos. Vivir con la única esperanza que nos hace fuertes: nuestra confianza en Dios. Esa esperanza nos hace "cautivos" porque aprendemos a vivir de una manera diferente. Ya no nos alimentamos de basura, podemos ser diferentes. Podemos ser libres para volar.

Cuando miramos hacia arriba aprendemos a ser fuertes, porque pasamos a ser cautivos de la esperanza *.

(*) vuelvan a su fortaleza, cautivos de la esperanza" Zacarías 9:12

para los que buscan algo más
salmo 83

15 mayo

Existieron muchas razones por las que el mejor grupo de música pop de todos los tiempos, los Beatles, se separaron. Una de ellas fue su propia "pérdida de rumbo". En cuanto se hicieron famosos, las drogas, el alcohol, los palabreros, sus iniciaciones en filosofías y creencias (llegaron a tener su propio gurú) y muchas otras cosas intentaban llenar el vacío que había en sus vidas sin conseguirlo. Durante la grabación de la película "Help", Ringo Starr reconoció que "Teníamos los ojos vidriosos porque nos fumábamos porros cada poco, esa es la razón por la que estábamos siempre riendo".

Igual que en las vidas de sus ídolos, muchos buscan el sentido a lo que hacen en cientos de cosas diferentes. Algunas son consecuencia de su propia búsqueda, otras (la mayoría) son el fruto de gente que nos rodea y que sólo parecen disfrutar cuando todos terminan como ellos. Son los llamados "amigotes", aquellos que siempre se acercan cuando ven que pueden ganar algo, y que desaparecen rápidamente cuando nosotros los necesitamos o cuando la cosa se pone "fea".

Quiero hablarte de algo muy simple, y quiero hacerlo directamente. Ten cuidado con las malas amistades. La gente que aparentemente te quiere... pero te quiere para destruirte. Gente que se aprovecha de ti, en lugar de ayudarte. Gente que quiere cambiar tus gustos e introducirte en cosas que van a destruirte. Gente que no te ama en absoluto, porque no admite que te pongas en desacuerdo con ciertas cosas que hacen. Gente que te desprecia por ser sensible, por razonar y amar a los tuyos.

"Te han engañado y te han vencido tus "buenos" amigos. Han hundido tus pies en el barro y se han marchado"*. Siento tener que escribir cosas tan duras, pero es mejor llorar ahora por el desprecio de los malos, que sentirse más tarde esclavizado, hundido, y sin nadie que pueda ayudar. Porque esa es una característica común de los que buscan tu mal: tarde o temprano te van a dejar empantanado y van a huir.

La historia nos ha dado ya demasiados avisos. Miles de jóvenes mueren diariamente en el mundo víctimas de drogas, alcohol, violencia, ocultismo, sectas, y cosas parecidas a estas... introducidos en ellas por "amigos" que sólo buscaban su desgracia. No caigas tú también: sé sensible a lo que ocurre y piensa en lo que otros quieren que hagas. Y no te preocupes en absoluto de no ser como ellos. Mejor que seas tu.

(*) jeremías 38:22

para los que buscan algo más
jeremías 33

16 mayo

Los que tenemos más años, recordamos una de las series "estrella" de la televisión a finales de los años setenta. Se titulaba "Dallas" y narraba la historia de diversas familias que vivían en ese estado americano y que eran magnates del petróleo. La serie comenzó siendo de las llamadas "de relleno" durante algunas semanas, pero llegó a emitirse durante más de once años consecutivos y fue exportada a la gran mayoría de las televisiones del planeta.

En todos los episodios, la trama se desarrollaba alrededor de la infelicidad de los personajes, sus luchas por el poder y el dinero, y los malévolos planes para pasar por encima de los demás. Todo vale con tal de conseguir los objetivos que uno tiene. Todo es posible en la carrera de llegar a ser más que los demás.

No sería para preocuparse si sólo fuera una serie más de televisión, pero desgraciadamente creo que su propia popularidad surgió por la gran cantidad de gente que se vio reflejada en los personajes. Justo cuando estaba escribiendo sobre esto, un buen amigo me envió este texto. Merece la pena leerlo con calma...

La vida no es una carrera.

"¿Alguna vez te has parado a observar a los niños jugando? ¿Has intentado escuchar las gotas de la lluvia al tocar el suelo? ¿Alguna vez has seguido el vuelo de una mariposa o contemplado el sol en un atardecer?

¡Para por un momento! Detente y piensa. No bailes tan rápido, el tiempo es corto, la música no durará siempre. ¿Andas corriendo todos los días? ¿Cuando preguntas a alguien cómo estás... escuchas lo que te contesta? ¿Cuando el día se acaba te acuestas en tu cama con las próximas cien cosas que tienes que hacer dando vueltas en tu cabeza? ¿Sonríes todas las veces que lo necesitas?

Debes detenerte. ¿Alguna vez le has dicho a tu hijo, "lo haremos mañana" y al decirlo con tanta prisa porque estás ocupado, ni siquiera puedes ver la tristeza en su mirada? ¿Alguna vez has perdido contacto... dejando una buena amistad morir porque nunca tuviste tiempo para llamar y decir "Hola"?

Cuando corres muy de prisa para llegar a algún lugar, te pierdes todo lo divertido del camino. Cuando te preocupas y te apresuras durante el día es como un regalo sin abrir... que echas a la basura...

La vida no es una carrera.... Vive más despacio, escucha la música antes de que se acabe la canción".

para los que buscan algo más
salmo 84

17 mayo

La actriz Romy Schneider, una de las más reconocidas en el mundo del cine, murió el 29 de Mayo de 1982 en la más absoluta ruina. Estafada por sus amantes, algunos de sus amigos tuvieron que poner el dinero para celebrar el entierro. Se cuenta que su segundo marido había recibido de ella un "Porsche", un "Rolls Royce" y un yate entre otras cosas; y muchas otras personas habían aceptado regalos de la actriz, mientras ella terminó su vida completamente arruinada.

Es triste, pero cuando tenemos cosas y dinero, todos nos aprecian y están a nuestro lado. Cuando no tenemos nada, los "amigos" desaparecen. En cierta manera, nosotros somos culpables por los "amigos" que tenemos. Si sospechamos que alguien está a nuestro lado no por nosotros mismos, sino por lo que tenemos o lo que podemos conseguir, más vale que no le demos nuestra confianza.

Tenemos que darle importancia a las cosas que la tienen, trabajar por la amistad, y ayudar a quienes tenemos cerca. Podemos tener todo (fama, dinero, poder, diversión, etc.) y perder lo más importante. Hay personas que se creen que son alguien y viven completamente solas. Hay gente que se aprovecha de los demás mientras puede, para abandonarlos cuando más necesitan su ayuda.

Por eso es importante lo que voy a decirte:
▶ No todo el que te dice siempre que sí, es tu amigo.
▶ Y... no todo el que te dice que algunas veces no, es tu enemigo.

Si no entiendes eso, corres el riesgo de perder a algunos de tus mejores amigos. Si no sabes que los que te dicen sí siempre, lo hacen algunas veces no con la mejor intención, vas a ser engañado/a en muchas ocasiones. El que te dice que sí siempre, es porque busca algo. No te quiere a tí en primer lugar, sino lo que tú eres o tienes.

Un amigo que a veces dice no, vale su peso en oro. Te hace pensar, te ayuda a tomar tus propias decisiones y te enseña que uno no siempre tiene la razón. Si no comprendes lo que te estoy diciendo, puedes llegar a la conclusión de que todos son tus enemigos. Es más, incluso puedes pensar que Dios se vuelve tu enemigo cuando te dice "no" a algo que le has pedido.

Y no hay nada más importante en la vida que saber que Dios quiere ayudarte, comprender que Él nunca te abandona aunque a veces tenga que decir "no". De esta manera llegarás a comprender lo que un sabio sintió hace muchos años: "Dios bendecía mi casa con su íntima amistad"*.

(*) Job 29,4.

para los que buscan algo más
salmo 138

18 mayo

Cynthia Powell vivió desde los 18 años con John Lennon, aguantó todas sus locuras y le hizo crecer como persona. Todos los que los rodeaban decían que era la única que le entendía de verdad. El se iba con otras muchas mujeres, y ella siempre le esperaba (Se comenta que alguna que otra vez llegó a encontrarlo en la cama con Yoko Ono). Aunque John la abandonó, en una entrevista concedida en el año 1982 Cynthia comentaba que "Algún día en algún lugar, volveremos a estar juntos". Los primeros años, a pesar de estar embarazada, era la esposa secreta de Lennon porque no estaba bien visto en el grupo que se supiese que John estaba casado. Dicen los amigos de ambos que cuando John la dejó, empezó a terminar lentamente con su vida.

No vivimos en un mundo que crea que la fidelidad es importante. Todos conocemos personajes famosos son capaces de afirmar cosas que más tarde no cumplirán sin ningún rubor o vergüenza. Incluso lo que está firmado tiene muy poco valor, porque pocos piensan que la lealtad sea una característica trascendente. Hasta se tiene por "bien visto" cuando alguien es lo suficientemente hábil para engañar a otro. Y normalmente el perjudicado siempre suele ser el mismo: el más débil, el que no puede defenderse. El que ha puesto toda su confianza en la palabra de otro.

Lo siento, pero así no vamos a ninguna parte. Muchos de los problemas que tenemos en este mundo parten precisamente de nuestra falta de fidelidad. La seguridad y la confianza crecen en la tranquilidad de la promesa cumplida, y no en palabras agradables sin futuro. Creo que ya es hora de ser diferentes. Ya es hora de aprender a vivir con lealtad, porque a pesar de todo merece la pena ser fiel.

Merece la pena mantener la palabra que has dado. Merece la pena volver a la misma sonrisa, a los mismos ojos. Merece la pena volver al mismo rostro que uno ama y al que ha prometido lealtad. Merece la pena volver al mismo amanecer cada día, asumir con todas las de la ley las promesas que uno ha hecho. Merece la pena que tus amigos puedan confiar en ti, porque has empeñado tu palabra. Merece la pena dormir tranquilo sabiendo que no necesitas revisar tus pensamientos. Merece la pena incluso, ser tenido por tonto, antes de defraudar a alguien. Merece la pena ser fiel.

Y para los que no lo creen, no hay problema. Algún día recibirán el castigo propio de la infidelidad: llegará el día en que alguien (de alguna manera, en algún negocio, en alguna relación...) le volverá la espalda y decidirá romper sus promesas. Aquellas promesas en las que tenía puesta toda la confianza. Aunque eso ya será otra historia.

19 mayo

Clint Eastwood, premiado por la Academia en varias ocasiones como actor y como director, se presentó en la Ceremonia de los Oscar del año 2005 nominado como mejor actor por la película "Million Dollar Baby". Cuando en la entrada le preguntaron si se sentiría fracasado por no recibir el premio contestó: "Si no gano, pensaré que ha sido un agradable paseo con mi madre y con mi adorable mujer".

Creo que es una respuesta sabia, porque revela una de las mejores maneras de reaccionar ante cualquier cosa que pudiera suceder. ¿Sabes? No podemos resolver una situación, ni siquiera podemos reaccionar de una manera limpia, si sólo estamos culpando a otras personas o a las circunstancias, y no somos capaces de pensar en lo que hemos hecho mal nosotros mismos. Una persona no es un fracasado hasta que no empieza a culpar a otros por las cosas que le están sucediendo. Si sabemos reaccionar con un poco de humor y mucha sabiduría ante cualquier circunstancia adversa, estamos muy por encima de las circunstancias de la vida.

Recuerda que no es bueno dejar que los sentimientos de los demás nos influencien. Si están en lo correcto, debemos rectificar aquello que estamos haciendo mal; pero si no, no son ellos los que deben tomar nuestras decisiones, les guste o no les guste lo que hacemos. No debemos cargar sobre nosotros los problemas de los demás, y hacerlos tan personales que se conviertan en problemas nuestros.

El mayor tirano en el mundo es el "qué dirán". Muchísimas personas dejan de vivir por culpa de ese tirano. Siguen adelante con su vida, pero bueno, resulta ser de todos menos suya. Muchos toman decisiones equivocadas (en cuanto a su vida espiritual, su trabajo, lo que compra, su casa, su familia, etc.) sólo por el qué dirán... Muchos entran en vicios esclavizantes por no ser menos que los que tienen al lado. Muchos cambian su comportamiento por la misma razón...

"La lengua apacible es árbol de vida, mas la perversidad en ella quebranta el espíritu". (*) Eso es en lo que podemos caer si le damos tanta importancia a lo que la gente dice. Nos preocupamos por lo que otros hablan, a veces hasta tal punto, que dejamos que ellos tomen nuestras propias decisiones. Olvidamos que si permitimos que otros pongan "veneno" dentro de nosotros, estamos deprimiendo nuestro espíritu.

(*) Proverbios 15:4

para los que buscan algo más
proverbios 23

20 mayo

Francis Coppola fue el director de "Apocalypse Now", una de las películas más conocidas en la historia del cine, en la que narraba varios momentos en la guerra del Vietnam. Francis y su equipo pasaron varios meses grabando en las junglas del sureste asiático, uno de los rodajes más duros que se recuerdan en la historia del cine. Muchos de los actores quisieron abandonar, y el propio Coppola reconoció que estuvo a punto de volverse loco. La película habla del miedo al fracaso, del temor a la muerte, de la ansiedad por perder el rumbo en la vida… Un poco los miedos que cada persona puede tener.

Vivimos en un momento en el que la mayoría de las personas buscan enredar su vida en miles de actividades diferentes para no tener tiempo para pensar, porque con los pensamientos, aparece el miedo. Incluso el llamado "tiempo libre" se llena de "diversiones" para no pasar un solo momento de silencio. Ese es uno de los mayores problemas personales de la gran mayoría de la gente. Todo vale con tal de no pensar, de no caer en el miedo, de no pasar tiempo con nosotros mismos.

Muchos lo solucionan viviendo a toda prisa. Como dijo un día el profeta: "Todos siguen su loca carrera, como caballos desbocados en combate"*. Mientras derrochamos nuestro tiempo en cientos de actividades diferentes, vivimos como caballos desbocados en una loca carrera, no queremos hacernos preguntas. Sólo queremos que todo siga rápido y que nada nos permita pensar en lo que estamos haciendo.

Mientras tanto, las preguntas que más merecen la pena en nuestra vida son las que la sociedad no se hace, las que no nos deja hacer. Sobre todo aquellas preguntas que nos hacen pensar en la muerte.

Sí, porque no sé si te habías dado cuenta de que el hombre es el único animal que sabe que va a morir, que se hace preguntas sobre la muerte, que piensa en lo que pueda suceder antes, durante y después de un hecho irrefutable para todos.

Pero mientras esto es así, la sociedad maquilla la muerte, la oculta, evita hablar de ella (toquemos madera, dicen sin darse cuenta que la última vez que la toquen será la definitiva, porque será en su féretro)… Y nuestra sociedad sigue viviendo escondida y corriendo al mismo tiempo, sin enfrentarse con las preguntas que merecen la pena.

(*) Jeremías 8:6

para los que buscan algo más
salmo 85

21 mayo

El Siglo XX descubrió muchas maldades que nos deberíamos haber ahorrado. Gran parte de los "lideres" de opinión en los medios de comunicación, sobre todo los más famosos en el mundo de la música y el cine, estuvieron (y desgraciadamente aún muchos siguen hoy en el siglo XXI) enterrados en vida por problemas con el mundo de las drogas. Lou Reed decía en su canción "Heroine": "La heroína es mi muerte, es mi esposa y mi vida, una dosis en mi vena va hasta el centro de mi cabeza, y entonces me siento mejor que muerto".

Desgraciadamente, y aún a pesar de lo que algunos digan en sus canciones, la droga sigue matando. John Belushi, uno de los cómicos más admirados de la televisión (programa "Saturday night live" en USA) murió de sobredosis; le llamaban "el payaso de la cocaína". Robert Downey Jr. famoso por su interpretación en "Chaplin" que le llevó a ser nominado para el Oscar, en 1999 fue sentenciado a tres años de prisión. Mickey Rourke, Robert Mitchum, Oliver Stone, Christian Slater, y muchos otros tuvieron problemas con las drogas en algún momento de sus vidas.

Uno de los mayores ídolos de los jóvenes, River Phoenix, murió a los 23 años por una sobredosis de cocaína mezclada con otras sustancias. Se dice que Robin Williams estaba en la misma fiesta en la que murió Belushi, pero que supo huir de las drogas a tiempo. Él mismo había dicho en una entrevista: "La cocaína es la forma que Dios tiene de decirnos que ganamos demasiado dinero"

Todas las personas que pasan demasiado tiempo siendo admiradas, y siendo elevadas en los "altares" por los demás, frecuentemente pierden de vista su propia estatura, y se creen semidioses. Piensan que no se equivocan nunca, y lo que es peor, creen que sus respuestas siempre son las correctas, porque hay una legión de admiradores que es capaz de idolatrar cada palabra que dicen.

Nunca vemos nada malo en algunas cosas, hasta que es demasiado tarde. Así muchos se ven atrapados en problemas con las drogas, el alcohol, la violencia, el juego y otras muchas cosas, porque el hombre es el único que puede llegar a acostumbrarse tanto a lo antinatural (sus propios errores) como para no aceptar lo bueno.

A muchos les ocurre lo que le sucedió a uno que se acostumbró a andar en su bicicleta con un manillar torcido durante tanto tiempo que luego se caía siempre que le dejaban una bicicleta buena. Creía y defendía que eran todos los demás los que "andaban" mal. Jamás llegó a disfrutar de un buen paseo por la vida por creerse demasiado listo.

para los que buscan algo más
salmo 86

22 mayo

Una de las películas que más impacto causaron en la historia del cine fue "Rebelde sin causa", protagonizada por James Dean, Natalie Wood, Nicholas Ray y Sal Mineo. Los cuatro actores estaban considerados como un reflejo de la nueva manera de vivir de la generación de los sesenta, una generación sin límites, sin ataduras, una generación nacida para vivir "a su manera".

Lo curioso del caso es que James Dean, el protagonista principal había dicho en una entrevista que lo que quería era "vivir rápido, morir joven y dejar un hermoso cadáver". Desgraciadamente, así fue; murió en un accidente de coche. Nicholas Ray falleció poco después debido al cáncer. Natalie Wood sufrió una muerte violenta y aún hoy mismo no se sabe si fue un suicidio o un accidente y Sal Mineo murió apuñalado.

Algunos podrían decir que parecía un castigo divino, pero déjame que te diga que nuestra situación actual no es el resultado en primer lugar del castigo de Dios, sino de nuestra propia rebeldía contra Él. Cuando rechazamos la vida, vamos derechos a la destrucción, no necesitamos ayuda para eso. Nosotros mismos caemos en las consecuencias de lo que hacemos.

¿Sabes? Dios hizo todas las cosas buenas y quiere que disfrutemos de Él y de todo lo que ha creado. Cuando queremos vivir a nuestra manera sin contar con Él, tarde o temprano terminamos destruyendo un mundo caído como nosotros. Si le damos la espalda a quién más nos quiere, vamos a perder incluso la razón por la que vivimos. No porque Él nos odie (¡todo lo contrario, nos sigue amando!) sino porque le estamos dando la espalda a la Vida.

Es hora de conocer el amor de Dios, y contemplar su Gracia en muchas cosas que a veces pasan desapercibidas: Si quieres conocer a Dios fíjate en una sonrisa, en cómo es la naturaleza, en el sonido de una canción o en el candor del abrazo de alguien que te ama. Si rechazas al Creador, o te empeñas en decir que no existe y vivir como si no existiera, pierdes todo lo que Él te ofrece.

¿Sabes cuál es uno de los problemas más graves de nuestra sociedad? No es tanto nuestro odio o la necesidad que a veces tenemos de vivir tal como queremos. El problema es que "Nadie respondió cuando llamé, dice Dios. Cuando hablé, nadie escuchó" *.

(*) Isaías 66:4

para los que buscan algo más
Isaías 6

23 mayo

En el llamado mundo del espectáculo podemos encontrar todo lo que queramos y más aún. Las historias extraordinarias parecen no tener fin. No sé si sabrás que el músico Bill Wyman, se casó en 1989 con la modelo Mandy Smith. Habían tenido relaciones desde que ella tenía trece años. Él estaba casado anteriormente y tenía un hijo de treinta años llamado Stephen, que se enamoró de la madre de Mandy, Patsy Smith y también se casaron. Imagínate, el padre pasó a ser hijo de su hijo, y el hijo padre de su madre, y su hija era al mismo tiempo su madre... Bueno, no quiero seguir. Semejante lío familiar duró bien poco. Antes de cumplirse un año y medio Bill y Mandy se divorciaron.

Alguien dijo una vez que el matrimonio era lo más divertido de todas las cosas serias. Si te fijas en las frases que cada cultura aplica al amor, bien pudiera ser así...

- En Rusia se dice "Estoy enamorado como un pingüino"
- En Argentina "Eres mi cielo"
- En España decimos que la otra persona es nuestra "media naranja"
- En Nigeria "Eres mi mataleones"
- "Eres la flor de mi jardín" en Portugal
- "Eres matadora" en Australia
- "Eres mi cochinillo de azúcar" en Dinamarca
- Y en Serbia "Eres como un bollo de crema"

Lo que es igual en todo el mundo, es la necesidad de amar y ser amado. Y lo que muchos olvidan es que el amor está muchas veces en el proceso de pasar tiempo juntos, no el dejarse a las primeras de cambio.

Los árboles llegan a ser árboles y dar fruto después de muchos días. Después de sufrir tempestades, vientos y lluvias. Dios quiso que disfrutáramos del amor en el proceso, no tanto en lo que puede llegar a ser. Muchas veces la trascendencia no está en los frutos, en el resultado, o en el objetivo que conseguimos, sino en los días en los que Dios va trabajando en nosotros, o nosotros entregamos nuestra vida en algún proyecto. Esa es la belleza de las cosas, esa es la felicidad de cada momento.

Esa es la razón por la que la fidelidad en una relación se vive y se disfruta cada día. Es una de las pocas cosas que se hacen más grandes y más fuertes cuanto más pasa el tiempo.

(*) juan 8:29

para los que buscan algo más
proverbios 30

24 mayo

El famoso compositor clásico Frederic Chopin, estaba trabajando en su vals número 3 en Fa mayor cuando su gato saltó y comenzó a correr por encima de las teclas del piano. Frederic se quedó ensimismado escuchando el sonido que dejaba el gato tras su carrera, así que, lejos de enfadarse, trató de reproducir la misma melodía en el llamado "Vals del gato".

El asombro puede ser uno de nuestros mejores amigos. Cuando nos asombramos, aprendemos que cada día puede ser diferente, que en un momento puede surgir algo bueno, algo que haga trascendental cualquier situación rutinaria.

Si vivimos con los ojos bien abiertos, asombrándonos por lo que ocurre a nuestro alrededor, disfrutando de cada momento, de cada situación, aprendiendo de lo que en cada minuto nos enseña la vida, entonces seremos capaces de paladear la belleza de las cosas, casi como si acabásemos de nacer. Como si toda la vida continuásemos siendo niños, porque ellos nunca se cansan de asombrarse y aprender.

Cuando nos volvemos arrogantes y comenzamos a creer que lo sabemos casi todo, hemos perdido la felicidad de lo inesperado. La persona que quiere controlar todo vive en la esclavitud de sus propias deducciones: jamás aprenderá la belleza de un acto aparentemente fuera de control. Si queremos controlar todo, nuestra vida transcurrirá permanentemente atada a la rutina.

No importa los años que tengamos, lo que jamás debemos perder es nuestra capacidad de asombrarnos. El deseo de vivir "con la boca abierta". La sensación que nace de lo profundo de nuestro corazón para admirar no sólo lo que nos rodea, sino también lo que hacen otras personas. Aunque nos parezca lo más simple del mundo.

Admirar la naturaleza, asombrarnos por lo que otras personas hacen, y vivir agradeciendo sinceramente el trabajo de otros, es parte del carácter que Dios pone en nuestra vida. Es más, creo que cuanto más nos asombramos, más disfrutamos de la vida y más cerca estamos de nuestro Creador. El, que es perfecto por naturaleza, quiso crearnos para asombrarse también de nuestra amistad y de la manera en la que resolvemos los problemas que creamos.

No olvides nunca que del asombro viene la admiración y el agradecimiento… En el asombro nace la creación, y cuando creamos y descubrimos algo nuevo aprendemos a vivir.

para los que buscan algo más
salmo 87

25 mayo

Pocas situaciones son una fuente de "sucesos" divertidos como la entrega de los Oscars. Todos los años conocemos historias que tienen que ver con los galardonados o nominados, y en muchas de ellas, la realidad siempre supera a la ficción. En la entrega de los Oscars de 1938, la actriz Alice Brady no pudo recoger su Oscar a la mejor actriz secundaria por su trabajo en la película "Chicago" por tener una pierna rota. En su nombre lo recogió un caballero a quién nadie conocía, y a quién nadie vio más. Y es obvio que tampoco se volvió a encontrar la estatuilla. Una "pequeña" equivocación que nadie pudo rectificar.

Las mismas películas están llenas de "pequeñas" equivocaciones. En la admirada "Carros de fuego", una chica le pide un autógrafo a Eric Liddell, primero al comenzar una carrera, más tarde en otro lugar y casi al final de la película en Edimburgo. La misma chica con la misma vestimenta, ¡vaya pifia!

Otro detalle: "Lo que el viento se llevó" es sin ninguna duda una de las películas más famosas de la historia del vine. A pesar de su fama, y de que tantas personas han disfrutado viéndola, no se libra de alguna que otra "pifia" descomunal. En un momento del film, Scarlett O'Hara, la protagonista, va paseando por la ciudad de noche y las calles tienen luz eléctrica, varias décadas antes de que Edisson inventara la bombilla... Eso sí que es adelantarse a su tiempo.

Es normal equivocarse. Lo realmente difícil es reconocer nuestros errores. Muchas personas viven y se comportan de tal manera que parece que nunca han cometido una falta. Nadie quiere pasar por ignorante o tonto. Un amigo me dijo un día que el mejor reparto que se ha hecho en la historia de la humanidad es el de la inteligencia, porque todo el mundo cree tener suficiente. Nos creemos demasiado listos y pensamos que pocos (¡o nadie!) van a poder engañarnos.

Déjame decirte que esa es la mejor manera de ser el "hazmerreír" de todos, porque aquellos que se creen muy listos, son los primeros que caen. Ya lo dijo el sabio en la antigüedad: "El orgullo precede a la caída" *.

Después de todo esto, sólo nos queda recordar que es bueno aprender no sólo de nuestros propios errores, sino también de los errores de los demás, porque probablemente no tendremos tiempo suficiente para aprender de todo lo que hacemos mal nosotros mismos. Y en todo caso, mejor intentar aprender, que sentirse uno de los siete sabios del mundo.

(*) proverbios 16:18

26 mayo

Todo el mundo quedó impresionado. Cientos de millones de personas que estaban viendo el concierto por televisión no daban crédito a lo que estaban escuchando. Casi al final de su actuación en el concierto en memoria de Freddie Mercury (el cantante solista de Queen, muerto de sida) David Bowie comenzó a recitar el padrenuestro en el estadio y prácticamente todos los asistentes al concierto compartieron con él cada una de las palabras. Más tarde David explicó que fue una reacción intuitiva, que esas fueron las primeras palabras que se le ocurrieron al pensar en la muerte de su amigo.

Yo creo que muchas veces la necesidad de Dios aparece en los momentos más difíciles, y a Él acuden todos cuando la muerte llega. No importa si alguno es ateo, agnóstico, budista o sigue la meditación trascendental o lo que sea, cuando no sabe a dónde ir, siempre acaba volviendo su vista a Dios. Es como si tuviésemos escrito dentro de nosotros mismos que Dios está ahí, que nos escucha y que es el único que puede ayudarnos. Una cosa son las creencias o las cosas que decimos en algún momento de nuestra vida, y otra muy diferente es encontrarse cara a cara con la muerte. Eso lo cambia todo.

¿Sabes? A algunas personas incluso les "estorba" que otros hablen de su Creador. Recuerdo que en la ceremonia de entrega de los Oscar del año 2005, se le envió una carta a todos los nominados diciendo que no mencionasen a Dios… Si queremos hacer "desaparecer" a Dios de nuestra existencia, llegará el momento en el que no sepamos que hacer, en el que no haya nada que pueda ayudarnos ni satisfacernos. Momentos en los que nos sentiremos completamente huérfanos. Momentos en los que la eternidad parecerá una carga demasiado grande como para soportarla solos.

Lo más curioso de todo, es que a pesar de lo que muchos intentan, y del esfuerzo de alguno de los medios de comunicación, Dios sigue siempre presente. Es más, cada día que pasa, más personas le buscan, más gente sabe que Él está ahí y que es el único que puede darle verdadero sentido a la vida. Eso es exactamente lo que ocurrirá en el futuro,

Dios mismo lo anunció hace miles de años: "Vienen días en que enviaré hambre al país, afirma el Señor. No será hambre de pan ni sed de agua, sino hambre de oír las palabras de Dios" *

(*) amós 8:11

para los que buscan algo más
salmo 88

27 mayo

Se cuenta que Beethoven fue un día a ver a un amigo cuyo hijo había muerto. El célebre músico nunca tuvo una gran facilidad de palabra, así que al llegar a la habitación, vio un piano, y comenzó a tocarlo expresando sus sentimientos en él durante media hora. Salió y se fue... Su amigo dijo que le había hecho muchísimo bien esa visita.

No hay nada tan importante en la vida como saber hacer las cosas más sencillas. Ellas son las que marcan la diferencia en las relaciones. No lo que nosotros creemos trascendental, sino el aprender a hablar con el corazón.

- Decir "te quiero" sinceramente, a la gente que quieres.
- Cuando digas "lo siento", mira a quien lo dices a los ojos.
- Ama profunda y apasionadamente. Podrás salir lastimado, pero es la única forma de vivir la vida plenamente.
- Recuerda que un gran amor y un gran logro implican un gran riesgo.
- Llama a tus padres y sé agradecido.
- Cásate con una persona con la que te guste hablar y estar juntos. Con el paso del tiempo, la conversación y el cariño crecen, mientras otras cosas que creíamos importantes, disminuyen.
- Aprende a disfrutar de algún tiempo a solas.
- Recuerda que a veces el silencio es la mejor respuesta.
- Ejercita tu paciencia. Muchos no saben esperar y pierden casi todo, a veces hasta su propia vida.
- Vive una vida buena y con sentido. Cuando tengas muchos años, disfrutarás recordando lo ocurrido, y tendrás la oportunidad de revivirla otra vez.
- Aprende a disfrutar de Dios y de todos sus regalos.
- Nunca interrumpas a alguien cuando te halaga.
- Una vez cada año, ve a algún lugar en el que no hayas estado antes.
- Aprende de memoria tu poema favorito.
- Habla con Dios todas las veces que puedas, en todos los lugares en los que puedas.
- Visita a tus amigos cuando lo necesitan.

Siempre que puedas, habla con el corazón.

28 mayo

Estamos en el mes de Junio del año 1965. Vale, ya sé que quizás no habías nacido todavía, pero hay una historia que merece la pena que sepas. Bob Dylan comienza a grabar en el estudio una de sus canciones más emblemáticas "Like a rolling stone". Bob quiso ponerle un poco de sonido de órgano en la canción, y en el estudio estaba Al Koper, que sabía bastante de música, pero tenía muy poca idea en cuanto a tocar el órgano, pero Bob le convenció para que grabara la canción. El único problema es que Al no sabía qué acorde iba tocando Bob, así que tenía que esperar sólo un momento a que Bob tocase la guitarra, y entonces, en cuanto veía el acorde, él lo tocaba en el órgano. Lo que podía parecer un disparate musical, porque el cambio de acorde en el órgano siempre iba uno o dos segundos por detrás de la guitarra, se convirtió en un sonido característico de muchas canciones de Bob Dylan en el futuro. Todo por "culpa" de alguien que no podía tocar bien.

¿Sabes cuál es uno de los mayores problemas en nuestra vida? No permitimos que nada se nos escape de las manos. Queremos controlarlo todo, que todo fluya de una manera perfecta. No nos damos cuenta de que nadie es perfecto, y que en muchas ocasiones una pequeña equivocación puede salvar cosas más valiosas.

Todos tenemos que aprender a rectificar, a perdonar, a dejar de controlar todas las cosas y todas las personas. Es mejor una pequeña ilusión rota, que una vida rota. Es mucho mejor reconocer que hemos hecho algo mal, que perder una amistad. Es muchísimo más importante ceder unos segundos (¡o unas horas!) que perder a nuestra familia.

Las relaciones más difíciles las tienen aquellas personas que jamás quieren arriesgar nada, que no permiten tocar nada, que sólo buscan personas perfectas, amistades perfectas, familias perfectas, vidas perfectas… situaciones perfectamente controladas en todo momento. Todo entra en la racionalidad de su mente, y para todo tienen una respuesta. Nada escapa a su control, aunque no quieran reconocerlo, todo está en su lugar, ordenado. Todo es perfecto.

Y todo acaba derrumbándose por momentos, porque quien quiere controlar todo, acaba teniendo todas las cosas en unas manos muy imperfectas y débiles: las suyas.

No quiere decir que vayamos por la vida equivocándonos, sino que tenemos que aprender a vivir con nuestras imperfecciones y las de los demás; aprender a soportar lo que nosotros hacemos mal y lo que otros hacen mal; aprender a soñar teniendo en cuenta nuestras limitaciones.

De una vez por todas debemos construir nuestro futuro con errores corregidos. Porque todos los tenemos, sin ninguna duda.

para los que buscan algo más
salmo 97

29 mayo

No cabe duda de que Stevie Wonder es uno de los músicos más admirados hoy en el mundo. Ha escrito la banda sonora de bastantes películas conocidas, y cuando presentó la música de la película "Jungle Fever" explicó a la prensa de una manera extraordinariamente poética y clara las dificultades por las que pudo haber pasado al ser ciego desde niño: "Tengo un problema con la vista, pero cuento con mis oídos y mi corazón"

Nada de lo que pueda decir o escribir puede explicar la trascendencia que tiene la poesía en nuestra vida. Independientemente de nuestro carácter, algunos de nuestros más profundos sentimientos sólo pueden encontrar expresión cuando se enamoran rima y melodía, cuando construyen su hogar en nuestro corazón, las palabras y las notas. La poesía vive de nuestra sensibilidad... y nosotros aprendemos a ser sensibles cuando leemos (o alguien nos recita) una poesía. Quizás no necesita estar a la altura de un Nóbel consagrado, porque seguro que las palabras que más profundamente han prendado nuestro corazón han sido las torpes rimas de alguien que nos quiere y nos desea.

¿Recuerdas?... poesías que no han llegado a figurar en ninguna enciclopedia que se precie, pero han sido todo para ti en momentos difíciles. Palabras bálsamo que se aplicaban directamente a tus heridas... Quizás las escribieron tus padres, tus hijos, tu novio/a, algún amigo, tu marido o tu mujer. No lo sé. Lo que si conozco la libertad del amor expresado en miles de recuerdos. Y cómo esos recuerdos siguen siendo poesía vez tras vez. Aunque pasen los años. Aunque las circunstancias hayan comprado el silencio. Aunque algunas relaciones se hayan perdido en el último acto de una tragedia... Siempre nos quedará la poesía.

Así fuimos hechos. La maquinaria intelectual de nuestro cerebro no puede hacer olvidar una simple canción. La frialdad y el orgullo manifiesto de quién dice no querer a nadie son solamente parte de una máscara cruel y despiadada... que muchos empeñarían su vida para enterrarla en el olvido. Así somos: cuando aprendemos a ser sensibles, conocemos lo que es el verdadero amor.

Y no es extraño. Dios mismo coloreó los recuerdos del futuro cuando calló de amor al vernos. Y la Biblia dice que se goza con cánticos llenos de amor cuando volvemos nuestro corazón hacia El.* ¡Yo quiero escuchar esos cánticos! ¡Yo deseo profundamente entrelazar mi alma en la poesía de Dios! Mi vida tiene sentido cuando la sonrisa del Creador calienta mi corazón. Y Él hace brotar de su fuente de rimas cristalinas los sentimientos que satisfacen mi sed.

(*) sofonías 3,17

para los que buscan algo más
salmo 9

30 mayo

Se han dicho y escrito muchas cosas sobre Marilyn Monroe, pero algo que lo que muy pocos dudan es de su seguridad en sí misma en cuanto a llegar a ser una de las mejores actrices del mundo. Una vez un periodista le preguntó: "Si la mitad de los expertos de Hollywood dijesen que no tienes talento, ¿abandonarías?" Ella respondió, "no abandonaría aunque me lo dijesen todos los expertos, porque sé que todos estarían equivocados"

¿Sabes? Hay una libertad que no puede comprarse con nada, y que muy pocos consiguen disfrutar, y es la libertad de ser uno mismo. La libertad de no necesitar argumentar para ir en contra de la corriente, porque puedes sonreír en todas las situaciones, porque puedes tomar tus propias decisiones sin ser influenciado por otros. No importa si tienes mucho o poco, tampoco importa la familia en la que has nacido o el trabajo que tienes… Muchos jamás han llegado a disfrutar de esa libertad a pesar de tener todo el dinero que quieren o vivir en lo más alto de la sociedad. Esa libertad es muchísimo más importante que cualquier éxito que podamos tener.

Berthold Brecht escribió un día:

"Hay hombres que luchan un día y son buenos
Hay hombres que luchan un año y son mejores
Hay hombres que luchan muchos años y son muy buenos…
Hay hombres que luchan toda la vida, Esos son los imprescindibles"

Las personas que luchan y ayudan a otros durante los días que tienen en la tierra, son los realmente triunfadores, los ejemplos que todos deberían observar. Son esas personas a las que el profeta llama "reconstruidores de ruinas antiguas"* y no tanto porque quieran hacer volver las cosas al pasado, sino porque (creo) hay mucho que reconstruir en nuestra vida moderna: muchas relaciones, principios, actitudes, comportamientos… que se han venido abajo con el paso del tiempo.

Piensa por un momento cual es tu lucha, y no desmayes. Mira si hay que reconstruir puentes entre amigos, entre alguna familia que está a punto de romperse; entre padres e hijos que han dejado de mirarse directamente al corazón. Ayuda a restablecer relaciones entre razas y culturas, levanta en alto la torre de la tolerancia y el respeto mutuo, trabaja para que las ruinas del amor puedan reedificar relaciones de amistad entre personas de clases sociales diferentes.

Necesitamos integrarnos en la lucha: día tras día, reconstruyendo relaciones, asentando las bases morales de nuestra sociedad, poniendo piedra sobre piedra en la construcción de casas llenas de cariño, edificando siempre, y no destruyendo. Amando en vez de odiar; extendiendo una mano de ayuda en lugar de cerrarla para golpear. Luchando, si es posible, toda la vida porque el mundo necesita aprender de personas así. Digan lo que digan los demás, no abandones nunca, porque eres imprescindible.

(*) Isaías 58:1

para los que buscan algo más
salmo 93

31 mayo

Creo que no podríamos encontrar un solo lugar en el mundo al que no haya llegado su música. Han vendido millones y millones de discos, cassettes, cd´s, videos, dvd´s y todo aquel material en el que se pueda escuchar música. Una de las cosas que más me impresiona de "The Beatles" (supongo que ya sabías de quién estaba hablando) es que fracasaron en todos los concursos musicales a los que se presentaron al principio de su carrera, no sólo no ganaron ni uno, sino que salieron bastante "mal parados" de casi todos.

A ninguno de nosotros nos gusta fracasar o ser considerado como un fracasado, y de hecho, cualquier fracaso parece tener consecuencias casi funestas. Alguien dijo que los años perdidos jamás podemos recuperarlos, y es cierto. También leí una vez que un pájaro que tiene su ala rota ya no puede volar como lo hacía antes, y creo que hay mucho de realidad en ello... Pero déjame decirte una vez más que no todo es como parece.

Se puede fracasar y no ser un fracasado. Se puede fallar al intentar hacer algo que merece la pena, y no vivir a partir de ese momento con la sensación de que: "Ya no valgo para muchas cosas". La gran noticia es que Dios nos da la capacidad de recuperarnos después del fracaso, y Él mismo nos enseña a experimentar la paz del perdón, y la ilusión de volver a comenzar de nuevo.

¿Sabes por qué?

Un profesor levantó un billete de 100 euros en su clase. "¿Quién lo quiere?" dijo, y prácticamente toda la clase levantó su mano y gritó al unísono. Entonces el profesor hizo algo raro, demasiado raro para ellos... Tomó el billete y lo pisoteó, lo arrugó, lo escupió y volvió a enseñarlo. "¿Quién lo quiere?" Volvió a repetir, y todos volvieron a levantar su mano. Nada de lo que había ocurrido hizo perder al billete su propio valor.

El profesor explicó entonces que el valor del billete no varía por las circunstancias externas, es siempre el mismo. De la misma manera, no importa si nosotros somos despreciados, "pisoteados", considerados como un fracaso, o si nos "echan de todos los concursos" porque piensan que no tenemos valor. Nuestro valor como personas no lo deciden las circunstancias. Lo decide lo que tenemos dentro, y eso nadie puede quitárnoslo.

Nuestro valor lo decide nuestro Creador, y Él está muy por encima de nuestros propios fracasos. Como uno de los compositores de los salmos escribió un día: "Mientras haya aliento en mí, cantaré a mi Dios"*

Deja de preocuparte si otros piensan que estás fracasando...

(*) salmo 146:2

para los que buscan algo más
salmo 146

1 junio

Una de las películas más conocidas en los años 80 fue "Cadena perpetua". Con una trama muy bien ideada, y dos actores excepcionales, Tim Robins y Morgan Freeman, la película gozó de la admiración del público y la crítica. Una de las cosas que más impresionaban del film era la frase que aparecía en el cartel de la publicidad: "El miedo te hace prisionero, sólo la esperanza te puede liberar".

¿Miedo? ¿Esperanza? Algunos términos parecen tan usados a lo largo de tanto tiempo, que comienzan a perder su sentido. Es el caso del miedo. Vivimos en una sociedad que aparenta haber vencido el miedo a todo, pero la realidad es que construimos corazones llenos de temor.

Vivimos con miedo: miedo a lo que digan los demás, miedo al futuro, miedo a la enfermedad, miedo a la muerte, miedo a que se burlen de nosotros, miedo a perder nuestro trabajo... El miedo nos domina, nos paraliza, nos esclaviza. Nos enseña a perder la esperanza y nos convence de que nada tiene sentido. Se apodera de nuestra mente de tal manera que ya no somos nosotros mismos los que tomamos las decisiones, sino nuestro miedo.

Hace muchos años escuché la leyenda de un ratón que le tenía miedo a los gatos, así que pidió a un mago, ser convertido en un gato para verse libre de su miedo. En el mismo momento en el que estrenó su nueva personalidad de gato, descubrió que tenía miedo a los perros, y pidió ser un perro. Cuando lo consiguió, observó que tenía miedo de los tigres y pidió ser uno de ellos. Cuando lo fue, comenzó a tener miedo del cazador, así que pensó que siendo un cazador se vería libre de sus temores, hasta que supo que el cazador sufría temor cuando su mujer se enfadaba.

Cuando al fin consiguió ser mujer contempló horrorizado que gritaba lleno de miedo al ver a sus amigos los ratones. El mago le vio y le dijo: "Tu no necesitas cambiarte en otra cosa, lo que necesitas urgentemente es cambiar tu corazón".

Sólo la esperanza te puede liberar, y yo te diría que sólo una Esperanza con mayúsculas. El compositor dijo un día: "Le pedí a Dios que me ayudara y Él me libró del miedo que tenía" *. Sólo Dios puede cambiar nuestro corazón. Sólo El puede hacer que volvamos a comenzar, que podamos nacer otra vez, nacer de arriba... Llegar a tener una naturaleza nueva. Así puedes tener esperanza y vivir de otra manera, porque es como si tuvieras otra oportunidad en tu vida. Una oportunidad que no va a pasar, porque Dios no va a abandonarte.

(*) Salmo 34:4

2 junio

El actor Mat Damon fue el protagonista de la película "El indomable Will Hunting", la historia de un joven con una inteligencia extraordinaria, pero con muchos problemas personales. Robin Williams interpreta a un profesor que se interesa por Will e intenta que salga de su mundo y se relacione con los demás. En un momento del film, el profesor le dice a su alumno: "Una verdadera pérdida sólo se produce cuando quieres algo más que a ti mismo".

Si quieres que tu vida realmente merezca la pena, tienes que reconocer tu valor. Ninguna cosa tiene más importancia que tu mismo ser. Si amas o sufres por algo material, tanto que pueda llegar a destruir tu propia vida, tienes tus valores equivocados. Si cuando pierdes algo que tenías la amargura llena tu alma y crees que es imposible superarlo, es porque estás poniendo tu amor en cosas que pueden desaparecer. Y no creas que eres un caso único, desgraciadamente mucha gente vive así.

Hace poco leía que un conocido equipo de psiquiatras llegó a la conclusión que el noventa por ciento de los problemas que la gente traía a sus consultas, se habrían solucionado si cada persona tuviera a alguien...

- Que los escuchase
- Que los abrazase

Demasiada gente vive sola y sin cariño, porque su orden de valores en la vida está equivocado. Le dan mucha más importancia a tener cosas, valor, poder, reconocimiento... que a su propia vida. Y así viven perdidos y perdiéndose poco a poco. Casi sin darse cuenta. Luchan por cosas materiales que jamás pueden hacer algo tan sencillo como escucharlos o abrazarlos.

Nadie está aquí por accidente. Todos tenemos un valor inmenso, más que ninguna otra cosa en la vida. Todos tenemos que aprender que ninguna situación, circunstancia u objeto puede sobrepasar nuestro valor. Dios nos dio ese valor: En la Biblia hay un salmo que dice que Dios nos conoce desde antes de que naciésemos*. Tú no eres un accidente, Dios sabía lo que iba a ser tu vida, y Él se emociona al verte. Nada material puede hacerte perder ese valor, porque no depende de ti, sino de tu Creador, y Él siempre te escucha.

Nosotros también necesitamos aprender a escuchar y abrazar a los que tenemos a nuestro lado.

para los que buscan algo más
salmo 95

3 junio

El ex-beatle George Harrison, murió tras una larga enfermedad, el 30 de Noviembre del 2001. Olivia, su mujer declaró que "En los últimos días sólo repetía que todas las cosas podían esperar, salvo la búsqueda de Dios". Es curioso que en su álbum más famoso, "All Things Must Pass" (todas las cosas deben pasar) la última canción era "Hear Me Lord", en la que comenzaba diciendo: "Por favor, Señor, perdóname todos los años que pasé ignorándote".

Todo puede esperar, menos la búsqueda de lo trascendental. Muchos viven pensando sólo en el mañana, ignorando a Dios, sin darse cuenta que en todas las vidas hay también un "pasado mañana", la eternidad, lo que realmente merece la pena.

El tiempo pasa, y llega el momento en el que reconocemos que hemos perdido lo mejor de la vida, que todo se ha ido demasiado rápido y que quizás, hemos dedicado demasiadas energías a cosas que no merecían la pena. Entonces queremos recuperarlo todo. Nos gustaría jugar con el destino y volver diez años atrás, veinte años atrás, treinta años atrás... el tiempo suficiente para rectificar, para vivir de otra manera, para no ignorar lo trascendental...

De pronto nos entra la prisa. De repente queremos disfrutar cada momento como si la vida se nos fuese entre las manos. En ese instante, muchos buscan al Creador, pero lo hacen de una manera equivocada. Lo buscan para desplazar sus propias culpas. Lo buscan para recuperar lo que han perdido. Lo buscan quizás para justificar lo que han hecho, o simplemente para que los quite de un apuro.

Sólo hay una manera válida de acercarse al Creador, El mismo lo dejó escrito en la Biblia: "Me buscaréis y me encontraréis, cuando me busquéis de todo corazón" *. La búsqueda de Dios implica poner todo nuestro corazón en ella. Cualquier otra cosa es casi perder el tiempo. Acercarse a Él sólo para obtener bendiciones inmediatas o ayuda en momentos de peligro, es pensar que Dios es sólo un amuleto. Ignorarlo cuando no lo necesitamos o no nos gusta lo que dice es vivir sólo para el hoy, o como mucho para el mañana. Y eso sólo añadirá frustración a nuestra vida.

Busca a Dios antes de que pase más tiempo. Hazlo con todo el corazón. Trabaja para ayudar a las personas, háblales de lo que Dios puede hacer en sus vidas, háblales de que no se agobien por lo que ocurre ahora, que no solamente hay un mañana, hay un pasado mañana. Y todo se ve de otra manera a la luz de lo real, de lo que va a venir.

(*) Jeremías 29:13

para los que buscan algo más
salmo 96

4 junio

Una de las películas más taquilleras en el mundo en los últimos años ha sido "El diario de Bridget Jones" protagonizada por Renée Zellweger, hija de padre suizo y madre noruega. Renée se había dado a conocer en el mundo del cine en la oscarizada "Jerry Mcguire". Ese fue uno de los momentos claves en su vida, porque se fue a vivir a Hollywood, (Los Ángeles), pero no le agradó la experiencia: "Los Ángeles te abre los ojos, es asombroso. Me ha enseñado lo que no quiero ser".

Es curioso el hecho de que pasamos mucho tiempo de nuestra vida pensando en lo que queremos ser, y muchas veces nos ayudaría bastante hacer lo contrario: comenzar por saber lo que no queremos ser.

Si me dejas decirte algo, un tipo de persona que no quiero ser es aquel que vive solamente para tener más. Dejan de crear, de vivir, de hablar con otros, con la familia, con los amigos, porque solamente ganar dinero y subir cada día más en el mundo de los negocios es lo que merece la pena para ellos. Este tipo de gente llega a un momento en el que nada les satisface, nada puede poner paz en la vida. Un día en el que la angustia vital no tiene solución porque elimina todo el significado de las cosas que hacemos o deseamos. Sin Dios en la vida, tarde o temprano la vida se acaba.

"El dinero no da la felicidad, y la mejor prueba es mi propia familia" dijo un día la Fallecida Cristina Onassis. Para muchos, el dinero es lo más trascendente en sus vidas. Viven para tener más, sin fiarse de nadie, les gusta tenerlo en sus manos, piensan en él en cualquier momento de su vida, porque su corazón está en él.

El lujo, el poder, la satisfacción inmediata, el placer... todo parece sonar muy bien, pero todo eso nos lleva a la vaciedad del corazón y la desesperación de nuestra mente. El hecho de que en nuestro primer mundo muchos lo hayan probado, y tengamos los mayores índices de suicidio demuestra que algo va mal. Muy mal.

Puedes vivir así si quieres. Puedes seguir con tus ojos cerrados y creer que todo lo que tienes en tus manos es tuyo. Que puedes disfrutar y ganar y pasar por encima de todas las circunstancias y de las personas porque la vida te lo ha dado todo. Pero si confías demasiado en lo que tienes, nunca olvides lo que va a suceder en el futuro: "Todas las cosas que eran lujosas y espléndidas se han alejado de ti, y nunca más las hallarás"*. No importa cuánto tengamos, porque tarde o temprano, tendremos que dejarlo todo aquí.

(*) apocalipsis 18:14

para los que buscan algo más
apocalipsis 21

5 junio

Brian Epstein fue el primer manager de los Beatles y el que llevó al grupo a lo más alto de la fama. Organizaba todas las actuaciones, conciertos, discos, ganancias, etc. De repente el grupo comenzó a dejar de actuar en la misma época en la que Brian se había mezclado con drogas, como los propios Beatles. A veces tomaba aspirinas y anfetaminas por decenas cada día, aunque no tuviese nada. Las depresiones del manager comenzaron a ser abundantes, y en cierta manera el grupo se "desentendió" de él. Cuando Brian se suicidó, los chicos no sabían lo que ocurría en la vida de su amigo, porque ellos estaban ocupados con su "meditación trascendental". Murió solo. Ni siquiera sus amigos estaban con él.

Vivimos de una manera insensible. Muchas personas no se preocupan de lo que está pasando a su lado ni de lo que hay en el corazón de la gente que los necesita. La gran mayoría de la gente vive buscando sólo lo que es mejor para ellos. Nadie lo dice así, pero el caso es que los demás no importan, no interesan. Los problemas de los otros nos parecen lejanos, y en los días en los que nuestros amigos nos necesitan, muchas veces "desaparecemos".

Con el tiempo, lo que hacemos es sembrar semillas en contra de los demás y de nosotros mismos. Semillas de odio, envidia, egoísmo, insensibilidad...

Con su odio, el hombre sólo es capaz de crear destrucción.

Con su envidia, el hombre llena de amargura su existencia y la de los otros.

Con su egoísmo, el hombre se preocupa sólo de su bien y arrastra tras de sí una estela cruel de llanto y desesperación.

Con su insolidaridad, el hombre observa la muerte de otros como un fastidio más en sus asuntos diarios.

Con su insensibilidad, el hombre sólo es capaz de traer tristeza a los que son débiles.

No nos queda mucho tiempo para enseñar al mundo lo que significa el amor y la esperanza. El hombre camina a pasos agigantados hacia el dolor y la destrucción. La profecía es clara: "Alzad por los montes lloro y desesperación... porque han sido desolados" *

Mientras tengamos vida necesitamos sembrar semillas diferentes. Necesitamos destruir frutos que no deben ser nuestros, necesitamos destruir odios, envidias, egoísmos, insolidaridades, insensibilidades y racismos. Y sólo con el poder del Amor (con mayúscula) es posible.

(*) jeremías 9:10

para los que buscan algo más
salmo 98

6 junio

El actor George Clooney se dio a conocer en la serie televisiva "Urgencias" que narra la vida del equipo médico de un hospital, con todas sus circunstancias y situaciones comprometidas. Más de una vez en la serie, cuando llega un enfermo casi terminal o un accidentado con muy pocas posibilidades de sobrevivir, los médicos luchan hasta la extenuación para ganar la vida del paciente, y cuando eso ocurre, la frase que pronuncian siempre es la misma: "Lo hemos salvado".

Cuando hablamos de la relación de Dios con cada persona, y escribimos sobre la "salvación", muchos dicen: ¿Qué es eso de la salvación? ¿Qué significa ser salvado? De la misma manera que ocurre en un hospital, estamos hablando de la salvación de la muerte. Esta vez no la muerte temporal, el enemigo número uno de la humanidad, sino de la muerte eterna. Algo mucho más grave. Un enemigo todavía más grande de lo que imaginamos.

Salvarse de esa muerte eterna es encontrarse con Dios. Dejar toda nuestra vida en sus manos. Saber que Él está con nosotros y que nos acompaña aún más allá de la muerte. Reconocer todo lo que Él hace por nosotros y darnos cuenta que estamos en sus manos, y ninguna enfermedad (¡ni siquiera la muerte misma!) puede separarnos de Él. Estamos salvados para siempre.

Porque Dios nos ama.
Si yo caigo, Dios me ama
Si estoy enfermo, Él sigue amándome
Si tengo trabajo atrasado,
Si no sé que hacer mañana;
Si caigo en la ansiedad
Si hay cosas que no entiendo
Si tomo una decisión equivocada
Si alguien se burla de mí
Si he perdido toda esperanza
Si aquellos en los que confiaba me defraudan
Si creo que ya no hay salvación posible,
Debo recordar que Dios me ama.

Si has tomado la decisión de poner toda tu vida en sus manos, estás salvado. Desde ahora y para siempre. Para cada día, para cada momento. Para CADA Situación EN LA QUE CREEMOS QUE NO podemos seguir. En cada instante en el que le necesitamos, o incluso cuando le creemos lejos de nosotros, siempre podemos orar: "Dame una muestra de tu amor" *.

Y entonces, estamos salvados.

(*) salmo 86:17

para los que buscan algo más
salmo 99

7 junio

Cuando conocemos cómo comenzaron a actuar algunos de los grupos más conocidos en el mundo, casi sentimos lo que llamamos "vergüenza ajena". Los Beatles, daban sus primeros conciertos en los años 63-65; tenían en la mayoría de los lugares un solo micrófono para cantar y los tres solistas tenían que ponerse alrededor de él. Más tarde tuvieron dos micros, y tardaron bastantes meses en poder utilizar uno con la batería. Si hoy le pidiéramos a cualquier grupo que comienza que tocase en esas condiciones, seguro que se negarían a hacerlo.

Un día escribí estas dos frases en un papel:

"Ejerzo mi libertad de vivir tranquilo"
"Renuncio a mi derecho a preocuparme"

¿Qué te parecen? ¿Demasiado sencillas?... Cambiaría mucho nuestra vida si las tuviéramos más en cuenta. ¿Sabes? Conozco personas que viven amargadas por tres razones:
- Por los problemas que tuvieron.
- Por los problemas que tiene ahora.
- Por los problemas que esperan que van a tener, y casi nunca llegan.

Alguien dijo una vez que la preocupación es como ir pagando un interés por adelantado sobre una deuda que no existe. Si nadie hace eso con su dinero ¿por qué dejamos que nuestra mente viva de esa manera? ¡Tenemos el derecho a vivir tranquilos!, pero ese derecho se ejerce cuando "obligamos" a nuestra mente a no preocuparse.

Lo que tenemos en nuestra mente es lo que (en la mayoría de las ocasiones) domina nuestra vida. Son las conversaciones que tenemos con nosotros mismos: lo que nos decimos o nos hablamos interiormente... lo que nadie (salvo Dios y nosotros) conoce. En nuestra mente tomamos decisiones, comprendemos el pasado, el presente y el futuro; razonamos cada situación, e influimos en nuestro espíritu y nuestro corazón de una manera crucial.

Y lo más curioso, es que casi toda nuestra manera de "ver la vida" está determinada por pequeñas cosas. Enfados, vanidades, envidias, murmuraciones, malentendidos, desconfianzas y cientos de pequeños enemigos son los que (a veces) circulan libremente por nuestro interior sin que hagamos nada por evitarlo. Y muchas veces, las consecuencias de todo esto son terribles: Nos equivocamos, perdemos grandes oportunidades (¡y amistades!) y aún encima vivimos con un "mal humor" constante.

¡Vale ya! Deja de pensar en todo lo malo que puede ocurrir y dile a tu mente que viva feliz. Quita de ella todo lo que te lleve a pensar mal, y llénala de las cosas buenas de la vida. Cuida tu mente, más que ninguna otra cosa.

¡Y deja de preocuparte!

para los que buscan algo más
salmo 101

8 junio

El grupo musical formado por Cánovas, Rodrigo, Adolfo y Guzmán fue uno de los más importantes en los años setenta. Sus letras siempre intentaron llegar más allá del simple contentamiento o de la simplicidad de una canción de amor. En su composición "Sé tu", hablan sobre la necesidad de ser uno mismo y no dejarse llevar, y para ilustrar muchas decisiones cantan: "Moja tus pantalones cuando haga falta profundizar"...

Buena imagen. Si quieres probar el río y hacer algo que merezca la pena, hay que arriesgarse. Hay que mojar los pantalones. Para profundizar, uno no puede quedarse en la orilla. Es necesario "sufrir" si queremos llegar a algún lugar. Hay que disciplinarse y trabajar duro para llegar a los lugares más profundos. Cuando tenemos que tomar decisiones, muchas veces hay que arriesgarse, aunque no sepamos lo que puede pasar, hay que seguir adelante.

Los indiferentes nunca pueden lograr un mundo diferente.

No es fácil vivir y pensar contracorriente: a veces la gente se burla de nosotros y nos callamos. Tenemos el deseo de decir muchas cosas, de contestar con pruebas y argumentos, de luchar contra viento y marea... pero nos callamos.

Otras veces la gente nos señala y nos avergonzamos. Algunos no son capaces de comprender que vivamos de una manera diferente, y por eso nos escondemos. A casi nadie le gusta vivir con el índice acusador de conocidos y desconocidos. Y mucho más cuando eres joven y a veces parece que todos te miran y te señalan. Por eso reaccionamos como casi siempre... la mejor manera de no meterse en problemas es esconderse.

En algunas ocasiones la gente nos mira, y renunciamos a hacer aquello que es correcto. Renunciamos a luchar por lo que es justo, por lo que merece la pena, por lo único que tiene validez eterna. ¿Sabes? Hay países dónde te juegas la vida si dices que amas a Dios, pero en otros, (como el nuestro) sólo te juegas tu nombre... y tu integridad como persona.

Esa es la razón por la que no debemos olvidar que si nos callamos cuando los demás se burlan, nos escondemos cuando otros nos señalan o renunciamos a lo que es justo sólo porque cuatro ignorantes hayan decidido que nuestra opinión no tiene validez... estamos perdiendo nuestro valor como personas. Somos dignos de lástima, porque no sabemos luchar por nuestra libertad.

No merece la pena, ¡ya basta de tonterías! Todos tienen derecho a afirmar públicamente la razón última de su existencia. Y si esa razón es Dios mismo, mejor que mejor. Recuerda que: "No nos ha dado Dios espíritu de cobardía sino de poder"*.

(*) 2 timoteo 1:7

para los que buscan algo más
marcos 3

9 junio

Puede que si preguntas a cualquier persona el nombre de un trompetista, el primero que viene a la mente es el de Louis Armstrong. Aunque medía sólo un metro y sesenta y cinco centímetros, pesaba casi cien kilos, con lo que sudaba muchísimo, y fue famoso por tocar la trompeta siempre con un pañuelo blanco en su mano. Cuando sufrió un infarto, los médicos le recomendaron no tocar la trompeta como hasta ese momento, así que comenzó a cantar y… ¡llegó a ser número uno en todo el mundo cantando su "Hello Dolly"!

Ninguno de nosotros puede escoger las circunstancias que rodean nuestra vida, pero sí podemos elegir nuestras actitudes ante lo que nos sucede. Puede que te parezca difícil saber si tu actitud es buena o no, pero hay un ejercicio muy sencillo para desenmascarar nuestros propios pensamientos. Es la manera en la que nos expresamos. Cuando alguien nos pregunta qué vamos a hacer, hay dos maneras de responder:

- La primera "voy a…" (trabajar, viajar, llevar a cabo un plan, hacer algo, etc.)
- La segunda "tengo que…"

Puede que nos parezca lo mismo, pero es muy diferente pensar "voy a trabajar" con el entusiasmo propio de alguien que le gusta lo que va a hacer, o "tengo que" con el desánimo de uno que hace algo por obligación. Como casi siempre, nosotros escogemos lo que queremos hacer. Nosotros decidimos si seguimos con la ilusión de la vida, buscando una salida, amando cada momento que tenemos y disfrutando de cada minuto que Dios nos regala… o decidimos si tomamos todo como una obligación, con la desidia y el desánimo de quién parece que le sobra todo, o no tiene ilusión por nada.

Muchas veces nuestra propia actitud puede modificar las circunstancias, porque el entusiasmo que ponemos en las cosas determina, en un gran número de ocasiones, las soluciones que encontramos a esos mismos problemas. Si en lugar de pensar sólo en las dificultades, en lo imposible, o en lo que otros nos pueden decir, nos entusiasmamos con lo que estamos haciendo, aunque sea o parezca muy sencillo, no sólo nuestra vida merecerá la pena, sino que también vamos a entusiasmar a los demás.

De todas maneras, no te engañes: No todo en la vida se transforma con un cambio de actitud. Hay que seguir luchando, e incluso así, a veces las cosas no salen como queremos. Pero lo que sí cambia es nuestro corazón y nuestro entusiasmo. Y siempre es mucho mejor vivir entusiasmados que dejarse llevar. Por lo menos, vemos las cosas de otra manera.

para los que buscan algo más
salmo 109

10 junio

Ray Charles fue uno de los cantantes más emocionales y sensibles del Soul. Su brillantez musical sólo puede ser comprendida al examinar cómo su propia vida le llevó a ser uno de los genios del "Blues", esa música desgarradora hasta lo más hondo, compañera perfecta para la tristeza y el dolor. Ray se quedó ciego a los 7 años, su hermano había muerto muy pocos meses antes, y a los 10 murió su padre. Era un adolescente de sólo 15 años cuando su madre falleció también, quedándose solo en la vida. Pudo haber hecho buenas migas con la desesperación, pero decidió que su mejor compañera sería la música.

Ante una situación mucho menos cruel, otros han reaccionado en contra del Creador culpándole de todo cuanto ocurre. Incluso algunos han ido más lejos en su atrevimiento al considerar que Dios es arbitrario e injusto, y que todos los males que existen en este mundo obedecen a sus designios crueles. Nada más lejos de la realidad. Delante de la maldad del hombre, Dios reacciona defendiendo la libertad de cada uno a tomar sus propias decisiones. Y aunque a veces interviene para que la destrucción no sea total, no será hasta el final de los tiempos que diga la última palabra, y la justicia reine por completo.

En ese día, en el día en el que el mundo entero esté en las manos de Dios, el problema del mal habrá desaparecido, porque las manos del Creador están llenas de amor y justicia. Mientras, el sufrimiento del hombre se hace amigo del sufrimiento de Dios hasta una trascendencia difícil de entender. Porque contra lo que algunos piensan, Dios no es insensible a nuestro mal. " El Señor se disgusta al ver que no hay justicia y queda asombrado al ver que nadie pone remedio" *.

Si nos preocupamos por el sufrimiento, no estamos solos. Si gritamos contra la injusticia, no estamos solos. Si nuestro corazón se conmueve al contemplar el dolor, no estamos solos. Dios nos comprende, y un día va a poner su mano sobre todo ello. Mientras tanto, mejor es trabajar para ayudar a los que sufren, a los que se duelen y a los que están necesitados.

Eso nos ayudará a no caer en la desesperación y en el sufrimiento. Algo tan sencillo puede hacer que otros vivan de una manera diferente también. Cuando lo hacemos así, cuando pasamos tiempo en nuestra vida para ayudar a los demás, llegamos a parecernos más a nuestro Creador, porque Él nunca ha sido insensible a nuestro dolor. No sólo lo cura, sino que también lo siente.

(*) isaías 59.15

para los que buscan algo más
salmo 104

11 junio

La llegada de los Beatles a Estados Unidos fue todo un acontecimiento. Actuaron en uno de los programas más famosos de la televisión americana, el "Ed Sullivan Show". Era la primera vez que el público tenía la oportunidad de escucharlos en directo, así que pasaron casi un día entero probando el sonido en el estudio de televisión. Cuando se fueron a descansar, parece ser que la mujer de la limpieza ordenó todas las cosas en el estudio, y limpió las marcas de tiza que había en la mesa de sonido, sin saber que estaba arruinando todo el trabajo de un día entero. Cuando los componentes del grupo y los técnicos llegaron, tuvieron que empezar todo de nuevo.

Comenzar de nuevo. Quejarse o sobrevivir. Dar una nueva oportunidad o tirar todo por la borda...

Quiero compartir contigo algunas frases que varios amigos me enviaron sobre este tema. Palabras para pensar:

- No importa cuánto te preocupes por otros, algunas personas no se preocupan por tí.
- No importa lo buena que pueda ser una persona, a veces puede herirte, y necesitas perdonarla.
- Lleva años fortalecer la confianza, y sólo unos segundos destruirla.
- Las verdaderas amistades siguen creciendo incluso en la distancia.
- Algunas cosas que hacemos o decimos en un sólo momento, nos arrepentimos de haberlas hecho toda nuestra vida.
- Debemos despedirnos siempre de las personas que queremos con palabras llenas de amor, puede ser la última vez que las veamos.
- Las circunstancias y el ambiente tienen influencia en nosotros, pero de las decisiones que tomamos, somos nosotros los responsables.
- No debemos compararnos con otros, sino hacer las cosas lo mejor que podamos.
- No importa tanto a dónde llegamos, sino hacia dónde estamos yendo.
- A veces, algunas personas que creemos que nos van a hundir cuando hemos caído, son precisamente las que más nos ayudan.
- No importa en cuántos pedazos se rompió tu corazón, el mundo no va a detenerse para que tu puedas arreglarlo.

Comenzar de nuevo. Quejarse o sobrevivir. Nosotros escogemos.

12 junio

"Los secretos" fueron un dúo con mucho éxito en el panorama musical español allá por los años 80 y 90. Una de las canciones más conocidas de ellos era "¡Qué sólo estás!" No sé si recordarás esta parte de la letra:

"Si pudiera recordar qué estoy buscando, pararía a descansar;
Si pudiera mirar más hacia el espejo y menos a la ciudad. (…)
Cuando paso cerca de un colegio, y me pongo a recordar
Pienso que hoy estoy mucho más viejo, y mi mente empieza a hablar"

Recordé una y otra vez esas cuatro frases porque creo que hemos dejado atrás la importancia de volver sobre nosotros mismos, de recordar para disfrutar otra vez de las cosas buenas, y aprender de lo que no hemos sabido hacer bien. La trascendencia de repasar el pasado para perdonar a otros y perdonarnos a nosotros mismos, para ver si hay cosas que debemos rectificar, para reconsiderar la opinión que tenemos de algunas personas en nuestra vida… Para agradecer a Dios que podemos disfrutar de la vida ahora, y que Él sigue con nosotros. Si no miramos hacia el pasado recordando la belleza de muchos momentos, no podemos ser felices.

Necesitamos esos momentos. Momentos a solas para escuchar el silencio, para pensar en lo que es importante en nuestra vida, para revisar nuestro pasado y enfocar mejor el presente. Momentos para pensar en la gente que queremos, en las cosas que hemos hecho bien y no tan bien. Momentos para recordar… comprender lo que somos, buscarnos a nosotros mismos y no tanto a la apariencia de las cosas. "Mirar más hacia el espejo y menos a la ciudad".

Aunque parezca difícil, (¡todos estamos muy ocupados!) Tenemos que encontrar un tiempo para estar a solas y recordar, para descansar, para comprender lo que estamos buscando, para olvidar tantos estímulos que tenemos alrededor y mirarnos a nosotros mismos. Tiempo para comprender lo que vemos en el espejo, para deshacernos de tantas cosas que la ciudad ha querido poner en nuestra vida.

La próxima vez que tengas un poco de tiempo libre, no enciendas el televisor, no salgas a tomar algo, por no saber que hacer, no busques en Internet, no en el interior de cualquier sustancia, no te deslumbres por las luces de la ciudad ni quedes embelesado en el colorido de lo irreal. Busca en ti mismo, deja que tu corazón hable, busca la dirección y la meta a la que estás llevando tu vida. Deja que tu mente hable.

13 junio

¿Cómo se multiplica el amor?
¿Cómo se ensancha una sonrisa para que rebose
Cariño y admiración sin medida?
¿Cómo se resta el ansia de abrazar,
De la sinrazón de hacerlo a partes iguales
En menos de un momento?
¿Cómo se suman instantes solitarios
Para disimular sorpresas y encuentros?
¿Cómo, en fin, explicarle a mi corazón
Que es imprescindible aprender a dividir por tres?

Cada vez que mis ojos te encuentran
Se me hace imposible advertir al tiempo
Que está perdiendo su norte mientras sonríes;
Y es que todos sucumbimos al juego inconcebible
De contestar a cada uno de tus gritos.
¿Sabes? Muy pronto dominaste el arte no de dejarte querer,
Sino de obligarnos a todos a hacerlo.
Tu madre te dio a luz en un amanecer preñado de claridad
Mientras tu derrochabas un llanto gozoso y decidido,
Buscando un lugar en el que pudieras sentirte radiante,
Haciendo valer el derecho de ser tú misma.
Y la verdad, necesitaste muy pocos momentos
Para saberte amada, abrazada, comprendida y feliz

Y yo que sigo preguntándome
Sobre fórmulas, componentes y ecuaciones;
Sobreviví a cien eurekas repentinos
Sumando, restando, dividiendo y multiplicando amor.
Y día tras día en un esfuerzo mayúsculo
Me examino y concluyo casi olvidando,
Que en un alma feliz sentimientos y anhelos
Jamás se han doctorado en exactas soluciones.
Que todo aquel que cuestiona sensaciones,
Termina por malentender el resultado..
Y recibo el "Nóbel" con cada uno de tus gestos
Porque lo que rebosa en el corazón jamás se puede medir.

Para mi hija Kenia, cuando nació....

para los que buscan algo más
salmo 23

14 junio

No sé si sabías que la primera vez que los Beatles tocaron en Creve, el público lo formaban solamente 5 personas. Eran más los que iban con ellos, (el representante, conductor, guardaespaldas, sonido, etc.) que los que les escuchaban. Aún así, tocaron y tuvieron que salir dos veces a saludar. Un mes después volvieron a tocar en el mismo lugar y había casi 1000 personas.

Algo muy parecido le sucedió al grupo Supertramp, en su primer concierto en Paris. Las crónicas dicen que asistieron poco más de una docena de personas. Varios años después grabaron uno de sus trabajos en directo en París, esta vez con miles de personas como asistentes.

El conocido presidente del gobierno inglés Winston Churchill dijo un día: "Éxito es ir de un fracaso a otro sin perder el entusiasmo". Me encanta esa frase, porque nos enseña la tremenda trascendencia que tiene el hacer nuestro trabajo bien, independientemente de la gente y del reconocimiento que obtengamos. Lo que hacemos cada día es lo que merece la pena, lo sencillo, lo que no tiene publicidad ni aparece en los periódicos o los programas de televisión. La cultura moderna del éxito nos quiere hacer creer que sólo algunas personas tienen importancia y que sólo los "famosos" tienen valor, y ésa es una de las mayores mentiras que nos pueden decir.

La próxima vez que vayas en un avión, puedes felicitar a los pilotos y a la tripulación por su trabajo y por llegar bien a tierra, pero recuerda que ellos no serían absolutamente nadie sin la gente que revisa cada detalle del avión, sin los que trabajan en su construcción, sin los mecánicos y la gente sencilla del aeropuerto, sin los que inspeccionan las pistas, y así un largo etcétera. Lo mismo ocurre en todas las actividades de la vida. El éxito es hacer nuestro trabajo bien; muchas vidas dependen de eso. No importa dónde estemos o lo que hagamos, porque todo tiene trascendencia. Y no nos vamos a desanimar si creemos que hemos fracasado.

Los niños lo saben muy bien. ¿Has visto alguna vez a un niño hacer un castillo en la arena? Pasan horas enteras jugando, levantando las murallas, adornándolo con todo lo que encuentran, para que después en un solo momento, la marea llegue y destruya lo que tanto tiempo costó construir. No les importa. Después de unos segundos comienzan a hacer uno nuevo con el mismo entusiasmo que el anterior.

Hoy es el día de seguir haciendo nuestro trabajo con el mismo entusiasmo. No importan los fracasos... no tenemos tiempo ni ganas de pensar en ellos.

para los que buscan algo más
proverbios 29

15 junio

Johnny Cash está considerado como el más famoso cantante country del siglo XX. Ha grabado más de un centenar de discos y ganado multitud de premios en todo el mundo. Hasta casi el mismo momento de su muerte siguió cantando y grabando. Recientemente el actor Joaquin Phoenix fue el intérprete principal de una película sobre su vida titulada "En la cuerda floja". El cantante siempre vistió de negro en sus conciertos, como una manera de protestar contra las injusticias que se cometen en el mundo. Cuando era joven cayó en el problema del alcoholismo, y vivió esclavizado por el consumo de pastillas, de tal manera que varias veces estuvo a punto de morir en diferentes circunstancias, hasta que un día puso su vida en manos de Dios, y todo cambió radicalmente.

En sus discos puedes encontrar versiones de varios himnos conocidos, como "Amazing grace" y "Just as I am". Hace poco confesaba en una entrevista: "A cualquier lugar a donde voy, canto canciones espirituales, canciones que hablan del evangelio de Dios, e inmediatamente la gracia de Dios fluye en mi interior. Las canciones tienen poder, a veces son el único camino de regreso a casa, de regreso a mí mismo, la única puerta para abandonar la oscuridad".

Es curioso cómo Dios siempre parece mayor a quién más lo necesita. Algunos creen que lo tienen todo y se sienten autosuficientes, así que "jamás en la vida" serían capaces de reconocer su necesidad de Dios, aunque se sientan muchas veces solos, necesitados o sin salida. No solamente aquellos que han caído en las redes del alcohol, las drogas o el sinsentido pueden llegar a verse hastiados de todo, incluso muchos de los que parecen llevar una vida absolutamente normal prefieren "vivir su vida" antes de reconocer que ese camino sólo les lleva a la frustración. Sienten y saben su necesidad, pero jamás lo reconocerían. Su propio orgullo es el que los mantiene "vivos" y al mismo tiempo solos y equivocados.

Muchos otros no necesitan tanta arrogancia para ser felices. Saben que Dios puede llenar de sentido su corazón, lo buscan y lo encuentran. Mejor dicho, se dejan encontrar, porque la historia nos ha demostrado miles de veces que es Dios mismo el que nos busca a nosotros. Sólo necesitamos responderle.

Ahí está la verdadera razón de la vida. Lejos de nuestros orgullos, rebeldías, obstinaciones y muchas otras cosas que sólo nos hacen desgraciados. Estar a solas con Dios es lo que realmente puede darnos seguridad y confianza, porque Él siempre nos está esperando. Es la "cita" más importante de nuestra vida, recuérdalo, porque Él mismo lo dice: "Los llenaré de alegría en mi casa de oración" *.

(*) Isaías 56:7

para los que buscan algo más
salmo 105

16 junio

Judy Garland fue la intérprete de dos de las películas más famosas de los primeros años en la historia del cine: "Mago de Oz" (1939) y "Ha nacido una estrella" (1954). Fue considerada una de las grandes leyendas de Hollywood, admirada y querida por todos. Meses antes de morir, comentaba a uno de sus amigos "Si yo soy una leyenda, ¿Porqué estoy siempre tan sola?"

Hay una estadística que nos hiela el corazón. Una de las que menos se suele hablar, porque es en sí misma terrible, desesperante, incomprensible: Cada cuarenta segundos, una persona se quita la vida en nuestro mundo. Las razones las conocemos todos: soledad, desesperación, desaliento, desengaño, dolor, odio…

La desesperación es la madre de muchas torpezas. Cuando hacemos cosas porque creemos que no tenemos otro remedio, o porque estamos desesperados, solemos equivocarnos. Mejor parar un momento y tomar una decisión sopesando las circunstancias. Nunca debemos decidir algo cuando estamos desesperados. Solemos pensar que no hay salida, que nuestra vida es un fracaso, que hemos fallado demasiadas veces, que nadie va a soportarnos más, y así cientos de cosas que no tienen razón de ser… pero que nos atormentan.

Nunca es bueno dejarse llevar por la desesperación. Dios siempre nos da una salida. Siempre hay un amanecer al día siguiente, sólo necesitamos esperar… Por muy solos que nos sintamos, o por muy "sin sentido" que parezcan las cosas, la desesperación no es la salida. Es sólo un engaño de nuestro enemigo. La desesperación es el lenguaje del diablo.

Algo más: ten cuidado con el desaliento. Abandonar, creer que nada merece la pena, pensar que nuestra situación no tiene remedio no son más que mentiras que nuestro enemigo nos hace creer. Muchas veces las cosas no son como parecen. No siempre estamos tan solos como creemos. No te dejes llevar por pensamientos o situaciones que te hagan sentir solo/a, desalentada/o o desesperado/a, porque todavía tienes muchos momentos que vivir. Muchas situaciones de las que disfrutar. Muchos días para sentirte inmensamente feliz.

Esos momentos y esos días están escritos en tu futuro. Dios mismo lo ha hecho así, recuérdalo y ¡vive! Lo más precioso que tienes es tu propia vida.

17 junio

J.S. Bach fue uno de los más grandes compositores de toda la historia. Su sensibilidad musical no tenía límites. Cuando estaba en su lecho de muerte le dictó a su mujer las notas de su última composición, titulada "A las puertas de tu reino eterno". Sabía quién había sido su inspiración, y conocía muy bien que Dios mismo le estaba dando la bienvenida a una vida nueva. Le esperaba aún más allá de la muerte.

Sé que puede parecer demasiado "místico" pero en cierta manera, la relación con el Creador es así. Los que miran hacia el cielo, aprenden a vivir "desesperados" por ver a Dios, por encontrarle, por tener algo nuevo de Él en cada día... En ese deseo está la base de toda la confianza, porque sabemos que nuestro Creador, tal como nos ayudó en el pasado, estará con nosotros en el futuro. No nos queda ninguna duda, y eso precisamente es lo que enriquece nuestra existencia, ya que Dios promete estar siempre a nuestro lado y lo hace hasta en los momentos más extremos. Incluso hasta en el mismo momento de la muerte.

Aunque ya conozcamos a Dios y nuestra vida tenga sentido al verle, esa sensación de necesitar más de Él en cada momento, es lo que merece la pena en la vida. Es como si cada día quisiéramos estar más cerca de Él, disfrutar más de la vida que Él nos regala.

Porque Dios es amor, y vivimos en la medida en la que amamos. Cuanto más amamos, más vamos a sufrir, pero también más intensamente vamos a vivir. El mismo Agustín de Hipona lo dijo un día poco antes de su muerte: "Lo que hayas amado quedará, solo cenizas será el resto".

A veces, a algunas personas les cuesta mucho comprender lo que Dios puede hacer en una vida. Él llena de seguridad nuestra existencia, y no sólo en el lugar en el que estamos y en lo que hacemos; también en las razones porqué hacemos las cosas que hacemos. Y sobre todo nos da la certeza de saber lo que hay al otro lado, de saber lo que ocurre al final de nuestra vida. Si no es así, cualquier cosa que hagamos en este mundo, puede llegar a ser muy frustrante, si se puede terminar en cualquier momento, si no tiene una dimensión eterna.

No es exagerado decir que cualquier cosa que hagamos, por muy buena que sea se quedará sólo en cenizas si no tiene una dimensión eterna. A las puertas del reino eterno de Dios, sólo el amor tiene las llaves para traspasarlo.

para los que buscan algo más
mateo 6

18 junio

"Ser famoso parece muy bonito, parece que estás en las nubes, pero la fama no te cura las enfermedades, ni te trae sopa caliente a la cama". Son palabras de la actriz Sandra Bullock en una entrevista para "El Dominical".

Algunas personas equivocan los objetivos de su vida. Son capaces de dar todo su tiempo y sus fuerzas a cambio de fama y dinero. Capaces de cambiar relaciones por poder y posesiones. Piensan que son inteligentes, hasta que se dan cuenta de que necesitan a alguien y no hay nadie. Hasta que descubren que la fama o el dinero no alivian la soledad.

Las cosas más valiosas que hay en el mundo no las podemos comprar, y una de las más importantes es la amistad. Recuerda que muchos pueden escuchar lo que dices, pero sólo los buenos amigos escuchan incluso lo que no puedes o no quieres decir. Un amigo es aquel que llega cuando todos se van, un verdadero amigo es alguien que conoce la canción que hay en tu corazón y puede cantarla cuando tú la estás olvidando.

Todos tenemos que tomar decisiones en nuestra vida, pero vayamos a donde vayamos, siempre llevamos con nosotros un poco de nuestros amigos. Es cierto que les extrañamos, y que nos gustaría abrazarlos y estar a su lado, pero aún estando lejos, nuestros amigos son la manera en la que Dios nos enseña que está cuidando de nosotros.

Tenemos que aprender a disfrutar con nuestros amigos ahora. Sólo tenemos una vida y un momento para abrazarlos, para hablar con ellos, para llamarlos... Cuando estén lejos vamos a recordar las oportunidades que perdimos y las tonterías que hicimos. Gastamos demasiado tiempo en "nuestras cosas", pensando que lo importante es dedicar tiempo para tener más, para que nos conozcan más, para ganar más, para que todos hablen de nosotros; mientras olvidamos que nada puede compararse a una conversación sencilla con las palabras entrando en cada corazón de dos buenos amigos. Eso sí cura enfermedades.

Alguien dijo una vez que si cuando mueres tienes por lo menos cinco buenos amigos, es que tu vida ha sido realmente grandiosa. En los últimos momentos, ni la fama ni el dinero, ni ninguna cosa que poseas puede ayudarte cuando estás solo o sola. Lo que realmente merece la pena son las personas. Aquellos a quienes puedes acercarte y abrazarles.

para los que buscan algo más
salmo 108

19 junio

La productora Martha Williamson desafió a todas las cadenas de televisión americanas (y prácticamente las de todo el mundo) con una idea que muchos consideraron descabellada: Hacer una serie en la que la protagonista fuese un ángel, y en la que cada decisión se tomase desde el cielo. Algunos incluso llegaron a escribir que la serie no duraría más de una docena de semanas, pero la realidad es que ya son más de siete años que "Tocados por un ángel" ha entrado en los hogares de medio mundo con un mensaje que merece la pena.

En uno de los episodios, alguien lleno de incredulidad, pregunta dónde está el cielo, a lo que el ángel (protagonizado por Roma Downey) responde: "El cielo comienza en el lugar que te encuentras con Él". Tengo que decirte que me quedé pensando un buen rato esa respuesta, porque me impresionó. Dice prácticamente todo sobre lo que es disfrutar la eternidad.

¿Sabes? Vivir con Dios es el mayor placer del mundo, la fuente de la felicidad. No es un conjunto de normas sobre lo que puedes o no puedes hacer, sino disfrutar de la presencia del Ser más divertido del mundo.

La razón es muy simple: Dios es el único ser para el que lo más importante son las personas. No las cosas que hacen, ni lo que saben, ni lo que conocen, sino las personas en sí. No somos más importantes si trabajamos más o si podemos hacer verdaderas "obras de arte"... Piensa por un momento: la famosa escultura "David" de Miguel Ángel es sin ninguna duda menos valiosa que el propio Miguel Ángel. Lo que ocurre es que nosotros lo olvidamos, o nos "obligan" a que lo olvidemos, y le damos valor millonario a artefactos, obras y trabajos mientras perdemos el valor que tienen los que lo han hecho.

Jamás debemos olvidar que somos amados y por lo tanto tenemos que vivir sintiéndonos así, sabiendo que es así. Puede que algunas cosas (¡Incluso a veces algunas personas!) son amadas porque son consideradas dignas; otras son dignas porque alguien las ama, como por ejemplo una fotografía de un ser querido.

Dios es completamente diferente. Él nos ama y nos hace dignos, nos ama y quiere que nos sintamos amados. Independientemente de si quienes somos o lo que hacemos. Independientemente de si los demás piensan que no tenemos valor. Dios nos hace dignos porque somos sus seres queridos.

Por eso el cielo comienza cuando vivimos junto a Él.

para los que buscan algo más
apocalipsis 4

20 junio

Se cuenta que el célebre actor Groucho Marx envió una postal de felicitación de cumpleaños a un amigo diciéndole: "Si sigues cumpliendo años, acabarás muriéndote". Puede que no sea la felicitación más tierna, pero sí será una de las más divertidas.

Su imaginación parecía no tener límites. Prácticamente todas las películas que protagonizó con sus hermanos estaban llenas de sus frases "ingeniosas":

En "Un día en las carreras" va detrás de casi todas las mujeres que encuentra, y se defiende ante su prometida diciendo: "¿Qué por qué estaba con esa mujer? Porque me recuerda a ti. De hecho me recuerda a ti más que tu misma".

Cuando en "Amor en conserva" Marilyn Monroe viene a pedirle ayuda porque un hombre la persigue, Groucho dice "¿Sólo uno?".

Sigue la cascada de momentos jocosos en otros filmes: "Trabajábamos como un solo hombre, es decir, uno daba el callo y los demás nos escaqueábamos". "Tiene usted el cerebro de un niño de cuatro años, que debe andar como loco buscándolo ahora".

Y seguro que nos falta espacio para reseñar sólo algunas de sus frases en las entrevistas...

"Estos son mis principios, si a usted no le gustan, tengo otros".

"Es mejor estar callado y parecer tonto que hablar y que no quepa ninguna duda".

"Partiendo de la nada, alcancé las más altas cimas de la miseria".

Por si fuera poco, el célebre Groucho mandó poner en su tumba el siguiente epitafio: "Perdone que no me levante, Señora".

Alguien dijo una vez "Bienaventurados los que se ríen de si mismos porque nunca se les acabará el cachondeo". ¿Sabes? a veces olvidamos el valor que tiene el buen humor. Me refiero a la risa limpia, al humor claro que pueden entender hasta los niños. La alegría, la risa, el humor, la bondad de un rostro feliz son cosas que Dios ha creado, y que Él mismo disfruta cuando las ve en nuestro corazón. Y tienen un valor medicinal increíble: Nuestra vida sería muy diferente (incluso físicamente) si aprendiésemos a reír un poco cada día. Empezando por reírnos de nosotros mismos. Empezando por no darle trascendencia a cosas simples y superficiales. Empezando por abrir nuestro corazón a la alegría y al buen humor.

Pruébalo. No necesitas ser un humorista de primera línea para pasar momentos felices con tu familia. No tienes que ser un "Groucho" para abrazar con una sonrisa a tus amigos, a los que amas... y sobre todo a aquellos que tienen necesidad de que alguien les sonría. Y aún a aquellos que no nos entienden ¿por qué no?... Una sonrisa sincera siempre tiene mucho valor.

21 junio

*"(…) Aunque hagan leña con mis ramas
Y aplasten mi esperanza necias palabras,
Una dosis de tu amor es suficiente
Para en medio de esta jungla subsistir,
(…) De tu mano no me arrastra la corriente
Soy un hombre diferente, y te lo debo a Ti"**

Quizás habrás reconocido ya que estas líneas forman parte de una de las canciones más famosas de Miguel Angel Guerra. La melodía la compuso un buen amigo suyo en el momento más difícil de su vida, cuando su hermano murió. Sólo una "dosis" del amor de Dios pudo mantenerle vivo.

Muchas veces hemos llegado a la conclusión de que necesitamos a Dios en nuestra vida. Yo quiero ir un paso más allá y decirte que lo necesitamos en cada momento del día, en cada situación, en cada detalle que sucede. Que no somos capaces de vivir en todo el sentido de la palabra sin el amor de Dios. Cuando nos encontramos en los momentos más difíciles necesitamos confiar en Él, sentir su mano junto a la nuestra y vivir de una manera diferente.

Saber que la mano de Dios está con nosotros es la base de todo. De Él viene nuestra confianza y el secreto de no caer en la desesperación cuando ocurren cosas que no podemos o no sabemos controlar. Durante un viaje a Italia en avión, Iami mi hija mayor (tenía seis años en ese momento) me preguntó: "¿El Señor Jesús está en el avión?" "Sí, claro", le dije yo, y ella se puso a jugar. Cuando bajábamos y alguna que otra turbulencia sacudió nuestra nave, yo oraba y le pedía a Dios que tuviese cuidado de nosotros y que pudiésemos llegar con bien. Iami ni siquiera se preocupaba por el movimiento, seguía dibujando tranquila. Me hizo pensar y preguntarme a mí mismo ¿Quién tenía más confianza en Dios? Sin ninguna duda ella. Todavía nos queda mucho que aprender de la fe de un niño.

En la Biblia aparece una afirmación que puede parecer casi increíble: "Jamás caeré" (Salmo 62:1) Tengo que reconocer que no había entendido esas palabras hasta no tener a nuestra primera niña. Cuando estaba dando los primeros pasos, siempre venía de la mano conmigo, y es cierto que aunque tropezaba muchas veces, jamás caía, porque yo no dejaba que se cayese, y volvía a levantar su brazo una y otra vez. Se quedaba colgando, pero no se caía… Eso es lo que hace Dios con nosotros. Nos lleva de la mano, y aunque tropecemos una y mil veces, nos sostiene siempre. Nos levanta, no nos deja caer tendidos en el suelo.

Como cuando llevamos a nuestro hijo de la mano, que puede tropezar, pero se queda colgando de nuestra mano, nosotros no lo dejamos caer. De la misma manera, Dios nunca nos deja caer. Con Su amor, nos basta cada día. Con una "pequeña" parte de su amor, podemos vivir seguros y ser diferentes en medio de esta "jungla".

(*) "una dosis de tu amor" autor música y letra: Carlos Castellán; Word 1998

para los que buscan algo más
Salmo 109

22 junio

George Gershwin ha sido uno de los compositores más impresionantes del siglo XX. Capaz de crear piezas clásicas y modernas con una calidad fuera de lo normal fue galardonado con el Oscar por la música de la película "Un americano en París", aunque una de sus obras más conocidas es "Rapsodia in blue". George no pudo desarrollar todo su talento porque falleció a los 39 años víctima de un tumor cerebral. Pasó casi toda su vida temiendo enfermedades que no llegaban o que él mismo se inventaba. Fue uno de los mayores genios de la música, pero le perdieron sus temores.

Alguien dijo un día que "El que teme sufrir, sufre de temor". Nunca mejor dicho. Si siempre estamos temiendo lo que va a llegar, ese sufrimiento nos sobrepasa y es peor incluso que lo que pueda llegar en el futuro. Tener miedo de tener miedo es una de las mayores ansiedades que ha inventado el ser humano, no tanto porque el miedo o el temor sean malos (¡a veces pueden llegar a salvarnos la vida, cuando somos capaces de reaccionar a tiempo!) sino por el sufrimiento que aceptamos como propio mucho antes de que suceda lo que tememos.

Por otra parte, nuestros temores nos obligan también a vivir pensando sólo en nosotros mismos. Llegamos a creer que nadie sufre como nosotros. El más pequeño dolor en nuestra vida, aunque sea algo sin importancia, nos mantiene siempre más preocupados que los millones de personas que mueren en el mundo. Somos egoístas por naturaleza, pensamos siempre en nosotros mismos en primer lugar, en segundo lugar, en tercer lugar y muchas veces SIEMPRE. El "pocos saben por lo que estoy pasando" es muchas veces la tapadera de nuestra propia insensibilidad hacia otros.

Por último, déjame recordarte que de todos los miedos, el mayor sin ninguna duda es el miedo a morir. Gran parte de la humanidad vive esclavizada por ese miedo. Viven sin vivir, porque en cada momento cualquier cosa o persona o circunstancia tiene la capacidad para ser un enemigo. No importa para algunos lo que tengan, lo que son, o la seguridad que otros vean en ellos, ese miedo siempre está ahí. Esa es la razón por la que la gran mayoría de los médicos son muy malos pacientes: saben tanto de posibles enfermedades que creen que siempre puede ser la más terrible. Así vivimos, porque el miedo nos esclaviza.

Hay una gran noticia; la mejor que existe. Hay uno capaz de hacer algo increíble: "Librar a los que por el temor a la muerte, estaban sujetos a esclavitud durante toda la vida"*. Él no sólo vence nuestro miedo, sino también la causa original, la muerte misma. ¿Recuerdas quién fue el único capaz de vencerla? La tumba del Salvador es la única que está vacía.

(*) hebreos 2:15

para los que buscan algo más
1 corintios 15

23 junio

Era de noche. Una mujer permanecía de pie, sola en medio de un gran temporal de lluvia y frío, con su coche averiado en una de las carreteras del estado de Alabama, en los Estados Unidos. Completamente mojada, desesperada y casi enferma, esta mujer de raza negra hacía señales a los coches que pasaban para que pudieran socorrerla, pero parecía no importarle a nadie. Era el principio de los años 60.

De repente, un joven blanco paró para ayudarla. Daba la impresión de que a este joven no le importaban las ideas de segregación racial de ese momento, ni los conflictos que existían entre las razas. El paró, buscó un mecánico, y un taxi para que la mujer pudiese volver a casa. Ella se marchó muy deprisa, sin decir ni una sola palabra... sólo anotó rápidamente la dirección del chico para agradecerle su ayuda.

Siete días después, llamaron a la puerta de la casa del joven, y le trajeron una televisión en color bien grande con una nota que decía: "Te agradezco muchísimo que me hayas ayudado... Estaba realmente desesperada, y tú apareciste. Con tu ayuda pude llegar a dónde estaba mi marido antes de que él falleciese. Estaba muy mal y sabía que le quedaban muy pocas horas de vida. Dios te bendiga", "sinceramente, la señora de Nat King Cole".

Sé que te gustan las historias, de no ser así, no estarías leyendo un libro como éste... pero la necesidad y la trascendencia de ayudar a los demás es mucho más que unas cuantas historias que leemos y nos tocan el corazón. Fue el mismo Vicent Van Gogh, quien dijo un día: "Cuando más vivo, más me doy cuenta de que no hay nada más verdaderamente artístico que amar a la gente"

Lo que hace la diferencia en la vida es nuestro esfuerzo por ayudar a los demás. Y no pienses que estoy pensando en la vida de otros en primer lugar, sino en la nuestra propia. Nunca olvides que cuanto más vacío está un corazón, más pesa. Cuanto más nos preocupamos de nosotros mismos, más pesados, tristes y frustrados nos sentimos.

Nuestra personalidad está hecha de tal manera que necesitamos involucrarnos con los demás, ayudar a otros, amar a los que tenemos cerca, comenzando por nuestra propia familia. No existe un arte mayor que ése. No hay nada que nos haga parecernos más a nuestro Creador que amar a otros, involucrarnos en sus necesidades, comprometernos cuando alguien nos necesita.

Es hora no sólo de tener buenos deseos, sino de cumplirlos. Es el momento de ayudar a quién lo necesita.

para los que buscan algo más
salmo 111

24 junio

El actor Robert Redford ha dirigido en los últimos años varias películas de éxito. Una de ellas, "La leyenda de Bagger Vance", historia de un jugador de golf que tiene un caddie muy peculiar: un niño que parece tener siempre algo nuevo que decir. Una de sus frases preferidas era: "Dios es más feliz cuando sus hijos juegan".

Tengo tres niñas. Como todos los padres piensan de sus hijos, yo también creo que son las mejores del mundo. No por ninguna cosa en especial, sino porque son las que me despiertan cada mañana y en muchos otros momentos del día (no sólo estamos dormidos cuando estamos durmiendo) diciéndome que me quieren y que le dan gracias a Dios por nuestra familia. Yo disfruto mucho con ellas, sobre todo cuando juegan. Cuando son felices riendo y disfrutando de la vida.

Nuestro padre celestial también disfruta cuando nosotros jugamos. Cuando nos divertimos con nuestros hijos, o con nuestros padres, cuando pasamos tiempo con nuestros amigos y disfrutamos de todas las cosas buenas. Cuando sabemos hablar, pasear, viajar en lo que pueda ser posible, descubriendo lo mejor de la vida y viviendo cada día como si fuera una aventura nueva... ¿Y acaso no lo es?

Jugar es crear, inventar, buscar cosas nuevas y nuevas soluciones... Muchas veces en la vida olvidamos cómo jugar, porque parece ser que nos encanta trabajar, planificar, ordenar, pero pocas veces aprovechamos la oportunidad de disfrutar de la vida, de descansar cuando hace falta, de observar la naturaleza, de agradecer por la vida de los demás y por la nuestra. De mirar hacia arriba y saber que nuestro Padre en el cielo nos hizo para relacionarnos con Él y jugar.

Para jugar con los niños, correr, jugar con Dios, olvidarnos de los deberes y estar con Él, olvidarnos del: "Tengo que hacer, tengo que ir... y olvidarnos sobre todo de nuestras ansiedades y amarguras, a las que tanta importancia les damos. Debemos aprender a disfrutar de los momentos juntos. De una buena conversación, un paseo, de la ayuda que nuestros hijos (¡o nuestros padres!) necesitan. Pasar tiempo con ellos. Disfrutar como si nadie nos estuviese viendo.

Reír, contar historias divertidas que hagan disfrutar a toda la familia. Contar historias también que merezcan la pena, historias de las que se puede aprender algo, historias de la familia que nos enseñan quienes somos, y lo que ha sucedido para que nosotros lleguemos aquí, o simplemente historias para sonreír, para reír, para disfrutar.

Abrazar a la gente que quieres, y tener buenas palabras para quienes no conoces...

Jugar.

para los que buscan algo más
salmo 112

25 junio

Muchos recuerdan las películas de aventuras de Errol Flynn. Su vida y su carrera cinematográfica se vieron tristemente truncadas a los cincuenta años. Su hija dijo que su epitafio debería ser: "Hizo siempre lo que le dio la gana". Incluso se cuenta que un amigo depositó varias botellas de wiskhy antes de que cerraran su ataúd, lo cual no se sabe si es cierto, o es parte de la leyenda. Lo que sí fue cierto es que su médico forense dijo que era un auténtico milagro que hubiera durado hasta los cincuenta años, porque su cuerpo era una verdadera ruina.

No quiero dar la impresión de que estoy aquí escribiendo sólo para dar consejos, pero me gustaría decirte algunas cosas que quizás nadie te haya dicho antes:

Tu vida tiene que ser tan maravillosa como lo era en la mente de Dios cuando te creó... No la destruyas, no pierdas tu tiempo amargando tu existencia o la de otros. No permitas que la aflicción o el odio manchen tu corazón. Si algo te entristece observa si tiene remedio o puedes hacer algo para mejorarlo. Si no es así, olvídalo y piensa en lo que realmente merece la pena.

No seas burro, no te empeñes en ganar sólo para que tu ego quede satisfecho, porque esa satisfacción puede matar la amistad. Recuerda que hay discusiones que no merecen la pena.

No caigas en placeres que lo único que te dan es la amargura de lo que has hecho. Que no te convenzan los que dicen que no sabes vivir si no pruebas aquello que los ha destruido a ellos. No hagas que tu cuerpo acabe siendo una auténtica ruina solo por contentar a algunos, o para demostrar que eres tan "..." como cualquier otro o cualquier otra.

Busca las cosas que merecen la pena, no abandones en los malos momentos, porque incluso el sufrimiento puede ser parte de un plan perfectamente diseñado. A veces, el camino es difícil, pero no debemos abandonarlo, ni querer que todos nos consuelen o se compadezcan de nosotros. Esos momentos también son parte de la vida

Aprende a soñar y hazlo viviendo cada día, disfrutando de cada momento. Sonriendo, agradeciendo, buscando en el fondo de tu corazón un motivo para que tu vida merezca la pena. No te dejes llevar, que nadie te engañe. No pienses que alguien puede ser feliz haciendo siempre lo que le viene en gana. No dejes que nada te destruya.

Tu vida tiene que ser tan maravillosa como lo era en la mente de Dios cuando te creó...

para los que buscan algo más
salmo 113

26 junio

Fueron comparados con los mismos Beatles, y la verdad es que no era para menos: en cuestión de un par de años, sus canciones sonaban por todo el mundo. De repente, y en lo más alto de la fama el grupo se disolvió, y su carrera se vino abajo allá por el año 1984. Estamos hablando de "Supertramp". Casi 20 años después, uno de los componentes más importantes del grupo, Roger Hodgson, volvió al mundo de la música con un trabajo en solitario titulado "Open the door". Tras haber pasado todo ese tiempo "desaparecido", Roger dijo: "No supe manejar la fama".

Fama: ese amigo-enemigo al que muy pocos pueden controlar. Fíjate lo que el actor Tom Hanks, manifestaba en una entrevista en El País Semanal: "He recibido más atenciones de las que nadie en este mundo merece. ¡Me hacen más caso a mí que al inventor de la vacuna contra la polio! y creo que no es justo".

Todos somos culpables de ese cambio de valores, porque todos lo aceptamos en nuestra propia vida. Pocas veces nos paramos a pensar sobre lo que admiramos o lo que nos asombra. ¿Te has preguntado alguna vez…?

- ¿Qué es lo realmente importante?
- ¿Qué o quién se lleva toda la fama?
- ¿Cuáles son los libros que leemos, las revistas que compramos?
- ¿En qué invertimos nuestro dinero?
- ¿A qué le damos valor?
- ¿Quiénes son nuestros héroes y los de nuestra familia?
- ¿Qué estamos haciendo por los que sufren?
- ¿Qué cambios hay en nuestro entorno como fruto de nuestras palabras y nuestro trabajo?
- ¿A quién estamos ayudando, o es que sólo nos preocupa "sentirnos bien"?
- ¿Estamos agradeciendo lo que otros hacen por nosotros, o simplemente los utilizamos?

Yo no voy a contestar esas preguntas por ti, tú mismo tienes que hacerlo. Es un riesgo que corremos en demasiadas ocasiones, queremos siempre darles a todos las respuestas que creemos mejores para nosotros. Yo no quiero poner nada en tu corazón que tú mismo no hayas sentido y pensado de antemano.

La verdad es que no debemos intentar poner las respuestas en el corazón de cada uno. Si realmente queremos tender una mano a los que están a nuestro lado debemos ayudarles a pensar, a sentir, a vivir…

para los que buscan algo más
salmo 115

27 junio

Cuando hablamos de los principios universales que gobiernan nuestro mundo, uno de los más defendidos en los últimos años es el Relativismo. "Nada es absoluto, todo es relativo" dicen algunos... Y esa es la base de su vida, su absoluto, y su manera de vivir. ¡Vaya contrasentido, porque si dices que no hay absolutos, ya estás defendiendo uno! Bueno, sin meternos en discusiones filosóficas, debemos decir que el "Todo es relativo" es una de las frases más escuchadas en el día de hoy.

Ya en el año 1973, BILLY JOEL en su Lp "Sólo los buenos mueren jóvenes" era el pionero en algo que muchos otros han hecho posteriormente: Desacreditar a la Iglesia, la cruz, la virginidad... según sus conceptos, todo es relativo, nada tiene valor total. Nada tiene validez para todos, todo se puede cambiar, relativizar y/o parodiar. E incluso te llamarán inteligente si te sumas a la moda de que todo vale y, obviamente, te llamarán "de todo" (y si no lo crees, prueba a decir algo así en público) si mantienes principios absolutos.

Si todo es relativo, nadie sabe la razón por la que existen las cosas. Si todo es relativo, no existe el no. Y si todo es relativo, nos encontramos con que la capacidad de sacrificio es nula (nada merece la pena). Uno puede defender los principios que quiera, porque nadie tiene derecho a recomponer las ideas de los demás... aunque ¿Qué pasará cuando esos principios sean violentos? ¿Y si el relativismo de alguno le lleva a la lucha contra los principios relativos de los demás? Si no existe el bien ni el mal absoluto, ¿Quién decide lo que es bueno y lo que es malo? ¿Y si lo bueno para algunos es destruirlo todo?...

Si todo es relativo, el " no " como concepto no existe. No puedes enseñar eso a nadie. No pueden permitirte que introduzcas ningún medio de "represión" (según ellos, claro). Todos tienen derecho a defender sus principios, y llevarlos hasta la máxima expresión. Y tú no tienes ningún derecho a limitar la realización de esos principios (sean cuales sean, repito) con lo que se llega a la máxima contradicción de la sociedad: la libertad como tal, no existe. Sólo puedes tener una libertad relativa (recuerda que mantienes los principios del relativismo) y siempre condicionada por lo que otros (generalmente los que están en el poder político, económico, social...) dicen.

Hace muchos años ya, el famoso pensador cristiano Francis Schaeffer explicaba como los cambios en el arte, música, medios de comunicación, etc. han afectado negativamente a los valores de la sociedad. Y no estaba hablando sobre los cambios de estilo, sino sobre la búsqueda de absolutos en el relativismo (una vez más, ¡que imposible suena eso!). El humanista fabrica su verdad y dice que no pueden existir los valores absolutos. Miente, porque SU verdad es su valor absoluto. Pero mientras, nuestra sociedad vive de espaldas al único absoluto posible: Dios mismo... "El hombre moderno tiene los pies firmemente plantados en el aire."

para los que buscan algo más
juan 4

28 junio

Hace varios años apareció en la prensa la historia de un contable de una empresa que se suicidó. Rápidamente se hizo una auditoría para examinar las cuentas sospechando que el desfalco sería muy importante. Pero aparentemente todo estaba bien. Después de varios días estudiando si habría algo equivocado en las cuentas, se comprobó que todo estaba perfecto, hasta que alguien encontró una nota que decía: "Me quito la vida porque en treinta años de trabajo nadie me dio nunca una sola palabra de aliento o de agradecimiento, estoy cansado de todo".

Palabras de gratitud y de aliento, no podemos vivir sin ellas. Puede que lo tengamos todo o casi todo, pero si nadie admira lo que hacemos, nuestra vida parece perder todo el sentido. El problema es que muchas veces vivimos pensando que el mundo nos pertenece, y pocas veces somos capaces de agradecer lo que otros hacen. A veces por desidia., a veces por arrogancia, el caso es que llegamos a creer que todos están obligados a hacer lo que le pedimos.

Nos acostumbramos a exigir, a pedir siempre, a querer que los demás cumplan nuestros deseos sin agradecerles nada. Ése es uno de los mayores peligros en las relaciones personales, en las empresas, en los equipos, en las Iglesias, en cualquier lugar donde alguien trabaja para otro. Siempre existen personas que te llaman, te escriben, te "persiguen" literalmente para que hagas lo que necesitan de ti, y más tarde no son capaces de agradecer absolutamente nada. Simplemente "desapareces" de sus vidas cuando ya no eres necesario. Jamás vuelven a interesarse por ti.

Pocas veces llegamos a comprender la importancia de llamar a alguien sólo para saber cómo está. Sólo para hablar, sin pedir nada, sin necesitar nada. Recuerdo hace sólo unos meses el día de nochebuena, cuando por una serie de circunstancias me sentía triste y de repente llegó la llamada de un buen amigo. No quería nada ni pedía nada, sólo quería saber cómo estaba, y la verdad es que esa llamada fue mucho mejor que un buen regalo. Pensar en otros y preocuparnos por ellos, llamarlos para saber cómo están y agradecer su amistad es algo de un valor incalculable. Decirle a alguien sinceramente que le quieres y le echas de menos puede ser mucho mejor que cualquier regalo.

Piensa en tu propia familia, en los que están cerca de ti. Habla y agradece sus vidas. No dejes pasar muchos días sin hacerles saber lo importantes que son. Y si tú mismo/a estás pasando un momento difícil en el que todos parecen ausentes y nadie se preocupa en darte una palabra de ánimo, recuerda que hay alguien que nunca falla, que nunca nos abandona: "El Señor es todo lo que tengo, en Él esperaré"*.

(*) Lamentaciones 3,24

salmo 6 — para los que buscan algo más

29 junio

"La fama es imposible de entender. Es imposible ir de un lado a otro encima de una alfombra roja, que haya gente que te pide autógrafos a cada paso y entender las razones". La actriz Renée Zellweger pronunció esas palabras muy poco tiempo después de ser premiada con el globo de oro por su interpretación en "Persiguiendo a Betty". Cuando comenzó en el mundo del cine, todos le dijeron que tenía que cambiar su apellido por razones de marketing, ya que con el que tenía "no iba a llegar a ningún lado". Ella no quiso, porque quería ser ella misma y demostró que eso era lo que tenía que hacer.

Fama, poder, apariencia... Dice un proverbio danés que la adulación es como nuestra sombra, no nos hace ni más grandes ni más pequeños, simplemente refleja lo que somos. Aún así, muchos viven buscando esa fama, ese poder, y la ostentación de una apariencia que les haga sobresalir por encima de los demás.

La gente se fija en las apariencias, Dios se fija en el corazón.... Dios escoge a los débiles, a los despreciados, a los que aparentemente no tienen valor. Dios es el Dios de los débiles, Dios ama a aquellos que casi todos desprecian. El mundo es de los vencedores, Dios ama a aquellos que no han tenido ninguna oportunidad, a los olvidados y marginados.

Muchos viven queriendo ser números uno permanentemente, y ese es el único sentimiento que da significado a su existencia. Quizás no piensan ser el número uno en las listas de éxitos, pero sí en su trabajo, su posición social, su carrera... grave error. Si puedes llegar al número uno, bien, pero eso no debe ser el sentido de tu vida. Dios nos ha hecho a cada uno de nosotros únicos y especiales, no tenemos necesidad de demostrar nada. Para Dios sí que somos los números uno, porque Él nos ama por completo a cada uno de nosotros.

Si buscamos nuestro significado como personas en cualquier otra cosa, vamos a tener problemas. Si mi vida tiene sentido sólo cuando los demás aprecian lo que hago, voy a tener problemas. Si solamente encuentro felicidad en lo más alto de la "escalera", mi existencia vale muy poco.

Sin embargo, si nuestra vida descansa en el amor del Creador, el pasado, el presente y el futuro son nuestros amigos. Luchamos si, pero no para dejar a otros por debajo nuestro, sino para hacerlos felices, mientras nosotros lo somos también. Porque no tenemos dudas en cuanto a sentirnos seguros, tranquilos, apreciados y queridos. Dios hace todo eso por nosotros.

Y lo hace muy bien, mejor que nadie.

para los que buscan algo más
salmo 117

30 junio

La primera vez que actuaron los Beatles en USA en la televisión (año 1965), obtuvieron la máxima audiencia de la historia en ese momento, sólo comparable al momento en el que Kennedy fue asesinado. Lo más curioso es que en los quince minutos más o menos que duraron sus canciones, la policía americana reconoció que prácticamente no había habido ningún robo o crimen en casi ninguna ciudad de todos los estados. Puede parecer que a los ladrones también les gustaba la música, pero lo que sí está claro es que al menos en esos minutos, nadie tendría problemas con su conciencia por lo que hizo o por lo que no debería haber hecho.

Eso de la conciencia es muy curioso. Llevamos siglos discutiendo sobre la importancia de tener una conciencia limpia y cómo se construye, y parece que muchos todavía lo ven muy difícil. Quizás no tanto por la trascendencia de la conciencia en sí, sino porque cada vez está menos claro lo que está bien y lo que está mal, y así es difícil que nuestra conciencia pueda decirnos algo. Casi podríamos llegar a pensar que tenemos la conciencia un poco "perdida" con la cantidad de cambios que ha habido en la vida moral de nuestra sociedad en los últimos años. Es más, muchos incluso te dirían que eso de la conciencia es algo anticuado, y que en todo caso "allá la conciencia de cada uno".

Aún así, muy pocos han negado la importancia de una conciencia limpia que te deje dormir "tranquilo" todas las noches. Lo que podríamos llamar un corazón limpio es algo que no tiene precio. Poder vivir sabiendo que tenemos resueltos nuestros problemas con los demás, con nuestra familia, con nosotros mismos. Jonson escribió un día: "El placer de la inocencia es no tener miedo a mirada alguna y no sospechar de ninguna lengua". Quien puede vivir así, puede dormir tranquilo también.

Los más realistas dicen que tener la conciencia limpia es síntoma de mala memoria, porque siempre hacemos más cosas mal de lo que creemos, y siempre tenemos que revisarnos a nosotros mismos, porque seguro que hay actitudes y motivaciones que no son buenas. Si nos creemos muy limpios quizás es porque miramos demasiadas veces "hacia otro lado" o porque se nos olvidan demasiado rápido nuestras "fechorías".

Intentar vivir nuestra vida de acuerdo a principios morales sólidos, seguir a Jesús y vivir de acuerdo a esos principios (¡Los que merecen la pena!); Decidir vivir de esta manera sin dudas, sin querer tener cada uno de nuestros pies en un lado del puente... Eso es ser una persona íntegra.

Porque como alguien dijo un día, un hombre con un reloj sabe que hora es. Uno con dos, no está nunca seguro. O tenemos principios que merezcan la pena o viviremos en la duda toda nuestra vida.

para los que buscan algo más
salmo 118

1 JULIO

Groucho Marx, no sólo fue uno de los más conocidos actores del siglo XX sino que también llegó a presentar en la televisión americana un concurso de variedades. "La televisión nunca sustituirá al periódico, no puedes matar una mosca con ella" dijo en una ocasión y "La televisión es muy educativa, en el momento en el que alguien la enciende, yo me voy a leer un buen libro" explicó en una entrevista.

Los medios de comunicación cumplen su papel dentro de la sociedad, y llegan hasta donde nosotros dejamos que lleguen. En muchas cuestiones son casi imprescindibles, pero en otros momentos, nos impiden ser nosotros mismos, tener tiempo para lo realmente importante, o incluso dedicar momentos para conversar con nuestra familia o nuestros amigos.

La televisión, en cierta manera, pretende darnos la gran mayoría de las respuestas de la vida. Uno tiene que vivir de acuerdo a la ética y la moral que aparece en ella, porque somos lo que la sociedad quiere que seamos, lo que el sistema quiere. Compramos lo que el sistema quiere que compremos, escuchamos la música que el sistema quiere que escuchemos, y razonamos como el sistema quiere que razonemos. La sociedad está llena de enanos mentales, porque no razonamos, porque no decidimos por nosotros mismos, porque no somos capaces de derivar en una conclusión diferente a lo que los medios de comunicación nos dicen.

La televisión no es ,en primer lugar, un "enemigo" que influye cien por cien en las decisiones que tenemos que tomar (¡aunque algunas veces sí lo hace!), sino que cumple con los medios de comunicación ese papel de decirnos qué temas deben ser tratados y cuáles no, qué noticias debemos escuchar y cuáles no tienen trascendencia. Discutimos sobre lo que otros quieren que discutamos, hablamos de lo que otros quieren que hablemos. Pensamos sobre aquello que otros quieren que pensemos. Creemos en aquello que otros han decidido que creamos. Hablamos solamente de los temas que están de moda, o de los programas y circunstancias que hemos visto en televisión. Llegamos a admirar a algunos de los que aparecen en la "caja tonta", aunque reconocemos que jamás nos gustaría ser como ellos.

Atrévete a desconectar, a pensar por tí mismo, a no vivir dependiendo siempre de los game boys, de la tele, de Internet o de las play stations. Atrévete a crear, a compartir momentos con otros, a disfrutar con tus amigos, a pasear con tu familia y hablar de lo que realmente importa. Atrévete a pasar tiempo jugando con los tuyos, o simplemente (como estás haciendo ahora) a leer algún libro.

Decide vivir, pensar y disfrutar del mundo real, y no ser sólo un espectador. Atrévete a tomar decisiones que merezcan la pena. Atrévete a apagar tanto aparato electrónico que sólo te permite perder horas incontables casi sin darte cuenta. Decide que no quieres que te coman más el "coco".

para los que buscan algo más
Salmo 119:81-176

2 julio

Se dijo que era una de las parejas más impresionantes del siglo XX. Simone de Beauvoir era una escritora existencialista, y una de las feministas más importantes de la época. Jean-Paul Sartre fue un filósofo existencialista que habló siempre sobre la importancia de la ética, y el compromiso con la gente en la política. Jean-Paul llegó a recibir el premio Nóbel por su obra. Cuando Simone dejó escritas sus memorias, explicó cosas casi increíbles en cuanto a la utilización de mujeres y hombres como amantes comunes, despreciarlos por su ignorancia, etc. Casi todo aquel que los admiraba y se "unía" a ellos terminaba siendo despreciado/a. Ellos iban pasándose amantes del uno al otro, buscando ser felices sin ningún tipo de ética y en el más absoluto desprecio por sus seguidores. Sartre llegó a decir de una de sus discípulas jóvenes: "Es mejor que llore por lo poco que me tiene que no tenerme nada en absoluto, porque posee el cerebro de un mosquito". Habría que decir aquello de que una cosa es la filosofía y otra los principios morales. Una cosa son las ideas y otra la honestidad.

No creo que nadie se enfade conmigo si escribo que hoy por hoy, las personas honestas son los verdaderos inadaptados sociales. El mundo no está hecho para ellos: devuelves en una tienda algo en lo que te han cobrado de menos y todos piensan que eres tonto; ayudas a alguien que lo necesita y muchos se quedan mirando y pensando que quizás no tienes nada que hacer; entregas las cifras exactas de tus ganancias y gastos a hacienda y te sonríen entre dientes absolutamente convencidos que te has dejado algo en el tintero; hasta hemos inventado uno de esos cacharros modernos que se llaman "detecta radares" para poner en nuestro coche y saber siempre en qué momento está la poli cerca y no debemos ir a más velocidad de lo permitido. No nos importa lo que es malo o es bueno, sólo nos preocupa que no nos cojan. No nos importa gastar el dinero y no ser honestos, lo que realmente deseamos es que nadie se entere, o por lo menos que la justicia no lo sepa.

El Señor Jesús dijo un día que son felices los que tienen hambre y sed de justicia*. No tanto hambre de felicidad, sino hambre y sed de ser honestos, de hacer las cosas bien, de que la justicia reine en el mundo. Ésa es la diferencia que establece la paz interior en la vida de una persona: Hambre de hacer las cosas bien, de hacer lo correcto. De que cada día la justicia sea más real y unos cuantos no se aprovechen de todos.

Eso sí merece la pena. El mundo comienza a ser diferente cuando la gente vive de esa manera. Cuando son felices siendo honestos. Lo otro sólo son filosofías baratas y ganas de engañar a todos. Por lo menos a todos los que se dejan.

(*) mateo 5:4

para los que buscan algo más
mateo 9

3 julio

El actor Cuba Gooding Jr. Fue premiado con el Oscar al mejor actor secundario por su participación en la película "Jerry McGuire". Muy poco tiempo después, en una entrevista concedida al periódico semanal "Dominical" decía: "La ambición y el control que queremos ejercer sobre todas las cosas que nos rodean, nos roban la felicidad en la vida".

¿Sabes? Alguna de las cosas que nos preocupan nunca suceden, y muchas otras no podemos hacer nada por evitarlas. Querer controlar todo y que nada se escape de nuestras manos es una de las mejores maneras de vivir en la más absoluta frustración. Hay un refrán gallego que mi abuelo materno siempre repetía que dice: "Peixe mais grande que o barco, nunca a bordo veña" ("Un pez más grande que el barco, nunca debe venir a bordo"). Lo que pretendía enseñarnos a todos es que no seamos tan ambiciosos que acabemos hundiendo nuestro propio barco.

Pocas cosas hay que nos roben más la felicidad en la vida, que el querer controlarlo todo, y especialmente, querer tener el futuro en nuestras manos. Nos gusta tener todo atado y bien atado, y de esa manera vendemos la felicidad de hoy, queriendo comprar paz para el día de mañana. Paz imposible de conseguir de esa manera.

Esa ambición nos ha llevado a vivir llenos de angustia y desconfianza. Alimentamos nuestra ansiedad y nuestro desarraigo en nuestro intento de controlar el futuro, y en el deseo de tener todo lo que vemos o queremos. En ese proceso comenzamos a dudar de todo: dudas sobre nosotros mismos, sobre las cosas, sobre el trabajo, sobre lo que pueda ocurrir. Dudas que aparecen cuando permitimos que las cosas nos dominen, que las ideas de otras personas gobiernen nuestra vida, que situaciones que no podemos controlar nos llenen de ansiedad.

La Biblia dice: "La ansiedad en el corazón del hombre lo deprime, mas la buena palabra lo alegra"*. Contra la ambición y las quejas podemos utilizar las buenas palabras. Contra los que ven sólo lo malo, tenemos el derecho a agradecer lo bueno que hemos recibido. Las quejas aumentan la ansiedad, el agradecimiento nos enseña a vivir en paz con nosotros mismos y con los demás. La ambición y el control nos atacan para destruirnos. El contentamiento y la confianza nos devuelven la salud.

Atrévete a vivir. Atrévete a abandonar el control sobre todo. Atrévete a olvidarte de las quejas y la ambición desmedida. Atrévete a contentarte y ser feliz con lo que tienes ahora. Atrévete a agradecer y a regalar palabras buenas. No dejes que nadie te robe la felicidad en la vida.

para los que buscan algo más
mateo 10

4 julio

La cantante española Cecilia fue la compositora de la famosa canción "Un millón de sueños" que llegó a ser una de las más oídas en las radios españolas durante el año 1973. En aquel momento el General Franco estaba agonizando, y la censura cambió el título de la canción, porque originalmente se llamaba "Un millón de muertos" y estaba dedicada al millón de fallecidos en la guerra civil española.

Mario Benedetti escribió hace varios años:

"Algunos cantan victoria
Porque el pueblo paga vidas
Pero esas muertes queridas
Van escribiendo la historia".

Ese millón de fallecidos por los dos bandos en la guerra civil, no sirvieron para conservar la libertad, pero esa lucha ha sido siempre uno de los motivos más importantes en la historia. Por no decir el Motivo con mayúsculas. Si no sabemos luchar por la libertad, la vida tiene muy poco sentido.

Ese es el mayor regalo que Dios nos dio, la libertad. Libertad en nuestra conciencia, libertad en nuestras decisiones, libertad para escoger lo que creemos mejor para cada uno, aunque muchas veces nuestra libertad está atada a cientos de circunstancias y personas diferentes. Aún y con todo, el Creador sigue derrochando esa libertad para todos, porque vale más una sola decisión libre que miles de argumentos esclavizantes.

Déjame que escriba algo que muy pocos se atreven a decir: la verdadera libertad se demuestra cuando creamos, cuando ayudamos, cuando curamos a otros, cuando tomamos decisiones que hacen que todos (tanto personas como circunstancias) sean más justos. La mentira del Engañador está en hacernos creer que la libertad vive de la destrucción y la rebeldía, porque desconoce que incluso la verdadera rebeldía consiste en llegar a crear algo nuevo, y cualquier revolución que se precie, puede llevar ese nombre si es capaz de vencer la maldad y la injusticia.

Piénsalo: no es libertad hacer lo que uno quiere si estamos destruyendo a otros. Puede que algunos maten animales sólo por gusto, por poner un ejemplo, pero libertad tiene que ver con darles la vida ¡eso sí merece la pena! ¿Quién es más libre, el que vive gastando su cuerpo por el tabaco o el alcohol, en una elección "democrática" de su libertad, o el médico que es capaz en todas las ocasiones posibles de devolver la salud a quién la había perdido por completo en actos de una miserable "libertad"?

Las vidas que luchan por la libertad son las que escriben la historia.

para los que buscan algo más
mateo 12

5 julio

"Mil campanas suenan en mi corazón
¡Qué difícil es pedir perdón!
Ni tú ni nadie puede cambiarme
¿Dónde está nuestro error sin solución?
¿Fuiste tú el culpable o lo fui yo?
¡Ni tú ni nadie puede cambiarme!"

Estos versos son parte de una de las canciones más famosas de los años 80. La interpretaban Alaska y su grupo "Dinarama" y fue una de los "lemas" de los jóvenes de aquel tiempo, "Nadie puede cambiarme".

Si te digo la verdad, cada vez que escuchaba la canción, a mi me impresionaban más otras palabras: "¡Qué difícil es pedir perdón!". Creo que uno de los mayores problemas de la humanidad tiene que ver con el perdón.

Supongo que recuerdas que hemos hablado sobre el perdón en varias ocasiones, pero creo que nunca había escrito algo así: nadie puede perdonar a otros si no ha aprendido primero a perdonarse a sí mismo.

A veces podemos perdonar lo que otros hicieron, incluso podemos saber que Dios nos ha perdonado, ¡son dos pasos muy importantes, la mayoría de la gente ni siquiera los entiende! Pero si no nos perdonamos a nosotros mismos, es imposible que cambiemos nada, o que podamos disfrutar de la vida.

Nadie puede cambiarnos porque creemos que vivimos en una corriente que nos lleva a nuestro destino, y que no tiene remedio. No somos capaces de perdonar nuestras malas decisiones en el pasado, perdonarnos a nosotros mismos por haber dicho o hecho algo que nos cerró muchas puertas, perdonarnos por el mal que le hicimos a otros. Tenemos que aprender a no "amar" la amargura que reina en nuestro interior contra otras personas, porque creemos que son culpables de la situación en la que nos encontramos. Somos difíciles de entender, tal y como nos dice un proverbio danés: "El fondo del corazón está más lejos que el fin del mundo". Muy pocas veces ni siquiera nosotros mismos conocemos las razones de lo que estamos sintiendo.

Saber que hay una posibilidad de cambiar, que Dios cree en nosotros. Que Él puede transformar nuestra vida. Que todos los errores tienen solución si nos ponemos en las manos de Dios. Eso sí que puede cambiar nuestra existencia. A veces la solución parece difícil de comprender, pero Dios puede hacer lo que a nosotros nos parece imposible.

para los que buscan algo más
salmo 120

6 julio

Marilyn Monroe, durante el rodaje de "Con faldas y a lo loco" (la genial película dirigida por Billy Wilder) tuvo muchos problemas para poder grabar algunas de las escenas. En ese momento de su vida pasaba por una crisis muy fuerte y estaba tomando varias pastillas y tranquilizantes. A veces era capaz de grabar diálogos inmensos en la primera toma, y luego atascarse con cualquier cosa. La frase "¿Dónde está el bourbon?" la grabó más de cincuenta veces. Cada vez que se equivocaba, se echaba a llorar y tenían que esperar unos 20 minutos para volver a maquillarla y poder grabar la toma de nuevo. Sus compañeros decían que en algunos momentos del rodaje se sentía completamente perdida.

Siempre me conmueve ver a alguien que está pasando un mal momento. Perder el rumbo, o simplemente no saber qué hacer o a dónde ir es una de las sensaciones peores que podemos tener. ¿Sabes? Quizás creas que no tiene mucho que ver con esto, pero una de las máquinas más impresionantes que el ingenio del hombre ha logrado construir son los satélites, pueden seguirte en tu coche y enseñarte por dónde ir. Pueden llevar a tu casa la señal de la televisión o la radio. Nos dicen lo que ocurre en nuestro Universo, e informan incluso del tiempo que va a hacer en los próximos días. Hay centenares de satélites diferentes, pero todos tienen algo en común: cuando han perdido la comunicación con la tierra, tienen marcado el momento de su destrucción, de su fin, pero no puedes hacer nada por ellos. Son como muertos vivientes, dando vueltas, pero sin ningún sentido, ni objetivo, ni destino...

Así somos nosotros cuando perdemos la comunicación con Dios. Dejamos de saber dónde estamos. Vivimos abandonados a nuestro destino, sin una guía o un lugar a dónde ir. Morimos lentamente cada momento.

Puede que sigamos siendo nosotros mismos... Es más, creemos a veces que cuando estamos lejos de Dios, somos lo que queremos ser. Es el mayor de los engaños. Como satélites sin comunicación vamos de un lugar a otro (eso sí, a toda prisa) haciendo muchas cosas, destruyendo nuestro tiempo con muchas cosas para no pensar, y perdiendo poco a poco lo mejor de la vida, porque cuando perdemos la comunicación con nuestro Creador, nos perdemos a nosotros mismos.

No puede ser de otra manera, porque si negamos lo sobrenatural y lo espiritual tendremos que poner cosas naturales a la altura de lo sobrenatural, porque sin la dimensión espiritual no podemos vivir. Si negamos a Dios, tarde o temprano buscaremos a alguien para que ocupe el hueco que queda en nuestra vida.

¿Qué cosas o personas están tomando esa trascendencia en tu vida? ¿Qué harás cuando se vayan o se destruyan? Porque lo natural siempre va a morir, tarde o temprano va a fallar, y las personas no van a vivir siempre ni van a reaccionar siempre de una manera perfecta, y entonces... ¿?

para los que buscan algo más
salmo 121

7 julio

para miriam en el día de su cumpleaños

Hablar contigo
Es un remanso de paz.
Una sensación continua
De estar bendiciendo sueños.

Escucharte
Es un placer perseguido.
Retazos de cielo contenidos
En momentos sublimes.

Conversar juntos
Es entrelazar vidas,
Sueños, emociones, sonrisas
Y más de una lágrima del corazón.

Adivinar tus gestos
Engrandece la locura...
De comprenderte y admirarte
Porque ellos destilan dulzura.

Encontrar tu mirada
Refresca la tensión,
Mientras dibuja en mi alma
Un oasis paradisíaco.

Tomar tus manos
Hace descender el cielo
En segundos entrañables,
De cariño y respeto.

... Y cuando callas
Sublimas el silencio,
Alimentando el deseo secreto
De un momento eterno.

para los que buscan algo más
isaías 42

8 julio

El conocido premio Nóbel Albert Schweitzer dijo un día: "Con veinte años todos tienen el rostro que Dios les ha dado, con cuarenta el rostro que les ha dado la vida, y con sesenta el que se merecen".

Hoy vamos a hablar de "caras"... Supongo que ya me entiendes ¿no?

Hay gente con caradura, que vive queriendo tenerlo todo sin pasar el trabajo de conseguirlo, que no se cansa de pedir, que es capaz de engañar a cualquier precio. Gente a la que no le importa el sufrimiento de otros con tal de estar bien. Cuando encuentras gente así, comprendes lo que un día dijo el célebre actor Groucho Marx: "Yo nunca olvido una cara, pero en su caso, haré una excepción".

Hay gente que lo tiene todo por haber nacido en una familia en concreto, gente que ha ganado mucho dinero en algunos negocios con poco esfuerzo; a veces tienen un aire de superioridad que denota su propia falta de inteligencia. El problema con ellos es la cantidad de "seguidores" que tienen. Son los que les admiran porque les gustaría estar en su lugar.

Hay gente que quiere aparentar lo que no es. Gente que jamás se preocupa por los demás. Gente que espera que todos sean sus esclavos. Como resume perfectamente un refrán gallego: "Un padre puede cuidar a diez hijos, y diez hijos no pueden atender a un padre".

Hay caras que dicen "no" sólo con verlas. ¿Lo has pensado alguna vez? Cuando estamos perdidos y necesitamos que alguien nos haga un favor, hay algunas personas cuyo rostro nos atrae, es cómo si supiésemos que nos van a ayudar. Otros no. En cuanto los ves, tienes ganas de salir corriendo.

Hay personas a las que no les importa vivir engañando a otros con tal de que ellos lleguen a dónde quieren. Aparentan mucho para llegar a ser los reyes del "mambo", pero tarde o temprano aprenden en sus propias carnes aquella hermosa lección que nos dejó escrita Abraham Lincoln: "Se puede engañar a unos pocos durante todo el tiempo, se puede engañar a todos durante un poco de tiempo, pero no puedes engañar a todos todo el tiempo".

Algunas personas incluso han llegado a la perfección del engaño, y han desarrollado varias caras; pueden tener una para cada situación, para cada persona con la que están o para cada lugar en el que entran. Viven en un auténtico infierno, porque son los demás, los lugares y las circunstancias los que les obligan a cambiar de cara, aunque ellos se creen muy "listos".

Se pude vivir de otra manera. Yo no sé qué "cara" te ha dado la vida, pero sí sé cual puede ser tu rostro ahora mismo. No esperes a tener sesenta años para recibir el rostro que te mereces, comienza hoy mismo.

para los que buscan algo más
salmo 122

9 julio

Natalie Cole es una de las mujeres con una voz más sensible y dulce. Yo la considero una de mis cantantes favoritas. Versionó una canción de su padre, Nat King Cole, la famosa "Unforgettable", que con los "milagros" de la técnica logró cantar a dúo con él años después de que falleciera. ¿Recuerdas el estribillo?

"Eres inolvidable
En todos los sentidos,
Inolvidable para siempre" (1)

Y aunque es una canción de amor y es obvio que está dedicada a quién ocupa un lugar muy importante en el corazón, yo quiero dedicarla a todos los que están leyendo ahora esta historia.

No creas que me he vuelto loco: sólo estoy recordando lo que cada uno de nosotros significamos para Dios, nuestro Creador. Para Él, todos somos inolvidables, únicos, hechos con el cariño del Rey de Reyes, y reflejando en parte la imagen de nuestro Dios. Aún a pesar de todos nuestros errores y nuestras equivocaciones, Dios sigue amándonos profundamente, y Él es el único que nos conoce de veras y el que dice a nuestro corazón: "Tú has rescatado mi alma de la muerte, y mis ojos de las lágrimas…".

Lágrimas
cuando nos encontramos solos, sin nadie que comprenda lo que ocurre en nuestra vida.
Lágrimas
de angustia por el pasado, el presente o el futuro, por situaciones que no podemos controlar y que parecen destruirnos.
Lágrimas
de desesperación, cuando hemos perdido lo más precioso que teníamos, y quizás no vuelva más.
Lágrimas
de incomprensión, cuando nos esforzamos en hacer algo bien, y sólo recibimos críticas y burlas.
Lágrimas
por creer que nuestra existencia no tiene sentido...

Tú eres inolvidable. Estés dónde estés y seas quién seas. Dios te conoce y te ama, y somos muchos más los que *sinceramente* pensamos lo mismo. No lo olvides.

(*) SALMO 116:8. (1) "With Love" Natalie Cole, elektra 1991

para los que buscan algo más
salmo 116

10 julio

Henry Fonda es uno de los actores más recordados en toda la historia del cine. Durante su vida tuvo diferentes problemas en el ámbito personal, incluso con su hija la también actriz Jane Fonda, con la que protagonizó "En el estanque dorado". Era uno de los últimos trabajos de su vida, y le concedieron el Oscar por su interpretación. El actor dijo: "No sé si me dan el Oscar, porque me quedan tres cuartos de hora de vida". Era una manera elegante de decirles que debían habérselo concedido antes por otras interpretaciones. Murió pocos meses después.

Creo que no me engaño al decir que a casi nadie le gusta envejecer. En la juventud, todos quieren cambiar el mundo, cuando llegan a mayores, lo único que muchos quieren cambiar es a los jóvenes. A veces pienso que las personas se parecen al vino, los años hacen agrios a los malos y mejoran a los buenos.

Pensando un poco en el paso de los años, te diría que la gente se hace mayor cuando mira más hacia atrás que hacia delante, cuando habla más del pasado que del futuro. Cuando pasa el día pensando más en recuerdos que en proyectos. Como alguien dijo una vez, únicamente eres viejo si las arrugas llegan al corazón. Todo depende de nuestra actitud: una persona de mucha edad siempre decía: "Yo hace muchos años que soy joven".

Todas las culturas mezclan un poco la sabiduría de los años con la desidia del final de la vida y el desencanto de saber que queda poco para el final. Hay un proverbio sueco que dice "Los jóvenes van por grupos, los adultos por parejas y los viejos van solos". Es como si a través de la vida los años fueran alejando a la gente de cerca de nosotros. Desgraciadamente, pocos son los que quieren estar cerca de los mayores.

En la naturaleza los años dan sabiduría y fortaleza: los árboles se hacen fuertes, los ríos aumentan su caudal con el paso del tiempo, las montañas adquieren majestuosidad y altura... el hombre lo cambia todo, tira las máquinas cuando se hacen viejas, y piensa que al pasar los años las cosas pierden valor... El hombre lo cambia todo, sólo quiere lo joven...

Uno se jubila y hace grandes proyectos: esto, aquello y lo de más allá... y en efecto, muy pronto se va a parar al más allá.

Menos mal que Dios ve las cosas de otra manera. Él ama a las personas sin importarles su edad. Es más, en cierto modo podríamos decir que la gente va adquiriendo más valor conforme van pasando los años de su vida. No lo olvides: "Las canas son una honrosa corona que se obtiene en el camino de la justicia" (*).

(*) proverbios 16:31

para los que buscan algo más
salmo 123

11 JULIO

Simon y Garfunkel fueron el dúo con más éxito de toda la historia de la música pop, pero muchas veces no pudieron convivir juntos. Parte de los problemas aparecían en las grabaciones, como lo demuestran las ochocientas horas que estuvieron en los estudios antes de "dar a luz" el magnífico tema "Puente sobre aguas turbulentas"

"Cuando seas débil, sintiéndote pequeño
Cuando tengas lágrimas en los ojos, las secaré todas
Estoy contigo cuando los tiempos sean difíciles
Y no puedas encontrar amigos.
Como un puente sobre aguas turbulentas,
Me extenderé ante ti.

Cuando hayas caído bajo
Y te echen fuera, a la calle
Cuando el día haya sido duro, te animaré.
Tomaré parte de tu dolor
Cuando llegue la oscuridad
Y estés lleno de pena" (1)

La vida moderna nos exige vivir concentrados y a veces (desgraciadamente) sin tiempo para pensar en los demás. Olvidamos que nuestra familia y nuestros amigos son mucho más importantes que la frenética carrera hacia los objetivos cumplidos. Puede que alguno de los que están cerca de nosotros esté pasando ahora por un momento difícil y ni lo sabemos. Puede que alguien esté necesitando desesperadamente nuestra ayuda mientras nosotros sólo nos preocupamos por llegar a tiempo a la siguiente cita.

Mira a tu alrededor y sé sensible. Llama, habla o ponte en contacto con los que te necesitan e intenta ser el puente indispensable para que sus vidas no se pierdan. Sé un auténtico amigo, acude cuando te necesiten sin necesidad de que te llamen, y ve cuando tu amigo está alegre, sólo si te llama.

Porque si ves que todo va bien en la vida de tu amigo, y no necesita nada de ti, simplemente puedes escribir una pequeña nota de agradecimiento por algo bueno que haya hecho por ti. Puede ser importantísimo para esa persona. Intenta hacerlo hoy mismo, la prisa y el cansancio suelen robar nuestros mejores deseos.

(1) "Anthology" Paul Simon: Warner Bross 1993

para los que buscan algo más
Juan 17

12 julio

Alguien dijo una vez que si no tienes ningún amigo, la mejor manera de hacerlo es salir a la calle y empezar a quejarte por algo. Quéjate del trabajo, del gobierno, del tiempo, de las circunstancias, de la familia, o de la vida misma, y enseguida tendrás un "coro" a tu alrededor que hará lo mismo, y ¡con mucho gusto!

Vivimos quejándonos. No hay circunstancia, situación, cosa o persona que no sea el blanco de nuestras crueldades vocales. Sabemos que las quejas nos llenan de amargura, pero no nos importa, es como si esa amargura tuviera la dulzura de una venganza esperada. Y muchas veces esa amargura termina por envenenar nuestra mente y nuestro corazón hasta límites realmente insospechados. Tanto, que no podemos pensar en otra cosa que no sea algo negativo.

Hace poco un amigo me enviaba algunas de las "quejas" de personas relativamente famosas…
- Soy de madera, parezco insensible. (Pinocho)
- Nadie es perfecto. (Nadie)
- Mi marido vive siempre yendo por las ramas. (La esposa de Trazan)
- Voy y vuelvo enseguida. (Un boomerang)
- Un automóvil jamás reemplazará a un buen caballo. (Una yegua)
- Mi novio es una bestia. (La bella)
- ¡No a la donación de órganos! (Yamaha)
- Estoy hecho pedazos. (Frankestein)
- A mí lo que me revientan son los camiones. (Un sapo)

¿Sabes? Creo que si tomásemos las cosas con más humor, quizás desaparecerían nuestras quejas. El plan que la Biblia nos da para vivir, no es "estad siempre quejosos" sino "estad siempre gozosos"*. Si seguimos ese plan ideado por Dios, nuestra vida será completamente diferente: desde el interior, desde nuestra mente, desde cada pensamiento y cada sentimiento. No hay que olvidar que fue Dios mismo quién dijo un día: "Yo he venido para que tengáis vida, y vida en abundancia"*. Y esa vida tiene mucho que ver con el gozo… y muy poco que ver con las quejas.

(*) 1 tesalonicenses 5: 1b. juan 10:10

para los que buscan algo más
habacuc 3

13 JULIO

Michael Todd fue el tercer marido de la conocida actriz Liz Taylor. Cuando murió en un accidente de aviación, Liz encontró consuelo en la casa de su amiga Debbie Reynolds, pero le "pagó" enamorándose de su marido Eddie Fischer y casándose con él más tarde.

No creas que estos "detalles" ocurren sólo en Hollywood, la verdad es que la gente de hoy no se distingue demasiado por su fidelidad y lealtad. En ocasiones incluso somos crueles con las personas que mejor nos tratan. Contestamos mal a nuestra familia (a nuestros padres, a nuestros hijos). Despreciamos a quien está más cerca de nosotros (nuestro marido, o nuestra mujer) y no somos amables con nuestros amigos... Sin embargo nuestros seres queridos –la familia y los amigos– son los que más han hecho por nosotros, los que más nos quieren y los que más fieles son en su amistad.

Algunos problemas los buscamos nosotros solos. En otros, nos sabemos "influidos" por el ambiente que nos rodea. No sé si has pensado alguna vez que una de las cosas que el progreso ha introducido en nuestras vidas son los productos con fecha de caducidad. Alimentos, utensilios, sustancias y objetos que pueden consumirse sólo hasta cierto día. A partir de entonces puedes tirarlos a la basura. Desgraciadamente algunos han aplicado ese principio a casi todo en su vida, así que tienen amistades con fecha de caducidad también, son amigos "hasta que" o "hasta el fin de". Esposos o esposas hasta que se arrugan, o hasta que no hacen lo que queremos. O peor aún, "hasta que nos gusten" y en cuanto los tenemos muy "vistos" todo se acabó.

"Vuestra lealtad es como el rocío, que temprano desaparece"*. Parece casi una ofensa que alguien nos diga eso, y sin embargo ¡Cuántas veces es real! Cuántas veces prometemos y decimos, y hablamos: "Te amaré eternamente", "Seré tu amigo/a pase lo que pase", "Nadie se quiere tanto como nosotros" y poco después de comprometernos lo olvidamos y no queremos hablar más del asunto.

No nos engañemos, todos necesitamos afianzar nuestra lealtad. Todos necesitamos aprender a ser más fieles cada momento de nuestra vida.

Lealtad, Fidelidad... conceptos casi olvidados que sin embargo, pueden hacer que nuestras relaciones con los demás sean fortalecidas, y nuestra vida adquiera una nueva dimensión.

(*) oseas 6:4

para los que buscan algo más
salmo 124

14 julio

Hoy vamos a hablar de dinero. En primer lugar te cuento algo de la que en su momento fue la película más cara de la historia del cine: "Waterworld" dirigida por Kevin Costner... El rodaje de este film costó más de 150 millones de dólares. El desarrollo de la película tenía lugar siempre en el océano, y uno de los problemas más graves durante el rodaje fue un pequeño detalle... que se hundió parte del decorado en el mar, y hubo que reconstruirlo de nuevo. Nadie quería que fuese así, pero tuvieron que dejar ir al fondo del mar gran parte de todas sus ganancias.

La gente le da demasiado valor al dinero, tanto que, pueden pasar por alto cualquier cosa. Hace poco leí de un médico que golpeó varias veces la mano de su hijo pequeño, porque le había rallado la pintura de su coche nuevo. Tanto le golpeó que su mano quedó gangrenada y tuvieron que cortársela. Pocos días después el hijo vino a hablar con su padre y le dijo: "Papá, yo no te estropeo más el coche, ¿me puedes devolver mi mano?"... El periódico anunciaba que el padre se había suicidado más tarde.

El amor a las cosas es el mayor amor de mucha gente. Es el verdadero dios de muchos, su religión les obliga a adorar apariencias y brillos. Tanto o más que ninguna otra situación en su vida. Tristemente para ellos, su dinero vale más que la vida de la gente que tienen a su lado.

Todos pueden caer en esa trampa. Vivimos en una sociedad que casi te "obliga" a comprar y tener cosas. Te hacen sentir infeliz si no tienes todo lo que aparece en los medios de comunicación, si no eres capaz de comprar el último producto que anuncian en la "tele". Estamos subyugados bajo el reinado de la ambición, el poder y la falsa apariencia de belleza.

Si te dejas llevar, te das cuenta que es imposible que seas normal si no tienes lo que la publicidad te ofrece, si no disfrutas de la belleza de mujeres artificiales, de los lujos de la "jet set" y del placer de lo que no tienes. Lo que nos falta, lo prohibido y la imbecilidad de los que lo tienen casi todo, parece ser el modelo que muchos intentan seguir en una carrera acelerada hacia su propio fracaso, el mismo en el que viven los que parecen disfrutar de su ambición.

Esa es una de las razones por las que tantas personas viven infelices. Siempre hay algo más de lo que tienes, siempre hay alguien que tiene algo más que tu. Nadie te enseña a ser agradecido con lo que eres, sin desear nada más, sin tener que luchar cada día por subir un escalón imaginario hacia la nada. De esta manera estamos creando una sociedad infeliz, que cada día tiene más, pero que cada vez se siente más desgraciada.

Más nos valdría recordar aquellas palabras del profeta: "En una sola hora ha quedado destruida toda tu riqueza"*. En menos de una hora puede irse absolutamente todo.

(*) apocalipsis 18:17

para los que buscan algo más
colosenses 1

15 JULIO

Durante el mes de Febrero del año 2002, la famosa cantante Celine Dion, causó asombro en el mundo periodístico al declarar que le debía la vida a un pastor evangélico de su ciudad natal en Canadá, porque él animó a su madre a no recurrir a un aborto. La madre de Celine estuvo a punto de caer en la más absoluta desesperación al comprobar que estaba embarazada de nuevo para esperar a su hijo número catorce, así que decidió practicar un aborto. El pastor le explicó que no tenía ningún derecho a terminar con una vida que no le pertenecía: "Le dijo a mi madre que ella no podía ir en contra de la naturaleza, así que la verdad es que le debo la vida a aquel siervo de Dios" confesó la famosa intérprete del tema de la película "Titanic".

Creo que jamás vamos a comprender la trascendencia de las personas "normales y corrientes". Vivimos en un mundo que adora a los famosos, a los que gobiernan los medios de comunicación, a aquellos que son conocidos por sus hechos, aunque éstos muchas veces no merezcan la pena en absoluto. Los "modelos" que tantas veces son presentados en los medios de comunicación, lo son por su apariencia, pero casi nunca por su ayuda desinteresada a los demás, por su solidaridad o por su ejemplo como ciudadanos.

Dios ve las cosas de otra manera. En realidad, déjame decirte que las cosas son de otra manera. Los que realmente mueven el mundo son los que ayudan, los que abrazan, los que sanan, los que trabajan por la justicia, los que dan un buen consejo, los que se preocupan por los demás, los que admiten sus debilidades y no son arrogantes... Los que hacen que todavía podamos vivir en este mundo son las personas normales y corrientes.

Dios se ha especializado en usar a personas fracasadas, a los que han caído, a los que piensan que su vida no tiene valor. Dios ama a los desconocidos, a los débiles, a los que no son capaces muchas veces de mirar hacia arriba. Dios se preocupa por los que tienen sus alas rotas y les enseña a volar. Nuestro Creador "pasa" de los autosuficientes, y de los que se creen que el mundo les debe algo. Dios no utiliza a los que van por la vida creyéndose lo mejor y siempre con su cabeza levantada. Nuestro Padre en los cielos mira de lado a los arrogantes, porque ellos no entienden nada del amor ni de lo que significa sufrir por otros.

Dios habla y aún a veces tiene que gritar a los humildes, a los que se creen poco, a los que piensan que su vida ya no tiene sentido, porque ellos son la luz del mundo. Los desconocidos son los que ayudan, los débiles son los que nos dan fuerzas; los que sufren son los que nos enseñan a disfrutar de la vida.

No es de extrañar que muchos de nosotros ni siquiera estaríamos vivos si no fuera por gente así. No te asombres cuando cualquier "famoso" haga un verdadero esfuerzo de humildad y sinceridad para decir que no hubiera llegado hasta dónde está si no fuera por la ayuda de mucha gente desconocida. Los que viven su vida sencilla y feliz cada día, ellos son los que mueven el mundo.

para los que buscan algo más
salmo 125

16 julio

Todos corremos el riesgo de querer vivir en el pasado. Tengamos la edad que tengamos, siempre recordamos momentos que "eran mejores", amigos que "eran mejores" y situaciones que "eran mejores" para nosotros. Personalmente creo que es una equivocación; no se puede vivir en el pasado, algunas cosas siempre cambian.

Por ejemplo, los Oscar se entregaron por primera vez en 1929, la primera película que llevó el Oscar fue "Alas" y era una película muda, como todas las que se presentaban. Había incluso un Oscar al mejor autor de grafismo... Cuando leemos estas cosas, pensamos que estamos hablando casi de la prehistoria.

Algunas cosas siempre cambian. Muchas cosas deben cambiar. Lo sabemos, incluso lo necesitamos, pero muchas veces no somos capaces de hacerlo. ¿Sabes la razón? Nuestra comodidad. Nos asusta tener que cambiar nuestras costumbres. Le tenemos miedo siempre a las decisiones que implican que las cosas vayan a ser diferentes.

¿Sabes? En todo cambio, el paso más difícil es el primero... Si quieres ser un mejor amigo y decides pagar el precio, el paso más difícil es el primero.

Si quieres vencer un mal hábito y has decidido no caer más en la trampa, el paso más difícil es decir "no", el paso más difícil es el primero.

Si quieres vivir de otra manera y decides abandonar la preocupación y la ansiedad, el paso más difícil es no dejar que tu mente vuelva a recordar lo malo e intente vencerte. El paso más difícil es el primero.

En la mayor parte de las decisiones que merecen la pena, lo más difícil no es saber lo que tenemos que hacer, sino estar dispuestos a pagar el precio. Tomar la decisión de dar el primer paso. Merece la pena que nuestra vida sea mejor, merece la pena arriesgarse y no seguir la corriente. Merece la pena llevar una vida diferente a lo que muchos quieren imponernos.

Recuerda siempre que el que no está ocupado en nacer, está ocupado en morir. El que no se preocupa en crear, está perdiendo su propia vida poco a poco. Si no luchamos por renovar nuestras fuerzas y confiar en quien no nos puede ni quiere defraudar, cada día que pase vamos a sentirnos más incomprendidos.

Este es el momento de dar el primer paso. El momento de decidir que no todo puede seguir como siempre, que hay cosas que tenemos que dejar, y otras que están ahí para que las construyamos. Es el momento de abandonar la comodidad y no ser arrastrados por los que intentan gobernarnos la vida, enseñarnos que las relaciones no tienen importancia o imponernos alguna "mercancía imprescindible" para nuestra existencia. Es el momento de dejar las ansiedades del pasado y comenzar a mirar hacia delante.

para los que buscan algo más
salmo 126

17 JULIO

Desde que tenía sólo cinco años de edad, comencé a estudiar todas las tardes en el conservatorio de música de mi ciudad natal, Ourense, y recuerdo que siempre me quedaba impresionado delante de un cuadro en la pared que tenía un dibujo de Beethoven y una de sus frases más famosas. Jamás olvidé aquellas palabras, y varios años más tarde conseguí el mismo póster para tenerlo en mi habitación. La frase era:

"Hacer todo el bien posible, amar la libertad sobre todas las cosas; y aún cuando fuera por un trono, nunca traicionar a la verdad".

Yo no comprendía en aquel momento que la verdad fuese tan importante: tanto como para valer más que un trono. Con el paso de los años aprendí que aquello era más que una gran frase, era en sí misma una verdad como un piano. Y es que sólo la verdad nos puede hacer libres. Cada uno es esclavo de sus mentiras, y sólo cuando pone la verdad por delante en todas las cosas es capaz de tener paz en el corazón y sentirse verdaderamente libre, porque nadie puede cambiar la trascendencia de lo que es cierto. La mentira te esclaviza porque siempre tienes que defenderla; la verdad no necesita defensa: se mantiene por sí misma.

Y además ocurre que verdad hay una sola. Por definición, uno no puede defender varias cosas al mismo tiempo como ciertas, si son contradictorias. Y por otra parte, expresar la verdad es la única manera de verse libre de problemas circunstanciales ocasionados por lo que no es correcto. ¿Me explico?: el que dice mentiras tiene que tener muy buena memoria, porque siempre tiene que mantener las mismas mentiras para no ser descubierto. El que defiende la verdad no debe preocuparse de lo que pueda ocurrir, porque la verdad no cambia.

Y si traicionar a la verdad es grave, mucho más lo es vivir una mentira permanente. Hablo de los que tienen comportamientos hipócritas, de los que dicen una cosa y piensan otra. De los que quieren vivir de una determinada manera sabiendo que es incorrecta. De los que decapitan su conciencia a golpe de engaños a sí mismos. De los que defienden las mentiras políticas para llegar a lo más alto de la nada. De los que piensan que "eso no le va a hacer daño a nadie" mientras llenan el mundo de maldad.

Ahí llegamos al fondo de la gravedad del asunto, porque ocurre que el que engaña a mucha gente acaba por engañarse a sí mismo. El que dice muchas mentiras termina por no saber lo que realmente ha ocurrido. El que gobierna con la falsedad remata sus días en las manos de la miseria y la soledad, porque nadie le cree ya. Y eso sí es triste, porque aunque a veces parezca ser más inteligente, la mentira tiene muy poca vida. Y una vida entera vivida con un disfraz mentiroso te llevará indudablemente a la destrucción.

18 julio

La película "Amadeus" fue una de las más galardonadas en la historia del cine, al conseguir ocho Oscars. El film estaba basado en la vida de Mozart, aunque uno de sus seguidores, llamado Salieri iba tomando protagonismo a lo largo de la película. Salieri envidió a Mozart de tal manera que el objetivo de su vida llegó a ser destruir de cualquier manera al genial músico. Salieri pasó sus últimos años en un sanatorio mental, repitiendo una y otra vez la frase: "Os absuelvo a todos los mediocres".

Es muy fácil entrar en el reino de los mediocres: sólo necesitamos preocuparnos de cómo viven otras personas, llenarnos de envidia viéndolos, y en último término tener siempre la sensación de que lo que ellos hacen es mucho menos importante de lo que hacemos nosotros. Cuando nuestros objetivos son simplemente "destruir" o simplemente desacreditar a otros, estamos viviendo de lleno en el reino de los mediocres, de los olvidados, de los que no han hecho nada para cambiar el mundo.

Jamás encontrarás una estatua levantada a un charlatán, a alguien que siempre criticaba o señalaba a los demás. No hay un solo monumento levantado en honor a un envidioso. Nadie recuerda al que quiere vivir como un mediocre, siempre acusando, siempre intentando echar basura sobre la vida o el trabajo de aquel a quién envidia.

Recuerda siempre que la gente que nos envidia es la misma que aprende nuestros defectos. Eso es lo que paga la envidia: las malas cosas de los demás; porque el envidioso es demasiado arrogante como para aprender las cosas buenas de quienes le gustaría ver fracasar.

En cierta manera, si estás haciendo las cosas bien y tu vida merece la pena, es imposible vivir sin que alguna persona intente "destruirte" por envidia. Un proverbio oriental dice: "El clavo que sobresale siempre recibe un martillazo" Así que, aunque seamos gente absolutamente normal, si estamos intentando ayudar a los demás, tarde o temprano alguien va a querer darnos un pequeño "martillazo". Siempre hay quien no puede soportar que otros hagan lo que ellos deberían estar haciendo.

Pero si queremos observar la otra cara de la moneda, también merece la pena pensar en cómo estamos viviendo, lo que hacemos, y cómo nos comportamos con aquellos que "están debajo de nosotros". El célebre gobernador Pitaco de Mitilene dijo un día: "Si queréis conocer a un hombre, revestidlo de un gran poder". Muchas personas se vuelven insoportables cuando llegan a lugares que no les corresponden, que no merecen, o que no saben "digerir". En esos casos, son ellos mismos los que siguen en su mediocridad, porque en cuanto tienen una pequeña posibilidad de mandar sobre alguien, se vuelven arrogantes, orgullosos y (sí, déjame decirlo) también estúpidos. No han sabido salir de la mediocridad aunque lleguen a ser el presidente de un país.

Más vale vivir sin envidia y trabajar sin vanidad para no caer en el reino de los mediocres. Es muy difícil salir de ese lugar.

para los que buscan algo más
2 corintios 3

19 julio

Jane Giman se llevó el Oscar a la mejor actriz por su papel en "Belinda", la historia de una mujer muda. En la entrega de premios dijo: "Acepto muy gustosa este Oscar por mantener la boca cerrada"... Una actriz había utilizado hacía años casi una hora para agradecer su Oscar.

Muchos viven admirando a los charlatanes y despreciando a los que saben guardar silencio. La verdad es que los medios de comunicación en general, premian a los que hablan sin decir nada, a los que son capaces de romper la belleza del silencio sin ninguna razón y con ningún propósito. Olvidan que hay momentos en la vida en los que necesitamos escuchar y callar.

Y no siempre porque no tengamos algo que decir, sino porque sabemos que podemos ser malinterpretados. ¿Te ha pasado alguna vez? Hacemos todo lo posible, incluso intentamos (¡y muchas veces lo conseguimos!) hacer algo bien, pero la gente no es capaz de ver nuestras intenciones, y sólo recibimos basura a cambio de lo que decimos. Cuanto más nos explicamos, menos nos escuchan; cuando más necesitamos que nos comprendan más nos dan la espalda.

Por eso nos gusta estar con la gente que nos quiere, porque ellos nos comprenden y no nos malinterpretan. Ellos confían en nosotros porque saben las intenciones que tenemos y conocen nuestras motivaciones. A pesar de todo, ellos también son incapaces de comprendernos a veces, y por eso necesitamos algo más. Nuestra vida necesita confiar en alguien más.

Ese Alguien es Dios. En Él podemos poner toda nuestra confianza, porque digamos lo que digamos, Él nos entiende, no existen momentos para incomprensiones ni malos entendidos. Él sabe exactamente lo que queremos decir y las intenciones de nuestro corazón.

Nos comprende incluso cuando estamos callados. Mucho más aún cuando no sabemos que decir. Nos ama y nos abraza cuando lo que decimos no tiene ningún sentido para nadie. Fija sus ojos en nosotros y nos escucha cuando nosotros mismos no sabemos lo que estamos diciendo. Es más, nos espera una y otra vez incluso cuando nos equivocamos.

Esa es la razón por la que muchas veces ni siquiera necesitamos hablar para que Él comprenda todo lo que nos sucede. Por eso descansamos en su presencia. Nos acurrucamos en su pecho mientras vemos pasar los momentos más difíciles de nuestra vida. Así aprendemos en primera persona lo que quería decir el salmista cuando cantaba: "mi alma está acallada en Ti"*.

(*) Salmo 62:1

20 julio

Se cuenta la historia de un médico que le preguntó a otro: "Me gustaría saber su opinión sobre la interrupción del embarazo. Conozco un caso en el que el padre era sifilítico y la madre tuberculosa. De los cuatro hijos que tuvieron, el primero nació ciego, el segundo murió, el tercero es sordo-mudo y el cuarto también era tuberculoso como su madre.

Qué habría hecho Usted ahora que la madre vuelve a estar embarazada?
- Desde luego que hubiera interrumpido el embarazo, un aborto sería la mejor solución.
- Pues acaba de matar usted a Beethoven.

Es curioso el interés que en los últimos años ha aparecido para salvar la naturaleza. Yo soy el primero que lo apoyo, pero lo curioso del caso es que se quieren salvar todas las cosas bellas, mientras las mismas personas (o casi las mismas) suelen poner las bases para defender los derechos de la mujer a costa de aasesinar a niños inocentes.

Hay gente que no comprende que cada ser humano (y el feto lo es) es diferente y único. ¿Qué tal si nos hubiesen quitado la vida a nosotros? ¿Qué tal si la discusión sobre si es ético o no matar a alguien fuese llevada a los últimos extremos por la sociedad y alguien empezase a argumentar que los inútiles, los enfermos, los mayores... no son necesarios? Quitarle la vida a alguien es un acto criminal, independientemente de la edad que esa persona tenga: un mes, un año, diez, veinte o sesenta. Y un feto tiene vida diferenciada, siente y tiene personalidad. Y tiene derecho a ser él mismo o ella misma ¡Y es único/a! ¡Quién sabe la cantidad de hombres y mujeres que habrían sido importantes para la humanidad y han sido asesinados!

Y aunque no fuese así: nadie tiene ningún derecho sobre la vida de otro. Dios castiga la maldad y no dejará sin "recompensa" a aquellos que viven con "sus manos derramando sangre inocente*. Y no hay nada más inocente que un no nacido. Nada más débil que un niño a punto de salir al exterior. Nada que necesite más nuestra protección que aquellos que todavía no han tenido la posibilidad siquiera de defenderse.

La próxima vez que pienses que es justo quitarle la vida a un feto, recuerda que nadie se empeñó en hacerlo contigo.

(*) proverbios b.17

para los que buscan algo más
salmo 54

21 JULIO

No dejamos de asombrarnos al conocer los motivos de muchas de las más hermosas canciones de la historia. "Something" (Algo) fue compuesta por George Harrison (cantada por los Beatles) y dedicada a su esposa Patti, quién le abandonó para casarse con su mejor amigo en ese momento: Eric Clapton.

Aún a pesar de todo lo que pueda ocurrir, y la cantidad de parejas que se separan cada día, todas las canciones de amor lo dicen: la relación (y por lo tanto el cariño) es para siempre... "Moriría por ti" dice el estribillo de "Everything I Do (I do it for you)" (Todo lo que hago - Lo hago por ti-) Una de las composiciones de Bryan Adams, que fue la canción lema de la película "Robin Hood". De hecho, la frase que comentamos estaba dedicada de parte de Robin a Marian.

¿Qué ocurre? ¿Cuál es la razón de que ese amor "eterno" termine durando sólo unos pocos días? Bueno... casi tendríamos que dedicar bastantes páginas a lo que es la base y el fundamento del amor, y la relación de ese amor con la fidelidad (El enamorado siempre promete ser fiel, ¿recuerdas?). El problema es que no tenemos tiempo para eso, así que, voy a mencionar una sola cosa.

Una sola. Si tuviese que resumirla en una frase diría: "Cuida tus relaciones". Sé sabio/a para trabajar y hacer crecer las relaciones con las personas que más amas. No todo es fácil, y no todas las promesas se cumplen. El tiempo tiene la sutil gracia de ir removiendo poco a poco la candidez de nuestro corazón, hasta revestir de frialdad las caricias del amor. Lo que ayer era pasión, hoy son sólo palabras sin sentido. Donde habíamos encontrado fuego, ahora crece una fina capa de incomprensión. Y por otra parte, la proposición definitiva de nuestro amor hasta la muerte ha quedado en un simple deseo de bienestar y salud para el otro. Todo por no cuidarnos. Todo por no trabajar en nuestra relación... Todo por dejar de luchar por aquello en lo que habíamos comprometido nuestra vida.

Y es triste, sumamente triste. Porque no hay nada más preñado de soledad que el final de una esperanza. Y aún así, creemos ser más felices con la mal ganada libertad, mientras otro sufre nuestro desdén... hasta que nos toca sufrir a nosotros. Por favor, no descuides tus relaciones: no dejes que el tiempo pase por encima de una buena amistad. No dejes de luchar por quien amas. No destruyas lo que es la fuente de la vida.

para los que buscan algo más
efesios 5

22 julio

"No nos hagamos los tontos, la mayoría de los desnudos que se ven en el cine son gratuitos" Son palabras de la actriz Salma Hayek en una reciente entrevista en el periódico El País. Precisamente una de las películas con más premios (entre ellos el Oscar) en los años 70-80 fue "Cabaret", en la que después de haber tenido relaciones sexuales con Fritz, la protagonista Natalia, pregunta:

- "¿Y esto es el amor?"

Nadie responde. Porque si el amor es sólo sexo, la vida no tiene sentido.

Muchos siguen viviendo así: para ellos el sexo es su absoluto. Desde hace unos treinta años, la vida comenzó a tener cada vez un carácter más y más genital, (aunque el sexo es mucho más que eso) hasta el día de hoy, en que todo está permitido. A partir de este momento, todo queda reflejado en un estilo de música confeccionada sobre todo para discoteca, y ambientada incluso con gemidos y sonidos más o menos eróticos. También la música de baile se llena de provocación, con la aparición de las cadenas de televisión centradas en los video clips y los "trabajos" musicales de algunos y algunas cantantes bien conocidas.

Un pequeño problema: durante muchos años se enseñó (tanto por parte de la sociedad, como en las mismas canciones) que existía algo así como "sexo sin consecuencias" es decir: "Haz lo que quieras que no va a pasar nada". Después de cualquier encuentro la gente se despide, cada uno se va por donde ha venido y "si te he visto no me acuerdo". Pero un pequeño (aunque hoy se sabe que es terroríficamente grande) problema ha ido expandiéndose por todos los ámbitos de la persona.

El sexo cómo absoluto ha traído millones de lágrimas de soledad en hombres y mujeres que se han visto abandonados después de ser "usados". Ha fabricado millones de rupturas familiares sin otro sentido que el propio egoísmo. Ha llevado desesperación a muchos niños abandonados, asesinados, violados física y psicológicamente por quienes buscaban placer. Ha llenado los hospitales con enfermedades que ni siquiera se conocían, que en algunos casos compiten con todas las guerras del siglo en el cruel deporte de la muerte entre los jóvenes... Y todo por sacar algo tan preciado como el placer sexual fuera de su contexto, y de hacer oídos sordos a las advertencias de Dios.

Puede que mis palabras hagan cambiar de actitud a muy pocos, pero lo triste es que para todos los que no quieren escuchar llegará un día en el que "tus amantes te olvidarán y ya no te buscarán"* y entonces, la vida (si todavía existe) será solo un inmenso infinito de soledad. Sería mucho mejor parar ahora.

(*) jeremías 30:14

para los que buscan algo más
salmo 131

23 julio

Walter Matthau tenía 80 años y Jack Lemmon 75, cuando protagonizaron junto a Ann Margaret y Sofía Loren la película "Discordias a la carta". Los dos habían hecho muchas películas juntos, entre ellas "La extraña pareja" y "Aquí, un amigo" y siguieron trabajando juntos, casi hasta el momento de su muerte.

La gente que tiene más años es imprescindible en la vida. Es más, podríamos decir que todos nosotros necesitamos los años para ir aprendiendo cosas que nos parecen casi imposibles. El escritor Ernest Hemingway decía en una de sus conferencias de prensa: "Se necesitan dos años para aprender a hablar y sesenta para aprender a callar." La verdad es que gran parte de la sabiduría llega con la vejez, por eso...

- Los viejos actores nunca mueren, simplemente pierden su personaje.
- Los viejos analistas numéricos nunca mueren, simplemente son truncados.
- Los viejos antropólogos nunca mueren, simplemente se vuelven historia.
- Los viejos astronautas nunca mueren, simplemente se van a otro mundo.
- Los viejos banqueros nunca mueren, simplemente pierden interés.
- Los viejos "botones" nunca mueren, simplemente dejan de responder.
- Los viejos compositores nunca mueren, simplemente se descomponen.
- Los viejos decanos nunca mueren, simplemente pierden sus facultades.
- Los viejos ecologistas nunca mueren, simplemente son reciclados.
- Los viejos electricistas nunca mueren, simplemente pierden el contacto.
- Los viejos hombres del tiempo nunca mueren, simplemente el tiempo deja de importarles.
- Los viejos informáticos nunca mueren, simplemente pierden su memoria.
- Los viejos magos nunca mueren, simplemente desaparecen.
- Los viejos matemáticos nunca mueren, simplemente pierden algunas de sus funciones.
- Los viejos profesores nunca mueren, simplemente pierden sus clases.
- Los viejos químicos nunca mueren, simplemente dejan de reaccionar.
- Los viejos relojeros nunca mueren, simplemente su tiempo se acaba.

Por eso tenemos que respetar y admirar a los más mayores... Y tener sabiduría para aprender lo que es importante en la vida, lo antes posible. Antes de que se acabe el tiempo.

24 julio

Harpo Marx, el mudo, el "niño" de los cinco hermanos. Uno de sus hijos adoptivos dijo de él "Mi padre nunca tuvo una segunda infancia, porque jamás abandonó la primera". Saludaba con la pierna, de una manera humorística, tanto, que llegó a convertirlo en una costumbre. El rey Eduardo VIII de Inglaterra le ofreció una vez su pierna en un saludo. Murió en 1964, y en su entierro fue la única vez que se vio llorar en público a Groucho, su hermano.

Dejar de ser niño es una de las peores decisiones que tomamos en la vida. Ya me entiendes: no estoy hablando de crecer (todos lo necesitamos) ni de alcanzar madurez en la vida y hacer lo que debemos hacer adquiriendo la sabiduría propia de la edad. Me refiero a dejar de abrir los ojos, de jugar, de confiar en otros, de aprender, de sentirse llenos de vida…

Porque cuando dejamos de ser niños, nuestra vida se está acabando…

▶ Cuando dejamos de ser niños, perdemos la capacidad de asombrarnos por lo que vemos.
▶ Cuando dejamos de ser niños, las aventuras dejan de tener sentido, y nuestra imaginación queda encerrada en una lógica absurda.
▶ Cuando dejamos de ser niños, perdemos el tiempo queriendo llegar a todas partes, y olvidamos que podemos jugar mientras vamos por el camino.
▶ Cuando dejamos de ser niños, desaparecen los juegos, los abrazos, los encantos…
▶ Cuando dejamos de ser niños ya no escuchamos con la boca abierta, ya no examinamos las cosas con los ojos saltones, olvidamos hablar dibujando una sonrisa.
▶ Cuando dejamos de ser niños nos complicamos la vida de tal manera, que pasamos mucho tiempo cada día pensando en cómo sería nuestra vida si volviésemos a ser niños.
▶ Cuando dejamos de ser niños, los días pierden la ilusión de lo sencillo, de lo que hacemos cada día, de lo que nos espera cada mañana en cada esquina de la vida.
▶ Cuando dejamos de ser niños desaparece la fe, la confianza, la ilusión, queremos racionalizar todo y sólo creemos en lo que vemos, sólo confiamos en lo que está escrito. Sólo nos ilusionamos con aquello en lo que vamos a ganar algo.
▶ Cuando dejamos de ser niños olvidamos que los juegos se inventan, que los mejores momentos son los que pasamos junto a nuestra familia y nuestros amigos. Olvidamos que cualquiera que llega, independientemente de su raza, o su condición puede ser nuestro amigo y jugar con nosotros.

Cuando volvemos a ser niños, comprendemos la promesa que brilla en nuestra vida: "pondrás de nuevo risas en tu boca"*, porque si desgraciadamente las circunstancias nos vencen y dejamos de ser niños, es porque estamos comenzando a morir.

(*) ¡OD 8:21

para los que buscan algo más
salmo 139

25 julio

Por encima de todo,
Descansa el amigo.

Por encima de momentos
Y circunstancias.
Por encima de olvidos,
Miserias y malentendidos.
Por encima de lo sublime,
De lo que creemos importante.
Por encima de nuestro dinero,
Nuestro placer o nuestro trabajo.
Por encima de días felices
O negocios interminables.
Por encima del propio
Reclamar de la urgencia.
Por encima del dolor,
Las penas o el desaliento.
Por encima de los más profundos
Deseos de libertad.
Por encima de las dudas
Trascendentales por lo desconocido.
Por encima de días y noches,
Cansancios y largas esperas.
Por encima de horas
Interminables sin respuesta.
Por encima de saludos,
Quejas o sonrisas.
Por encima de todo,
Incluso de la propia necesidad de saberlo.
Por encima de la soledad,
La tristeza y el desencanto.
Por encima de cada momento,
De cada ansiedad, de cada silencio
Por encima de todas las cosas
Descansa el amigo.

Para Juan Carlos Caride

para los que buscan algo más
Juan 21

26 julio

Algunos actores muy famosos hoy, comenzaron su carrera cinematográfica cuando eran niños. Drew Barrymore, es conocida por su papel en películas como "Para siempre jamás" o "Mis cincuenta primeras citas", pero comenzó su carrera con la famosa "ET" que le llevó a ser una estrella con sólo seis años. Su problema con la fama lo resolvió de una manera completamente equivocada: Era alcohólica a los diez y drogadicta a los doce años. Hoy afortunadamente está completamente recuperada.

Una de las mayores "maldiciones" que puede tener una persona es llegar a tener todo lo que quiere. No importa si eres un niño, un joven o una persona mayor, si puedes satisfacer cualquier deseo y tienes dinero y poder para conseguir cualquier cosa, estás perdido. Tarde o temprano, "todo" no será suficiente.

Ese es el problema de muchos de los llamados "hijos de papá". Nada les satisface. Puede que por alguna circunstancia de la vida, o por una rara cualidad, hayan llegado a tenerlo todo, y de esa manera se instalan en la queja y el aburrimiento, y casi nadie puede sacarlos ya de ahí. Existe un proverbio alemán que dice: "Si el arco iris dura media hora, ya no se mira mas" Si todo lo que crees bueno en la vida lo puedes conseguir sin ningún esfuerzo, tarde o temprano vas a querer complicarte la existencia.

Gran parte del problema aparece cuando enseñamos a nuestros hijos los principios fundamentales de la ciencia, las estrategias imprescindibles para ganarse un sitio en la vida... y los dejamos sin ninguna referencia espiritual, sin ninguna trascendencia al más allá, y lo que es más grave: sin ninguna comprensión real de quién es Dios, y lo importante que puede ser en sus vidas.

Dios mismo llamó nuestra atención sobre nuestro-dejar-que-los-niños-crean-en-lo-que-quieran--y-cuando-sean-mayores-ya-decidirán. "De vuestros hijos arrebatasteis mi gloria para siempre"*, dice Dios, y no sólo lo dice: sus mismas palabras suenan con la firmeza de un aviso demoledor por haber caído nosotros en una trampa terrible.

¿Quién nos hizo caer en esa trampa? Supongo que cada uno tendrá su respuesta. ¡Incluso hay los que creen que todo va muy bien, y que los niños no necesitan para nada al Creador! Lo que sí es cierto, es que cada niño nace con la imagen de la gloria de Dios en su vida, y el pecado va deformando esa imagen. El pecado suyo y también el de los demás. Porque no hablar a los hijos acerca de Dios es dejar que se pierdan poco a poco.

¿No comprendes? ¿No lo entiendes? Algo marcha mal en nuestra sociedad: Les hemos arrebatado a nuestros niños la posibilidad de disfrutar de la gloria de Dios. Les hemos negado la alegría y la fidelidad de su Creador. Les ocultamos que alguien les ama y se preocupa por ellos... ¿Y nos extraña su manera de comportarse?

(*) miqueas 2:9

para los que buscan algo más
Juan 5

27 julio

Ya he comentado varias veces algunos detalles sobre la película "Tierras de penumbra", historia de la relación entre el escritor C.S.Lewis y su mujer, enfocada sobre todo en los momentos en los que los médicos descubren un cáncer en el cuerpo de ella. Una de los detalles que más me impresiona es cuando ella llega a casa enferma, y le pide a él que haga lo que hace todas las noches, que le hable, que la abrace, que acaricie sus pies… las cosas sencillas y simples que le dan sentido a la vida.

A casi todos nos gustan las cosas complicadas. Siguiendo la tan famosa ley de Murphy, "Si algo puede complicarse en el peor momento posible, lo hará". Parece que nos sentimos bien cuando las circunstancias necesitan todo nuestro ingenio y habilidad para salir de un buen embrollo. Y disfrutamos de pequeños momentos de gloria cuando sabemos resolver grandes cosas. El problema es que, a base de entramparnos y desarrollar grandes tinglados… olvidamos que la belleza casi siempre está en las cosas más sencillas.

Hacer sonreír a un niño, ayudar a quien está cansado, hacer más fácil la vida de una madre, dar un vaso de agua fría a un sediento, terminar bien un trabajo, preocuparse de la necesidad de otro, abrazar al que está solo, ver salir el sol o escuchar una canción… La lista es siempre interminable: las cosas sencillas llaman a nuestra puerta todos los días de nuestra vida, y nosotros decidimos ocuparnos de ellas o no.

Buscando lo extraordinario perdemos muchísimas cosas a lo largo del camino. Un atasco, un plan frustrado, una persona que hace lo que no debe, y cientos de cosas como éstas, pueden ser transformadas si las llenamos del gozo de la sencillez. Todo puede ser cambiado, todo puede ser redimido en los planes de Dios.

¿Sabes una cosa? Siempre he pensado que puede conocerse la grandeza de una persona por las cosas por las que se enfada, por las que su día cambia o se queda frustrado. Cuando más pequeñas son las cosas que le frustran, más pequeña es una persona. Cuanto más se queja alguien por detalles y palabras, más demuestra lo pequeño que es su sentido de la vida.

Por algo, el Señor Jesús se ocupó siempre en primer lugar por las cosas sencillas. Por algo Él prometió que todo aquel que diese un sólo vaso de agua fría en su nombre, no perdería su recompensa.

para los que buscan algo más
Juan 6

28 julio

Una de las características de John Lennon que más daño hicieron a su hijo Julian fue su trato intolerante con los niños. John llegó a decir de su hijo: "Es un poco cretino, de tal madre, tal hijo". Un día le comentó (son frases sacadas de entrevistas con Julian): "¿Crees que no tengo nada mejor que hacer que arreglar tu maldita bicicleta?". Más tarde, siendo adolescente, Julian llamaba a su padre porque quería hablar con él, y John contestaba que podía citarse con él "para dentro de dos semanas".

Cuando los Beatles compusieron su "Sgt. Peppers lonely hearts club band", una de las canciones se titulaba "She's leaving home" (Ella está dejando su casa), y entre otras cosas, la melodía decía lo siguiente:

"Ella se va de casa,
Le dimos todo lo que se puede comprar con dinero..." (1)

Muchos padres no se entienden con sus hijos. Muchos hijos no pueden hablar con sus padres: ellos están demasiado ocupados. Los padres dan todo lo que pueden a sus hijos, pero sólo dan lo que se puede comprar con dinero. Pocos son los padres que se preocupan de aquellas cosas que no se pueden comprar: tiempo, cariño, protección, amistad... y sobre todo, valores absolutos para enfrentar la vida. Un niño puede tener todo (materialmente hablando) y sin embargo seguir sintiéndose solo. Solo porque no hay quien pase tiempo con él. Solo porque no encuentra la ternura que necesita en aquellos a los que ama. Solo porque nadie sabe escucharle y él no puede escuchar a nadie. Solo porque no tiene valores absolutos que puedan ayudarle a comprender su vida.

No sé si alguno de los que estáis leyendo ahora habéis pasado una infancia así. No necesitáis seguir sintiendo lo mismo. Hay alguien que nunca está ocupado y que disfruta de vuestro trabajo y vuestra vida. Hay alguien que se emociona cuando habla contigo. Alguien a quien le interesas, y que te ama profundamente: "Como un niño a quién su madre consuela, así os consolaré yo, dice el Señor"*.

No te preocupes demasiado por aquellos a quienes tienes que pedir audiencia para dentro de tres o cuatro semanas. El Mayor de todos, el Creador, el Ser más importante que existe, está esperándote ahora mismo para consolarte. Para abrazarte.

(*) isaías 66:13, (1) the beatles, emi records1967

para los que buscan algo más
proverbios 3

29 julio

Sandra Bullock ha participado en algunas de las películas más conocidas en los años 90, como "La red", "Speed" o "Mientras dormías". Cuando vemos la cantidad de películas en las que actuó y el poco tiempo que transcurría entre una y otra, comprendemos perfectamente lo que reconocía en una entrevista reciente: "No he sido drogadicta ni alcohólica, pero he abusado de otras cosas para escapar de la realidad. El trabajo ha sido mi droga".

Una nueva enfermedad conocida desde los últimos años del siglo pasado. Los adictos al trabajo. Hay mucha gente así. Aparentemente no puedes decirles nada, porque el que trabaja demasiado, incluso tiene colgada esa "etiqueta" de ciudadano ejemplar.

El problema puede llegar a ser muy grave, porque saca a la luz muchas cosas ocultas. Hay gente que sólo vive para trabajar, ése es el absoluto de su vida. Muchos trabajan más de la cuenta porque tienen verdadero pánico al tiempo libre. Otros se escudan en el trabajo por sus muchos problemas de relaciones con los demás, con su familia, con los amigos o incluso consigo mismos.

Otros viven así, porque en su corazón sólo hay lugar para una ambición desmesurada. Quieren ganar lo máximo posible, alcanzar las más altas cotas de poder y ser conocidos y admirados por tener más que ningún otro. Ese es un problema personal muy grave, porque su autoestima como personas dependen de lo que hacen, de tener su tiempo ocupado. No son capaces de aguantar una tarde sin hacer nada, un momento a solas con un amigo o un día dedicado a su familia. Parece como si fuese un pecado capital dejar de trabajar.

Hace poco veía un reportaje dedicado a las familias que perdieron a algún ser querido en el atentado terrorista contra las Torres gemelas. Cuando les preguntaban que sentían, una mujer cuyo padre trabajaba en el piso 62 de una de las torres dijo: "Daría todo lo que tengo por volver a la mañana del 11 de Septiembre, sólo para decirle a mi padre que le quiero". Cuando perdemos lo importante, nos damos cuenta que quizás hemos dedicado demasiadas fuerzas en nuestra vida a lo cotidiano.

Lo hacemos porque la gran mayoría de la gente vive sólo para el éxito. Eso es lo que buscan. No les preocupan las cosas bien hechas, ni la grandeza, ni lo que le ocurra a los demás, lo único que muchos buscan es tener éxito. Y el éxito es una de las peores drogas que existen. Te ciega completamente, tanto que eres capaz de renunciar a todo para llegar a tener lo que es imposible de alcanzar. Mientras, a realidad se escapa. Los mejores momentos se pierden y cuando comprendemos lo que es realmente importante, para muchos es ya demasiado tarde.

para los que buscan algo más
juan 7

30 julio

La película "Diario de un rebelde" presentaba al actor Leonardo di Caprio, vestido completamente de negro y cubierto con una gabardina del mismo color, matando a algunos de sus compañeros de clase con un arma. Parece que los miembros de la banda de Colorado que mataron a 13 personas en una escuela antes de suicidarse seguían su pista, porque todos iban vestidos de la misma manera que di Caprio.

No sé si has escuchado alguna vez que un niño "normal" de nuestro primer mundo, ve más de 100.000 actos de violencia en al cine y la televisión en los primeros 14 años de su vida. Sé que a muchos no les importa o no les interesa, pero nadie puede negar que esos actos de violencia influyen determinantemente en la vida de todos, y mucho más en la de los más pequeños.

Hemos añadido un problema más a nuestras familias. Un problema del que muy pocos se han dado cuenta: la televisión en cada habitación. Nadie tiene control de lo que ven los niños, y esa no es precisamente la razón más cruel, sino el hecho de que la gente ya no habla, ya no se comunica. Cada uno se encierra en su habitación con su "caja tonta" y la vida pasa y se desarrolla en un solo cuarto de la casa. No existe ningún motivo para que se haga así, sólo la comodidad y el hecho de que cada uno viva en su "universo". ¿Las consecuencias? Niños en edad escolar que sufren depresiones porque nadie les escucha: la televisión y los juegos de ordenador enseñan pero no escuchan, y la necesidad de ser escuchado es imperiosa en el ser humano. Si nos falta, nos falta casi todo.

El problema de la televisión, los ordenadores, la play station y muchos otros "come tiempos" es que no nos dejan momentos para pensar, para reflexionar. Instantes en los que podamos examinar lo que ha ocurrido a lo largo del día. Momentos para leer algo importante o para escribir un pequeño diario. La televisión quita el tiempo a casi todo, y nos "obliga" a permanecer sentados como espectadores mientras la vida se escapa a nuestro alrededor y nosotros perdemos la belleza de casi todo.

¡Hay gente que incluso se duerme viendo la televisión, y queda encendida toda la noche! Muchas personas ya no son capaces de vivir sin ella. Incluso los matrimonios han dejado de hablar en su propia habitación, porque la tele está encendida y cada uno quiere ver su programa favorito.

Al final nos extrañamos de que nadie quiera hablar con nosotros. Que nuestros hijos o nuestros padres no nos comprendan y de que el mundo sea demasiado insensible. A veces nos duele que nadie nos entienda y que no quieran escuchar lo que nos sucede. Nos preguntamos la razón de que la gente viva en su propio mundo y no se preocupe por los demás. Fruncimos el ceño al ver que nuestros hijos ya no juegan y han perdido la imaginación y la fantasía... Mientras seguimos sintiéndonos felices con un mando en la mano y tragando una mentira tras otra.

31 julio

La actriz Jean Harlow fue una de las primeras seguidoras de la llamada "ciencia cristiana", como hoy lo son entre otros el actor Tom Cruise. Jean murió en el año 1937, porque no quiso ser operada a tiempo, así como en la secta de los "Testigos de Jehová", los seguidores de la ciencia cristiana no admitían transfusiones de sangre, y trasplantes.

Hollywood siempre ha estado lleno de sectas y diferentes creencias (ahora está de moda el budismo y las religiones orientales). Todo es un negocio más. Muchos hacen lo que otros dicen, y una gran cantidad de jóvenes siguen lo que sus "ídolos" hacen y dicen. En cierta manera es loo más cómodo. Todos los dioses creados por sectas, religiones más o menos modernas y creencias varias, son ídolos que se pueden manejar, que no discuten, que no se meten en nuestra vida. Creencias y dioses que sólo sirven para hacer lo que queremos.

Muchas otras personas buscan una religión sólo para tener algo a qué agarrarse. Pueden aparentar muchas cosas, pero en el fondo no creen en nada. Casi puede decirse que es lo mismo no creer en nada que creer en algo o alguien que no tiene ningún valor. La Biblia es muy clara en cuanto a las apariencias. No sirve de nada vivir en un entorno religioso o tener un vocabulario cristiano. El Señor Jesús se refirió a todas estas cosas cuando dijo: "No todo el que dice: Señor, Señor entrará en el reino de los cielos... Muchos dirán –En tu nombre hemos hecho milagros y expulsado demonios–, y Yo diré, –Apartaos de mí, porque no os conozco, y todo lo que hacéis es malvado–"*.

Fíjate en las cosas en las que la gente confía en su vida religiosa... y que no sirven para nada:
1. La doctrina y creencia adecuada: Le llaman "Señor"
2. El fervor: Le dicen "Señor" dos veces.
3. El poder: Han echado fuera demonios.
4. Los milagros.

Puedes tener la doctrina correcta, el fervor, el poder e incluso hacer milagros en nombre de Dios, y sin embargo estar muy lejos de Él. La clave no es ninguna de estas cosas. Lo que va a decidir tu vida espiritual y la vida eterna no es si lo que piensas es correcto, si estás trabajando mucho religiosamente hablando, o si has llegado a ser todo un "hacedor" de milagros y maravillas. Es triste, pero todo eso no sirve. Por mucha apariencia que hayas logrado reunir. Un día (¡El más triste día!) El Señor mismo dirá: "No te conozco".

Y esa es precisamente la clave, la solución, el "quid" de la cuestión: ¿Conoces al Señor Jesús? ¿Es Él la primera y la última realidad en tu vida? ¿En tu corazón el Señor tiene el lugar más importante? ¿Él te conoce a ti?... Más te vale que lo arregles pronto, y mientras, ¡Deja de jugar a ser religioso!

(*) mateo 25:12

para los que buscan algo más
mateo 25

1 agosto

Charles Chaplin, no sólo interpretaba las películas, también era el director, el guionista, el productor, componía la música, y muchas cosas más. "El chico" (1921) "Luces en la ciudad" (1923) "Tiempos modernos" (1936) fueron algunos de sus films más famosos. El conocido "Charlot" era un defensor del cine mudo. Decía que el cine moderno destruía la belleza del silencio.

No sé lo que Sir Charles diría hoy si viese nuestro mundo: El silencio parece ser el enemigo de muchos. En la calle todo son sonidos estridentes. En los grandes almacenes ponen música y anuncios para que puedas comprar más cosas. Mientras todo esto sucede, perdemos la belleza de la comprensión, del silencio, de interesarse por lo que otra persona puede estar pensando o sintiendo sin decir nada. Muchas veces cuando estoy con Miriam o las niñas y estamos paseando y hablando, de repente se hace el silencio, y tarde o temprano alguno de nosotros hace la célebre pregunta en nuestra familia: "¿En qué estás pensando?" Nos interesa mucho comprendernos unos a otros.

No sé si has pensado alguna vez en lo que estoy escribiendo: Nuestra vida sería diferente si la gente nos comprendiese más y si nosotros hiciéramos un esfuerzo por comprender más a los que nos rodean. Porque podemos no entender a alguien, pero siempre merece la pena hacer un esfuerzo por comprenderlo.

No, no es un juego de palabras, una cosa es entender algo y otra muy diferente comprenderlo. Entender es saber la razón de las cosas, encontrar en nuestra mente los motivos, razones o decisiones por las que se hace algo, o alguien hace algo. Entender es algo racional, mental. Algo bueno, pero frío en si mismo, porque lo racional no entiende de emociones.

Comprender es algo muy diferente. "Comprehender" (el origen etimológico de la palabra) literalmente es abrazar. La misma lengua nos dice que no puedes comprender a alguien si no lo abrazas. No sólo de una manera figurada, sino real. Puedes entender la razón por la que alguien hace algo, pero no comprenderlo en absoluto. De la misma manera puedes comprender a alguien aunque no estés de acuerdo con él o con ella, es decir aunque no lo entiendas.

Siempre debemos comprender a nuestros amigos, aunque a veces no los entendamos. Siempre debemos comprender a nuestra familia, a nuestros padres, hijos, hermanos, aunque a veces no podamos entender lo que hacen.

Comprender es abrazar, prestar atención, escuchar con los ojos, ponerse en el lugar del otro. Comprender es hacer un esfuerzo para no solamente entender lo que nos están diciendo, sino abrazar a la otra persona. O es así, o no es nada. Muchas veces entendemos a alguien, pero no llegamos a comprenderlo. Sabemos sus razones, pero no somos capaces de ponernos en su lugar. Es un esfuerzo que merece la pena, sobre todo en nuestra propia familia. Puede que a veces no entendamos a alguien, pero siempre podemos abrazarle.

para los que buscan algo más
salmo 133

2 agosto

Marlon Brando fue el ganador del Oscar en el año 1972 por su interpretación en la película "El Padrino". Marlon siempre había protestado por el mal trato que Hollywood daba los indios en sus películas, así que no quiso ir a recoger el premio. En su lugar envió a una niña india a recogerlo. Más tarde se supo que no era una india directamente, sino la actriz mejicana María Cruz.

Un hombre verdaderamente libre es el que sabe rehusar a algo sin poner ningún pretexto, el que es capaz de decir "no" a alguna cosa sin tener que dar explicaciones. Decir no a probar cosas que puedan destruirle física, familiar, social o espiritualmente sin ninguna razón, simplemente porque no. Decir no a situaciones económicas equívocas simplemente porque no. Decir no a consumir productos de una casa que esclaviza niños en el trabajo, o que no es justa con sus obreros. Decir no a algo que creemos que no es bueno moralmente hablando. Decir no y no tener que dar más razones, eso es libertad.

Nos preocupa demasiado lo que piensan los demás, tanto que a veces vendemos nuestra propia libertad por no enfrentarnos a nadie. Hacemos cosas que más tarde nos golpean en la conciencia sólo por no quedar mal. Nos introducimos en mundos y probamos situaciones que poco a poco nos destruyen sólo por no ser considerados como "tontos" o menos "inteligentes" que los que lo están haciendo. En muchas ocasiones decir no y no tener que dar más razones es una prueba de nuestra libertad.

Sólo somos libres cuando buscamos las razones en nuestra propia conciencia, en lo que pensamos, en lo que creemos que es la solución a nuestros problemas y nuestras necesidades. Sólo somos libres cuando aprendemos a vivir, cuando intentamos mantener nuestros principios y seguir nuestro camino de acuerdo a ellos.

La libertad crece cuando vive de la verdad, sino lo único que hace es esclavizar. Es curioso que si no buscamos la verdad en lo que hacemos, nuestra propia libertad incluso puede llegar a esclavizarnos. Por eso, si en un momento alguno de nuestros principios se tambalea debemos tener el valor y la fuerza para rectificar y comenzar de nuevo, esa decisión no nos ata, sino que nos hace más libres todavía.

Pensar en lo que es nuestra vida. Tomar las decisiones de acuerdo a lo que creemos que es justo. Tener la honradez y el honor para luchar por nuestra libertad y la de todos. Permitir que todos ejerzan esa misma libertad y no obligar directa o indirectamente a nadie a que haga lo que nosotros queremos que haga. Todas son proposiciones difíciles, pero todas merecen la pena. La verdad con mayúscula las ampara, porque sólo la Verdad nos hace verdaderamente libres.

Sin necesidad de dar más explicaciones.

para los que buscan algo más
salmo 134

3 agosto

Sin ninguna duda, han sido una de las parejas más conocidas en el mundo del cine. Cuando hablamos del "gordo y el flaco" inmediatamente recordamos a Oliver Hardy y Stan Laurel, dos de los mejores humoristas de la historia. Stan era originalmente un guionista de cine que nunca había actuado, pero un día tuvo que hacer una sustitución porque un actor no vino, y Hal Roseeh, el productor vio que aquella pareja funcionaba de maravilla. Acertó de pleno: los dos juntos rodaron más de 100 películas e hicieron reír a medio mundo.

Muchas veces en la vida nos da la impresión que casi todo lo que ocurre es cuestión de "suerte". Como algunos dicen, "estar en el momento oportuno y en el lugar adecuado". Puede que tengan algo de razón, pero yo creo que la razón de muchas "oportunidades" tiene que ver más bien con otra cosa: nuestra actitud.

¿Has hecho alguna vez una lista de las cosas que realmente merecen la pena y que no cuestan nada? Fíjate alguna de ellas:

- Unos instantes de silencio, sin prisas por ninguna cosa
- Ver nacer el sol
- Ver ponerse el sol
- Soñar y pensar en el futuro
- Agradecer a Dios cada mañana el nacimiento de un nuevo día
- Disfrutar de una canción favorita
- Una llamada de alguien que hace mucho que no escuchamos
- Una buena conversación con nuestros padres, hijos, hermanos…
- Tiempo con los amigos
- Despertar y descubrir que tienes tiempo para dormir un poco más
- Acostarse en la cama y ver caer la lluvia
- Reír todo lo que puedas
- Un baño de agua caliente cuando hace frío
- Pasear por un camino nuevo

Tú mismo/a puedes hacer que esta lista sea casi interminable, porque lo que Dios nos regala es para que aprendamos a disfrutar de la vida. Cada día.

para los que buscan algo más
salmo 135

4 agosto

Mucho se ha hablado del hundimiento del "Titanic" y de las más de mil setecientas personas que perecieron en el naufragio. Después de estrenarse la película interpretada por Leonardo Di Caprio y Kate Winslet, creo que todo el mundo conoce la historia. Lo que muy pocos saben es que el estreno de la película fue la causa para una muerte más, la de un encargado de cine en un pueblo de la provincia de Pontevedra, que falleció al caerse mientras estaba colocando del cartel del film.

No sé si recuerdas algo de la historia, pero un detalle que me impresionó, es que (al igual que en cualquier transporte colectivo) había personas que habían pagado diferentes categorías en su viaje. Algunos iban en primera especial, con todo lujo de comodidades y esplendor, hasta con una orquesta para amenizar el viaje. Otros viajaban en segunda, la llamada "clase media", pero la gran mayoría tenía que sobrevivir en tercera categoría, apiñados en las bodegas y con muy poco espacio. De la misma manera, también existían categorías en la tripulación: el capitán, los oficiales, los marines...

Cuando llegó el naufragio, todas las categorías posibles se redujeron a dos: salvados y perdidos. No quedó ninguna otra. Todos los que pudieron llegar a un bote salvavidas pasaron a formar parte de los "salvados" independientemente de lo que hubieran pagado por su viaje. Todos los que quedaron en el mar, murieron "perdidos" sin importar si habían disfrutado de las comodidades y la orquesta, sin tener ningún valor tanto si eran oficiales o marines.

Ocurre exactamente igual en la vida: puede que algunos "viajen" mejor que los demás, pero en el momento de la muerte, o estás entre los salvados o entre los perdidos. Todo lo demás no sirve de nada. Quizás viajabas disfrutando de todo lo que había en primera clase, pero en el momento final, no sirve de nada.

De vez en cuando es bueno recordar que cuando una persona muere, casi nadie habla de lo que tiene, de su cuenta bancaria, del coche último modelo que acaba da comprarse o del yate que tiene amarrado en el puerto. Lo que se recuerda es si era amable, si quería a su familia, si era un buen amigo... Lo que él mismo recordará es si se ha salvado. Eso es lo que merece la pena.

Hace poco leí algo que me hizo pensar, tenía que ver con los precios de los trajes mortuorios. Casi todos costaban mucho menos que un traje normal. ¿Sabes la razón? Los trajes que se le ponen a los muertos para enterrarlos, no tienen ningún extra: No tienen bolsillos.

Cuando uno muere, no necesita llevarse nada. Mejor dicho: No puede llevarse nada. No importa si has pasado toda tu vida en primera clase. De nada vale si eras una de las cien personas más ricas de tu país. Cuando la vida se va, las categorías desaparecen. Todo se resume a "salvado" o "perdido"

Puede parecer demasiado simple, pero sí te aseguro una cosa: No es una broma.

para los que buscan algo más
juan 9

5 agosto

La película "Pistol" se filmó para que la gente conociese los primeros años de uno de los mejores jugadores de baloncesto de toda la historia: Pete Maravich. Llegó a la cima del basket, en 1980 cuando firmó con los Celtics. Antes había batido todos los records de anotación en la Universidad y pasado por algunos de los mejores equipos del mundo. Pero no todo fueron buenas noticias, durante su carrera sufrió bastantes momentos difíciles: su madre se había suicidado años antes y Pete se encerró en sí mismo, y no quiso hablar con nadie.

Por dos años la prensa no existió para él. Todos le consideraban casi un "cascarrabias", hasta que un día, casi al final de su carrera, oró y pidió a Dios que cambiase su vida. Había despreciado a Dios. Había blasfemado y odiado a su Creador, pero ahora acudía a Él y pedía misericordia. Volvió a encontrarse con su padre y le pidió perdón por todas las ocasiones en las que le había evitado e incluso se había emborrachado. Más tarde, su padre también llegó a conocer al Señor. En el año 1985 los "Utah Jazz" retiraron el número siete de la camiseta de Pete en su honor, y más tarde (5-5-1987) sería incluido en el "Basketball Hall of fame" y considerado el jugador más innovador de toda la historia. Cuando ya no podía hacer nada y estaba al final de su carrera, encontró lo mejor de la vida.

¿Lo has escuchado alguna vez?; es una de las frases más repetidas por todos: "Dios ayuda a los que se ayudan". Hay muchos que piensan incluso que algo así está en la Biblia o que es una frase que refleja el carácter de Dios, pero déjame decirte que pocas cosas hay más lejanas al carácter de Dios que esa frase.

¿Sabes la razón? La Biblia nos enseña que Dios ayuda a los que no pueden hacer nada, a los necesitados, a los que se sienten incomprendidos y sin poder para realizar grandes cosas.

Dios está al lado de los que muchos consideran perdedores, porque para Dios no hay perdedores, Dios oye las oraciones de todos.

Dios conoce al niño que está sólo, Dios sabe de la familia que no tiene casa. Dios escucha a aquellos que no tienen familia y piensan que no le preocupan a nadie. Dios está al lado de los que tienen sólo lo básico para vivir. Dios sabe lo que ocurre en cada corazón... la soledad y las lágrimas de todos. Incluso las que no son derramadas, o lo son en el silencio. Dios se pone siempre al lado de los oprimidos, de los que sufren, de los que se sienten olvidados. Dios ayuda a los que no pueden hacer nada, a los que incluso se sienten tentados a renunciar a sí mismos.

Para Dios todos son valiosos. No importa lo que tengan o lo que piensen los demás. A Dios no le impresionan los grandes números ni las grandes hazañas. Los vencedores no influyen en el corazón de Dios. Seas quien seas, y estés dónde estés, la mejor manera de presentarte delante de Dios es siendo tú mismo. Sin títulos ni presentaciones. Sin nada que puedas tener entre tus manos o en tu cuenta. Sólo tu mismo/a.

para los que buscan algo más
salmo 140

6 agosto

Barbra Streissand es una de las personas con mayor talento artístico de Hollywood. No sólo colocó en el número uno de ventas muchas de sus canciones, sino que ha participado en un gran número de películas de éxito. En una de las más conocidas, la titulada "Yentl", Barbra trabajó como directora, protagonista, guionista, productora, compositora y cantante. Lo hizo absolutamente todo. Recibió muchos premios, pero al mismo tiempo también fue el blanco de la envidia de muchos, porque se atrevió a hacer algo que sólo el genial Charles Chaplin había hecho... aunque él no cantaba, claro.

Gente muy importante, capaces de hacer casi cualquier cosa. Casi todos admiramos a las personas con tanto talento y esa admiración es buena, pero hay un riesgo en creer que los que tienen más cualidades pueden tener más importancia que otros. Un buen amigo me envió una nota explicando que durante su tercer año en la escuela de medicina, su profesor les pasó un examen. Era relativamente sencillo para todos los que habían estudiado, pero al llegar a la última pregunta se encontraron con una sorpresa mayúscula: ¿Cuál es el nombre de la mujer de la limpieza en esta Universidad?

Ningún alumno pudo contestar esa pregunta. Algunos incluso pensaron que era una broma... Todos conocían a aquella mujer. Era una mujer normal, con el pelo oscuro y de unos cincuenta y cinco años, pero nadie sabía su nombre. Algunos incluso se preocuparon porque su nota iba a bajar por no conocer ese dato... Inmediatamente el profesor dijo: "Esa pregunta es tan importante como las demás, y todos deberían conocer la respuesta. En su vida van a encontrar muchas personas, y todas tienen importancia. Todas merecen su atención, aunque sólo puedan regalarles una sonrisa. No importa mucho si conocen muchas cosas pero no saben el nombre de la gente que está trabajando con ustedes"

Gente muy importante, capaces de hacer casi cualquier cosa. Así son todos los que tenemos a nuestro alrededor. No importa si es la persona que limpia la escalera de nuestro edificio, el cartero que nos trae las noticias de la gente que queremos; los que nos venden el pan, o los que están trabajando pintando una de nuestras habitaciones. Todos merecen nuestra atención, porque todos tenemos el mismo valor. Todos merecen que (por lo menos) los saludemos y les regalemos una sonrisa, y si es posible, que conozcamos sus nombres y si necesitan algo que nosotros podamos hacer.

Puede que muchos famosos sean el blanco de todas las envidias, pero te aseguro que hay pocas cosas tan valiosas como un abrazo sincero de alguien que tienes cerca de ti. Alguien que sólo aparentemente, parece no tener importancia.

para los que buscan algo más
salmo 141

7 agosto

Hace varios años encontré en una ciudad de Galicia a un chico que se llamaba Juan. Estaba pidiendo ayuda a los que pasaban. Parecía un deficiente físico, porque tenía muchas dificultades para moverse normalmente, y no podía hablar. Cuando preguntamos por su historia, supimos que cuando era niño, se había caído desde un puente, y desde entonces pasaba casi todos los días en la calle, con la gente que le ayudaba. Después de muchos esfuerzos por sus dificultades para hablar, nos dijo que se llamaba Juan. En ese momento, sólo pude decirle que nunca se olvidara que Dios le amaba. Que antes de que dijera una sola palabra, Dios ya le había escuchado, porque su vida era muy valiosa para Dios.

Nos hizo una señal con su mano y nos sonrió para que supiésemos que había entendido lo que le dijimos. Meses más tarde apareció en la Iglesia cuando yo estaba predicando, sin saber que nosotros estábamos allí. Sabía que Dios le amaba y le escuchaba siempre. Cuando le vi, recordé uno de mis versículos favoritos en la Biblia:

"¿Por qué te abates y te turbas dentro de mí, alma mía?
Espera en Dios porque aún he de alabarle,
Mi salvación y mi Dios".*

Y pensé en lo que tantas veces ocurre en nuestro mundo...

Alguien llora, nadie escucha, nadie se preocupa
Alguien sufre, nadie sabe lo que está pasando,
Nadie conoce las razones por las que la vida parece acabarse.
Alguien llora, y todos continúan con sus planes,
Porque eso es lo realmente importante para ellos,
Alguien se desespera y nadie es capaz de abrazarle.
Pero aún cuando todos parecen estar ausentes
La mano de Dios acaricia el rostro del que sufre,
Porque Dios sabe exactamente lo que hay en el fondo del corazón.
Incluso lo que está escondido para nosotros mismos.
Alguien llora, Dios siempre escucha.

Nuestras lágrimas son el mejor medio para llegar al Creador.

(*) salmo 42:6

para los que buscan algo más
salmo 143

8 agosto

Un hombre encontró a unos niños jugando con un perro pequeñito. Cuando les preguntó a qué jugaban, ellos le dijeron: "Estamos contando mentiras, y el que diga la mayor, se queda con el cachorro". El hombre les riñó: "Yo de pequeño no contaba mentiras, ni andaba perdiendo el tiempo en tonterías". Los niños le dieron inmediatamente el perrito a él. "Esa es la mayor mentira que nadie dijo hasta ahora" le dijeron.

¿Las has escuchado alguna vez? Son mentiras que todos dicen. En determinadas circunstancias parece como si nadie fuese capaz de controlarse, y acabar creyendo que…

- Mañana sin falta lo hago.
- Este año sí que me pongo a estudiar.
- Nos quedamos sólo un momento y ya nos vamos.
- Justo te iba a llamar ahora.
- Por mi madre que nunca más vuelvo a beber.
- El profesor me tiene manía.
- ¿Yo te debo? Ni me acordaba.
- Pasé el semáforo en amarillo, seguro.
- Ponlo tú que mañana te lo pago.
- Te aseguro por mi vida, que ya te lo mandé.
- No, no; yo te llamo.
- Ayer estaba enfermo.
- A partir de la próxima semana dejo de fumar.
- Se me perdió tu teléfono.
- Se cayó solo y se rompió.
- ¡Sí, sí! Yo voy……. Seguro….
- No te preocupes, jamás se lo contaré a nadie.
- El lunes empiezo la dieta.
- Te estuve llamando, pero comunicaba.
- Llámame en cinco minutos que estoy en una reunión.
- Te querré siempre.
- No, ahora no está en casa.

Es curioso, pero la verdad existe por sí misma, la mentira siempre tiene que inventarse. Puede que nos "merezcamos" muchos premios por mentirosos, pero desgraciadamente esos premios tienen mucho que ver con la vergüenza, la frustración, la infidelidad, la amargura y el miedo. Si quieres ganarte alguno de estos premios, no te preocupes y sigue mintiendo, tarde o temprano vas a tenerlos todos.

Si prefieres dar tu lealtad a los que te rodean, y que ellos vivan confiando en ti, es hora de dejar de buscar excusas y ser coherente. Es hora de defender la verdad y vivir sin miedo. Es lo único que puede hacer que nuestro mundo sea diferente, que pueda ser un poco mejor.

para los que buscan algo más
salmo 144

9 agosto

Elton John llegó a batir casi todos los records de ventas de discos en el año 1997 con su "Candle in the wind", una canción editada ya hacía varios años y dedicada a la fallecida actriz Marilyn Monroe. Creo que todos recordáis que el hecho que hizo que la canción volviese a estar en los primeros lugares de la lista, fue el hábil cambio de dos o tres párrafos para dedicarla a la también fallecida Diana de Gales. El mundo entero vio como Elton se "emocionaba" en el entierro al cantar la melodía. Yo no voy a decir nada en este asunto, sólo que muchos de los "grandes" del rock le echaron en cara a Elton que estuviese (en cierta manera) jugando con la memoria de los que fallecieron... y yo me pregunto también si casi todos los demás cantantes no habrían hecho lo propio de tener la misma oportunidad.

Lo que a mi me llamó la atención de toda la historia, fue una frase que Diana había dicho justo antes de morir. Ella confirmó en algunas entrevistas que estaba saliendo con Dodi (y no voy ahora a explicarte toda la historia de cómo murieron en París y todo eso, creo que la conocen hasta los tigres de Siberia), y también nos dijo la razón por la que salía con un hombre con tanto dinero: "Dodi me da seguridad". En cualquier momento podían escapar de cualquier situación en un helicóptero o en avión personal... o podían introducirse en lo más solitario del mar con alguno de sus barcos particulares. La seguridad era absoluta, y aparentemente de esa seguridad nacía el sentimiento de felicidad. Y no se puede juzgar por eso a Diana, muchos piensan hoy lo mismo.

Todos sabemos cómo terminó la historia. Todos conocemos la seguridad que tanto Diana como Dodi tenían, y cómo esa seguridad se perdió en sólo unos minutos. Y después la muerte... y la eternidad. Y no me digáis que es muy cruel exponerlo así: Es la realidad. La seguridad del hombre dura sólo cinco minutos: los que le separan de su propia muerte.

¿Sabes lo que ocurre? Si echas a Dios de tu vida y dices que todo lo referente a la vida espiritual es un cuento, todos los grandes problemas de tu existencia: libertad, amor, muerte, significado, etc. deben ser resueltos en base a dimensiones materiales... y ¿cómo enfrentas todas esas situaciones (que no son materiales) con lo que tienes en tus manos? ¡Puedes tenerlo todo y disfrutar de todo el dinero del mundo y en el momento crucial de la vida no servirte de nada!

¿Qué harás entonces con toda tu "seguridad"?

para los que buscan algo más
salmo 91

10 agosto

Marilyn Monroe visitó un orfanato en México y se quedó impresionada con los niños, sobre todo por las necesidades que tenían y sin embargo todos eran capaces de regalar cariño. Pensó en donar un cheque de 1000 dólares para la institución, pero cuando iba a hacerlo, lo pensó mejor y lo rompió... para regalar otro de 10.000 dólares. Sus biógrafos dicen que fue una de las últimas noches que pudo dormir sin somníferos.

Cuando una persona da a otros, es feliz.

Suena completamente diferente a lo que pensamos. Si lo dices unas cuantas veces en un día, hasta pueden pensar que estás un poco "loco", porque nada es más contrario a lo que la mayoría piensa. Recuerda aquello de "primero yo, después yo, y si queda algo, para mí". Esa es la filosofía con la que vive la gran mayoría de la gente. Bueno, muy pocos quieren reconocerlo, pero el caso es que es así.

Déjame repetirlo: Cuando alguien da a otros, es feliz.

Demasiada gente vive con problemas porque están siempre preocupados por sí mismos, y no por los demás. Cuando nos enfocamos demasiado en nosotros mismos, sufrimos, cuando nos enfocamos en nuestro pasado, en nuestras dudas, en nuestros errores, en lo que somos nosotros, vamos a llenarnos de ansiedad siempre. No lo dudes.

Ese es uno de los mayores contrastes de la vida: Vivir para dar, o vivir buscando tener más. Un día le preguntaron al famoso Rockefeller, una de las personas más ricas del mundo en su época: "¿Cuánto dinero se necesita para ser feliz?". El respondió: "sólo un poco más".

Siempre queremos un poco más. Siempre nos sentimos infelices por lo que nos falta. La propia publicidad de los medios de comunicación hace que la gente se vuelva insaciable. Te enseñan que tiene mucha más importancia la imagen que el contenido, el "envoltorio" que la esencia, lo exterior es más valioso que el interior. Y todos nos unimos a una enloquecida carrera por aparentar más, por construir una mejor imagen, por llenar nuestra casa de "envoltorios" y desnudarla de esencia.

Es lógico que muchas personas no puedan dormir pensando en lo que tienen o en lo que les falta. Pensando en guardar lo que les pertenece, o en buscar dinero para lo que todavía no han logrado tener. Sufren la misma enfermedad ricos y pobres, porque el anhelo de lo que falta nos roba la felicidad de lo que tenemos.

Sólo hay una medicina para ese mal. Sólo una vacuna para encontrar paz y descanso en nuestra vida. Recuerda: Cuando una persona da a otros, es feliz.

para los que buscan algo más
salmo 145

11 agosto

"El amor se entrega y no se piensa
Puede más la fe que la razón
(…) Sólo el amor sana la herida
Que alguna vez nos causara el dolor
(…) Por amor murió crucificada
La Esperanza de la humanidad
(…) Mas si vives sólo y abatido
Deberías pensar
Que los cuerpos pasan por la vida
Pero el alma es inmortal" (1)

Recordé esta canción al estar con un matrimonio amigo. Él está completamente paralizado en una silla de ruedas debido a una enfermedad degenerativa, ella sigue a su lado disfrutando de la compañía de quién más ama. Tienen una niña, que vive cada momento del cariño de sus padres. Es uno de los ejemplos de la belleza de vivir cada día juntos, de disfrutar cada momento sin esperar nada más. De dar gracias a Dios porque cada mañana de cada día es diferente y merece la pena vivirlo, porque quizás sea el último.

El verdadero amor comienza en el momento en el que no esperas nada en compensación por lo que haces. Amas simplemente, sencillamente. No existe tal cosa que la gente dice llamada "amor libre". Nada ata más a otra persona que amarla. No puedes vivir sin pensar en lo que esa persona siente. No puedes seguir adelante con ninguna cosa si sabes que está sufriendo. El verdadero amor jamás abandona, acompaña en el sufrimiento siempre, e incluso aprende a disfrutar de los momentos más difíciles, porque está al lado de quien ama.

Es algo que todos debemos aprender. Es imprescindible que el amor tenga un papel crucial en nuestra vida, y que sepamos encontrar su sentido. Pocas cosas hay tan tristes como quien no da ni quiere aceptar ningún tipo de sentimientos. Pocas personas son más dignas de lástima que aquellos que no se atreven a soñar, ni quieren ayudar para que otros cumplan sus sueños. No es malo en absoluto dejar volar nuestra imaginación procurando el bien de los demás.

Y en último término, nuestra necesidad de ternura siempre encontrará un lugar en la que verse satisfecha: "Que venga tu ternura pronto a nuestro encuentro",* es el grito desesperado que lanzamos en muchas ocasiones cuando nos damos cuenta de la crueldad y deshumanización de este mundo. Cuando nadie quiere escucharnos, cuando la frialdad de los "sabios" y entendidos nos hiela el corazón, cuando las risas de los sin alma nos avergüenzan por querer recibir (¡o dar!) un poco de vida, siempre podemos ir delante de nuestro Creador y descansar en su ternura.

(*) salmo 79:8; (1) composición de donato poveda, "sólo el amor" interpretada por miguel angel guerra

para los que buscan algo más
salmo 79

12 agosto

Johan Sebastian Bach es el referente número uno para todos los compositores de música clásica, y uno de los más "grandes" para todos aquellos a los que les gusta la música. Su mujer dijo un día "El cielo no será el cielo si no se toca allí la música de Johan Sebastian". Aún siendo tan admirado y querido, Bach fue siempre una persona normal en todo el sentido del término. Durante veintisiete años tocaba y presentaba sus obras cada Domingo en una de las Iglesias evangélicas de Leipzig, y la mayor grandeza que existía en su vida era prepararse para el Domingo siguiente. Casi siempre ponía la frase "Ayúdame Jesús" al principio de sus partituras, y "Soli Deo Gloria" (Sólo a Dios sea la gloria) al final.

Puede que al verlo cada Domingo tocando en la Iglesia, muchos pensasen que era una persona casi vulgar. Cuando leemos a los diversos historiadores que han escrito su biografía nos damos cuenta que era un buen padre de familia, buen amigo, buen creyente, una buena persona... Muchos dirían que era alguien sin ninguna relevancia... Incluso nunca fue rico ni demasiado conocido: era alguien que intentó vivir haciendo el bien con todas las cosas que hacía, y lo consiguió. No se preocupó de los grandes proyectos o las primeras planas de los medios de comunicación. Simplemente quiso disfrutar de su trabajo, de su familia y de todo lo que le rodeaba, día a día. Así de sencillo.

La verdad es que ser grande no significa vivir a toda velocidad en una carrera sin sentido hacia la fama, el poder o el dinero: Tener sentido en la vida significa vivir disfrutando cada momento, siendo como uno es, quizás en muchas ocasiones siendo una persona de lo más normal. Por lo menos eso es lo que pueden llegar a pensar otros sobre lo que nosotros somos.

¿Sabes? La vida es el mayor regalo que recibimos. Ninguno de nosotros ha hecho nada para recibirlo, ni puede hacer nada para merecerlo. Lo único que podemos hacer es escoger qué hacemos con ese regalo. Podemos llenar nuestra vida de carreras sin número para llegar a quién sabe dónde, o trabajos con afán para tener quién sabe lo qué, o luchas sin cuartel para ser respetados y admirados por quién sabe quién... o podemos sencillamente llenar cada momento de nuestra vida de la normalidad de hacer las cosas bien y disfrutar con lo que hacemos.

Llenar cada instante de sencillez, de palabras que ayuden, de pensamientos que merezcan la pena... Disfrutar de nuestro trabajo, de la familia, de los amigos, de lo que nos rodea cada día. Lo que tenga que llegar, llegará. Si merece la pena que muchos conozcan lo que estamos haciendo, lo conocerán sin ninguna duda. Pero ocurra lo que ocurra, que nadie nos quite la sensación y la tranquilidad de agradecer cada día a nuestro Creador ese gran regalo: La vida.

para los que buscan algo más
salmo 149

13 agosto

Las películas de juicios y abogados siempre han gozado de gran popularidad. Incluso hay canales temáticos de TV que emiten las veinticuatro horas todo lo que sucede en los juzgados. Una de las más conocidas fue "Acción Judicial" protagonizada por Gene Hackman y Mary Elizabeth Mastrantonio. Los guionistas fueron Carolyn Shelby, Christopher Ames y Samantha Shad. En un momento del film, el abogado demandante, defendiendo a un hombre que perdió a su familia en un accidente, le dice a uno de los dueños de la casa de automóviles: "Aférrese fuerte a su dinero, porque sin un corazón y un alma, eso es lo único que le quedará"

Un día, el famoso filósofo ateo Jean Paul Sartre, dijo defendiendo la no existencia del infierno. "El infierno son los demás"... ¡La verdad es que es cierto de alguna manera! Porque cuando nos aferramos a las cosas que creemos nuestras, queriendo pasar por encima de los demás, y a cualquier precio, todos los que nos rodean son un infierno para nosotros, cuando no nos permiten llegar a nuestros objetivos.

Piensa por un momento en la incomprensión, el odio, la envidia, la desconfianza, el orgullo, etc. Todo lo malo de este mundo estará en el infierno... Muchos se sentirán así y creerán ver en los demás las mismas "cualidades" que ellos odian... Muchos tendrán que aferrarse a lo que tienen, porque eso es lo único que les quedará, y aún eso mismo le será quitado.

Con un problema añadido, la incapacidad de amar a nadie, porque Dios estará olvidado y lejano... ¿Has escuchado alguna vez la descripción de los que quieren ir allí?

▶ Los cobardes, los que no son capaces de tomar decisiones para defender la verdad, la libertad y la justicia.
▶ Los incrédulos, aquellos que han tenido cientos de oportunidades en su vida para ver y escuchar a Dios, y aún así le han dado la espalda.
▶ Los odiosos, que siempre han hecho lo que han querido, haciendo sufrir a los débiles y cumpliendo sus objetivos con trampas y engaños.
▶ Asesinos capaces de quitar la vida a cualquiera.
▶ Los que cometen inmoralidades sexuales.
▶ Los que practican hechicería y brujería haciendo de la tierra un pedazo de infierno.
▶ Los que adoran ídolos y viven como si Dios no existiera.
▶ Los mentirosos y engañadores, cómplices de todos los demás y culpables de sus propias fechorías y de los pecados de aquellos a quienes han engañado. *

(*) apocalipsis 21:8

para los que buscan algo más
mateo 4

14 agosto

Buster Keaton, fue una de las estrellas del cine mudo. En sus películas aparecía siempre imperturbable, él mismo hacía todas las escenas, sin dobles, era un actor extraordinario. Lo más curioso de todo es que nunca se reía, a pesar de que la gente se partía de risa viendo todas las "desgracias" que armaba. Algunos llegaron a asegurar que había firmado en un contrato que no se reiría en sus películas, porque al público no le gustaba. Ellos preferían que sufriese todas las escenas con su rostro imperturbable.

Un médico amigo mío me envió un email que decía: "Si estás en una sala de operaciones del hospital y entre el sopor de la anestesia escuchas que tu médico dice alguna de estas cosas… Mas bien deberías preocuparte un poco:

- "No… mejor guarda eso. Puede ser que lo necesitemos para la autopsia"
- "No debí tomar ese vino tan barato, ahora parece que todo me da vueltas"
- "¡Vaya!, ¡creo que se me fue la mano!… ¿saben si alguien sobrevivió a 500 ml de esta sustancia antes?"
- "¡Otro apagón no, por favor!"
- "Estaba pensando que últimamente pagan muy bien por los riñones… total ¿éste para qué quiere dos?"
- "¡Que nadie se mueva! ¡Se me acaba de caer una de mis lentes de contacto!"
- "¿Pueden hacer que eso deje de latir?, ¡me hace perder la concentración!"
- "¡Deja de fumar! ¿No ves dónde se está cayendo toda la ceniza?"
- "Enfermera, ¿este paciente firmó la tarjeta de donación de órganos?"
- "¡FUEGO! ¡¡FUEGO!! ¡¡¡Todo el mundo afuera!!!"
- "¿Y ahora qué hacemos?, ¡la página 47 del manual no está!"
- "¡Rex!, ¡ven Rex!, ¡con eso no se juega! ¡Trae eso aquí, Rex, perro malo!"
- "Espera, espera, si eso es el bazo, ¿qué es esto?"
- "Esto es más difícil de lo que pensaba, y ¡aún encima me dejé las gafas en casa!"
- "Bueno, ya hemos terminado de coser… mi reloj, ¿alguien ha visto mi reloj?"

No vivas con un rostro imperturbable e insensible. Disfruta de todo lo que Dios ha hecho, y si tienes que pedirle hoy alguna cosa, dile que te enseñe a sonreír…

para los que buscan algo más
filipenses 1

15 agosto

Izabella Scorupco fue la actriz principal de la película "Golden Eye", una de las últimas de la saga de James Bond. En una entrevista publicada a raíz del estreno del film, Izabella decía: "Bond no es la clase de persona que me gustaría como marido y padre de mis hijos. El siempre seducirá a mujeres, y hay muchos hombres así, son las mujeres las que tienen que cambiar". Y hablando de la moda y el cine añadió: "El mundo de la moda no me interesa en absoluto. No es ético ni aceptable vivir de tu cuerpo y de las apariencias, porque la gente comienza a negar tu valor como persona".

A pesar de que mucha gente está alzando su voz contra el reinado de la apariencia, muchos jóvenes y no tan jóvenes viven como si eso fuera lo único que importara en la vida. Las mismas películas de James Bond están diseñadas para defender ese estilo de vida: la seducción de lo irreal, el delirio por la aventura, la búsqueda de la realización personal haciendo lo que a uno le venga en gana.

Tardamos mucho en aprender que lo importante casi siempre es lo que hay adentro.

Un coche maravilloso con un motor estropeado y roto no es más que chatarra sin valor. Un electrodoméstico con las últimas novedades en un lugar en el que no es posible tener electricidad sólo es basura inservible. El mejor ordenador del mundo no sirve para nada si su disco duro está lleno de "virus". La mejor casa que puedas encontrar frente a una playa durará sólo horas si está construida sobre la arena. Una persona aparentemente radiante con un corazón vacío no es más que apariencia viviente en una frustración constante. Y nunca olvides que la apariencia es una de las mejores amigas de la soledad.

Es curioso, porque dejamos que otros nos digan lo que debemos comprar, lo que debemos hacer o decir, ¡incluso lo que deberíamos pensar! Todo parece obedecer a un proceso lógico... Menos para nuestro corazón, que no sabe aprender a vivir en la oscuridad de no tener una sola idea propia, de no poder dialogar consigo mismo; de vivir siempre (¡Manda truco!) con emociones impuestas por los demás.

Desde que somos jóvenes, esta cárcel nos oprime, porque toda la sociedad de consumo está orientada para igualar mentes y razones: Lo irrazonable es la diferencia, la contestación, la emoción incontrolada y el pensamiento trabajado. Y así, la gran contradicción se apodera de todos, y mujeres y hombres en este mundo viven sin saber cual es su papel en la sociedad, porque el reinado de la apariencia les ha quitado su valor como personas.

16 agosto

Hace algunos años tuvo lugar una investigación en Estados Unidos sobre el papel que juega la televisión en la vida de las personas. Se le ofreció dinero a algunas familias para que no encendiesen su televisión durante dos semanas. Más de la mitad de las familias renunciaron al dinero después de algunos días, porque les parecía imposible la vida sin la caja de colores. Otros muchos vendieron sus televisores después del experimento, porque se dieron cuenta del tiempo que estaban perdiendo en relaciones, paseos, ayudas y juegos toda la familia juntos.

Nuestro problema es que nos creemos todo lo que aparece en la pantalla loca. Los niños lo hacen, y esa es una de las causas de trastornos psicológicos y de relaciones enfermas entre los menores. Y nosotros también caemos como tontos en los enredos de mil y una series y programas que desvirtúan completamente lo que ocurre en la realidad. Piensa por un momento en lo que estás viendo...

- En la TV, la vida es muy fácil. Los problemas se solucionan en minutos, (aunque si quieren atraparte en alguna serie se encargarán de que una determinada situación dure al menos seis o siete episodios).
- Normalmente no hay consecuencias de ninguna de las acciones. El "bueno" mata a alguien y no pasa nada. La vecina se acuesta con el señor casado, y todo termina felizmente. En el súper dos chicos "se llevan" algunas cosillas para casa sin pagar, y lo celebran tomando unas cervezas.
- Las cosas siempre terminan bien: las mentiras y los engaños se arreglan. Las personas solas encuentran compañía y el que no es muy agraciado sale con la chica "boom" del instituto. Todo es placer y felicidad.
- También habrás observado que el reinado de la justicia es total: los buenos ganan casi siempre (y además ¡son más guapos!). Lo cual no ocurre en este mundo, que muchos "caras" hacen lo que les da la gana.
- Y por no seguir con muchas más cosas, ¡Fíjate en los modelos de conducta que ves en tu TV! Orgullo, arrogancia, vanidad, placer sin límites, mentira, engaño, egoísmo, son algunas de las "actitudes" que derrochan los actores y actrices preferidos. ¡Y muchos intentan ser como ellos!

Gran parte de los programas de TV lo único que intentan es controlar nuestra mente. Construir a su imagen y semejanza nuestra manera de pensar, para llegar a vendernos lo que ellos quieren, y hacer que vivamos como ELLOS quieren.

Yo me niego. Prefiero trabajar para hacer mejor el mundo real en el que vivimos. Deseo seguir un estilo de vida que me haga parecer más al Señor Jesús, ¡eso sí merece la pena!... Y desde luego no voy a preocuparme de encender la caja tonta cuando no tengo nada que hacer. ¡Y reclamo mi derecho a comprar lo que yo quiero aunque no lo anuncien en la tele!

17 agosto

Varias veces te he contado algunas de las historias que mis amigos me envían a través del correo electrónico. Esta que escribo ahora me encanta porque nos explica lo que vamos adquiriendo a lo largo de los años…

▶ A los 5 años, aprendí que a los pececitos dorados no les gustaba la gelatina.
▶ A los 9, aprendí que mi profesora sólo me preguntaba cuando yo no sabía la respuesta.
▶ A los 12, aprendí que si tenía problemas en la escuela, los tenía más grandes en casa.
▶ A los 13, aprendí que cuando mi cuarto quedaba del modo que yo quería, mi madre me mandaba ordenarlo.
▶ A los 15, aprendí que no debía descargar mis frustraciones en mi hermano, porque mi padre tenía frustraciones mayores…y la mano más fuerte.
▶ A los 20, aprendí que los grandes problemas siempre empiezan pequeños, y que siempre es mejor no alimentarlos para que crezcan.
▶ A los 25, aprendí que nunca debía elogiar la comida de mi madre cuando estaba comiendo algo preparado por mi novia.
▶ A los 27, aprendí que el título obtenido en la Universidad, no era la meta soñada.
▶ A los 28, aprendí que se puede hacer en un instante, algo que te va a hacer doler la cabeza la vida entera.
▶ A los 30, aprendí que cuando mi mujer y yo teníamos una noche sin niños, pasábamos la mayor parte del tiempo hablando de ellos.
▶ A los 34, aprendí que no se cometen muchos errores con la boca cerrada.
▶ A los 38, aprendí que puedes saber que tu esposa te ama cuando quedan dos milanesas y elige la menor.
▶ A los 40, aprendí que, si estás llevando una vida sin fracasos, no estás corriendo los suficientes riesgos.

También aprendí…
▶ Que puedes hacer que tu amigo tenga un buen día, si le llamas y le dices que le quieres.
▶ Que nunca se debe ir a la cama sin resolver una pelea.
▶ Que las relaciones se basan en la confianza y no en el control.
▶ Que no puedo cambiar lo que pasó, pero puedo dejarlo atrás.
▶ Que si las cosas van mal, yo no tengo por qué ir con ellas.
▶ Que es razonable disfrutar del éxito, pero que no se debe confiar demasiado en él.
▶ Que la mayoría de las cosas por las cuales me he preocupado, nunca suceden.
▶ Que si esperas a jubilarte para disfrutar de la vida, esperaste demasiado tiempo.

Aprendí que envejecer es importante. Aprendí que amé menos de lo que hubiese querido. Y hoy… Hoy me doy cuenta que todavía tengo mucho para aprender…."

para los que buscan algo más
mateo 13

18 agosto

Connie Scott interpretó hace varios años una canción de aquellas que te sacuden el alma. "Is there an orphan in your home?" ("¿Hay un huérfano en tu casa?"). La historia narra la vida de un chico que está solo; no puede hablar con nadie, no puede sentir que sus padres le abrazan y le quieren, no puede escuchar a nadie, no encuentra cariño en su casa. Es un huérfano, a pesar de que sus padres viven con él.

Desconozco la situación de cada uno de los que estáis leyendo esta historia, pero no puedo dejar de haceros la misma pregunta que Connie se hacía en su canción: ¿Hay algún huérfano en tu casa? ¿Algún niño, niña que, a pesar de tenerlo todo, vive completamente solo/sola? ¿Alguien que no encuentra el cariño necesario para seguir adelante? ¿Alguien a quien jamás se le dice nada en cuanto al amor y la importancia de su vida?

Puede que pensemos que todos los que nos rodean tienen todo lo que necesitan, pero muchas veces no es cierto. Busca esas personas a tu alrededor... Incluso aunque no sean de tu familia, porque puede que haya muchos huérfanos en tu trabajo, en tu barrio, en tu ciudad. Personas que desde muy pequeñas jamás se han sentido amadas. Personas que necesitan aprender lo que significa un abrazo de cariño, que alguien una tarde entera escuche la soledad de su corazón. Quizás puedes argumentar que no es asunto tuyo, pero todos podemos hacer mucho más por la gente que nos rodea, siempre podemos ayudar a sanar la soledad y la desesperación de alguien.

Incluso puede que tú seas una de esas personas. Es increíble ver cuantos "huérfanos" va dejando tirados nuestra sociedad, cuantas personas viven sin tener ninguna ilusión por el mañana. Si nadie te escucha, no le dejes lugar a la desesperación: "Dios prepara un hogar para el que está solo".* Jamás nadie habla con Dios y lo encuentra ocupado: No tengas dudas, para Él eres valioso/a y Él te ama. Jamás alguien se siente solo/a sin que Dios lo sepa y haga todo lo posible por ayudarle.

Y déjame decirte una cosa más: para muchos de nosotros también tienes mucho valor. Me gustaría conocer tu historia y ayudarte. Si hoy te estás sintiendo solo/a, no te desesperes. Escríbeme. Por favor.

(*) salmo 68:6

para los que buscan algo más
salmo 68

19 agosto

Uno siempre recuerda canciones que han estado ligadas a determinados momentos de la vida. Cuando tenía catorce años escuché por primera vez una melodía interpretada por una de las cantantes más famosas del momento, Mari Trini, y desde entonces esas palabras me recuerdan muchas cosas...

*"Amores se van marchando,
Como las olas del mar
Amores los tienen todos
Pero ¿Quién los sabe cuidar?" (1)*

Y tengo que reconocer que siempre me llamó la atención esa frase, ¿Es tan difícil de cuidar el amor? ¿Por qué lleva consigo siempre tantos problemas? ¿Cual es la razón de que muchos estén incluso más ligados al desamor que al propio cariño?... Y vez tras vez viene a mi mente una frase que escuché un día: ¡Cuantos amores se han muerto por orgullo!

Es cierto, una de las cosas que más mata al amor es nuestra propia vanidad, nuestro orgullo de no querer reconocer que estamos equivocados. Incluso la tontería supina de no querer hacer algo por la otra persona, porque no queremos o porque nos vamos a quedar en ridículo.

¿Quieres un buen consejo?, Si tienes que ponerte en ridículo para restaurar una amistad, no tengas miedo de hacerlo. Si tienes que perder todo tu orgullo para ganar el amor de tu familia, no lo dudes ni siquiera una vez. Si un amor verdadero depende de que tú des marcha atrás en lo que has dicho... ¡Hazlo!

No te empeñes en ganar siempre, cuida la amistad y fortalece el amor... ¿Qué es más importante, una discusión o un amigo? ¿Qué tiene más trascendencia para ti, salirte con la tuya o respetar a quién amas? No tiene ningún sentido que hieras a otra persona con tus palabras, sólo para sentirte mejor tu: ¡Puede llegar el día en el que te encuentres solo/a! Eso sí, con toda la razón del mundo.

Y argumentamos cosas increíbles: "Me he quedado tranquilo/a, después de decírselo..." Perfecto pero, permíteme una pequeña pregunta: ¿Cómo se ha quedado él o ella? y ¿qué ha pasado con vuestra relación?, ¿para qué sirven tus argumentos?

No, no quiero ser cruel: Tú sabes que escribo para que nos demos cuenta de que a veces nuestra manera de actuar no tiene mucho sentido. Y el caso es que después nos arrepentimos y nos preguntamos dónde está la razón de nuestro fracaso... pues que hemos olvidado que... "Callar a tiempo es de sabios". *

(*) proverbios 10:19

**para los que buscan algo más
proverbios 11**

20 agosto

La película "Sweet Home Alabama" narra la historia de una mujer que tiene que decidir entre vivir en Nueva York, con todo lo que eso significa para su éxito comercial y empresarial; o volver a su pueblo y disfrutar de la vida en el campo. En medio de esa disyuntiva en la que también tiene mucho que ver su propia vida sentimental, la protagonista (la actriz René Witherspoon) dice: "Se pueden tener raíces y también alas".

No sé si alguna vez lo has pensado, Dios hizo para nosotros un jardín. Él lo plantó. Esa era su idea original, que el hombre pudiera disfrutar y ser señor de la naturaleza, que viviese admirando el regalo de Dios. Caín, cuando probó el castigo de su propio pecado, construyó una ciudad. Se encerró. Olvidó la naturaleza, olvidó la relación personal con Dios y quiso vivir a su manera, alejado de la belleza. Limitado por cuatro paredes.

Nos ocurre a todos, cuanto más vivimos apegados a la naturaleza, más cerca nos sentimos de Dios, de lo que Él ha hecho. Cuanto más tiempo pasamos entre cuatro paredes, más nos creemos únicos y arrogantes. La ciudad nos arrastra, nos cerca, nos limita, quita nuestra libertad, nos llena de prisas y enojos.... Nos obliga a enfrentarnos con todos, nos aleja de Dios por sí misma, porque olvida lo cerca que tenemos a Dios cuando vivimos disfrutando de su creación. Esa es una de las razones por las que las sociedades que viven más cerca del campo, están al mismo tiempo más cerca de Dios, y las sociedades más avanzadas, las ciudades que crecen, se alejan más del Creador.

No quiere decir que todos tengamos que vivir en el campo, pero de alguna manera nuestro propio organismo nos enseña que lo natural es lo que va con nosotros mismos, que cuando estamos cerca de la creación disfrutamos más. Que nos sentimos bien cuando podemos ver la naturaleza, el mar, un paisaje nevado, un río, un lago, los árboles y las estrellas.

Que de alguna manera que no podemos comprender, sentimos que estamos hechos para disfrutar de todas las cosas que Dios nos ha dado, mientras pasamos nuestro tiempo agobiándonos y sintiéndonos mal en las ciudades que nosotros mismos hemos construido con nuestras manos.

La propia naturaleza lo sabe también, y de una manera que no podemos entender y mucho menos explicar, la Biblia dice que todo lo que nos rodea espera el momento en el que nosotros vivamos felices y dejemos nuestro odio y nuestra rebeldía. Que los árboles aplauden cuando hacemos las cosas bien hechas, que los montes y los ríos disfrutan con nuestra alegría, que saben que somos los mayordomos de la creación y que nosotros mismos nos sentimos más felices cuando sabemos cuidar todo lo que Dios nos ha regalado.

para los que buscan algo más
mateo 14

21 agosto

Todos conocemos frases históricas. Alguien las pronuncia una vez en el momento adecuado y con las palabras exactas, y da la impresión de que pasan a formar parte de nuestra vida. De la misma manera ocurre con aquellas frases que algunos pronuncian y son una "metedura de pata" impresionante. ¿Recuerdas alguna de ellas?

- "640 k en su ordenador personal son más que suficientes para cualquiera" Bill Gates.
- "El invento del cinematógrafo, es curioso, pero no tendrá ningún interés comercial" Lumière.
- "Este aparato llamado teléfono tiene muchos defectos, como para considerarlo un buen instrumento de comunicación, realmente tiene muy poco valor" Western Union 1876.
- Después de seis meses, la televisión no significará nada en el mercado. La gente se cansa muy pronto de tener la mirada fija en una caja de madera todas las noches" Darryl F. Zanuk, presidente de la 20th Century Fox, 1946.
- "El gramófono no tiene demasiada utilidad comercial. Nadie quiere escuchar más que un par de melodías" Edisson.

Podríamos seguir con frases parecidas durante mucho tiempo, pero déjame decirte que todos los que las pronuncian tienen algo en común: Todos se dejaron llevar por lo aparente y olvidaron "soñar" un poco. Una persona comienza a morir cuando deja morir sus sueños, cuando deja de luchar, cuando deja de pensar en las cosas que Dios puede darle en su vida. Dejamos de vivir en plenitud cuando quitamos nuestros ojos de la meta, y los obstáculos nos parecen más importantes que nuestros objetivos. Cualquier cosa en la que trabajamos o hacemos comienza a fallecer cuando desaparece nuestra visón.

Se cuenta la historia de un rey de la antigüedad, que colocó una gran piedra en medio de un camino y se escondió para ver lo que pasaba, y si alguien se preocuparía de quitar ese estorbo de en medio. Algunas personas pasaron, pero simplemente rodearon la piedra y siguieron su camino: personas de diferentes estratos sociales, pero alguno de ellos muy conocidos y con mucho dinero. Incluso se permitían gritar contra el rey porque no tenía los caminos libres de basura.

Más tarde pasó un simple campesino con su carga de patatas y con mucha constancia, sudor y dificultad logró poner la piedra a un lado y dejar el camino libre. Cuando iba a retomar su camino, notó que justo en el lugar en donde estaba colocada la piedra había una bolsa con monedas de oro, con una nota en la que explicaba que esas monedas eran el pago para aquel que quitase la piedra de en medio. El campesino aprendió algo que nos cuesta mucho aprender a todos: "Todo obstáculo tiene en sí mismo una gran oportunidad".

John Henry Newman dijo un día: "no te preocupes si tu vida se acaba, preocúpate si nunca empieza". Deja de fijarte en los obstáculos y en las cosas que parecen imposibles, y vive. Comienza a ver las cosas de otra manera. Es mejor intentar algo grande y fallar, que no hacer nada y acertar. Vuelve a recordar tus sueños y lucha por conseguirlos.

para los que buscan algo más
mateo 15

22 agosto

La película "El coloso en llamas" fue una de las primeras en utilizar efectos especiales e inauguró el llamado "cine de catástrofes" que tanto dinero ha dado a Hollywood. Basada en la historia de un gran incendio en uno de los mayores rascacielos de Norteamérica, se cuenta que Steve McQueen fue a trabajar en algunas ocasiones con los bomberos, en lugares donde había fuegos reales, para saber cómo actuar mejor en la película (su papel era el de jefe de bomberos). Su mujer por aquel entonces, Ali McGraw no quería que lo hiciese, así que tuvo que ir a escondidas. Cuando se puso en primera línea a apagar un fuego, el bombero que tenía al lado le reconoció y dijo: "Usted es Steve McQueen, mi mujer no lo va a creer cuando se lo cuente", el actor le respondió: "La mía tampoco".

¿Has visto estos carteles colocados en algún lugar?...

- "PROHIBIDO ADMIRAR A ALGUIEN"
- "PROHIBIDO DAR GRACIAS"
- "PROHIBIDO SER AMABLE"
- "PROHIBIDO DEMOSTRAR CARIÑO"

Aunque no los hayas encontrado nunca, parece como si fueran algunas de las leyes más universalmente aceptadas por todos. Nuestra vida, a veces, se resume en luchar por las cosas que queremos, y conseguirlas como sea. Caiga quién caiga, y se queden en el camino los "cadáveres" que hagan falta. Nos creemos siempre los más importantes, así que despreciamos la gratitud, la amabilidad, el cariño y la admiración… Y así nos luce el pelo.

¿Has pensado que a veces, tu trabajo es escuchar a los demás? ¿Has soñado con agradecer todo lo que otros hacen por ti? ¿Vives demostrando cariño a los demás? A algunos les parecerán metas casi "idiotas" y de muy bajo calibre, pero son esos motores los que mueven el mundo, y los que hacen que nuestra vida se llene de momentos felices y eternos.

Uno de los reyes más famosos de la antigüedad escribió un día "Perdóname aquellos errores de los que no estoy consciente".* Esa es una petición muy sabia, porque nos enseña la trascendencia de los pequeños detalles, los que creemos que no tienen importancia, y pueden llegar a ser claves en una relación.

Admirar a alguien, dar las gracias, ser amable y mostrar cariño son mucho más que pequeños detalles. Pueden llegar a ser parte trascendental de nuestra vida… y de la de los que están cerca de nosotros.

(*) salmo 19:12

para los que buscan algo más
mateo 16

23 agosto

No sé si sabíais que la conocida actriz alemana Marlene Dietrich, luchó contra el nazismo en los años 40 vendiendo bonos de guerra en USA y luego visitando todos los países en los que había tropas aliadas, para ayudarles.

Cuando sesenta años más tarde se rodó la película basada en la historia del dictador alemán, titulada "Hitler, el reinado del mal" (de la productora Alliance Atlantis), en el cartel anunciador del film aparece la frase de Edmund Burke: "El único requisito necesario para que el mal se propague, es que los hombre buenos no hagan nada". Muy en ese estilo es la frase escrita en una pared de una conocida capital europea que decía: "Los rincones más profundos del infierno están reservados para aquellos que en los momentos de crisis se mantuvieron neutrales y fríos".

Hacer algo. Tomar decisiones que nos hagan intervenir en la vida de los demás, y en la nuestra. Ayudar a los demás para que nuestro mundo sea diferente. Luchar por causas que merecen la pena y apostar nuestra vida en ello cuando es necesario... Necesitamos hacerlo, no tanto por las consecuencias que nos traiga a nosotros el castigo de la frialdad; ¡necesitamos vivir así, porque de otra manera ni siquiera mereceríamos ser considerados como personas! ¿Cómo vivir cómodamente mientras los demás sufren? ¿Cómo quedarse insensibles a los gritos de los demás?

En los últimos años, parece que nuestra sociedad se ha vuelto más solidaria, pero queda por ver si eso es fruto de una moda, o de un sincero deseo por ayudar a otros. En nuestro mundo son miles de millones los que no sobrepasan el umbral de la pobreza, y hoy mismo (en este mismo momento), mueren por no tener que comer o por enfermedades cientos de niños (cien mil personas mueren de hambre cada día, y un niño cada siete segundos).

Creo que es hora de dejar de hablar, escribir, o manifestarse para vencer la pobreza. Es hora de trabajar y comenzar a cuidar a la gente que nos rodea. Acercarnos a los que necesitan nuestra ayuda y defender a los que están siendo humillados. Jamás debemos olvidar que "Dios defenderá la causa del afligido".*

Algún día tendremos que dar cuentas. Algún día tendremos que responder por los que han muerto sin que nadie les ayudase. Llegará el momento en el que tendremos que tratar de justificarnos ante los que no tuvieron siquiera posibilidades de vivir. Reconocer delante de Dios la comodidad de nuestra vida, mientras más de dos mil millones de personas no tienen un techo como el nuestro, bajo el que cobijarse. Creo que ya basta de palabras. ¡Hay que pasar a la acción!

(*) proverbios 22:23

para los que buscan algo más
mateo 17

24 agosto

Durante las ceremonias de entrega de los Oscars siempre hay frases que merece la pena recordar. Una de ellas la pronunció el padre de Francis F. Coppola (Carmine) cuando ganó el oscar en el año 1974. Sencillamente dijo: "Le doy las gracias a mi hijo, porque sin él, yo no estaría aquí", y más tarde añadió: "Aunque sin mí, él tampoco estaría aquí".

La familia ha marcado a algunos artistas. Tenemos muchos ejemplos en cuanto a buenas influencias, como es el caso de Debby Boone, una de las más famosas hijas de Pat Boone, y nieta del cantante de country Red Foley. Debby cantaba música gospel con sus hermanas en el grupo The Boones, pero se hizo famosa al vender millones de copias de la canción "You Light up my life". Una de las tres únicas canciones que han logrado estar en el número uno de ventas durante diez o más semanas. Lo curioso de esta canción es que fue grabada en un estudio, mientras la madre de Debby (una mujer cristiana) oraba para que Dios bendijese su trabajo.

Cuando escribes un libro como este, nunca sabes las edades de los que van a leerlo, pero sí puedes estar seguro de algo: todos somos hijos de alguien, independientemente de los años que tengamos. Y lo digo, porque parece crecer en los últimos tiempos el número de hijos que se olvidan de ser agradecidos con sus padres. Olvidamos que cada padre y cada madre son únicos, y merecen todo nuestro cariño.

Quizás hoy sea un buen día para hablar con ellos (o llamarlos) y agradecerles muchas cosas que se han hecho por nosotros. Si somos padres, entenderemos lo que significa el cariño de nuestros hijos, y si no lo somos, algún día lo comprenderemos. No caigamos en el grave error que menciona la Biblia: "Ser padre de un tonto no es ninguna alegría".*

Puede que alguno de nosotros encaje en esa definición cuando no sabemos expresar el reconocimiento que merecen nuestros padres. Cuando nos creemos perfectamente independientes y válidos para vivir y pensar por nosotros mismos y no somos capaces de abrazar ni de agradecer.

No le des más vueltas. Piensa en cómo hacerlo y proponte dar hoy un día de agradecimiento y cariño a tus padres. Sin ellos no estarías hoy aquí, no te quepa ninguna duda. Y si desgraciadamente ya no está vivos, al menos puedes disfrutar del recuerdo de tantas cosas buenas que hicieron por ti. Es una de las cosas más trascendentes que puedes hacer en tu vida. Y lo puedes hacer hoy.

(*) Proverbios 17:21

25 agosto

En la historia de la música hay algunos casos curiosos que nos enseñan muchas cosas sobre la trascendencia de las circunstancias ajenas sobre nosotros. Por un lado, tenemos el famoso estudio de música Abbey Road, en donde se grabaron algunas de las mejores canciones de la historia (allí grababan los Beatles), y que no era más que un viejo local decadente, con mucho desorden y con varios altavoces rotos. Por otra parte, nos encontramos con un tal Frank Sinatra, a quién se le declaró inútil para el ejército por tener un oído "no apto" debido a un tímpano perforado, y no sé si quieres que te recuerde que nuestro amigo ha grabado más de 12.000 canciones.

Demasiadas veces las circunstancias nos afectan y reaccionamos con mala actitud. Dejamos que nuestro entorno (sean cosas materiales, o personas) tome nuestras decisiones, y lo que es más grave, quedamos marcados de por vida en nuestro llorar y, nos airamos ante el destino. Nos quejamos, nos rebelamos, pero no hacemos nada por solucionar el problema, como si en nuestra queja o en nuestra rebeldía ya estuviese la solución a las cosas que perdemos. Una y otra vez repetimos el mismo patrón, en lugar de luchar para seguir adelante.

Olvidamos que si una persona no es feliz en su trabajo, en sus circunstancias, en sus metas o en el entorno real de su vida; es infeliz en todas las demás cosas. ¡Somos nosotros quienes podemos escoger nuestra actitud! Somos nosotros los que podemos componer melodías sublimes aún en la noche más oscura y delante de quienes se burlan de lo que hacemos (o de quienes dudan que podamos ser útiles para algo, que de todo hay).

Yo no sé si tu situación actual (en tus estudios o en tu trabajo) está rodeada de decadencia, o sí a algún "sabio" se le ocurrió decir que no sirves, que no vales... lo que te puedo recomendar es un pequeño secreto sacado del libro de alguien que (¡quién lo diría!) era bastante pesimista:

"Vi además que bajo el sol
no es de los ligeros la carrera,
ni de los valientes la batalla (...)
sino que el tiempo y la suerte les llegan a todos".*

De nuestra actitud hacia la vida y hacia los demás depende que llegue o no ese tiempo. Así de sencillo.

(*) eclesiasatás 9,11

para los que buscan algo más
salmo 50

26 agosto

Una de las películas que más nos gustó ver con nuestras niñas es "Toy story", un film de animación por ordenador que trata la historia de un juguete intentando encontrar el sentido de su existencia. La verdad es que a pesar de ser una película para niños, te hace pensar en lo bueno que sería que todo el mundo alguna vez se plantease cual es el sentido de lo que está haciendo. Una de las frases más famosas de uno de los juguetes es aquella de "¡Hasta el infinito... y más allá!" que exclama cada vez que quiere volar, rescatar a alguien o hacer algo que merezca la pena.

A todos nos gustaría que nuestra vida llegase lo más "lejos" posible. Hasta el infinito por lo menos. Que nuestra existencia tuviese sentido en todo lo que hacemos y que otros pudieran vivir mejor con todo lo que intentamos. Lo que se dice vivir una vida que merezca la pena, vamos.

Pero la verdad es que lleva algún tiempo comprender que las cosas buenas permanecen y las chapuzas duran segundos. Las obras de arte no suelen olvidarse, pero lo que hacemos para salir del paso (aunque muchas veces resulte bien) no dura más allá de unos minutos. Quizás casi ninguno de nosotros será capaz de componer una canción que perdure en el tiempo, una obra de arte que merezca la consideración universal, o descubrir algún tipo de medicina que cure el mal de mucha gente (aunque si es así, la verdad es que te admiro sinceramente); pero sí tenemos la necesidad de preguntarnos sobre lo que hacemos, sobre lo que tiene valor, sobre lo que merece la pena.

¿Qué recordará la gente de nosotros?; no pienses tanto en si has hecho muchas cosas, o si lo que hiciste fue trascendental para la historia. Piensa en el valor de las cosas sencillas, y bien realizadas: ¿Hemos hecho algún bien a alguien? ¿Hemos sido de ayuda en un momento de dificultad? ¿Estuvimos al lado de quién se encontraba solo/a? ¿Extendimos nuestra mano al que ya no tenía fuerzas para continuar?

Aunque lo he dicho otras veces, no debemos escudarnos en las dificultades o los problemas para dejar de ayudar a otros. Siempre recuerdo el caso de Carlos Gardel (el llamado rey del tango) que repetía una y otra vez que su vida era cantar. En 1925 intervino en una pelea y le pegaron un tiro. Pudo haberse retirado, pero siguió cantando con una bala clavada en el costado. ¡Decía que con la bala dentro cantaba mejor! Si queremos poner excusas para desalentarnos y no seguir adelante, podemos hacerlo. Pero ¡ojito! no sirve de nada. Las dificultades van y vienen a lo largo de la vida, mientras que nuestras actitudes y deseos permanecen.

Hay otra manera de vivir, y es la que me gustaría tomar como ejemplo: Ser recordado por los demás "como un manantial al que nunca falta agua".* No es necesario ser o tener mucho para eso. Sólo necesitamos estar dispuestos. Dispuestos a ayudar, a servir, a estar al lado de quien lo necesita. Dispuestos a ser un manantial. Y eso sí que es inigualable.

(*) Isaías 58:11

para los que buscan algo más
2 corintios 6

27 agosto

Lauryn Hill es una de las cantantes más reconocidas en el mundo de la música "soul". En los primeros años de su carrera musical formaba parte del grupo "The Fuguees" aunque más tarde llegó a ganar ocho Grammys cantando en solitario. Hace poco explicaba en una entrevista: "Siempre hay una guerra espiritual por las almas de la gente, y la música tiene mucho que ver en esa guerra".

Puede que casi nadie hable de estas cosas, pero tengo que decirte que en estos momentos, en todos los países del mundo, en todas las circunstancias y por todos los medios el bien y el mal están luchando. A veces no nos damos casi ni cuenta... pero el Universo lo sabe y el mundo mismo sufre en sus propias carnes los embates del mal contra el bien. Son los ataques de la injusticia y la maldad, el gobierno del maligno en las mentes y los corazones de los que hacen lo que es incorrecto. La lucha sin fin por apoderarse de la vida de cada persona en el mundo.

Y en esa lucha no hay tregua. El mal no descansa. Multiplica sus objetivos en cuanto ve que nos acomodamos y dejamos de luchar: Es una ley física que todos pueden reconocer...

- La salud no se contagia, la enfermedad si.
- El bien no se apodera de la libertad de las personas, el mal esclaviza.
- Los que intentan hacer buenas cosas no suelen esconderse, los malvados escogen la oscuridad.
- Lo que merece la pena en la vida suele necesitar esfuerzo, el mal aparece y se mantiene por sí mismo.

Por más que intentemos decir que todo va bien, y que las cosas irán a mejor, la realidad destroza todos nuestros argumentos. La injusticia goza de todos los medios para asaltar y destruir... y por eso, el que no lucha está perdido. Casi muerto.

La única ventaja es que ésta lucha tiene un fin, y algunos ya conocen ese fin: Está anunciado. La Biblia dice que el diablo está vencido en el nombre de Jesús. El mal tiene marcada su hora: Dios le ha puesto un límite. Llegará un día en que la Justicia establecerá su trono sobre todas las cosas, y entonces cada uno deberá reconocer de qué parte está.

Te decía al principio que todo esto suena "raro". Es una de las tretas del enemigo, ocultar lo que realmente está ocurriendo. Si me dejas que escriba mi decisión personal: yo intento vivir luchando en el nombre de Jesús. Primero, porque Él es el Bien absoluto, la Bondad absoluta, el Amor con mayúsculas. Segundo, porque Él es mi Señor. Tercero, porque Él es el campeón. No te quepa ninguna duda.

para los que buscan algo más
2 corintios 9

28 agosto

Gary Oldman saltó a la fama al interpretar en el año 2005 "Batman Begins" aunque ya tenía muchas películas en su carrera de actor. Durante una entrevista para el diario ABC (25-8-05) afirmaba: "Con los años asumes que no tienes el control de la situación, que tu destino no está en tus manos, sino en las de Dios". Era uno de los titulares de la entrevista. Hay que reconocer que no está de moda hablar de Dios, y mucho menos que un actor conocido lo mencione como razón última de todas las cosas.

Por lo menos debemos alabar la valentía de Gary al decirlo públicamente. Muchos se han "acobardado" ante la moda, y dejan de decir lo que piensan sobre Dios y sobre la vida espiritual, por miedo a lo que otros puedan pensar. Y mientras, los que saben que Dios está ahí y tiene mucho que decir se callan, los que quieren desterrarle de sus vidas son los que gritan y toman todas las decisiones sobre la moral.

Con el tiempo, el mundo parece haberse vuelto un poco loco. Hemos dejado que los que no admiten ningún tipo de vida espiritual dispusiesen leyes y comportamientos sobre lo que es justo y lo que no. Hablan y enseñan los que deberían estar callados y sirven como ejemplo de la sociedad los que tienen muy pocas cosas buenas que decir.

Permitimos que tomen las decisiones sobre lo que es bueno y lo que es malo a aquellos que defienden que todo vale, mientras la sociedad hace callar a todos los que siempre han luchado por lo justo. Echamos a Dios de los corazones de los niños, y ellos han crecido teniendo que buscar sus propios dioses; dioses de destrucción y violencia; dioses de magia negra y misas satánicas; dioses de engaños y mentiras; dioses de drogas y alucinógenos. Y muchos siguen defendiendo que eso es lo que le conviene a nuestros niños, mientras tenemos en el llamado primer mundo los índices más altos de suicidio y violencia infantil.

La sociedad no quiere tener nada que ver con el cristianismo. Ser cristiano no está de moda. Puedes hablar de lo que quieras (incluso defender las ideas que quieras) mientras no menciones a Jesús. Si lo haces, te verás irremediablemente señalado y puesto a un lado, como el hazmerreír de todas las sobremesas. Cualquier concepto, cualquier creencia o cualquier religión es aceptada porque no va a la raíz del problema: el corazón del hombre. Cuando Dios habla todos temen lo que dice, porque saben que Él sí tiene derecho a decir las cosas... pero casi todos también lo rechazan porque saben que sus vidas están muy lejos de lo que Dios espera. Por eso es más fácil para todos dejar de lado a Dios, aunque sepan que Él sigue estando ahí.

Y mientras, el mundo se destruye a toda velocidad. La violencia incrementa, y racismo e intolerancia crecen dentro de la sociedad. Ya hemos esperado mucho tiempo. Ahora es nuestro turno.

para los que buscan algo más
hechos 1

29 agosto

A veces no nos damos cuenta de en dónde nos metemos. Situaciones que nos parecen sólo un juego pueden llegar a destruir nuestra vida. Por ejemplo, algunas personas toman las películas de terror y el mundo de lo oculto como algo sin relevancia, y no se dan cuenta de todas las fuerzas espirituales negativas que hay en él.

La famosa actriz Jayne Mansfield fue con su abogado Sam Brody a la iglesia de Satán. Les acompañó Anton LaVey, el que había protagonizado el papel del maligno en la película de Polanski "La semilla del diablo". Después de algunos problemas entre Sam y Anton (Algunos dicen que por cuestiones de celos), éste le lanzó una maldición: "Morirás en un accidente de tráfico". Según parece, Sam había estado jugando con los altares de las misas negras. En los siguientes tres días hubo casi una docena de accidentes inexplicables de coches... El 28 de Junio de 1967, el auto en el que iba la actriz con sus tres hijos y Sam Brody se estrelló contra un camión. Jayne y Brody murieron en el acto, ella decapitada.

Hay bastante gente que se aprovecha de la bondad de otros. O por lo menos, de su inexperiencia y/o desconocimiento de las cosas. Normalmente los que acaban siendo engañados son los débiles, los más jóvenes, los que menos pueden defenderse. Productores o Directores pueden llegar a jugar con este tipo de cosas de lo oculto, para su propio bien económico, o por querer introducir ciertas cosas entre los jóvenes.

Es lo que la Biblia llama pecado*, la astucia de querer sacar provecho de otro, en cualquier sentido. Aprovecharse de la ignorancia o la debilidad de otra persona para causarle un mal... y en el caso del que hablamos hoy, un mal que puede llevar a la destrucción.

Y lo triste del asunto, es que el mal acaba alcanzando no sólo a los que lo han planeado, sino también a muchos otros que simplemente "pasaban por allí". Es el precio de lo contrario a la ley, el pago de lo realmente malvado. Como un pulpo con sus tentáculos, la astucia del maligno llega a todos aquellos que se dejan acariciar por su veneno. Aunque piensen que es sólo un juego, aunque crean que nada de lo que están viendo es real. Llegará el día en que la destrucción hará su fiesta a costa de engañados e ingenuos.

Yo no quiero ni verlo. ¡Mucho menos estar allí!

(*) juan 8:7

para los que buscan algo más
marcos 4

30 agosto

La cantante Rita Coolidge ha sido una de las más escuchadas en la música pop-country desde los años 60. Sus canciones han llegado prácticamente a todo el mundo y durante muchos años fue una de las que más Lp´s vendieron en USA. Recientemente decía en una entrevista: "Muchas veces la oportunidad llama a nuestra puerta, pero cuando vamos, y quitamos los cerrojos, la alarma, los seguros y la cadena… la oportunidad ya se ha ido"

Arriesgarse en cada oportunidad es una manera de vivir. La vida está escrita por aquellos que saben soñar. Las grandes páginas de la historia pertenecen a los que tienen un objetivo claro y son capaces de luchar para conseguirlo. Nada se ha escrito sobre los holgazanes, timoratos, o abúlicos. Nadie ha admirado jamás a aquellos que se dieron por vencidos cuando existían posibilidades de seguir adelante. Mucho menos conocemos a los criticones intelectuales que se saben de memoria los fallos de todo el mundo. A pesar de todo, siempre es mejor intentar hacer algo que vivir sin ningún sueño.

Y no me refiero sólo a los grandes sueños. Es obvio que no todos los grupos del mundo pueden llegar a ser los "Beatles", ni todas las personas del mundo pueden aparecer en los registros de la historia, pero todos tienen el derecho a soñar. Todos tenemos la necesidad de anhelar un objetivo para nuestra vida, ¡y conseguirlo! En cierta manera, alcanzar ese sueño es lo de menos. Si son millones de personas los que admiran lo que hemos hecho, o nadie ha llegado a conocerlo, en cierto modo no importa. Lo más trascendente es lo que hay en el corazón. La razón de nuestro deseo. Y hoy, desde aquí, yo te invito a soñar. Te invito a luchar para conseguir tus sueños.

Recuerda las palabras de Rafael Barret: "Desprenderse de la realidad no es nada, lo heroico es desprenderse de un sueño". A veces la vida nos golpea de una manera terrible, y tenemos que desprendernos de sueños e ilusiones que vivieron por muchos años con nosotros. Si tenemos que hacerlo, hay que continuar: eso sólo lo pueden hacer los que han luchado duro para seguir adelante. Merece la pena no tener tantos "seguros" en nuestra puerta, por lo menos para entreabrirla de vez en cuando y contemplar lo que está pasando.

Pero si por alguna razón hay que comenzar de nuevo y olvidar lo que uno ha soñado, que sea para hacer que nazca un sueño mayor. Yo creo que se puede vivir intentando vencer la realidad y esperando el momento exacto en el que las cosas pueden cambiar. Lo imposible es vivir sin ninguna ilusión. Sin ningún sueño.

para los que buscan algo más
efesios 2

31 agosto

Uno de los primeros éxitos del grupo Queen fue la canción titulada "Somebody to Love" (Alguien a quién amar) interpretada por su cantante solista Freddie Mercury, quien en un momento del estribillo exclama:

"Dios, dame un poco de amor" (1)

Aunque la petición es buena, la búsqueda no lo fue. Freddie Mercury buscó el amor en miles de lugares diferentes, pero no en donde podía encontrarlo: en Dios. Vivió tal como quiso y disfrutó de todo aquello que creyó conveniente, y su insensatez le llevó a caer en manos del temible Sida y morir. Quizás buscando un poco de amor.

Tener preguntas en la vida es bueno. Buscar las respuestas es parte del problema. Tener paciencia y saber esperar esas respuestas es lo más importante.

Déjame que te haga algunas preguntas: ¿Dónde estás buscando?, ¿cuáles son las cosas más importantes en tu vida?, ¿quién crees que puede darte un poco de amor?

En la vida, todos llegamos a momentos de crisis: momentos en los que tenemos que tomar decisiones. Y más que eso, debemos buscar la fuente de nuestras decisiones. Las personas o cosas sobre las que vamos a colocar todo nuestra existencia. Porque en un momento de crisis tenemos que recordar estas tres cosas importantes:

1. Buscar las respuestas a nuestras preguntas
2. Saber buscar esas respuestas
3. Saber esperar las respuestas.

Muchos no han seguido ese proceso, y aunque su búsqueda era sincera, sus propios deseos les han llevado a la muerte. Otros han intentado encontrar respuestas donde era imposible hallarlas: en drogas, sexo libre, placeres, alcohol.... Muchos otros no han tenido paciencia para esperar el momento oportuno en el que las respuestas podían llegar, y han destrozado sus vidas.

Merece le pena buscar. Es posible encontrar buenas fuentes y buenos momentos para responder a nuestras preguntas. No lo olvides.

(1) "a day at the races" 1976, emi records

para los que buscan algo más
efesios 4

1 septiembre

George Harrison siempre quiso llegar más allá de la simple diversión, desde que formaba parte de los "Beatles". Los cuatro integrantes del grupo aparecieron en las televisiones de todo el mundo cantando la canción "All you need is love" (Todo lo que necesitas es amor) allá por el año 1966. George admitió veinte años más tarde: "Sigo pensando que lo que necesita el mundo, sigue siendo el amor, lo que creo es que no basta sólo con decirlo".

Es cierto, parece ser el tema más socorrido y controvertido al mismo tiempo, porque todos creen saber de qué se trata, y todos creen tener la cantidad suficiente. Estamos hablando del amor. No le digas a nadie que no sabe lo que significa amar, porque puedes encontrarte con más que un simple problema.

Déjame contarte una historia: un hijo abandona su casa y vive de una manera completamente irracional y violenta llegando a robar y matar, y por ello cae en la cárcel. Su padre lo sabe, pero el hijo, sintiéndose culpable pasa toda su condena en la cárcel sabiendo que jamás podrá volver a su casa: no sólo dejó su familia, sino que la deshonró hasta límites que ninguna persona aguantaría. Un día llega el final de su condena, y el hijo, en una última decisión desesperada escribe una carta y la envía a casa diciendo que quiere volver, pero que comprende que su padre esté enfadado con él, así que entendería perfectamente que no quisiera verle más.

Escribe a su padre y sólo le pide una cosa: si le ha perdonado, debe atar una cinta amarilla en el viejo roble de la casa que se ve al llegar a la estación. Si no hay cinta amarilla, el hijo continuará su viaje en el tren, y no culpará a su padre de nada. Si la hay, bajará feliz para volver a casa.

Cuando llegó el día, el hijo casi no podía esperar a ver el viejo roble desde la estación. "¿Encontraré alguna cinta amarilla? ¿me habrá perdonado mi padre?" ¡Que gran sorpresa al acercarse el tren y encontrar MILES de cintas amarillas atadas, acariciadas por el viento! ¡Su padre no quería que tuviese ninguna duda de que le perdonaba, que quería que volviese a casa!

Schiller dijo un día: "Sólo conoce el amor aquel que ama sin esperanza". Creo que tenía mucha razón. Así es el amor de Dios. Dios ama aunque la humanidad no quiera hacerle caso. Ama aún sin esperanza de respuesta. El amor que Dios ofrece es incondicional. Aún si vivimos ignorándolo, Él sigue amándonos; aún a pesar de que la humanidad no tiene remedio, Él sigue amándonos.

Ése es el tipo de amor que necesitamos. Un amor absoluto. Un amor que puede llegar a cambiar la vida.

2 septiembre

*"La vida no vale nada
Si tengo que posponer
Otro minuto de ser
Y morirme en una cama (...)
Y por eso para mí
La vida no vale nada
Si no es para perecer
Porque otros puedan tener
Lo que uno disfruta y ama.
La vida no vale nada
Cuando otros están matando,
Y yo sigo aquí cantando
Como si no pasara nada. (...)
La vida no vale nada
Si escucho un grito mortal
Y no es capaz de tocar
Mi corazón que se apaga
La vida no vale nada
Si no es para perecer
Porque otros puedan tener
Lo que uno disfruta y ama."* (1)

Pablo Milanés hizo famosa esta canción en un momento de la historia, los años 80, en el que muchas personas estaban luchando en todo el mundo por los derechos más fundamentales de la vida.

Todo lo que podamos decir y escribir sobre la igualdad, la fraternidad y la convivencia en paz de todos los habitantes de este planeta es poco. Y es poco, porque a simple vista da la impresión de que la gente no hace mucho caso. Seguimos odiando, matando y despreciando a otros porque el color de su piel es diferente, porque han nacido en otro lugar del mundo, o porque tienen más o menos dinero que nosotros. Y si no es por alguna de estas razones, pues nos inventamos otra. Todo con tal de no vivir en paz. ¡Qué tontos somos!... Dios nos hizo a todos diferentes, pero Él nos ama a todos por igual, y lo que es importantísimo: la Biblia dice que Dios ABORRECE a los que "provocan peleas entre hermanos"*. Si esto no nos conmueve, es que no tenemos sensibilidad ninguna.

Ya es hora de hacer algo más que hablar. Es hora de enseñar a nuestros niños que hay otra manera de vivir; que es posible amar y apreciar a todos. Debemos actuar para eliminar las barreras que existen hoy: barreras de color, de clase social, de sexo, de posesiones, de cultura, barreras que llevan a provocar peleas y muerte. No necesitamos ir muy lejos de donde vivimos; basta con que en el lugar donde estemos, amemos a nuestros próximos tanto como a nosotros mismos.

(*) proverbios 6:19, (1) "quiero pablo" dic 2000, pablo milanés

para los que buscan algo más
marcos 5

3 septiembre

"Barrabás" fue una de las películas más famosas del siglo XX. Dirigida por Richard Foster, en el año 1962, Anthony Quinn era el protagonista. La escena clave, la crucifixión de Jesús se rodó a unos 200 km de Roma, el 15 de Febrero del 1961. Estaba anunciado un eclipse de sol para esa fecha, y el director quería aprovechar ese momento en el rodaje para que simulara el momento en el que la tierra se oscureció cuando Jesús murió crucificado. El resultado fue tan impresionante (el eclipse de sol dejó el día bastante oscuro) que mucha gente del estudio, los extras y los curiosos que veían el rodaje, caían de rodillas para orar.

El contraste con esta situación se dio en la película "El gran carnaval" unos pocos años antes. Jan Sterling, la actriz principal decía una frase en cuanto a su decisión de no querer saber nada de Dios: "No voy a la Iglesia, porque arrodillarme agujerearía mis medias".

Son dos historias bien diferentes, pero el contraste entre una y otra tiene que enseñarnos algo muy importante: Cada uno tiene la libertad para decidir que hará en cada momento de su vida. La búsqueda de Dios no es una cuestión de saber si existe o no, como muchos han querido hacernos creer, la clave está en nuestra motivación y nuestras decisiones. Podemos encontrar la presencia de Dios en muchas cosas que podemos ver en la naturaleza, o podemos poner excusas para no acercarnos a Dios. Cualquier tipo de excusas parecen ser válidas, incluso excusas sin ningún sentido, pero excusas al fin y al cabo. De cada uno depende en qué pone la base de su existencia, cuáles son los principios que le motivan para vivir.

No sé cual es tu excusa (si la tienes) para no acercarte a Dios. Pero corres el riesgo que esté definida por la imbecilidad que desprende una actitud falsamente despreocupada. Perdóname que sea tan claro, pero a lo largo de los años, he encontrado a más personas que han admitido y creído cualquier cosa (¡incluso cualquier tontería!) por muy remota que parezca en lugar de dejar descansar su vida en Dios. Cualquier cosa vale con tal de no enfrentarse con el Creador. Cualquier palabra o motivo parece válido con la excusa de dejar a un lado a Dios.

Quizás crees que no necesitas para nada la espiritualidad en tu vida, que esas cosas "agujerean tus medias". Tengo que decirte una cosa: Mejor es tener agujeros en cualquier otro lugar y no tenerlos en el corazón. Si vives lleno/a de propósitos sin cumplir, mira hacia arriba y piensa si quizás el propósito más importante, el único que se ha cumplido en todos sus extremos, es la declaración de amor de Dios por ti. Estás pasándola por alto.

La cuestión es muy sencilla: algunos prefieren cualquier cosa, antes de tener que caer de rodillas ante su Creador.

para los que buscan algo más
marcos 6

4 septiembre

Gummo era el segundo de los hermanos Marx por nacimiento, pero en las películas de los famosos humoristas, siempre ocupaba el quinto lugar. En cierta manera vivió siempre con ese estigma de ser el último y el menos conocido de los hermanos. Tanto es así, que se decía que su propio hijo le contaba a sus amigos que era hijo de Harpo, porque nadie conocía a su padre. Un día, en un arranque de humor ácido, llegó a decir que iba a cambiar su apellido por el de "Gota", para que cuando alguien le preguntase "¿Qué gota?" él pudiese responder "la que colmó el vaso".

Estarás de acuerdo conmigo que no debemos juzgarle demasiado duramente. Todos nos sentimos mal cuando no reconocen nuestro trabajo. Nos hace daño que los demás no sepan lo que estamos haciendo, incluso cuando estamos intentando hacer algo bueno y la gente no es capaz de ver nuestras motivaciones. Perdemos nuestro sentido en la vida cuando nos desprecian, nos dejan de lado o no quieren ni siquiera escuchar nuestras palabras. Nos duele que otros piensen que nuestras ideas no son buenas sin ni siquiera conocerlas. Nos juzgan muchas veces sólo por lo que creen que somos, no por lo que somos en realidad. Entonces pensamos que ya no hay remedio, que esa gota colmó el vaso, que casi nada merece la pena.

Si nuestra vida termina ahí, tengo que darle la razón a Gummo al pensar que la frustración es demasiado grande y nuestro valor demasiado pequeño. Pero no todo es como parece: Dios conoce las intenciones de nuestro corazón. No hay lugar a malas interpretaciones, o a que nos entiendan mal... Él conoce perfectamente nuestro interior. Para Él, nuestras ideas tienen valor, no tenemos que darle explicaciones, no tenemos que fingir. No hay que prepararse mentalmente para saber cómo explicar lo que hay dentro de nosotros: Cuando venimos a Él, ya sabe lo que vamos a decir, nuestro corazón está abierto a sus ojos.

Es bueno que sea así, porque a los ojos del cielo no hay perdedores. A los ojos de Dios no existen las causas sin esperanza o las personas que parecen no tener valor, porque los ojos de Dios brillan al vernos a cada uno de nosotros. Nuestro Creador nos hizo de tal manera que todos tenemos un valor impresionante. Todos: gente como tu y yo, con nuestros propios sentimientos y nuestras limitaciones. Con nuestros problemas y frustraciones. Despreciados e incomprendidos. Personas "al borde de un ataque de nervios" quizás por las circunstancias que nos rodean, pero gente maravillada por el amor que encontramos en los ojos de Dios.

5 septiembre

Una de las actrices francesas más conocidas en los últimos años es Juliette Binoche, ganadora del Oscar a la mejor interpretación femenina por su papel en la película "El paciente inglés". En medio de una entrevista para El País Semanal afirmaba: "Somos lo que fuimos en la infancia y nos pasamos la vida intentando volver a ser así".

Recuerdos. Lo que fuimos en la infancia, lo que vivimos en los primeros años de nuestra vida. Las situaciones, las palabras, las alegrías y las tristezas, literalmente cientos de recuerdos diferentes que tenemos en el corazón y que llenan de paz nuestra vida. Momentos a los que nos gustaría volver.

Un tren que llega, un amigo que regresa. Un familiar al que hace tiempo que no hemos visto. El encuentro con alguien que es (o va a ser) muy importante en nuestra vida. Un lugar al que volvemos después de mucho tiempo. Un sonido familiar que nos hace anticipar recuerdos y vivencias.

Los recuerdos son importantísimos en la vida. Y suelen relacionarse con las cosas que quedan prendadas de nosotros, en lugares que ni siquiera imaginamos. Los recuerdos se casan con canciones, poesías, sonidos, paisajes, momentos, ilusiones, alegrías y también tristezas... Viven dentro de nosotros como si no quisieran molestar. Hasta que un día aparecen cuando menos los esperamos y llenan de nostalgia nuestra existencia.

No hacemos nada malo si de vez en cuando recordamos. Recordar: en nuestro castellano significa volver a pasar por el corazón (re-otra vez y cardis, corazón), y es uno de los ejercicios más saludables para nuestra existencia. Escuchar una canción, releer antiguas cartas, contemplar fotos o buscar los pequeños regalos que tanto significan para nosotros, pueden ser momentos sublimes dentro de un tiempo que se escapa de las manos a una velocidad endiablada.

Aún la vida más desgraciada tiene recuerdos felices. Y es a ellos a los que hay que volver. No tanto a aquellos que nos hieren o que tintan de amargura nuestra vida. ¡No! los malos momentos no merecen ser recordados si no es para aprender algo. Los instantes felices son los que deben vivir siempre en nuestra conciencia.

Y mucho más si esos instantes han revolucionado nuestra vida. Hay cosas que jamás se olvidan; hay situaciones que van a permanecer con nosotros aún más allá de la tumba. Juan, el apóstol, jamás olvidó la hora en la que encontró a Jesús* (eran las cuatro de la tarde)... Y así nos ha pasado a todos los que le conocemos.

(*) JUAN 1:39

6 septiembre

Paul Newman es uno de los actores más admirados en el mundo del cine. Su único hijo varón, Scott, murió a finales de los años setenta por una sobredosis de drogas y alcohol, lo que dejó la vida del actor en una situación prácticamente irreversible de dolor y sufrimiento. Paul confesó algunos años más tarde que cuando su hijo murió "Comencé a dedicarle más tiempo al resto de mis hijas, porque tenía muchos problemas en las relaciones, y me sentía distante de la gente".

Hay algo trascendental a lo que dedicamos muy poco tiempo. Nadie te lo explica cuando llegas al colegio. Ninguna Universidad lo enseña. Prácticamente nadie lo dice en los medios de comunicación. Muy pocos profesionales te dirán que es la solución a muchos problemas.

Déjame decirte que expresar amor, decirle a las demás personas lo que significan para nosotros, hablar sinceramente con el corazón para pronunciar un "te quiero" en el momento oportuno, es una de las cosas más importantes que podemos hacer. Dedicar tiempo a los que queremos es una de las mejores decisiones de nuestra vida.

Recuerda que amar es escuchar. Mirar a los ojos de la gente a la que queremos, e intentar llegar a su corazón. Dejar pasar los momentos paseando, hablando, poniendo una mano sobre el hombro de las personas que tenemos cerca y compartiendo los momentos más importantes de la vida, sean buenos o malos.

Muchas personas piensan que no es bueno ser sensible y llorar, y pierden así los días en los que las estrellas parecen brillar sólo para nosotros. Algunos quieren ocultar sus sentimientos a cualquier coste, y normalmente acaban pagando su insensibilidad en las horas más solitarias de su vida. Merece la pena vivir de otra manera, porque si no has perdido algo tan importante como la capacidad de sentir y llorar, cuando ganas o cuando pierdes, incluso aunque sea con pudor y elegancia, puedes considerarte una persona afortunada.

Las lágrimas cuando son honradas, sirven para aliviar nuestra alma, y siempre pueden disminuir el cansancio y la soledad. El llanto puede ser una llamada a Dios, o una llamada para que nos preocupemos más por los que están a nuestro lado. Compartir momentos de sufrimiento, de decepción, de amistad, de amor, de solidaridad y fidelidad es honrar el llanto o las lágrimas de alguien.

Expresar amor en cualquier circunstancia e intentar llegar al corazón de los que tenemos a nuestro lado es vivir la vida de Dios dentro de nosotros. Porque eso es lo que a Él más le agrada que hagamos.

(*) Juan 8:3?

para los que buscan algo más
Juan 12

7 septiembre

La alemana Anne-Sophie Mutter, es reconocida como una de las mejores violinistas del mundo. Recientemente declaraba al periódico El País en una entrevista con motivo de la presentación de uno de sus últimos discos: "En el techo de la Capilla Sixtina, los dedos de Dios y el hombre se tocan; es lo mismo que sucede entre nosotros y el arte".

Una de las cosas que más me impresiona de la Biblia es que ya en la primera frase, Dios se presenta a sí mismo como Creador. Esa es su primera característica, y de su creación no solamente surgimos nosotros, sino que vivimos, nos movemos, somos... y creamos. Los dedos de Dios y del hombre se tocan cuando cada persona reconoce que su capacidad para crear es un regalo de su propio Creador.

Lo entendió perfectamente el compositor en la antigüedad cuando escribió:

"Una cosa he pedido, (...) contemplar la belleza de Dios"*.

Cuando contemplamos esa belleza aprendemos a crear. Componemos, escribimos, trabajamos, admiramos, disfrutamos, ¡vivimos! Nuestra creatividad nace de la trascendencia de admirar la belleza en las cosas que nos rodean. Lo que creamos es siempre, lo sepamos o no, nuestra respuesta a la belleza de Dios.

Eso es lo realmente importante y lo que hace la diferencia en todo: disfrutar de Dios. Una persona tiene el corazón artista si ha aprendido a disfrutar de su Creador, a ver las cosas cómo Él las ve, a comprometerse a hacer la realidad mejor. Tenemos dentro de nosotros la necesidad de apreciar y adorar la belleza, que es lo mismo que la necesidad de apreciar y adorar a Dios, porque Él es la fuente de la belleza.

El problema en el mundo hoy es que mucha gente ha perdido la belleza del Salvador, y la buscan en muchas otras cosas que no satisfacen su alma, porque sólo Dios puede satisfacer plenamente esa necesidad de belleza. Respondemos a la belleza de Dios creando belleza, y seguimos recibiendo más de Él, y es un proceso sin fin.

Dios utiliza la belleza y la imaginación para expresar su carácter. Nosotros tenemos el privilegio de utilizar la ilusión y la imaginación para mostrar las verdades de Dios. Nuestro Creador es cualquier cosa menos aburrido, no lo olvides nunca. Nuestro mundo es una de las obras de arte de Dios, Él lo hizo y dijo que era bueno en gran manera. Nosotros debemos vivir amando las cosas que Dios hizo, tratándolas como Él las trata.

(*) salmo 150

para los que buscan algo más
salmo 27:4

8 septiembre

Una de las últimas versiones de la novela "Rob Roy" es la película protagonizada por Liam Neeson. El personaje principal es un jefe de familia escocés que le explica a sus hijos la trascendencia del honor: "Es algo que nadie te puede dar ni nadie te puede quitar... Es el mejor regalo que puedes darte a ti mismo".

Estoy casi completamente seguro de que no has escuchado hablar mucho últimamente sobre el honor. Puede que no seas capaz de encontrar un solo libro sobre ese tema editado en los últimos meses. Puede que la gente no crea que es importante el honor, en un momento en el que ni siquiera las promesas escritas tienen algún valor. Ya no estrechamos la mano para cumplir nuestra palabra, ya no podemos confiar en otros ni ellos en nosotros, porque muy pocos se han regalado el honor a sí mismos... Honor tiene que ver con:

- Lealtad
- Paz por encima de las circunstancias
- Vida consecuente con lo que quieres hacer y decir
- Fidelidad
- Palabras claras, limpias, sin mentiras
- Integridad
- Ser considerado una persona digna de confianza
- Tener amigos que no cambian con el tiempo
- Una mirada clara y transparente
- Sentido en lo que quieres hacer en tu vida
- Manos limpias y sinceras

Ninguna de estas cosas las puedes comprar o vender. Van contigo, no importa con quien estés ni lo que tengas, no influyen las situaciones ni las circunstancias. No tienen nada que ver ni el daño que tus enemigos quieran hacerte, ni las mentiras que otros puedan decir de ti. Ocurra lo que ocurra en tu vida, si tienes honor, nadie puede quitártelo, y todos te recordarán siempre con cada una de esas cualidades. Y eso es más importante que todo lo que hayas conseguido en tu vida, mucho más que ninguna otra cosa que puedas llevarte a la eternidad.

Dios nos regala todo el honor cuando nacemos. Él nos tiene por dignos de confianza, Él "pone su mano en el fuego" por cada uno de nosotros porque confía en nosotros. Desgraciadamente con el paso del tiempo todos llegamos a vendernos a nosotros mismos por treinta monedas... o menos. Nuestra vida sería completamente diferente si aprendiésemos a confiar en Él.

Recuerda que el honor es uno de los mejores regalos que puedes hacerte a tí mismo.

para los que buscan algo más
hechos 17

9 septiembre

Una de las actrices más famosas de los años cincuenta, fue Zsa Zsa Gabor. Su extraordinaria belleza hizo que protagonizase muchas películas de éxito, y también que se casase en varias ocasiones. Muchos de los hombres famosos de su época, quisieron tenerla consigo. Un día, comentando sus "aventuras" amorosas dijo: "Nunca odié tanto a un hombre como para devolverle los diamantes que me regaló". A pesar de que el amor es mucho más valioso que cualquier objeto, para algunas personas puede haber excepciones.

Aún a pesar de todas las bromas, la verdad es que no se puede satisfacer el deseo de eternidad en objetos finitos. Cuando el hombre pone todo su corazón en cosas que se terminan, su vida se termina también, su gozo se termina, la satisfacción que buscaba se termina; no es eterna.

Muchos recuerdan lo que ocurrió en los últimos años de la vida del famoso pintor Van Gogh. Hijo de un pastor protestante, su amistad con Paul Gauguin le llevó a la amargura. Murió en la más absoluta pobreza. Muy pocos meses antes de su muerte, había llevado a un acreedor varios lienzos en una carretilla, y éste no se los aceptó como pago, teniendo que trabajar para pagar su deuda. La mujer del acreedor le dijo a su marido cuando llegó a casa: "Eres un tonto, al menos podrías haberte quedado con la carretilla". Hoy se venden algunos de sus cuadros por más de cincuenta millones de euros. ¡Imagínate que se hubieran quedado con sólo uno de ellos y hubieran tenido un poco de paciencia! ¡Habrían ganado millones!

No te rías demasiado de esa familia, porque hoy muchas personas caen en la misma "trampa": viven ignorando lo que merece la pena en la vida, lo que Dios promete, lo que nos da ahora y lo que significa lo espiritual. Si en nuestra vida lo único que nos interesa son las "carretillas", pronto vamos a perder nuestra identidad como personas, porque al perder la dimensión espiritual perdemos las mejores cosas de la vida: la amistad, la libertad, la paz, el aliento, la sensibilidad...

Lo único que podemos sacar de las "carretillas" de la vida es un poco de basura. Es lo mismo que querer ganar el partido de hoy a toda costa, aunque nos cueste el campeonato. Lo inmediato es lo único que nos interesa, y con lo de ahora perdemos la dimensión eterna de la vida.

Algunos pueden creer que somos tontos si hacemos lo contrario, si renunciamos a las pequeñas tonterías de la vida para ganar las verdaderas obras de arte. Pero si dedicamos más tiempo a reconocer lo que merece la pena y dejamos que lo pasajero sea intrascendente, encontraremos verdadero significado en lo que hacemos.

Porque sólo Dios es eterno, sólo Él puede darnos satisfacción para siempre.

10 septiembre

La película "Una mente maravillosa" llevó a la pantalla de los cines la historia del profesor de matemáticas John Nash, de la Universidad de Princetown (USA) que a pesar de tener un problema grave de esquizofrenia, fue capaz de superarlo gracias a la ayuda y el amor de su esposa, hasta llegar a recibir el premio Nóbel. Casi al final de la película, protagonizada por Russell Crowe, el protagonista dice:

"Siempre creí en los números, las ecuaciones y la lógica que llevan a la razón. Mi búsqueda me ha llevado a la física, la metafísica y la locura, y ahora de vuelta desde la locura descubro lo más importante en mi vida. Sólo en las misteriosas ecuaciones del amor, la razón alcanza la perfección de la lógica".

Sólo el amor lo supera todo. Podríamos terminar la historia de hoy con esa frase tan sencilla, pero necesito escribir un poco más, porque a veces vivimos como si nuestro amor no tuviese importancia, y sólo ese amor puede dar sentido a todos los momentos de nuestra vida, incluso a los momentos de mayor sufrimiento.

A nadie le gusta sufrir, por eso de la misma manera que tomamos medicamentos para el cuerpo, intentamos medicar nuestro espíritu. Buscamos fórmulas, personas o circunstancias que nos hagan huir de los malos momentos. Y eso no es posible, aunque sea momentáneamente efectivo.

Queremos quitar el dolor en todo momento, pero eso no puede aplicarse a la vida espiritual. No podemos escapar de lo que no nos gusta o encontrar medicinas espirituales para no sufrir. Vivimos aceptando sólo lo que nos hace sentir bien, y no queremos ni oír hablar de la disciplina o el dolor, y de esta manera, nunca encontramos sentido en nuestra vida.

El mundo del deporte nos enseña que la disciplina y el dolor pueden ser dos de nuestros mejores amigos. Son parte imprescindible de los objetivos que nos marcamos. El dolor es muchas veces uno de los mejores espejos del amor. Aunque sea el visitante que no queremos, es el que nos devuelve la ilusión porque nos muestra dónde está la esencia de la vida. El dolor puede ser el gran maestro que nos enseña el secreto de cada momento, el disfrute de cada pequeña cosa; el gran valor de aquellos que están a nuestro lado cuando sufrimos.

Si hacemos todo lo posible por huir del dolor y de los momentos a solas, perdemos la grandeza de las noches estrelladas, porque sólo brillan las estrellas cuando la oscuridad rodea el alma. Sólo en esos momentos encontramos la razón y la lógica de lo que no entendemos: Una respuesta de amor. Porque sólo el amor puede superarlo todo.

para los que buscan algo más
2 corintios 1

11 septiembre

El dueño de una tienda estaba colocando un anuncio en la puerta que decía: "Cachorritos en venta". Esa clase de anuncios siempre atrae a los niños, y pronto uno apareció preguntando: "¿Cuál es el precio de los perritos?" El dueño contestó: "entre 40 y 50 euros".

El niño metió la mano en el bolsillo y sacó unas monedas: "Sólo tengo 5 euros... ¿puedo verlos?", el hombre sonrió y silbó... De la trastienda salió su perra corriendo seguida por cinco perritos. Uno de los perritos venía muy despacio. El niño inmediatamente señaló al perrito rezagado que cojeaba: "¿Qué le pasa a ese perrito?" preguntó. El hombre le explicó que cuando el perrito nació, el veterinario le dijo que tenía una cadera defectuosa y que cojearía para el resto de su vida. El niñito se emocionó mucho y exclamó: "¡Ese es el que yo quiero comprar!". Y el hombre replicó: "No, no puedes comprar ese cachorro. Si realmente lo amas, yo te lo regalo".

El niño se disgustó, y mirando a los ojos del hombre le dijo: "No, yo no quiero que usted me lo regale. Él vale tanto como los otros perritos, y yo le pagaré el precio completo. Le voy a dar mis 5 euros ahora y 5 cada mes hasta que lo haya pagado por completo". El hombre contestó: "Tú en verdad no querrás comprar ese perrito, hijo. Él nunca será capaz de correr, saltar y jugar como los otros perritos". El niño se agachó y se levantó el pantalón para mostrar su pierna izquierda, cruelmente torcida e inutilizada, soportada por un gran aparato de metal. Miró de nuevo al hombre y le dijo: "Bueno, yo no puedo correr muy bien tampoco, y el perrito necesita a alguien que lo entienda".

El hombre estaba ahora mordiéndose los labios y sus ojos se llenaron de lágrimas... Sonrió y dijo: "Hijo, desearía que cada uno de los demás cachorros pudieran tener un dueño como tú".

A veces tenemos que estar solos. Necesitamos pensar, sentimos el agobio de las multitudes y queremos dejar nuestra mente y nuestro corazón en el descanso del silencio... Pero otras, desgraciadamente, estamos solos porque nadie ha quedado a nuestro lado. Y no es debido a la soledad que deja la muerte o la enfermedad: Soledad cruel, pero aceptada como parte de la vida. No; lo verdaderamente triste llega a nuestro corazón cuando los demás no recuerdan el desencanto de nuestra alma.

¿Y nosotros? Siempre fue muy fácil reclamar a los demás su ayuda, su cariño, su "saber estar"... pero puede que seamos encontrados culpables si pensamos en la soledad de alguien cercano. Quizás alguna vez hemos abandonado a nuestro amigo, a nuestros hijos o a nuestros padres (¿a nuestro cónyuge?), a nuestros compañeros, o simplemente al que estaba a nuestro lado y desesperadamente gritaba por un poco de compañía.

"Al amigo que sufre, se le ama".* ¡Hermosas palabras!... y desde luego, las más sabias que alguien podía pronunciar. Porque no existe otra respuesta delante del sufrimiento ajeno; NO existe otra manera de reaccionar sino con el abrazo y la compañía sincera. La amistad no tiene leyes: se rige por los dictados profundos del corazón. Y esos son inevitablemente comunes a todas las razas y culturas, en todos los lugares y épocas, porque Dios los puso en el fondo de nuestro ser. Y en esos dictados jamás se encuentra el abandono. Si caemos en su trampa, siempre es debido a que hemos equivocado el orden de valores de nuestro espíritu. El amor y la fidelidad son un sólo cuerpo. Son el matrimonio perfecto.

(*) job 6:14

para los que buscan algo más
job 42

12 septiembre

La película "Naufrago" fue protagonizada casi exclusivamente por Tom Hanks. En ella se narra la historia de un hombre que trabaja en una empresa de mensajería, y que toda su vida se basa en correr para alcanzar sus objetivos, tanto que casi no tiene tiempo para sus amigos, ni para su novia. Debido a un accidente de aviación cae en una isla, y milagrosamente salva su vida, pero tiene que pasar meses enteros sin hacer nada, descubriendo que le puede llevar varios días hacer un anzuelo para pescar y comer, o un par de meses lograr preparar una red. De repente, descubre que no existe el tiempo y que cada día es completamente diferente, que el mundo "real" es su propia vida y que lo único que puede hacer es disfrutar de esa vida.

Alguien contó una vez que un hombre caminaba por la playa en una noche cerrada. Hablaba consigo mismo pensando: "Si tuviera un coche nuevo, sería feliz. Si tuviera un excelente trabajo, sería feliz. Si tuviera una casa grande, sería feliz. Quizás si mi pareja me quisiera más sería feliz"... Mientras hablaba, encontró una bolsa llena de piedras y comenzó a tirar una a una al mar como si con cada piedra lanzase uno de sus deseos: "Sería feliz si..."

Así lo hizo durante varios minutos en la noche, hasta que quedaba una sola piedra en la bolsa y decidió guardarla. Al llegar a su casa se acostó. Su mujer al recoger la ropa encontró la piedra y se dio cuenta de que era un diamante muy valioso. ¿Te imaginas cuantos diamantes arrojó al mar sin detenerse a verlos y apreciarlos?

Mucha gente vive arrojando los pequeños tesoros que tienen en sus vidas sin darle valor a todo lo que hay a su alrededor. Arrojan fuera de sí diamantes de incalculable valor esperando que la vida sea más "justa" con ellos. Tiran lo que les haría disfrutar mientras desean cosas y situaciones que no les convienen. Así hasta que llega un momento en que comienzan a aprender lo que es realmente importante. Normalmente cuando ya queda muy poco tiempo para vivir.

Mira lo que está cerca de ti y detente a observar todo lo que tienes. Puede que te des cuenta de que eres mucho más afortunado de lo que crees. Observa cada "piedra" que está en tus manos, porque quizás sea un diamante valioso que estás despreciando casi sin darte cuenta.

Cada uno de los días que Dios nos regala es un diamante valioso e irremplazable. Depende de ti aprovecharlo o lanzarlo al mar, para que nunca más puedas recuperarlo.

La vida es un regalo. ¡Disfrútala como un regalo!

13 septiembre

Sydney Pollack es uno de los directores más famosos de Hollywood. "La intérprete" fue uno de sus últimos films, un thriller desarrollado prácticamente en su totalidad en las dependencias de la ONU. Uno de los protagonistas es el jefe de una nación africana que presenta un libro, en cuya introducción escribe: "Un susurro puede hacer callar a un ejército si dice verdad".

Las palabras tienen mucho más poder del que nosotros pensamos. Muchas veces no necesitan ser gritadas o publicadas en los medios de comunicación para transformar o revolucionar la vida de muchas personas. Pueden llegar a ser más poderosas que un ejército entero.

Creo que todos hemos "coleccionado" alguna vez, frases de diferentes culturas, quizás porque siempre tienen algo nuevo que decirnos a los demás, o simplemente porque nos suena que lo que dicen es cierto...

- "Quien se sube encima de un tigre corre el riesgo de no poderse bajar nunca." Proverbio japonés
- "Un mal pequeño es un gran bien." Proverbio griego
- "Amistad fuerte llega más allá de la muerte". Proverbio gallego
- "El que teme sufrir, sufre de temor." Proverbio chino
- "Se puede esconder el fuego, pero ¿Qué se hace con el humo?". Proverbio africano

La gente puede utilizar las palabras con muchos fines. Se usan palabras para herir, para esclavizar, para hacer daño, para controlar, para dominar sobre otros, para vencer o para acallar, para vender y comprar, para hacer valer nuestros derechos y para demostrar que tenemos razón. Pero muy pocos utilizan palabras para libertar o para curar. Cuando las palabras obedecen a la verdad, curan. Cuando las palabras reflejan lo que es correcto liberan. Cuando nuestras palabras son justas, podemos hacer callar a un ejército.

Eso es lo que siempre hizo el Señor Jesús: pronunciar palabras que dan vida, que curan, que llegan al corazón, palabras que consuelan... Él mismo se definió como la "Palabra Viva". Sus palabras no sólo llegan al corazón, sino que nos hacen disfrutar de la paz. Las palabras del Señor nos llenan de libertad porque la verdad nos hace libres. Las Palabras de Jesús curan porque se acurrucan dentro de nuestro corazón y nos bendicen.

Muchos lo hemos comprobado a lo largo de nuestra vida y lo podemos certificar sin ninguna duda. El mismo Pedro, después de haber estado muchos meses siguiendo al Maestro lo dijo: "Tú tienes palabras de vida eterna". *

Palabras que duran para siempre, palabras que sanan...

14 septiembre

George Gershwin, era uno de los músicos más conocidos en todo el mundo, pero fue a hablar con Stravinsky, porque quería saber más sobre la música clásica y extender sus límites, componiendo piezas mucho más importantes que las que él había hecho en la música ligera. George había sido siempre un autodidacta y quería aprender. Con el paso del tiempo, y después de haberse visto varias veces, Stravinsky le preguntó a George cuánto ganaba con la música que componía, y éste le contestó: "Más de 100.000 dólares al año". Stravinsky le dijo: "Entonces es mejor que Ud. me dé clases a mí". Stravinsky demostró una gran humildad, y también la sabiduría de quien sabe que siempre puede aprender algo nuevo.

Hace unos meses una amiga que vive en Kenia me envió una oración que muchas personas elevan allí: "Dios y Señor, líbrame de los cobardes que no se atreven a enfrentar la verdad, de los perezosos que se conforman con medias verdades y de los soberbios que creen que lo saben todo".

1. Cobardes
2. Perezosos
3. Soberbios

A ninguno de nosotros nos gustaría estar en esas tres categorías, pero déjame decirte que caemos en ellas a menudo. ¿No me crees? ¿Qué somos entonces…?

¿Qué somos cuando preferimos cualquier mentira para no tener que enfrentar las consecuencias de un cambio?

¿Qué somos cuando no trabajamos para encontrar lo que realmente merece la pena y descubrir las cosas buenas de la vida?

¿Qué somos cuando preferimos vivir con nuestro rostro arrogante y el corazón lleno de dolor, en lugar de dar el pequeño paso de reconocer que estamos equivocados, que quizás lo que pensábamos no era lo mejor, y que debemos pedir perdón a alguien?

Por mucho que nos empeñemos en demostrar lo contrario, si no somos capaces de enfrentar la verdad, sólo somos cobardes. Si no luchamos para proclamar y hacer justicia, es como si estuviésemos muertos en vida. Si por no cansarnos, o no perder parte de lo que creemos que tenemos, aceptamos que nos engañen o nosotros mismos engañamos a otros, sólo somos perezosos. Y si siempre creemos que la razón está con nosotros, estamos llenos de soberbia, porque nos empeñamos en pasar por encima de los demás y luchar contra ellos, caiga quien caiga. Nuestra soberbia es tal, que no nos importa lo que le suceda a otros con tal de que nosotros estemos bien.

¡Dios nos libre de nosotros mismos!

para los que buscan algo más
salmo 114

15 septiembre

Los norteamericanos tienen estadísticas para todo, y controlan absolutamente todos los datos que puedan medirse. Uno de los últimos que escuché es que la canción "I will always love you" (Te amaré siempre) de Dolly Parton y popularizada por Whitney Houston es la más pedida y tocada en los funerales.

¡Uf! No nos gusta hablar de funerales ni de muerte, ni de enfermedad... Si quieres lo dejamos para otro día, porque hoy me gustaría hablarte justo de lo contrario. Nuestra existencia es el primer y más importante regalo que Dios nos hizo. Pudo no haberlo hecho, pero quiso que naciéramos y que nuestra vida tenga sentido. Esto es crucial para todas las personas. Había una posibilidad de no nacer, pero Dios escogió que naciésemos.

¿Recuerdas los versos de Calderón de la Barca?

"¿Que es la vida? Un frenesí
¿Qué es la vida? Una ilusión.
Una sombra, una ficción
Y el mayor bien es pequeño
Que toda la vida es sueño,
Y los sueños, sueños son"

Dios te creó, escogió que pudieras vivir, soñar y disfrutar de las personas y las cosas que tienes a tu alrededor. Sonríe aunque la vida te golpee a veces, aunque no todos los amaneceres sean bonitos y las puertas se cierren delante de ti.

Sueña, porque soñar no cuesta nada, y quizás un día tu sueño pueda cumplirse. Ama, porque amar es vivir, y cuanto más amamos no sólo recibimos amor, sino que llenamos de gloria el lugar en el que estamos. Es mejor amar y sufrir que no haber amado nunca.

Da lo que puedas a todos los que puedas. Cuando damos a otros nos parecemos más a nuestro Creador, que nos da el aire y la vida sin medida y sin discriminación. Aprende a compartir lo que ocurre en tu vida, porque una pena compartida es menos pena, y una alegría compartida se duplica por lo menos.

No tengas miedo de llorar, porque el sufrimiento purifica el alma y alivia el corazón. La angustia parece irse con nuestro llanto y cada lágrima nos ayuda a ser mejores.

Da gracias a Dios porque puedes soñar, amar, dar, compartir, llorar. Da gracias a Dios porque tienes la oportunidad de vivir un día más. Eso es mucho más que un sueño, una sombra o una ficción. La vida merece la pena.

para los que buscan algo más
lucas 20

16 septiembre

Recientemente, la modelo Claudia Schiffer decía en una entrevista para el periódico ABC "La belleza y el sexo gobiernan el mundo (…) esa es una de las razones por las que a veces en la habitación del hotel todo se derrumba, me siento y pienso que estoy totalmente abandonada, que no hay nadie, que nadie me quiere".

Esa era una forma de responder a una cultura completamente abarrotada de sexo desmedido, y relaciones sin ningún control.

No creo que hayamos resuelto ese problema. Para muchos, las relaciones sexuales son tremendamente irrelevantes, y su idea de las mujeres o los hombres es que sólo son "algo" que puedes usar y tirar. Puede que sea uno de los más graves errores de nuestra sociedad, porque Dios diseñó el sexo para ser disfrutado entre un hombre y una mujer que han comprometido su vida juntos, y por lo tanto:

- Viven aprendiendo a escuchar y comprender.
- Son buenos amigos, y como tales buscan descubrir las cualidades del otro.
- No caen en el juego de ser sólo un objeto sexual para la otra persona... o simplemente un intercambio de deseo en una noche.
- Son capaces de dar y recibir cariño, porque se conocen.
- Su relación se basa en la lealtad, no en "lo bien que lo haces".

Si estás buscando un amigo, una amiga para tu vida, preocúpate de no jugar. No caigas en un deseo que puede destruiros a los dos: haz las cosas a su debido tiempo. Merece la pena esperar.

Sé que alguno de los que estáis leyendo vais a pensar muchas cosas de mí, pero no me importa. Tengo mis principios, y creo que son los correctos. Cuando Dios hizo las cosas, puso el sexo en su lugar: es decir, como el resultado de una relación de amor profundo dentro del matrimonio. Y así son las cosas. Si lo buscas de otra manera, jamás llegarás a conocer lo que realmente es el amor. Si tu vida se resume en un placer desenfrenado, tarde o temprano el placer te devorará a ti mismo también. El erotismo no lleva al amor. El sexo no es la base de la relación. Si no hay verdadero amor, nada tiene sentido.

No serías el primero o la primera en caer en el mayor desengaño de su vida. Muchos otros han intentado vivir de acuerdo a sus propios criterios hasta encontrarse hastiados de todo y de todos. Muchas (sobre todo muchas) han sido utilizadas en nombre del sexo fácil, para ser abandonadas más tarde con cualquier excusa. Si no hay amor, la relación no existe. El placer jamás une, porque siempre querrás encontrar a alguien que te dé más placer. Y a la otra persona le pasará lo mismo también, no lo dudes.

para los que buscan algo más
proverbios 17

17 septiembre

Muchos de nosotros crecimos habiendo pasado un ritual casi "imprescindible" en nuestra adolescencia. Durante un sábado (normalmente del mes de Abril) por la noche, escuchábamos canciones de diferentes países en el festival de eurovisión, para más tarde quedarnos alelados escuchando aquello de: "ruallom ini, sep puan, iunaited kindon seven poins". En el año 1973, el representante de Israel, en Eurovisión, ILANIT tuvo que actuar con un chaleco antibalas por debajo de su traje. Eran momentos muy difíciles en el terrorismo internacional. Habían sido asesinados varios atletas israelíes en Munich 1972, y todos los miembros de seguridad estaban muy preocupados.

Desgraciadamente, la violencia y el terrorismo no han cesado desde entonces, más bien al contrario, cada día aparecen nuevos grupos que bajo cualquier bandera o idea, quieren traer su justicia a este mundo, matando gente a quienes ellos consideran sus enemigos.

Algunas personas se olvidan de algo. Y ese algo es muy importante: HABRÁ UN JUICIO. Sí, como lo oyes, un Juicio final en el que todas las cosas que hemos dicho y hecho estarán escritas para nuestro "recuerdo". Y a algunos se les va a caer el pelo. Las Palabras de Dios no son cariñosas o condescendientes, no. Lee:

"¿Aguantará tu corazón o serán fuertes tus manos en los días en los que YO actúe contra ti?". *

Si crees que todas las demostraciones de violencia van a quedar sin castigo, estás muy equivocado. Si crees que todos aquellos que han introducido maldad en el corazón de los más jóvenes van a vivir como si nada hubiese ocurrido, estás muy equivocado. Si defiendes que cada uno tiene derecho a decir y hacer lo que quiera sin preocuparse del ejemplo que está dando, o de si sus palabras van a llevar a otros a la muerte, ¡estás muy equivocado!... Dios va a actuar contra todos ellos, Dios no admite la maldad y el odio.

Puede que ahora parezca estar lejano el día en el que las injusticias sean castigadas. Puede que para muchos, Dios espera demasiado tiempo para pagar a cada uno lo que merece... pero no es así. La Biblia nos dice que Él espera a que cada persona, individualmente, se vuelva de sus malos caminos y abandone su maldad. Él actúa siempre en el momento adecuado.

¡Ah! Y una última cosa: si estás escuchando cosas que ponen en tu mente ideas destructivas, tira con todo eso (en un lugar donde ningún otro pueda cogerlo) y abandónalo rápidamente. No dejes que ninguna fuerza malvada (aunque tenga un disfraz casi perfecto) destruya tu corazón. Antes de eso, deshazte de todo lo que te esclaviza y te domina. Aprende a vivir, no a destruir, siempre es mucho más bonito.

(*) ezequiel 22:14

para los que buscan algo más
lucas 22

18 septiembre

Las canciones de los Beatles, estaban firmadas por Lennon y McCartney, aunque realmente sólo fue así al principio. Firmaron más de doscientas composiciones juntos, pero la gran mayoría era sólo de uno de ellos. El 4 de Abril de 1964 fue un día histórico en la música pop, tanto, que jamás se repitió un fenómeno como aquel en la lista de Billboard (USA): los cinco primeros singles eran composiciones de ellos. Nadie más lo ha conseguido en toda la historia. Las canciones eran:

"I Saw Her Standing There" (5)
"I Want To Hold Your Hand" (4)
"She Loves You" (3)
"Twist and Shout" (2)
"Can't Buy Me love" (1)

Quizás muchos habrían pensado que eso era algo imposible. Y puede que ahora muchos más digan que es imposible que se repita, pero yo creo que casi todos los logros están hechos para que más tarde alguien pueda superarlos.

Porque hay una elección en la vida que todos hacemos casi sin darnos cuenta, y es la que nos define como animadores o como aguafiestas. Cada día, y delante de muchas situaciones y personas, todos actuamos de una de estas dos maneras: o ayudamos o echamos tierra encima de cualquier proyecto. Existen razones profundas que nos llevan a actuar muchas veces desanimando a los demás: orgullo, odio, envidia, falta de interés, amargura... y no voy a seguir, porque sólo con mencionar estas cosas ya se nos pone la piel de gallina. Y sin embargo están más cerca de nosotros de lo que pensamos.

Existe un premio para los animadores, y es el de alegrarse sinceramente por los éxitos de los demás. No siempre los que "saben" tienen razón. No es cierto que en todas las ocasiones los expertos acierten cuando dicen algo sobre lo que estás haciendo o quieres hacer. Sin embargo, si eres un animador, siempre te quedará el privilegio de ser uno de los primeros que creíste de verdad en algo. Y la vida sigue adelante no por los aguafiestas, sino por los que dan ánimos.

Busca hoy a quién animar. Mira a tu alrededor y encontrarás, seguro, quién necesita tu ayuda. No seas un típico sabiondo del ya-te-lo-decía-yo-que-eso-no-iba-a-funcionar y disfruta de los sueños de los demás. Emociónate con lo que está en tus manos... y con lo que otros intentan hacer.

para los que buscan algo más
lucas 23

19 septiembre

"El club de los poetas muertos" fue una de las películas más impresionantes de los años ochenta. Representaba los principios y bases de una escuela que quería educar rígidamente a sus estudiantes, pero que había olvidado el valor de la poesía y los sentimientos. Protagonizada por Robin Williams en el papel del profesor que quiere hacer una pequeña "revolución" en la vida de los estudiantes, los cuatro principios básicos de la escuela de pago eran:
- La tradición
- El honor
- La disciplina
- La grandeza.

Puede que casi todos estemos de acuerdo en la importancia del honor y la disciplina, pero ¿es la tradición lo primero? ¿La grandeza es importante? Esas mismas preguntas se las hacían algunos de los protagonistas, y uno de ellos, al no encontrar respuesta, se quitó la vida. Sus propios padres le dieron más importancia a la tradición y la grandeza que a la personalidad de su hijo.

Gastamos demasiado tiempo en demostrar que tenemos razón. Para muchos la tradición y la grandeza son el motivo de su vida. Ganar las discusiones es su manera de afirmar su existencia. Grave problema, porque si cada discusión es para nosotros un asunto de vida o muerte, vamos a estar muriendo muchas veces. Tener razón y discutir por orgullo no puede ser una motivación correcta en nuestra existencia.

El orgullo es el más grave problema del hombre: le hace creerse superior a los demás y rechazar las ideas o los consejos de otros. Una de las mayores demostraciones de orgullo es creer que siempre tenemos la razón. Soñamos con hacer lo que queremos y disfrutar al límite, sin darnos cuenta de que puede existir un precio a pagar, y a veces el precio es demasiado alto. No sirve de mucho que el mundo reconozca nuestra "categoría" si no tenemos tiempo, fuerzas o valor para disfrutarla. Quizás nos hemos enredado en muchas cosas y ahora no sabemos como librarnos de ellas: cosas que eran parte de nuestra propia ley, de nuestras propias mentiras.

Si, en muchas ocasiones nos engañamos a nosotros mismos, y creemos que no habrá ningún problema para salir airosos de cualquier situación. Nos creemos más listos que nadie y no nos importa lo que otros digan: *Nosotros* somos los genios. Tarde o temprano nos damos cuenta que "el malvado se enreda en sus propias mentiras", * pero por lo general suele ser mucho más tarde de lo que hubiésemos querido. Si somos un poco inteligentes nos echaremos atrás en nuestro orgullo y en nuestra manera de vivir "sin frenos" antes de que no tengamos remedio. Si no, pronto quedaremos reducidos a un triste recuerdo.

(*) proverbios 12:13

20 septiembre

Existe la costumbre de hacer "remakes" de las películas que han tenido éxito. Con el paso de los años, siempre hay un director que ve una película antigua, y le ve posibilidades para volver a rodarla con otros actores y medios más modernos. Ése es el caso de la conocida "Sabrina", protagonizada en su última versión por Harrison Ford, quien en un momento de la trama le dice a Sabrina: "Las ilusiones son personajes peligrosos, no tienen defectos".

Es importante tener ilusiones. Gran parte de la vida se basa en los sueños que queremos alcanzar y muchas veces seguimos adelante porque sabemos que algunas ilusiones van a cumplirse. El problema comienza cuando las ilusiones pueden ser sueños, lugares, trabajos, incluso ¡personas! a los que nunca les encontramos defectos, y que nos hacen perder la felicidad de disfrutar los sueños, lugares, trabajos y personas que sí tenemos a nuestro lado.

A veces nuestros sueños nos juegan malas pasadas. No me estoy refiriendo a si dormimos más o menos, lo que quiero decir es que aquellas cosas que deseamos con todas nuestras fuerzas pueden llegar a convertirse en nuestros dueños, si no sabemos equilibrar nuestra vida. Soñar con quien quieres ser, te lleva a veces a despreciar quien realmente eres. Puedes estar toda tu vida queriendo llegar a algún lugar, para darte cuenta más tarde de que lo más precioso era lo que tenías, que tu tesoro estaba a la vuelta de la esquina.

Alguien dijo una vez: "No puedes pedir lluvia si te vas a quejar por el barro". Si lo que deseamos nos va a destruir, sería mucho mejor no tenerlo. Si lo más precioso en nuestra vida va a esclavizarnos, necesitamos urgentemente reorientar nuestros valores. ¿Sabes? "Lo que falta no se puede contar".* No podemos pasar nuestra vida deseando lo que no tenemos.

Sueña. Vive. Piensa en tus objetivos y trázalos de acuerdo a tu corazón, pero no te esclavices con ellos. NO pierdas de vista que lo mejor que tienes eres tu mismo/a. No "vendas tu alma al diablo" para conseguir lo que sólo va a llenarte de amargura y soledad. Puede que ahora mismo muchas cosas te parezcan increíblemente admirables, porque están lejanas o porque es difícil conseguirlas, pero recuerda que las estas viendo muy de lejos, que has aprendido a admirarlas porque no les encuentras defectos. Cuando te encuentres cara a cara con tu deseo, quizás lleves una de las mayores desilusiones de tu vida.

No te dejes engañar por lo que no puedes conseguir. El mayor tesoro que tienes puede que lo tengas enterrado en tu propia casa.

(*) eclesiastés 1:15

para los que buscan algo más
lucas 19

21 septiembre

Danny Kaye fue un actor conocido sobre todo por su interpretación en "Nace una canción" junto con Virginia Mayo, Louis Armstrong, Benny Goodman y otros famosos músicos. Casado en 1940 con Sylvia Fine, compositora (le hacía las canciones especialmente para él, que le hicieron tan famoso), cobraba un dólar al año (sueldo simbólico) como embajador volante de UNICEF en la ayuda a los niños de todo el mundo.

Cuando nos hacemos mayores, recordamos muy pocas cosas de cuando éramos niños. Olvidamos casi toda la información que nos enseñaron en el colegio, como los nombres de los ríos, los montes y las ecuaciones matemáticas. Lo que queda en nuestro recuerdo son los momentos felices con la gente que nos enseñó a reír y a jugar. De los que pasaron mucho tiempo con nosotros. El escritor Dostoievsky dijo un día: "La persona que guarda muchos recuerdos de su infancia, está salvada para siempre".

Necesitamos hacer un pequeño esfuerzo hoy para recordar...

Recuerdo mi casa y los rincones en los que jugaba.

Recuerdo a mis padres amándome y ayudándome con lo poco que tenían y lo mucho que me dieron.

Recuerdo mi primera Biblia, de tapas rojas y acartonadas,

Recuerdo las idas y venidas a la escuela, las discusiones de amigos y los sueños compartidos.

Recuerdo cómo mi hermana cuidaba de mí y cómo yo me enfrentaba con todos aquellos que osaban gritarle o molestarla (a pesar de que me parecían tres veces más grandes que yo)

Recuerdo a algunos maestros y a bastantes compañeros,

Recuerdo las primeras veces que supe lo que era la muerte, cuando no volví a ver a mis abuelos,

Recuerdo los juegos que me inventaba, y cómo los amigos disfrutaban de ellos

Recuerdo a mis perros y gatos, porque cuando eres niño, estás completamente convencido que ellos te entienden y escuchan (¿y no lo hacen?).

Recuerdo mi piano, sufrido instrumento que "disfrutó" de mi presencia desde que yo tenía cinco años.

Recuerdo también, nuestra iglesia, el lugar donde al principio siempre encontraba tiempo para dibujar, y donde más tarde comprendí que me estaban hablando del Ser más maravilloso que existe.

Recuerdo mi "pequeño mundo", la habitación de la que me sentía dueño y señor.

Recuerdo todo como si lo hubiera vivido esta misma mañana.

Y es que hay cosas que nunca se olvidan.

para los que buscan algo más
lucas 18

22 septiembre

Thomas Alba Edison, rodó en su laboratorio un cortometraje que fue uno de los primeros en la historia del cine, se titulaba "El beso" y corría el año 1896. La película provocó un gran escándalo, a pesar de que eran sólo unos pocos segundos de un beso sencillo entre una pareja madura. Nadie se imaginaba lo que iba a ocurrir en los más de cien años de historia del cine, los escándalos, los problemas, las buenas películas y cientos de cosas más.

Si alguien hubiera visto todo lo que iba a ocurrir en el futuro, puede que se llevara algo más que un buen susto. Afortunadamente, el futuro siempre nos regala un poco de tiempo para prepararnos para él. No debemos preocuparnos por lo que pueda ocurrir, de otra manera quizás pasaríamos el día pensando en lo posible, lo probable, lo improbable, lo imposible y en todo ese tiempo la vida se iría escapando de nuestras manos.

Muchos viven así: se han casado con sus propias preocupaciones. Son incapaces de vivir sin ellas, y como tal, las llevarán aún más allá de la muerte. Quizá no tienen ninguna esperanza en la que depositar su dolor, o puede que su propio orgullo les impida reconocer que están equivocados. El caso es que muchas personas nacen, viven y mueren preocupados. Aún cuando todo va bien, siempre encuentran algo por lo que preocuparse.

Muy diferente es la sensación que alcanzan los que son capaces de descansar en su Creador. La misma naturaleza nos lo enseña: ¿Has visto alguna vez una vaca con problemas de personalidad? ¿Y una flor sufriendo de baja autoestima? ¿Has visto algún monte ir al psiquiatra porque "las cosas no son como antes"? ¿Alguna estrella con problemas de ansiedad?... Si la creación es capaz de descansar en su Creador, ¿Por qué no nosotros?

"Tenemos preocupaciones, pero no nos desesperamos"*. ¡Fíjate! no es la situación la que cambia. No adquieres un derecho a quedar inmune a todos los problemas cuando aprendes a descansar en quién te dio la vida. Lo que Dios te regala es un seguro contra la desesperación. Su sola presencia basta para que la confianza sea total. Puede que no cambie nada, pero el poder de Dios enseña a sonreír aún en medio de la muerte y la preocupación más absoluta. El Espíritu de Dios nos toma en sus manos para que podamos vivir en plena luz.

(*) 2 corintios 4:8

para los que buscan algo más
romanos 8

23 septiembre

Una de las canciones más famosas del gran guitarrista Eric Clapton, es "Tears in heaven" (lágrimas en el cielo). La compuso cuando su hijo Connor murió. Eric confesó que la música era la única manera de sobrellevar los momentos de angustia y tristeza mortal al recordar a su hijo. Componer canciones y tocar música le ayudó a volver en sí: "Es terrible pensar que el mejor arte surge en los momentos de desesperación" dijo.

Pocas cosas hay tan tristes como la muerte de un niño. La candidez y dulzura que desprende una vida recién nacida es algo incomparable. Yo, personalmente, jamás entendí a aquellos que no sólo no han aprendido a disfrutar de la presencia de un niño, sino que, (lo más cruel que puede ocurrir) incluso llegan a maltratarlos... o no les importa que sufran o mueran.

Afortunadamente, la Biblia nos dice que Dios es el cuidador personal de todos los niños, y que Él envía a sus ángeles para que los protejan. No siempre es posible: Nuestro mundo rebosa tanta maldad, que Dios tendría que intervenir personalmente cada segundo en el Universo para frenar los males que los niños reciben, y eso es imposible. La libertad personal de cada uno de nosotros es un don tan precioso para Dios, que Él no quiere coartarla, aún a costa del sufrimiento de muchos.

Lo que nos tranquiliza es que para encontrar una solución perfecta para la vida de los más pequeños, la Biblia nos dice que Dios recibe en el cielo a todos los niños. Todos los que mueren en la inocencia de sus primeros años, pasan a vivir cerca del corazón de Dios. Es la mejor manera de impartir justicia y defender a los inocentes.

¿Y qué ocurre cuando nosotros perdemos a alguien que vivía cerca de nuestro corazón? ¿Verdad que es difícil encontrar consuelo sólo en el hecho de que el niño que tanto queríamos está disfrutando de una vida perfecta? Déjame escribir que aún en nuestro sufrimiento Dios tiene palabras para nosotros: "El Señor sana a los que tienen el corazón hecho pedazos y venda sus tristezas "*.

Es la mayor confianza que tenemos: A pesar de las lágrimas en el cielo (Y desde luego aquí en la tierra), Dios no se olvida de nosotros. Él quiere sanar tu corazón y vendar tus tristezas. Él es el único que puede entender la desolación y la soledad que queda en el corazón de quién pierde a un hijo. Recuerda que Él dio el suyo (Jesús) por nosotros. Por ti.

(*) Salmo 147:3

para los que buscan algo más
1 pedro 1

24 septiembre

Muchos de los más famosos actores de Hollywood están enterrados en el "Westwood Memorial Park". Allí están los restos mortales de Marilyn Monroe. Es curioso que, a pesar de que se reciben miles de cartas cada año dedicadas a la famosa actriz, en su lápida sólo está escrito: "Marilyn Monroe 1926-1962" No hay nada más. Ni siquiera una sola frase de un familiar o un amigo... Y por si esto fuera poco, ese no es su verdadero nombre. Ella se llamaba Norma Jean.

A veces no valoramos la importancia de tener un amigo a quien abrirle nuestra alma. En ocasiones despreciamos la ayuda de nuestros padres cuando están deseando escucharnos y entendernos. Y por otra parte, en algunas situaciones los más mayores le dan poco valor al corazón sensible de sus hijos para abrirles los ojos a la ternura y recibir cariño de ellos. Casi todos tenemos personas con las que sincerarnos, y no las apreciamos. Todos podemos confiar en alguien, pero a veces terminamos rechazando uno de los mejores regalos en la vida.

Podemos darle la vuelta a la moneda y ver la otra cara: ¡Cuántas veces alguien ha venido a nosotros para presentarnos su vida en un espejo, para confiar en nosotros, y rechazamos su deseo! Disculpas hay muchas y de todos los colores: "No tengo tiempo", "No le entiendo", "Ya se le pasará, a golpes se aprende en la vida", "Yo no soy sensible, no sirvo para esas cosas" y otras tonterías como estas.

Piensa por un momento en tus amigos. En tus padres, en tu marido, mujer o hijos (si los tienes) ¿Pueden hablar contigo? Me refiero a HABLAR INCONDICIONALMENTE. Sin temor a que se les juzgue o se tome represalias con ellos. ¿Pueden ser sinceros contigo o en cierta manera te tienen miedo? Recuerda que gran parte de las desilusiones de los que te rodean están basadas en la soledad y en la necesidad vital de abrir el corazón delante del rostro cariñoso de alguien.

Tenemos un ejemplo, el mejor que existe, Dios mismo. Hasta tal punto que las instrucciones que nos da son clarísimas: "Derramad vuestro corazón delante de Él".* No hay ninguna necesidad de emprender viajes sin final, Dios está siempre dispuesto a escucharnos y ayudarnos. Él jamás se cansa de mirar el fondo de nuestro ser. Por muy difícil que sea la situación, siempre podemos derramar nuestro corazón en la presencia de quien más nos comprende y nos ama.

(*) salmo 62:8

para los que buscan algo más
mateo 18

25 septiembre

Uno de los pintores más reconocidos en los últimos años fue Édouard Manet. Como muchos otros, durante su vida pasó por múltiples dificultades porque pocos reconocieron su arte. En un momento muy importante, decidió construir un pabellón para exponer sus cuadros y otros de sus amigos. Lo llamó "El pabellón de los rechazados" porque sus cuadros habían sido rechazados en muchas ocasiones. Mas tarde fue uno de los pabellones más visitados en la Feria Universal de París en 1867 y revolucionó por completo la pintura moderna.....

Todos vivimos con la expectativa de cumplir nuestros deseos. Y los deseos que viven en lo profundo de nuestro corazón, aquellos que están entrelazados con nuestra propia existencia y que le dan una dimensión diferente a nuestro futuro, son los que llamamos nuestros sueños. Nuestras metas. Nuestras ilusiones.

Alguien dijo una vez que de ilusiones también se vive, y en cierta manera tenía razón. Si sabemos conservar lo más importante de nuestros proyectos con la misma ilusión que teníamos cuando empezábamos a ser adolescentes, somos mucho más felices de lo que pensamos. Pero no debemos quedarnos ahí. Los sueños son para cumplirlos: Quizás no exactamente como lo habíamos previsto en un principio (¡Quizás sí!), pero de alguna u otra manera no debemos dejar de perseguir lo que es tan importante para nosotros.

Porque cada uno tiene su propia historia. Y cada uno es diferente, por lo tanto, cada sueño también es diferente. Aunque aparentemente todo parezca haber acabado, no debemos dejar que lo que ha ocurrido en la vida rompa nuestras ilusiones. No es bueno que los golpes del pasado nos venzan de manera que ya no queremos soñar más. Siempre nuestras metas deben estar íntimamente ligadas a lo que va a venir, a lo que pueda ocurrir en el futuro, porque si nos hemos quedado sin nuevos proyectos, entonces estamos comenzando a morir.

En cierto modo, no importa lo que los demás digan. Tenemos que seguir adelante. Tenemos que luchar por lo que creemos. Si nos envían al pabellón de los rechazados, vamos a instaurar allí nuestro reino y dedicarnos a fortalecer nuestros sueños: Ocurra lo que ocurra no van a desanimarnos.

"Vuestros ancianos soñarán sueños, vuestros jóvenes verán visiones".* Hay un mañana en el tiempo para todos. Hay un camino a recorrer, y casi no importa cual sea tu edad, porque siempre puede haber una nueva visión. Pero por lo que más quieras, no abandones.

(*) ¡Joel 2:28

para los que buscan algo más
mateo 19

26 septiembre

James Dean fue uno de los actores más famosos de toda la historia del cine, y sin ninguna duda, uno de los más admirados por los jóvenes. Falleció el mismo fin de semana en el que se estrenó una de sus mejores películas: "Rebelde sin causa". Era el año 1955, y James murió en un accidente de coche. Hacía muy pocos meses que él mismo había sido el principal protagonista de una campaña de seguridad en el automóvil, recomendándole a los jóvenes que tuviesen cuidado al conducir y que no fuesen a una velocidad inadecuada.

Como muchos otros, James pensó que la vida sólo tiene sentido si es para pasarlo bien y divertirse. No hay nada malo en eso, si no es nuestra única motivación, porque hay muchos que defienden que la vida sólo tiene sentido si el placer es el norte. Todo lo demás parece no importar. Ni siquiera el sentido espiritual de las cosas. En una sociedad hedonista por naturaleza toda idea espiritual sobra, y todo sentimiento de que Dios debe ser escuchado, es incluso peligroso.

Puede que muchos estén ciegos a estos planteamientos, pero lo que sí es cierto es que nuestra sociedad está construida en base al placer. La publicidad está continuamente bombardeando nuestra mente y nuestros sentimientos en esa dirección: "Necesitas hacer lo que más deseas", "Tienes derecho a vivir como quieras", "Debes probar todas las cosas para tomar mejores decisiones", "Nadie tiene que decirte si puedes hacer algo o no"... Y así, cientos de cantos de sirena llegan hasta nuestros oídos, "obligándonos" a vivir en el límite de lo absurdo y haciéndonos olvidar la voz de lo sublime.

Y mientras caemos embobados por luces y colores, perdemos poco a poco lo que significa la disciplina de una amistad, el trabajo de lo bien hecho, o la constancia en el esfuerzo y (a veces) en el sufrimiento. Porque el que sólo busca el placer no acepta nada que tenga que ver con dolor o cansancio. Antes es capaz de quitarse la vida... o mejor aún, quitar a alguien de en medio, porque siempre encontrará a un culpable.

Una vez más te digo, no caigas. No te dejes llevar por promesas increíbles. Sólo Dios puede poner placer en tu vida, y hacerlo como nadie más puede.

Dios nos avisa, nos enseña, nos habla; Él mismo es la fuente del verdadero placer, pero desgraciadamente muchas veces el hombre no quiere escuchar, y el Creador debe decir: "No os habéis vuelto a mí"* a pesar de vivir una vida sin sentido.

Deseo de corazón que ese no sea tu caso.

(*) amós 4.8

para los que buscan algo más
marcos 8

27 septiembre

Puede que muchos recordéis la película "Una historia verdadera" en la que un hombre viaja varios miles de kilómetros en su segadora porque no tiene carné de conducir, sólo para llegar a donde vive su hermano y restaurar una relación rota desde hacía diez años por diferentes circunstancias. El actor Richard Farnsworth que interpretó el papel de este hombre mayor, le dice a una de las personas con las que se encuentra en su camino: "Lo peor de envejecer es recordar tu juventud".

Está muy bien ser joven. Es fenomenal tener todas las energías para luchar e intentar conseguir todos nuestros sueños. Incluso puede llegar a ser bueno no conformarse completamente con todo lo establecido: un poco de aire fresco nunca viene mal… pero también hay que saber crecer y vivir cada momento de la vida.

No siempre vas a tener las mismas fuerzas, aunque sería fenomenal que siempre lucharas con el mismo ahínco para conseguir aquello que crees que es justo. No siempre tendrás los mismos deseos, aunque debería intentar que tu corazón no sea moldeado por lo que otros quieren de ti. Quizás incluso, llegarás a perder tus propios sueños, yo espero que para hacerlos poco a poco más grandes y asumibles, nunca para dejar de soñar… Pero sobre todas las cosas, desde hoy es necesario que aprendas a luchar por ser tú mismo/a en todas las etapas de tu vida.

Hoy está de moda ser joven y guapo, y cuando empiezas a dejar de serlo, parece que te echan a un lado. Triste destino de los que sólo viven el presente. No te dejes engañar. Tu vida tiene un gran valor seas quién seas y tengas los años que tengas: La esencia de ese valor consiste en reconocer que el tiempo pasado te ayuda a aprender y mirar con más gratitud y valentía hacia el futuro… Mientras disfrutas de quien eres ahora. No necesitas tener tanta nostalgia del pasado, ni esperar a que llegue quién sabe qué en el futuro. Lo importante en la vida ocurre ahora, en este momento.

Todo se comprende perfectamente cuando gozas de la mejor compañía que existe: Alguien que te ama y disfruta de tu presencia. Alguien que jamás va a abandonarte, y a quien le encanta estar contigo sin importar la edad que tengas. Porque Dios ha empeñado su palabra: "Hasta tu vejez, Yo seré el mismo. Aún en las canas, yo te sostendré".*

(*) Isaías 47:4

para los que buscan algo más
mateo 16

28 septiembre

Carl Perkins compuso la famosa "Blue Suede Shoes", que alcanzó el número uno en varias ocasiones; la primera de ellas fue interpretada por los Teen-Tops. La canción nació un día cuando Carl se fijó en un chico que llevaba puestos unos zapatos de gamuza azul, y que estaba acompañado por una chica guapísima, pero el chico sólo estaba preocupado de que ella no le pisase sus zapatos.

En nuestra sociedad de consumo demasiadas veces le damos más importancia a las cosas que a las personas. Puede que casi nadie quiera reconocerlo, pero a veces nos duele más perder un objeto que una relación. Cuando nos acostumbramos a vivir así, el siguiente paso es fijarnos más en la apariencia que en el interior, derrochar más energía en conservar lo que se ve, que en fortalecer lo que no se ve.

Puede que parezca demasiado simple, pero estos dos graves errores, producen los casos más grandes de infelicidad: peleamos por tener más y más cosas, pero no las apreciamos cuando son nuestras. Luchamos por aparentar lo que no tenemos en el interior, para llenar nuestra vida de sufrimiento, al no haber aprendido a ser nosotros mismos.

Olvidamos que el placer está en el proceso, en la lucha, en la disciplina; no tanto en lo que se tiene o en la meta que se alcanza. Marcamos los objetivos de nuestra vida, pero sentimos una sensación constante de que algo nos falta, pero cuando lo conseguimos nos desesperamos al ver que esas metas no son las que dan sentido a nuestra vida. Y siempre queremos más y nunca estamos satisfechos. Gastamos nuestra vida en tener cosas, cuando podríamos disfrutar de la relación con otras personas.

"La belleza no es más que ilusión"*: la apariencia es la tapadera que engaña a nuestros sentidos. El deseo obsesionante de tener más y más cosas es un ladrón de tiempo que nos introduce en cárceles de frustración. La codicia destruye nuestro interior porque nos hace sentir infelices si no alcanzamos lo que no tenemos.

Si para nosotros lo único importante son las posesiones, somos muy pobres. Si nuestra vida gira alrededor de la apariencia, nuestro hueco interior se hará cada vez más grande y nos sentiremos cada vez más vacíos.

(*) proverbios 31:30

para los que buscan algo más
efesios 6

29 septiembre

Prince, uno de los artistas con más éxito en ventas de finales del siglo XX, compuso en sus primeros años la canción titulada "Time" (Tiempos) en la que la música y las palabras están concebidas para llenar de preguntas el corazón de quien la escucha. Todas las preguntas aparecen sin respuesta, en algunos casos porque la respuesta es muy obvia... En otros casos porque el compositor no la encuentra:

*"Algunos dicen que el hombre
No es verdaderamente feliz hasta que muere, ¿Por qué?...
Se hace de noche y cae una sombra...
¿Alguien verá amanecer?"*

Si es difícil encontrar respuestas para las preguntas normales de la vida, mucho más lo es si queremos conocer lo que hay más allá de la muerte. El compositor cree que una persona puede ser feliz al morir, pero al mismo tiempo se pregunta: "¿Alguien verá amanecer?" Muchos viven y mueren con el deseo de que con la muerte termine todo, y de que al menos del otro lado de la vida el sufrimiento y la frustración no sean continuos. Preguntas, muchas preguntas... Aparentemente preguntas sin respuesta.

Ese es le problema número uno de la humanidad: no conocer las respuestas a lo trascendental. La frustración humana aparece cuando somos incapaces de encontrar una salida a las situaciones en las que estamos, mientras creemos que el problema son los tiempos que estamos viviendo, y olvidamos que desde lo más antiguo de la historia de la humanidad, el hombre se ha hecho siempre las mismas preguntas.

Y es curioso que a pesar de no tener respuestas para sus preguntas, la humanidad acepta todo (incluso vivir en la permanente frustración) antes que reconocer que sus respuestas las puede encontrar en Dios. Y muchos van ciegos a la muerte, creyendo que ese será el final de sus desventuras, mientras Dios está ofreciendo las respuestas que todos necesitamos. Pero porque el hombre y la mujer de hoy no quieren escuchar la voz de Dios, y porque siguen viviendo debajo de la sombra de su propia ignorancia, es nuestro Creador el que hace la última pregunta... ¿"Quién se alegrará sin Dios?"*

(*) eclesiastés 2:25

**para los que buscan algo más
marcos 9**

30 septiembre

Lauryn Hill es una de las cantantes más premiadas en todo el mundo. De hecho, es la única que ha conseguido recibir cinco Grammys en una misma edición por su trabajo "The Misseducation of Lauryn Hill". Poco después de recibir los premios decía: "El dinero o el éxito no pueden definirme, siempre he sido muy feliz siendo yo misma".

Ser uno mismo; la base de nuestro significado como personas. Mientras de todas partes nos presionan y empujan para ser como otros quieren que seamos, nosotros encontramos la verdadera libertad cuando tomamos nuestras propias decisiones. Sin preocuparnos en ser más o menos importantes, o tener más o menos cosas, sino en ser nosotros mismos.

Haz un esfuerzo y reflexiona. Pregúntate por tu propósito principal. Piensa por un momento en la gente a la que quieres, y en aquellos a quien puedes ayudar. Piensa en los que te quieren a ti: los que estarían dispuestos a hacer cualquier cosa para estar contigo. ¿No crees que merece la pena? ¿Por qué no intentas que los que están cerca te juzguen (en el buen sentido de la palabra) y te ayuden a encontrar tu lugar en la vida?

Muchas veces nosotros no sabemos que hacer, ni conocemos las características que nos hacen más felices. Hasta que viene alguien y nos lo dice: "Sabes que me ayudaste mucho cuando...", "¿Sabes que te note muy contento/a cuando...?", "Quieres saber lo que he descubierto de ti...?", "Mira, eres inolvidable, porque un día...". A veces, cuando escuchamos a los demás, descubrimos quienes somos realmente. Aprendemos a apreciar las cosas que tenemos dentro de nosotros, y que nos resulta difícil reconocer. Nos damos cuenta de quienes somos, y cómo nuestras palabras y nuestra conducta influye en el Universo. ¡Por muy pequeños que creamos ser!

Dios no nos preguntará ¿Cómo no fuiste como tal persona, porqué no hiciste lo que tal otro hizo? El sólo querrá saber si hemos sido nosotros mismos, si hemos cumplido con nuestra propia vida, con lo que El puso en nuestras manos. El podía no habernos creado, podía hacerlo sin ningún problema: nada le obligaba a crearnos a cada uno de nosotros. Pero él nos hizo así. Quiso que fuésemos así. Y nuestra felicidad es ser lo que somos.

No tengas miedo a que te juzguen con demasiada severidad. Lo realmente temible es vivir (o sentirse) solo. Pensar que no hay nadie a nuestro lado que se preocupe por lo que hacemos, Y eso sí que SIEMPRE es un error. No estamos solos. No tenemos que dejar nuestra vida por la tremenda, ni pensar que nuestra existencia es inútil. Muchos llorarían sinceramente al tener que vivir en un mundo sin ti. Piénsalo.

1 octubre

Joe di Maggio, fue un gran jugador de béisbol americano, pero alcanzó toda su fama al convertirse en el segundo esposo de Marilyn Monroe. Cuando se casaron, le regaló a Marilyn una medalla que decía: "El auténtico amor no se ve sino con el corazón. Lo esencial es invisible para los ojos". A pesar de que Marilyn le dejó y se casó otra vez, Joe fue el único que estuvo con ella hasta el final, incluso después de su muerte, siempre siguió enviando flores a su tumba. Los demás la abandonaron, pero Joe no.

¿Sabes? Hoy necesitamos hablar sobre nuestros amigos y nuestra lealtad con ellos. La fidelidad es una bonita palabra, pero suena mucho mejor cuando sabemos aplicarla a una relación. Nosotros necesitamos ser fieles, y nuestros amigos necesitan ver esa fidelidad.

Vamos a ponernos "manos a la obra". Piensa en las personas que más quieres, y toma algunas decisiones:

▶ Decide que hoy mismo vas a agradecerle/s algo que hayan hecho por ti.
▶ Decide que durante esta semana vas a encontrar algún momento para pasar tiempo con el/ella/ellos...
▶ Decide que vas a comprometerte a tener los ojos abiertos por si necesitan tu ayuda. Que ellos van a ser importantes para ti.
▶ Decide que en algún momento de las próximas semanas, vais a hablar y compartir vuestros sueños.
▶ Busca el número de teléfono de alguno de ellos (o su dirección) y llama para decir que le quieres y que es muy importante en tu vida.
▶ Decide ser fiel a tus amigos, a tu familia, a la gente que te necesita.

Nada vale tanto como un buen amigo. La Biblia nos enseña que "Más se puede confiar en el amigo que nos hiere que en el enemigo que nos besa".* No quiero ni pensar en cuantas ocasiones nuestros enemigos nos han cegado el corazón y nos han entrampado con sus besos para hacernos ser infieles a quienes queremos. Mejor confiar en nuestros amigos, aunque a veces tengan que decirnos cosas que no nos gustan.

No lo olvides nunca: No tengas miedo de amar y perder. El mayor peligro es no haber amado nunca. No te sientas mal por haber hecho bien y recibir odio a cambio, la persona más triste es la que nunca fue capaz de comprender lo que significa amar incondicionalmente.

(*) proverbios 27:6

para los que buscan algo más
marcos 12

2 octubre

Howard Hughes fue un multimillonario americano que se dedicó a la producción de películas y a otros cientos de negocios más. Primeras figuras como Bette Davis, Ava Gadner, o Liz Taylor trabajaron para él. Murió en su avión privado. "Puedo comprar todo en la vida, menos la muerte" había dicho. Y así fue.

Siempre me gusta decir que el dinero puede ser nuestro mejor esclavo, pero es siempre el peor amo. Si dejamos que tome las decisiones en nuestra vida, estamos perdidos. Si todo lo que queremos es tener más, somos miserables. "El dinero no hace la felicidad" han dicho muchos, otros han añadido: "La compra hecha" pensando que al tener mucho dinero uno puede permitirse cualquier cosa, y no es así. Cuando lo tienes todo, pierdes la capacidad de agradecer, la belleza del proceso de conseguir y la fascinación de admirar.

No hace mucho tiempo leí la historia de un hombre que quería ser rico y pidió al destino un periódico del año siguiente para ver los valores de la bolsa. Invirtió todo su dinero en lo que iba a darle riqueza, y descansó al saber que en muy pocos meses sería multimillonario. Pero todo terminó cuando al seguir leyendo el periódico descubrió en él su propia esquela.

Muchos "Acumulan riquezas y no saben para quién las recogen*: viven su vida entera intentando tener y aparentar... para pasar al otro mundo tan vacíos como llegaron. Y bueno, cada uno es dueño de lo que hace y sabe (o cree saber) el porqué de sus actos. Ya tiene quien le juzgue.

Desgraciadamente muchos que han querido luchar contra la opresión y favorecer a los pobres y necesitados, terminaron de la misma manera que aquellos a quienes criticaban. ¡Qué difícil es tener dinero y saber utilizarlo! ¡Qué complicado es seguir siendo el mismo cuando la ceguera del materialismo te impide ver la necesidad de los demás! ¡Cuántos han caído esclavizados en el consumo y la ambición, destrozando sus propias vidas!.

Mientras tanto, hay muchos que mueren. Muchos que no pueden terminar este día porque a lo largo de las últimas semanas no han tenido qué comer. Más de dos mil millones de personas no tendrán un techo bajo el cual cobijarse cuando tu estés durmiendo esta noche. Casi la mitad de la población del mundo no ha tenido la oportunidad de ir a la escuela ni una sola vez en su vida.

La próxima vez que te levantes para tomar un vaso de agua, recuerda que hay dos mil millones de personas en el mundo que no pueden hacerlo. Y no olvides que Dios ama a aquellos que ayudan al que no tiene.

(*) salmo 39.b

para los que buscan algo más
marcos 13

3 octubre

Hace varios años estaba participando en un concierto al aire libre en un parque de Carballiño (Galicia) cuando vi en la primera fila a una chica en una silla de ruedas. Era tetrapléjica, y no podía utilizar prácticamente ningún miembro de su cuerpo. Cuando comencé a hablar con ella le pregunté su nombre, y ella me dijo: "Sara". Inmediatamente le pregunté si conocía el significado de su nombre y ella respondió que no. "Sara quiere decir princesa", le dije. "Tú eres una princesa para Dios, no lo olvides nunca". Me miró y sus ojos se llenaron de lágrimas.

Han pasado muy pocos años desde que la ciencia descubrió que cada persona tiene un código genético diferente. Muchos aún no se han dado cuenta que Dios escribió en cada persona un poema, de tal manera que cada uno de nosotros es único. Dios quiso que todos sean amados por igual, escuchados por igual, exclusivos desde dentro de su misma esencia.

A pesar de ser creados así, el grito de guerra de gran parte de la humanidad parece ser: "Nadie me entiende" En un siglo en el que podemos escuchar a cientos de personas y medios de comunicación diferentes al mismo tiempo... nadie nos escucha a nosotros. Aunque descubrimos que somos únicos e irrepetibles, muchos quieren ser como otros. A pesar de que sabemos que lo exterior no es lo más importante en la vida, gastamos nuestra vida entera para intentar parecer de otra manera. Y seguimos creyendo que nadie nos entiende.

Pero eso no es del todo cierto: existe un teléfono que nunca está ocupado. Hay una persona que escucha siempre. A cualquier hora del día puedes conocer a alguien que jamás te abandona... aunque hayas caído una y mil veces. Ese alguien es Dios. Él se interesa por ti, te escucha siempre, conoce tus preocupaciones, tu ansiedad; día y noche te quiere hablar, aunque a veces vives como si Él no existiese.

Puede que creas que estás solo. Quizás estés enfrentándote ahora a una situación y te encuentras completamente sola... pero no es así. Eleva tus palabras al Dios que te dio la vida. Háblale a Jesucristo, aquel que siempre escuchó y escuchará los anhelos profundos de cada persona... Pon tu vida en sus manos, las manos que crearon el mundo: porque ahí es dónde más confiado puedes vivir.

"De día el Señor me envía su amor
Y de noche no cesa mi canto,
Ni mi oración al Dios de mi vida".

(*) Salmo 42:8

4 octubre

Martin Scorsese es un director de cine de origen irlandés, considerado como uno de los mejores en la actualidad. Recientemente daba una entrevista para el diario El País con motivo del estreno de su película titulada "Infiltrados", una trama sobre agentes dobles en la policía y el terrorismo. Una de las frases claves en la entrevista fue: "Estamos en la zona cero de la ética, las fronteras entre el bien y el mal están desapareciendo. No es posible ser optimista hoy en cuanto a la tendencia de las civilizaciones mundiales".

Nuestra época es conocida como la época del engaño, porque en cierta manera parece no importar los medios que utilizamos para llegar a cualquier fin. Respondemos al "principio de satisfacción inmediata": lo que merece la pena son los resultados, no importa si en el proceso hemos dejado el camino "sembrado de cadáveres". Lo trascendente son los premios, los logros, la capacidad económica, la posición social, la satisfacción de todos nuestros deseos... caiga quien caiga. Y en este falso imperio de la ilusión, los reyes son la falsedad y el engaño.

Vivimos en la zona cero de la ética, porque nadie parece ser capaz de distinguir lo que está bien y lo que está mal. Hemos dejado a Dios a un lado, y sin un Absoluto moral, son diferentes personas las que tienen que decidir lo correcto, y eso siempre es, como mínimo, muy peligroso. Nadie sabe dónde estamos ni mucho menos a dónde vamos, pero lo más triste de todo es que a la mayoría de la gente ni le importa lo que pueda suceder. Se han acomodado en una sociedad engañadora en la que los mentirosos son los que tienen el poder, incluso muchas veces, con la aprobación de aquellos que sufren las heridas.

Quizás el mayor problema tiene que ver con nuestra ambición. Queremos hacer lo que deseamos, y en cierta manera, sentirnos con más derechos que los demás. En ese punto no nos importa engañar, porque lo que realmente queremos es que se cumplan nuestros deseos. Que todos hagan lo que nosotros queremos que hagan... Claro, pocas veces lo postulamos así, porque nos preocupa lo que piensan los demás, pero en el fondo, eso es lo que nos gustaría que ocurriera.

Y aunque nuestra sociedad va por ese camino, no tenemos ni siquiera el gusto de que se haya inventado en nuestra época. Miles de años atrás, el pueblo decía a aquellos que debían hablar de parte de Dios "profetizad ilusiones".* No importa si todo es un engaño: no importa si la mentira vive en el corazón de los hombres, no importa si nosotros mismos somos engañados; eso piensan muchos. Así quiere vivir la gran mayoría, aunque todo se reduzca a una gran dosis de ilusión intranscendente y cruel.

5 octubre

Era el dos de Julio del año 1961. Uno de los mejores escritores del siglo pasado, Ernest Hemingway, premio Pulitzer y Premio Nóbel de literatura se quitó la vida disparándose con su propia escopeta. Su padre también se había suicidado años antes, y lo mismo hizo su hija Margot, que había intervenido como actriz en varias películas de éxito. Algunos decían que todos estaban "predestinados" a morir así, pero lo cierto es que la desesperación se había apoderado de ellos en diferentes momentos de su vida. Aún a pesar de todo el éxito obtenido en su trabajo y el reconocimiento de su estilo de vida.

¿Sabes?, a veces nos desesperamos cuando creemos que nuestra vida no tiene sentido. Algunos incluso van más allá y sienten que la única manera de acabar con todo es precisamente eso: quitarse la vida. Y NO ES CIERTO, por muy difícil que sea la situación, o por mucho que la gente no confíe en nosotros, nunca debemos abandonar o creer que la solución es no seguir viviendo. Siempre hay una salida, y de nosotros depende encontrarla o no.

Hace muchos años ya que el Señor Jesús se levantó un día delante de la gente que regresaba cansada del trabajo y fatigada del sinsabor de cada jornada para explicarles que Él haría "brotar de su corazón ríos de agua viva".*

Dentro de cada persona, Dios tiene preparado un lugar para brotar, para vivir, para llenarnos de paz. La vida que Dios ofrece no está gobernada por las circunstancias o por lo que otros puedan decir o entender, ni siquiera por la manera en la que nosotros vemos nuestros problemas. Dios ofrece una vida que nace desde dentro; una vida que es abundante en toda su expresión; una vida que brota, que desborda, que llena de tranquilidad aún a pesar de lo que ocurra "allá afuera". Una vida que es capaz de vencer las heridas más profundas de las profundidades del alma. Una vida inigualable, que merece la pena ser vivida. Una vida que no defrauda ni exige éxitos temporales. Una vida que amanece radiante aún cuando el sol parezca muy lejano.

No te desesperes. No caigas en las redes del engaño y la traición. No destruyas tu vida: De tu interior pueden brotar ríos de agua viva. Dios lo ha prometido y lo cumplirá. Sólo tienes que mirar hacia Él, sólo tienes que desear de corazón que la Fuente se integre en tu propio ser. No lo olvides: tu vida merece la pena. Dios quiere cambiar en gloria lo que para ti ahora mismo puede parecer una pesadilla.

(*) Juan 7:38

para los que buscan algo más
marcos 16

6 octubre

El conocido director y actor de Hollywood, Woody Allen, se ha declarado ateo en diferentes ocasiones. Un día pronunció una de sus más célebres excusas para no creer en Dios: "Sólo le pido a Dios una señal clara, como por ejemplo, hacer un depósito de una gran cifra de dinero a mi nombre en un banco suizo". Alguien tan inteligente como Woody debería darse cuenta de que Dios nos habla siempre, pero muchas veces nosotros no le escuchamos. Estamos tan entretenidos con otras cosas, tan preocupados, que no le escuchamos. Y así perdemos los mejores momentos de la vida.

En la guía de Dios, lo importante no es lo que hacemos, sino estar con Él. Lo trascendente no es tanto llegar a comprender lo que Él quiere, sino disfrutar de su presencia en todo momento; como un niño con su padre. Cuando viajamos con nuestras niñas, lo más importante no es tanto el lugar al que vamos, sino los momentos que pasamos juntos. Podemos incluso perdernos, pero si estamos juntos, eso es el paraíso.

Como Woody, muchos (¿quizás tu mismo/a?) viven rechazando lo mejor que puede ocurrir en su vida.

*"Llamé, pero nadie respondió,
Hablé y no quisieron escuchar".**

¿Sabes quién es el que está llamando y hablando? Dios mismo. Sí, nuestro Creador está llamando a la puerta del corazón de mucha gente sin encontrar respuesta. Y mientras vivimos como si nada sucediese, estamos rechazando la mejor oferta que ha existido en la historia de la humanidad: el amor total de nuestro Dios. Desde la Eternidad y hasta la Eternidad. Amor sin límites de espacio y tiempo. Amor que dimensiona en sus verdaderos objetivos toda nuestra vida. Amor que nos da la verdadera libertad.

- ¿Cuantas veces te ha hablado Dios?
- ¿Cuantas veces has sentido en tu corazón el llamado de tu propia conciencia?
- ¿Cuantas veces has escuchado al Creador en la belleza de lo que ves?
- ¿Cuantas veces llegaron a tu alma los argumentos de quienes aman a Jesús?
- ¿Cuantas veces has conocido las palabras del Señor, y han puesto paz en tu mente?

Puede que la sensación que Dios tenga contigo sea la de "Llamé más nadie respondió"... Y esa sensación es peligrosa para ti. Tú eres el que sales perdiendo. Tú eres el que está renunciando a lo mejor que tiene la vida, el que prefiere ser sordo a la invitación de quien te ama más que nadie, y fue capaz de dar su vida por Tí. Y si sigues así el resto de tu vida, el problema es que tú mismo acabarás pagando las consecuencias.

Mejor, mucho mejor es escuchar la voz de Dios hoy. Ahora mismo.

(*) Isaías 50:7

para los que buscan algo más
Juan 19

7 octubre

El 1 de Noviembre del año 1997, la canción "Barbie girl" era la número uno en Inglaterra. Compuesta por los cuatro miembros del grupo Aqua, su estribillo decía:

"I´m a barbie girl, (soy una chica Barbie)
In a barbie world; (en un mundo Barbie)
All is plastic, (todo es plástico)
¡It´s fantastic!" (y es fantastico)

Vivimos en la llamada "generación de plástico", que como característica tiene la búsqueda de sustitutos fáciles y baratos para todo. Y lo que llegó a ser una revolución industrial, comercial y sociológica, se ha convertido en uno de los grandes fracasos de la humanidad en cuanto a principios éticos, porque no es fácil ser íntegro hoy. Todo es plástico.

¿Te has parado a pensar alguna vez las características del plástico? ¡Vaya chorrada!, estarás diciendo. Pero no lo es. Dame solamente un minuto y reflexiona: fácil, sustituto, no real (¡hasta hay fruta y comida de plástico para adornar!) cómodo, barato, es la apariencia personificada y estropea el entorno.

Ahora sí que estarás pensando que apunto la vida personal de alguno, ¿no?... Porque las mismas características se podrían aplicar a la mayoría de los fundamentos que utilizamos actualmente para tomar nuestras decisiones:

▶ Buscamos siempre lo más fácil.
▶ Nos enredamos con lo que no es real, y a veces incluso puede llegar a destruirnos.
▶ Casi todas las decisiones son tomadas en base a nuestra comodidad y las consecuencias de ella; buscamos trabajos que den mucho dinero en poco tiempo, situaciones en las que no tengamos que hacer demasiados esfuerzos, etc.
▶ Ni que decir tiene que la disciplina no ocupa casi ningún lugar en nuestra vida... Siempre le damos más trascendencia a lo barato o sin interés.

El problema es que también vivimos de las consecuencias de la generación de plástico. La mayoría de las decisiones que tomamos estropean el ambiente (y me refiero a la vida en general, no sólo al entorno físico), y muchísima gente vive con una falta de integridad total. Es muy fácil tener dos caras y aparentar, y es difícil ser íntegros y decidir siempre en base a nuestra integridad.

"Dios hizo perfecto al hombre, pero éste se ha complicado la vida".* Vivimos en una generación de plástico, y me temo que tenemos un corazón de plástico. Y mientras perdemos nuestra integridad los conflictos surgen por todas partes: en nuestro interior y en nuestro exterior. En lugar de seguir a Dios y vivir de una manera íntegra, nos complicamos la vida. Y mucho.

(*) eclesiastés 7:29

para los que buscan algo más
juan 18

8 octubre

Hace poco leía una entrevista con la actriz Scarlett Johansson, a propósito de una de sus más famosas películas, "La joven de la perla" una historia que transcurre en el siglo XVII. En la revista Imágenes, Scarlett decía: "Creo que en esa época había cierta conciencia de que cada persona tenía que contribuir a la sociedad, mientras que hoy nos dedicamos a cambiar de emisora de radio mientras esperamos el *happy meal* del McDonalds".

Escuchamos música mientras la gente se muere de hambre. Vemos una película mientras cientos de miles de niños no tienen para comer, o mueren víctima de enfermedades incurables. Es un poco nuestra propia anestesia; nos anestesiamos a nosotros mismos para no ver la realidad, o para que la realidad no pese en nuestra conciencia...

Después de muchos años trabajando en la televisión de Galicia y dirigiendo el programa "Nacer de novo", me impresiona ver que casi nadie llora cuando ve las noticias, y sin embargo sí lloran en el cine, cuando alguien mata a otro, o hiere a alguien a quien hemos cogido cariño, aunque sea un personaje de ficción. Nos hemos vuelto insensibles a la realidad que hay que cambiar, y nos hemos hecho sensibles a la irrealidad que no sirve para nada en nuestra vida ni en la de los demás. En algún lugar del camino perdimos nuestra mente y nuestro corazón, y ya no hemos vuelto a recuperarlo.

¿Sabes? A veces cuando nos hacemos más mayores nos volvemos insensibles. Algunas cosas ya no nos afectan tanto. Lo triste del asunto es que creemos que los demás también son así... y lo más peligroso es que trasladamos nuestra manera de pensar a Dios mismo. Creemos que Él es indiferente e impasible, y que nada de lo que ocurre en esta tierra le debe preocupar mucho. Un grave error, y una de las imágenes más absurdas de Dios, porque Él no es así. Él no es como nosotros somos a veces.

La Historia nos enseña que cuando el Señor Jesús recorría las ciudades y aldeas del pueblo de Israel, frecuentemente al observarlas lloraba sobre ellas, por la soledad e incomprensión que tenían sus habitantes. La Biblia nos dice que: "Tenía compasión de ellos"*, literalmente "se le conmovían las entrañas". Así es nuestro Dios, un Dios que se preocupa por los que sufren, que llora con los que lloran y viene al mundo a libertar a los pobres y oprimidos. Nadie conoce mejor el dolor de cada persona que Dios mismo. Nadie vive tan pendiente de nosotros y nuestras circunstancias como el Señor Jesús... Él nos conoce y nos ama. Él tiene compasión de nosotros. A Dios se le conmueven las entrañas cuando observa la maldad y el sufrimiento en el mundo.

Y hace todo lo que puede, que es mucho más de lo que pensamos, aunque Él mismo decide no controlar todo por amor a nuestra libertad. Nos ama tanto que ha puesto en el primer lugar de su lista el hecho de no controlarnos. Como sólo pueden hacer aquellos que aman hasta lo máximo.

(*) mateo 9:2b

para los que buscan algo más
lucas 16

9 octubre

Desde pequeño, todos decían que era un perdedor. Siempre iba mal en clase, decían que no prestaba atención y que se pasaba el día en las nubes. En el deporte nunca destacó, porque no le gustaba demasiado la disciplina del ejercicio físico. Lo único que le gustaba era dibujar, y lo hacía casi continuamente. Aún así, todos sus dibujos fueron rechazados. Llegó a presentar alguno de sus proyectos al propio Walt Disney, pero no sirvió de nada. Seguía considerándose un perdedor.

Un día decidió hacer unas tiras cómicas con la historia de su vida desde que era niño para publicarlas en un periódico. Se inventó un nombre para el protagonista, "Charlie Brown" (el célebre "Carlitos") y fue quizás el mejor historietista de tiras cómicas de la historia. Estoy convencido de que prácticamente todos habéis oído hablar de él, o leído alguna de sus historias. Estamos hablando de Charles Schulz.

Conocemos muchas historias como ésta. Aparentemente nada parecía tener sentido, hasta que un día, todo llegó a su tiempo, de una manera casi inesperada, por un camino que nadie hubiese imaginado. Porque muchas veces es cierto aquello de que...

"No siempre quien más habla tiene la razón,
Ni quien más se explica es el más inteligente
Ni el que más llora tiene más dolor"

Muchas veces, quien no lo merece se lleva el premio, quien menos tiene la razón es considerado el más inteligente, y quien no tiene motivos para quejarse (o los tiene en grado ínfimo) se pasa la vida llorando.

PACIENCIA. ¡Vaya palabrita! Parece ser la respuesta que siempre encontramos a todas nuestras preguntas, tanto, que a veces llegamos a odiarla. Y eso sí que es una grave equivocación, porque un carácter paciente es capaz de vencer al mundo. "Más vale la paciencia que la arrogancia".*

Paciencia es permitirse el lujo de esperar la solución de Dios, en el tiempo de Dios, por los medios que Dios te ha preparado. Aunque creamos que nuestra oportunidad pasa; aunque haya hablado mucho alguien que sólo dijo tonterías; y aunque estemos destrozados por dentro, pero seguimos adelante por dignidad, debemos ser pacientes. Las próximas oportunidades sólo las esperan los pacientes. Los que se han ido a portazos a regañadientes, y cansados de esperar no van a estar allí en el momento oportuno. Espero que tu sí.

(*) eclesiastés 7:8

para los que buscan algo más
juan 20

10 octubre

La famosa actriz italiana Sofía Loren, está casada con Carlo Ponti. Recientemente ella reconoció en sus memorias que él era su único amor: "He amado una sola vez y sigo amando a un solo hombre". Aunque Carlo había tenido problemas con la ley por bígamo, teniendo que divorciarse de su primera esposa, y aparentemente su físico poco tiene que ver con la guapa y esbelta Sofía, parece que su amor se ha ido fortaleciendo con los años.

El famoso compositor Paul Simon ilustró en uno de sus últimos trabajos la historia de amor casi imposible entre una chica rica, tan rica que tenía diamantes en las suelas de sus zapatos, y un chico pobre, tan pobre que en sus bolsillos vacíos no había nada que perder. Y aunque algunas historias parezcan imposibles, todos hemos aprendido alguna vez que el verdadero amor sobrepasa todas las fronteras y todas las dificultades. Cuando amas, las diferencias parecen no tener sentido, los problemas son sencillos de resolver, y hasta las situaciones más complicadas se tiñen de color a la luz de un sentimiento tan grande.

De ahí que tengamos tantos ejemplos a lo largo de la historia en los que el amor, aparentemente, fue capaz de vencer distancias de raza, de cultura, de país, de situación económica, de enfrentamientos familiares, de situaciones pasadas... Y es que el amor, el verdadero amor siempre está por encima de todo, y no acepta condiciones.

¿Te has parado alguna vez a pensar lo que significa amar realmente? Hace muchos años compuse una canción para una boda en la que quería expresar algunas de las cosas que tienen que ver con el verdadero amor...

"Amar es escuchar cuando tienes mucho que decir
Amar es dar, sin esperar nada a cambio
Amar es recordar siempre sólo lo bueno, aunque sea muy poco
Amar es cantar cuando la tristeza te roba el tiempo
Amar es perdonar aunque nadie lo merezca
Amar es soñar cuando alguien necesita tus sueños
Amar es dar la vida, y aceptar la condición de quien amas"

Si aprendemos a amar cada día, si nos ilusionamos en dar, escuchar, recordar, perdonar, aceptar, y no tanto en que los otros nos den, nos escuchen o nos acepten, estaremos aprendiendo un poco más de ese amor incondicional que no se hunde ante circunstancias adversas.

(*) Juan 8:2?

para los que buscan algo más
Juan 13

11 octubre

Creo que ya has descubierto a lo largo de este libro, que ella es una de mis cantantes preferidas. Se trata de Barbra Streissand, que une su fabulosa voz a toda una serie de canciones, generalmente merecedoras de admiración.

De su trabajo en "Yentl" (No solo cantando, sino también actuando y dirigiendo la película) rescatamos una canción titulada "Papa, can you hear me?" (Papá, ¿Puedes oírme?), en la que Barbra le canta a su padre (ya muerto) intentando que éste le dé consejo y dirección delante de una situación difícil en su vida. Recuerda a su padre con cariño y admiración, y en cierta manera siente que su vida sería muy diferente si él estuviese vivo todavía. Y es que no hay nada más bonito que cuando tenemos a nuestros padres siempre en nuestro corazón.

Porque los hijos necesitan ejemplo, no sólo palabras. Mis padres me enseñaron eso... pero desgraciadamente, muchos otros padres viven lejos de ser un ejemplo para los suyos. Sobre todo padres, en masculino plural.

Y porque todos los que somos padres deberíamos hacernos algunas preguntas... ¿Dónde están esos padres cuando sus hijos los necesitan? ¿Dónde está el padre del niño que ha vivido una de las mayores dificultades de su vida y no encuentra con quién hablar? ¿Dónde está el padre del hijo que se siente solo? ¿Dónde el padre de aquel niño que necesita consejo? ¿Con quién se ha ido cuando su hijo está a punto de probar las drogas, de ser utilizado en un robo, o de contactar con malas compañías que van a marcar su vida?...

Déjame ayudarte:

- Quizás ese padre está viendo la televisión.
- Quizás se ha ido al bar para jugar una partida con sus "amigos".
- Quizás está muy ocupado con más trabajo del habitual, para compra ese coche que tanto le gusta, o para subir algún escalón en su vida social.
- Quizás ha alquilado esa película de vídeo que llevó tantos "oscars" y que tan trascendental es verla para su propia vida.
- Quizás se ha ido a jugar al fútbol o al tenis con los amiguetes...

Puede que esté en muchos otros lugares, pero desgraciadamente no está con sus hijos cuando lo necesitan. Y llegará un día en que querrá volver la historia atrás, Y NO PODRÁ. Y llegará el momento en el que querrá hablar con sus hijos, y estos no querrán hacerlo.

Algo anda muy mal en nuestra vida cuando "lo inútil es exaltado entre los hijos de los hombres "* Algo va a terminar muy mal en la vida de quien tiene tiempo para todo, menos para escuchar a sus hijos.

(*) salmo 12:8

para los que buscan algo más
salmo 58

12 octubre

Una de las películas más conocidas de la famosa serie de James Bond protagonizada por Sean Connery fue la titulada: "Sólo se vive dos veces". Como casi todas las de la serie, el guión fue tomado de las novelas de Ian Fleming, y en esta en particular el título tiene que ver con una frase que aparece en mitad del film, "Sólo se vive dos veces, una cuando naces, y la otra cuando miras a la cara de la muerte".

Casi todos recordamos los atentados terroristas en Nueva York el 11 de Septiembre del 2001. Miles de personas fueron asesinadas, pero muchos miles más se encontraban en los lugares donde se estrellaron los diferentes aviones. Ante el nerviosismo y la falta de noticias de las primeras horas, se habilitó una página Web, "supervivientes.com" para que la gente que estaba viva pudiese escribir su nombre, aunque tuviese algún tipo de heridas. Era una manera en la que todos los familiares y amigos pudiesen saber rápidamente quién no había fallecido, aunque hubiesen estado a las mismas puertas de la muerte.

Por las entrevistas que vimos con ellos en los siguientes meses en los medios de comunicación, nos dimos cuenta que todos los que pasaron por esa experiencia aprendieron lo que significaba mirarle a la cara a la muerte. Eran verdaderos supervivientes, gente que había recibido una nueva oportunidad en la vida, personas dispuestas a disfrutar de cada minuto que tienen por delante, te lo aseguro.

Déjame que te hable de otros tipos de personas. Tienen mucho que ver con la lista de supervivientes.com. Tiene mucho que ver con la lista de supervivientes.com; son los que viven como si no estuviesen vivos. Creo que ya me entiendes: personas que mueren cada día, que no encuentran ilusión en nada, que viven sólo para "cubrir el expediente". Los puedes encontrar por todas partes, los ves caminar con sus ojos perdidos en no se sabe cual lugar. Casi nunca miran de frente, suelen caminar cabizbajos, y las arrugas de la tristeza surcan su rostro. Es como si cada día muriesen un poco más, como si supieran que cada momento los acerca más a su propia tumba. No son capaces de disfrutar de las cosas que Dios nos regala. No son capaces de beber la vida a cada instante. No viven, son sólo supervivientes.

Quizás sería bueno recordar en este momento las palabras del premio Nobel Albert Schweitzer: "Los años arrugan la piel, pero renunciar al entusiasmo arruga el alma". Es mucho mejor vivir cada día entusiasmado, que ser un simple superviviente.

Y mucho mejor decidirlo antes de que tengamos que mirarle a la cara a la muerte.

para los que buscan algo más
mateo 26

13 octubre

Tengo que reconocer que una de las modas de Hollywood me tiene estupefacto. Es ese deseo irremediable de muchos de cambiarse su nombre. Hasta los que se consideran más inteligentes lo hacen: Allen Stewart Konigsberg es Woody Allen; Roy Harold Scherer Jr. era Rock Hudson; Margarita Carmen Dolores Cansino era Rita Hayworth; Archibald Alex Leach, Gary Grant... y uno de los casos más curiosos es el de Sofía Villani, que más tarde fue Sofía Scicolone (su segundo apellido), después Sofía Lazzaro, y al final se hizo llamar Sofía Loren.

Da la impresión de que la gente está buscándose a sí misma, sin saber quién ser, o al menos como llamarse. A veces, gente con mucha menos fama se siente tentada a hacer lo mismo. No tanto a cambiar de nombre, sino a vivir de otra manera o ser de otra manera. Incluso hay muchos que llegan al extremo de pensar que su vida, tal como es, tiene poco sentido.

Sé que es difícil de entender para algunos: A veces las circunstancias pueden llegar a ser terribles. Pero no puedo dejar de repetirlo: la vida es bonita, no tenemos ningún derecho a perderla. No tienes ninguna razón válida para dejar de existir. No intentes hacerlo, no te atormentes, no te compares ni te obligues a ser otra persona que no seas tú mismo/a.

- Quizás has perdido la visión, pero aún puedes escuchar.
- Si has perdido la audición, aún puedes ver.
- Si no puedes caminar, puedes recorrer el mundo con tu imaginación:
- Si has perdido todo, aún puedes recordar
- Si estás inmóvil, aún puedes escoger tu actitud
- El futuro está en tus manos, la vida es tuya.
- Aún eres tú mismo... aún te necesitamos todos,
- Aún hoy ocurren cosas en la vida que sólo tú puedes explicar.
- Nadie puede sentir como tú sientes,
- Nadie puede conocer como tú conoces
- Nadie puede ofrecer lo que tú ofreces,
- Nadie puede explicar el mundo por las cosas que te suceden a ti
- Nadie puede llegar a conocerte y a admirarte, si tú te callas.
- Nada será igual si tú no estás,
- Ni siquiera este mismo libro tendrá sentido si no está en tus manos...
- ¡Tienes el máximo valor! Dios mismo es el que te ha creado,

Y aún en los momentos más tristes, más desesperados y más solitarios, puedes oír sus propias palabras: "Mi amor es todo lo que necesitas".*

(*) 2 corintios 12:9

para los que buscan algo más
mateo 3

14 octubre

Muchas personas tuvieron una relativa amistad con Marilyn Monroe, incluso algunos llegaron a estar con ella en su propia casa. Lo que se descubrió un día, es que ella tenía anotado en su teléfono un número falso, para que nadie supiese su número real, aunque estuviesen en su casa. Los que veían el número y lo anotaban sin que ella lo supiera para más tarde llamarla, ¡se encontraban la desagradable sorpresa de estar hablando con el depósito de cadáveres de la ciudad! La verdad es que era una manera original de quitarse de encima a desagradables, pesados o envidiosos.

La envidia es una cualidad que muy pocos admiten tener como compañera. La verdad es que es una de las sensaciones que más pueden destruir a alguien, porque el envidioso es de tal manera que, como dice el refrán, no se indigesta con lo que come, sino con lo que ve comer. Cualquier cosa que la persona envidiada hace, tiene o recibe pasa a ser un motivo de frustración para el que lo ve, hasta tal punto que su vida puede llegar a convertirse en un pequeño infierno.

Si no tienes cuidado, la envidia puede llegar a destruirte a ti, y destruir a los demás. Y en cierto modo, no importa si envidias a un amigo o a un enemigo. Los celos son tan crueles que te enseñan lo que no existe y te hacen ver lo que nunca ha ocurrido. Es como si dejaras de vivir, porque todo lo bueno que puedas encontrar está oculto completamente bajo las sombras de la envidia. Incluso todo lo que la otra persona puede hacer por ti desaparece ante la brillante amargura de tus propios pensamientos. Lo único que existe es lo que tú crees que existe; mejor dicho, lo que tu envidia te dicta que existe.

Porque el envidioso se vuelve esclavo de sus propios pensamientos. Vive sin vivir. Es capaz de abandonarlo todo para dedicarse a destruir al otro. No encuentra mayor satisfacción que el mal ajeno. Disfruta con las penalidades del que es bueno. Y a veces, el envidiado, ni sabe lo que está ocurriendo, y vive feliz más allá de las nubes de la ofensa.

Si no dejas de envidiar, la vida misma se hace imposible. Nada te satisface, y nada te hace feliz. Ni siquiera la destrucción del otro. No merece la pena empezar el proceso. No es de inteligentes envidiar a nadie. Sólo empezamos a tener paz cuando aprendemos a admirar a otros.

No tengas dudas, el envidioso siempre muere, el que queda en el corazón de la gente es el admirado.

para los que buscan algo más
mateo 27

15 octubre

La actriz Charlize Theron, ganó el Oscar a la mejor interpretación femenina por su papel en la película "En tierra de hombres", además de ser galardonada en todo el mundo por varios trabajos más. Todo comenzó cuando la actriz sudafricana estaba en un cajero de Los Ángeles (USA) y tenía poco más de dieciocho años. Intentaba sacar dinero, pero aparentemente el cajero estaba vacío. El "show" que montó fue tal, que una de las personas que estaban en la cola (John Crosby) y que era representante de otros actores, le preguntó si podía hacerle una prueba como actriz. Ese fue su "salto a la fama".

Siempre resulta curioso ver cómo reaccionamos cuando las cosas no salen como queremos. Algunos se enfadan y otros ríen. La gran mayoría de la humanidad se queja por casi todo. Conforme pasa el tiempo y tenemos más comodidades, comenzamos a creer que todo nos pertenece, y que nuestro derecho es que los demás hagan lo que nosotros queremos que hagan. Es como si casi todo nos perteneciese, y cuando no es así, nos quejamos. Y nuestras quejas suelen ir casi siempre en aumento.

Alguien dijo un día que los coros de quejosos hacen desafinar el alma. Buenas palabras. Si queremos que nuestra alma pierda su sentido, y que nuestro corazón comience a llenarse de amargura, nada mejor que una vida llena de quejas. De esa manera nunca vamos a encontrar una canción en nuestro futuro. Todo lo que va a crecer dentro de nosotros es insensibilidad y una sensación de enfado permanente. Cuando vivimos quejándonos, es como si el mundo entero fuera nuestro enemigo.

El problema es que las quejas no suelen valer para mucho. Siempre es mejor encender una vela que maldecir la oscuridad, porque las quejas suelen ser el lenguaje de los derrotados. Si quieres que todo siga como está, llora y no hagas nada. Quéjate y mira hacia atrás. Grita y aleja a todo el mundo de tu lado. Enfádate y añade amargura a tus sueños. Así todo seguirá igual que siempre. Sin remedio.

Si lo que realmente quieres es hacer algo trascendente, debes dejar de quejarte y tomar otro camino. Recuerda que es fácil saber cuándo se va por buen camino, casi siempre suele ser hacia arriba. Si lo que hacemos requiere esfuerzo y para cambiar la realidad necesitamos trabajar duro, es porque (normalmente) vamos por el buen camino. Puede que estemos llegando a donde realmente debemos estar.

para los que buscan algo más
salmo 107

16 octubre

El calor, el sentimiento y la espiritualidad son partes esenciales de nuestra vida. No podemos vivir sin ellos. Por mucho que algunos lo intenten, nuestra vida sería imposible sin el sol, el amor y sin Dios.

Algo parecido nos recuerda la famosa banda sonora de la película "Tierras de penumbra", compuesta por George Fenton. Un estilo de música evocadora perfectamente hecha al servicio de una obra en la que la búsqueda de respuestas al problema del mal en el hombre, es parte integrante de la trama fundamental.

Y esa trama (desgraciadamente) siempre sigue viva. Nuestra vida es como "tierras de penumbra", dice el actor principal que encarna al famoso escritor C.S.Lewis. Y en esas tierras de penumbra debemos movernos. Tierras de desconocimiento, de oscuridad a veces, de situaciones que no podemos explicar; tierras impregnadas de olvido que nos rodean hasta hacernos creer que sólo existe lo que vemos, que el sol no aparecerá más, que el amor es sólo una invención humana, y que Dios se ha ido muy lejos.

En esos momentos, recordamos lo que CS Lewis escribió: "El dolor es el megáfono de Dios para que los hombres lleguen a oírle", o como alguien ha dicho, "Dios nos hace estar acostados por la enfermedad, para que de vez en cuando aprendamos a mirar hacia arriba". El valor de la enfermedad o el dolor es inmenso, aunque nosotros parecemos despreciar a ambos en una sociedad en la que sólo el éxito y el placer parecen tener millones de amigos.

No nos gusta aprender el papel que el dolor puede llegar a tener en nuestra vida, y mucho menos aceptamos la necesidad de mirar hacia arriba cuando las cosas van mal. Es como si decidiéramos pasar por los momentos de dificultades llenos de cansancio y desánimo. Y no debería ser así. No sólo cuando nosotros no entendemos lo que está pasando, sino también cuando otros necesitan nuestra ayuda.

"Ojalá fueran mis ojos como un manantial, como un torrente de lágrimas para llorar día y noche por los muertos de mi pueblo".*

Ese sí que es un buen deseo, porque siempre habrá personas inmersas en el dolor que necesitarán nuestro consuelo. Y a veces mucho más que eso.

(*) jeremías 9:1

para los que buscan algo más
salmo 148

17 octubre

Puede que pocos sepáis que el "Alma Máter" de los hermanos Marx fue precisamente su madre, Minnie. Ella fue la que los ayudó a salir adelante a pesar de haber vivido muchos años en una extrema pobreza. Harpo, uno de los hermanos más conocidos, recuerda esos días como muy buenos, llenos de alegría y canciones, por la actitud de su madre, a la que nunca le importó que fuesen pobres.

Groucho decía que siempre vivían allí varios familiares, y no sé cuantos parientes, explicaba que su casa siempre estaba llena de gente pobre, que llegaban en cualquier momento y sin avisar, pero eran felices, cosa que no fueron en los últimos años de su vida cuando lo tenían casi todo, pero toda la familia estaba separada y cada uno vivía por su lado.

No creas que es solamente un juego de palabras: "A veces nuestro sueño se convierte en nuestro dueño".

Ese gran peligro se identifica con la variación de una simple letra. Muchas veces he escrito que los sueños son aquellas cosas que nos pertenecen a nosotros mismos, y que debemos luchar por ellos. Y es cierto. Pero hasta cierto punto: si nuestros sueños son los que dirigen completamente nuestra vida, pueden llegar a ser peligrosos. Tanto si se cumplen como si no. En el proceso nos hacen perder la validez de los demás y la trascendencia de nuestra familia, de la amistad, de las cosas que merecen la pena.

Cuando ponemos todas nuestras fuerzas en algo, y ese algo no llega "La esperanza que se demora enferma el corazón"*. Nuestra vida puede llegar a perder su sentido si sólo buscamos lo que no tenemos. Hay que saber reconocer nuestros sueños y tener sabiduría para ponerlos en el lugar que les pertenece. No quiero decir que renunciemos a ellos, pero tampoco desprecies lo que Dios te ha dado en la vida, sólo porque crees que tienes que conseguir algo más.

¿Y si llegan? ¿Y si se cumplen? ¿Y si todo lo que habíamos soñado aparece como por encanto en nuestra vida? No te dejes llevar, desgraciadamente conocemos muchas vidas destrozadas por tener absolutamente todo lo que deseaban tener. En ese momento, su existencia parece sumirse en el hastío y el desprecio hacia otros.

Peligro. Si nuestros sueños son todo en la vida, tendremos problemas, tanto si se cumplen como si no lo hacen.

(*) proverbios 13:17

para los que buscan algo más
mateo 28

18 octubre

Louis Armstrong es reconocido en el mundo entero como uno de los más grandes genios de la música del siglo XX. Durante décadas sus melodías han llegado a lo más hondo del corazón de mucha gente. Cuando era muy joven fue detenido un día de fin de año por llevar armas, y le confinaron en una "casa de negros abandonados", dónde eran entregados todos aquellos que tenían que sobrellevar una condena menor, o no tenían familia o medios para vivir. Un empleado de ese orfanato llamado Peter Davis le regaló una trompeta... y ese fue el principio de su carrera musical.

Todos le debemos mucho a ese empleado. Puede que nunca hubiésemos escuchado la música de un genio si no fuera por él. Y no sólo es el caso de Louis Armstrong, sino el de cientos y cientos de personas que fueron ayudadas por otras para llegar al lugar al que están ahora. Prácticamente puede decirse que nadie estaría dónde está si otros no le hubiesen ayudado.

Hace varios meses oí la historia de un niño pequeño que cuando oraba a Dios siempre preguntaba: "¿Puedo ayudar en algo?" Me gustaría ser como ese niño, porque merece la pena vivir pensando de una manera diferente; dar en lugar de pedir, ayudar en vez de exigir. Acercarse a los demás ofreciendo lo poco que tenemos, pero ofreciendo al fin y al cabo.

La Biblia narra la historia el niño que ofreció los panes y los peces que traía para su merienda a Jesús, al ver que había mucha gente (miles de personas) que no tenían nada que comer. Algunos se burlaron de él e incluso le avergonzaron, pero él dio lo que tenía y Dios hizo el resto. El Salvador utilizó lo que el niño trajo.

A veces no podemos llegar a todos los lugares que queremos, ni podemos llevar a cabo todos nuestros sueños, ni tenemos materialmente lo que se necesita para cumplir nuestros proyectos; pero siempre tenemos algo a lo que no le damos importancia: La capacidad de ayudar a otros, de animar a otros, de empujar y añadir color a los sueños de los que están con nosotros. Puede que, al final, muchos no recuerden lo que hemos hecho. Seguro que algunos a los que hemos ayudado nos van a volver la espalda, porque no todo el mundo agradece lo que recibe, pero la historia siempre tendrá un lugar trascendental para aquellos que han aprendido a ayudar.

Para aquellos que han puesto delante de todos, los panes y los peces que tenían. Aunque a algunos le pareciese poca cosa.

La historia se escribe con los que dan y ayudan aún con lo poco que tienen.

para los que buscan algo más
proverbios 26

19 octubre

Algunas veces, los títulos de películas conocidas están entresacados de alguna frase del guión de la misma película. Es el caso de "El mundo no es suficiente", frase que James Bond le responde a la chica "mala" del film cuando ella le dice que le hubiese ofrecido el mundo entero si él hubiera seguido los planes perversos que ella le proponía.

La verdad es que eso es precisamente lo que se nos ofrece tantas veces de diversas maneras: el mundo entero. Quizás no el planeta de una manera literal, pero sí un mundo de sensaciones nuevas, de victorias; un mundo de sueños y mil maravillas más. El mal siempre promete lo que no puede cumplir, y lo increíble es que siempre engaña a más de uno.

Las consecuencias de caer en el engaño, son muy claras:

1. Perder casi todo lo bueno de la vida, al estar continuamente enfocados en el mal. Sentir que nos roban la paz interior, la confianza, la seguridad, el amor, y todo aquello que tiene que ver con una vida que merece la pena.

2. Hacer de la destrucción un dios personal e intransferible, encontrando sentido sólo en causar mal a otras personas, animales o cosas. Vivir de manera que sólo se obtiene placer en la rabia enloquecida y la violencia desmadrada. Incluso en la manera de vestirse, buscar siempre la apariencia de lo que tiene relación con la muerte y la oscuridad, porque la muerte pasa a ser el objetivo en la vida.

¿Sabes quién está detrás de todo esto? Muy sencillo: el diablo. Aunque algunos lo toman a broma, lo cierto es que el diablo existe, y su compromiso (¡y su orgullo!) es matar y destruir. Por hacer lo contrario a Dios e ir en contra de Su amor, el maligno es capaz de ir perdiendo uno tras otro a todos sus secuaces en una orgía idiota de sangre y maldad. Ése es el absoluto de algunos en su vida: el mal y la destrucción, la violencia y la muerte. Ésa es la razón de vivir de quienes sólo encuentran placer en el sufrimiento ajeno.

Pero (desgraciadamente para algunos) no todo termina así. A pesar del amor que Dios nos tiene, Él aplicará justicia a todos aquellos que hayan querido hacer de la violencia la razón de su existencia. "Allí (en el juicio) cuando os acordéis de vuestra conducta y de las malas obras con que os contaminasteis, sentiréis asco de vosotros mismos por las maldades que cometisteis".* Pero entonces ya no habrá remedio.

Dios regaló la vida a cada uno como su posesión más valiosa, y por lo tanto tenemos que cuidarla. La nuestra y la de los demás. No tiene ningún sentido que utilicemos la violencia contra nosotros mismos o contra otros. No fuimos creados para eso. Y aunque nos lo parezca a veces, tampoco somos felices destruyendo a otros. Y por encima de todo nuestro Creador está observando. Amándonos sí, pero también observando. Y eso es algo que al diablo le saca de quicio; sabe que no puede tener la última palabra. Que aunque ofrezca el mundo entero, aún así no es suficiente. No lo olvides.

(*) ezequiel 20:43

20 octubre

El mundo de la droga y el del cine y la música han estado desgraciadamente unidos por mucho tiempo. El famoso director Steven Spielberg dice que nunca consumió drogas, porque sus compañeros en la Universidad sí lo hacían, y muchas veces tenía que llevarlos a urgencias por sobredosis, eso lo "vacunó". Otros sí cayeron en el mal camino, la actriz Judy Garland murió a los 47 años por una sobredosis de barbitúricos. Gram Parsons, uno de los mejores músicos del country en la primera época del rock y novio de Emmylou Harris, murió Septiembre del 1973 en plena juventud tras haber tomado morfina y tequila. Venía de una familia muy rica y famosa, pero su padre se suicidó cuando él tenía doce años y su madre murió alcoholizada.

La cantante Janet Jackson llegó a vender más de 10 millones de discos de su Lp "Janet". En una reciente entrevista explicaba algo que ocurrió en su más temprana edad "Cuando tenía NUEVE años dos chicos blancos se me acercaron en un Ferrari y me dieron un sobre; parecía azúcar... Era cocaína". Afortunadamente, Janet no siguió por ese camino. Puede parecer increíble, pero las mafias de la droga introducen a los niños (7-8 años en adelante) en el consumo para luego tenerlos esclavizados durante toda la vida. La misma estrategia es utilizada en todo el mundo... y miles de niños son iniciados cada día en la terrible carrera de la muerte.

No es nuevo. Hace más de tres mil años se escribió un libro (Proverbios) en el que se dan instrucciones, (sobre todo a gente joven) para no hacer caso a quienes sólo buscan nuestro mal.

Fíjate cómo debe ser nuestra manera de reaccionar: "Hijo mío, si los malos te quieren seducir, no les des tu consentimiento".

Ellos te buscan para:
1. Derramar sangre
2. Destruir al inocente
3. Devorar vivo al simple
4. Robar y chantajear
5. Correr hacia toda clase de mal
6. Tender trampas a los que son buenos...

Pero no saben que están destruyéndose a sí mismos: así son los caminos de todos los que buscan la violencia, que quita la vida a todos aquellos que confían en ella".*

No andes en sus caminos. No te dejes llevar. Por muy atractivos que sean sus deseos o sus aventuras, el final es la muerte. No hagas nada de lo que vas a arrepentirte muy pronto: Mucho más pronto de lo que crees.

(*) proverbios 1:10-19

para los que buscan algo más
hechos 8

21 octubre

"Si de algo seguro estoy,
Que del cielo me enviaron
Esa hija que soñé..."

Esas son las primeras líneas de la canción de Miguel Ángel Guerra, "Besos de mariposa". Muchos padres se reconciliaron con sus hijas después de escucharla; la canción recorre la vida de una hija, el cariño de su padre por ella, y los sentimientos encontrados cuando ella se casa y tiene que dejar el hogar. Miguel Ángel, que fue vencedor de una de las ediciones del Festival de la OTI, dijo un día en una entrevista: "El poder que puede tener una canción es impresionante".

Las relaciones entre padres e hijos es una de las sorpresas que nos descubre la película "A propósito de Henry" protagonizada por Harrison Ford. El argumento principal del film trata de lo que le sucede a un hombre muy famoso, abogado, emprendedor y con un carácter más bien difícil, cuando le pegan un tiro en un atraco, y eso le afecta al cerebro. Tiene que volver a aprender a hacer todo, incluso lo más sencillo, y en el proceso se convierte en una persona diferente, familiar, amable, que se preocupa por los otros y se toma la vida de una manera diferente.

Cuando descubre algunos sucesos de su pasado, le dice a su cuidador: "No me gusta el tipo de persona que yo era". Al final de la película va a recoger a su hija, que está estudiando en un internado, para llevarla a casa y verla crecer. Cuando le dicen que eso va a alterar mucho sus planes para el futuro, él contesta: "Ya he perdido once años de la vida de mi hija, y no quiero perderla más tiempo".

No hay nada más importante que dedicar tiempo a nuestra familia y a nuestros niños. Todo pasa y poco a poco va perdiendo su trascendencia, pero las horas que pasamos con los nuestros permanecen para siempre. Las sonrisas y los juegos jamás están de sobra. Los abrazos son eternos. Las caricias llegan hasta el fondo el alma. Las palabras bien dichas nos dan fuerza para el futuro, nos ayudan a soñar y llegar mucho más allá de lo que pensamos.

Si estamos dedicando tiempo a todo menos a nuestra familia, quizás no somos el tipo de persona que debemos ser. Tarde o temprano vamos a arrepentirnos de los días que pasaron.

Hoy es el día de abrazar, de escuchar, de acariciar, de mirar a los ojos de los que queremos, de brindarles nuestra ayuda y sonreírles de todo corazón. Hoy es un día que no podemos perder. Este es el momento de dejar muchas cosas a un lado y ocupar nuestra vida con aquellos a quienes amamos. Y si tu familia está lejos, intenta llamarlos, escribirles, hacerles llegar de alguna manera tu cariño y tu abrazo.

No pierdas más tiempo.

22 octubre

"Nos vemos en el infierno
Un buen lugar para conocernos
El mejor sitio para los pillos
Que pasaron sus días con el dedo en el gatillo (...)
Espero encontrarte buscando jaleo
Con la nariz sangrando y rodando por el suelo (...)
Nos vemos en el infierno
El mejor sitio para reparar motores
Y curar las heridas como buenos perdedores" (*)

El diablo quiso destruir el paraíso, era demasiado bueno lo que Dios había hecho. Ese pecado está presente siempre en el que es malo. No admite la felicidad de los demás. No admite que otros puedan disfrutar; busca lo posible y lo imposible para romper la felicidad de otros. Si el otro sufre, no pasa nada. Si el otro es feliz, el malo se vuelve infeliz.

No es nada nuevo: a lo largo de la historia (y mucho más en la actualidad) algunas personas han ido "descubriendo" el infierno como un lugar en el cual reinan las cosas "divertidas", las personas con más "marcha", los deseos inconfesables de nuestra vida y todo aquello que nos da placer. Nada más lejos de la realidad. La Biblia nos enseña que en el infierno no hay ninguna cosa buena. NADA QUE DÉ FELICIDAD.

El infierno es la desintegración total de la persona, sin final y sin posibilidad de recuperación. El infierno es la frustración personificada, la ansiedad sin límites y el deseo imposible de satisfacer, de encontrar significado en el futuro, o al menos escapar del presente. Quien cae en el infierno ha perdido por completo toda posibilidad de anhelar una espera o abrazar a alguien. El que ha decidido (porque hay que tomar la decisión personal de no querer escuchar a Dios) vivir en las profundidades del mal, se encontrará para siempre perdido en el odio y el resentimiento. El infierno es (para que nos entendamos) la peor sensación que hemos tenido en nuestra vida, multiplicada hasta el infinito, y sin ninguna esperanza de cambio.

No es en absoluto "divertido" ir al infierno. Jamás. No puedes argumentar incluso en cuanto a su no existencia: Te darás cuenta de que es un error tu argumento en el mismo momento que llegues allí. Tampoco tiene nada que ver con un Dios lleno de amor. La Justicia necesita ser cumplida, tú mismo lo demandas una y mil veces en tu vida cuando alguien te hace algo malo.

Lo que es curioso es el camino al infierno. La Biblia nos dice que "Todo lo que el pecado da como paga es la muerte, pero el regalo de Dios es la vida eterna"*. Lee con atención: PARA IR AL INFIERNO HAY QUE TRABAJAR. Hay que decir no a Dios, hay que luchar toda la vida para tener lo que nos corresponde... Sin embargo, tener vida eterna (ir al cielo) ES UN REGALO. Dios no es injusto en absoluto, eres tú mismo/a quien decides.

(*) "bandilleros" del grupo "dinamita pa los pollos", el autor t. mata...broducciones twins sa. 1989

para los que buscan algo más
lucas 17

23 octubre

Dicen que es una de las películas más vistas en la historia del cine. La verdad es que la historia de una persona simple como él, es de ese tipo de relatos que siempre llegan al corazón de la gente. Muchas de las frases de esa película han recorrido los medios de comunicación, como aquella que el protagonista dice: "Yo no soy tonto, tonto es el que dice tonterías". Supongo que ya sabrás que estoy hablando de "Forrest Gump", protagonizada por el actor Tom Hanks, que llevó a la pantalla grande una manera simple de vivir, de entender las cosas y de confiar en los demás.

¡Vaya frase! Afirmar que tonto es el que dice tonterías es una verdad más meridiana de lo que pensamos. No tenemos que pasar mucho tiempo investigando para darnos cuenta que hay mucha gente que se cree "inteligente" y que se pasa la vida diciendo tonterías: algunos profesores, ciertos científicos, alguna gente en los medios de comunicación. Muchas de esas tonterías tienen que ver con Dios. No está de moda que nadie hable de Él, y si lo hacen es para burlarse, para decir que no es científico creer en un ser superior, o para reírse de todo aquel que declare ser creyente. Si quieres ser inteligente, tienes que pensar lo mismo que ellos piensan.

Cuando somos jóvenes pasamos mucho tiempo estudiando: las leyes del Universo, del cuerpo humano y de la sabiduría no son cualquier cosa. Los hijos e hijas de nuestro tiempo pasan horas enteras ejercitándose: nuestro cuerpo necesita estar a punto permanentemente. Cuando tenemos toda la energía en nuestras venas, dedicamos mucho tiempo a divertirnos: quién no sabe reírse ha perdido la mitad de su vida.

Cuando somos jóvenes olvidamos demasiadas veces que Dios hizo las leyes del Universo como una diversión de fin de semana; que Él diseñó nuestro cuerpo escondiendo en él la perfección de su sabiduría, y que es Él quien nos hace disfrutar porque la música y el amor son su lenguaje... Y nosotros perdemos mucho tiempo en otras cosas en lugar de conocerle a Él. Y tanto los padres y madres como los hijos e hijas de nuestro tiempo dejan pasar días enteros sin ponerse en contacto con su Creador; sin conocer nada de las palabras del Señor Jesús; sin permitir que el Espíritu de Dios llene sus vidas. Y así va nuestro mundo.

Algo va mal en esta vida cuando hay tiempo para todo menos para Dios. Algo anda mal en el mundo cuando hablar del Creador ha pasado de moda. Algún final horrible espera a nuestra sociedad cuando dejamos del lado el Amor en persona. Demasiada gente vive en sus "tonterías" mientras el mundo sigue sin ser mejor, porque el camino nuevo sólo es realidad para unos pocos.

24 octubre

No cabe ninguna duda que Charles Chaplin era un genio. Hacía cosas que nadie antes había hecho, tanto en el cine como en el mundo del espectáculo. En algunas películas fue el director, guionista, realizador, protagonista, compositor de la música… Siempre quería experimentar nuevas situaciones, tanto, que llegó a presentarse a un concurso de dobles suyos sin que nadie lo supiera ni le reconociese. Quedó en tercera posición. Parece ser que había dos tipos que se parecían más a él, que él mismo. Lo bueno del caso es que incluso le pareció divertido.

Un buen amigo me dijo un día que tenía dos normas en su vida:
1. No te afanes por los asuntos pequeños,
2. Casi todos los asuntos son pequeños...

El afán y la ansiedad son dos de los mayores enemigos de la gente. Queremos tener todo controlado, así que nos preparamos y trabajamos para que nada se nos escape de entre las manos, y en ese esfuerzo pasamos la mayor parte de nuestra vida. Creemos que todo lo que nos ocurre es trascendental y vivimos como si cada asunto fuese cuestión de vida o muerte.

El sentido de urgencia de otras personas al obligarnos a hacer las cosas, no debe influirnos. Somos nosotros los que tenemos que decidir lo que es y lo que no es importante. Pasamos la vida preocupándonos de cosas que realmente no tienen importancia, y vivimos como si fuéramos felices con nuestros agobios. A veces da la impresión de que no podemos vivir sin cierto nivel de preocupación.

Incluso, no sé si te has dado cuenta de que mucha gente parece disfrutar agobiándote. No quieren que nadie disfrute de la vida. Cuando eres niño te dicen: "Ya verás como las cosas cambian cuando seas mayor". Cuando eres joven amenazan: "Ya verás como todo cambia cuando te casas" Más tarde, "Ya verás como todo es mucho más difícil cuando llegan los hijos", y después: "Ya verás cuando los hijos sean adolescentes, los problemas que vas a tener", y más tarde: "Ya verás cuando los hijos se vayan y quedéis solos". La verdad es que si le haces caso a los "ya verás" te pasas la vida preocupado por lo que va a venir, y se te escapan los días entre las dudas.

Todos tenemos que aprender a esperar. Aprender a disfrutar incluso, de los momentos en los que necesariamente tenemos que esperar. No es más inteligente el que quiere solucionar todos los asuntos, sean pequeños o grandes con la mayor rapidez posible, porque no puede vivir sin tener todo controlado entre sus manos. Recuerda que en la vida, "La paciencia es el remedio para los grandes errores".*

(*) eclesiastés 10:4

25 octubre

Pocas cosas hay tan importantes en la vida como encontrar la persona que va a compartir contigo la vida. La compañera/o que estará a tu lado siempre, pase lo que pase y venga lo que venga. Porque de eso se trata el amor ¿no?... Como uno de mis grupos preferidos, Fuxan Os Ventos expresan en un hermoso poema en mi lengua materna, el gallego...

"Compañeira nos días de tristura (Compañera en los días de tristeza)
Compañeira nas noites de espranza (Compañera las noches de esperanza)
Paso a paso, de alento de tenrura (Paso a paso un aliento lleno de ternura
Pedra a pedra no mundo a nosa casa" (1) (Piedra a piedra en el mundo construimos nuestra casa)

"Si sientes palpitar tu corazón ante una persona, eso no es amor sino sensibilidad. Si te extasías ante su belleza, eso no es amor, sino admiración. Si pretendes a toda costa un beso, una caricia, eso no es amor, sino sensualidad. Amar no es sentirse emocionado por otro, sentir afecto sensible o abandonarse a otro, desear a otro... porque la esencia del amor no es sensibilidad, sentimiento, deseo, emoción, simpatía o pasión, sino una entrega personal y libre a otro como un acto espiritual de la persona entera"
—M.Quoist

El cariño se demuestra en primer lugar de esa manera: siendo compañero/a. En los días en los que reina la tristeza como en los que la esperanza nos hace sentir llenos de vida. Cada día, cada paso, cada piedra nos ayuda y nos enseña a ir construyendo poco a poco nuestro futuro. Y a veces, incluso, cuando los días son difíciles y el futuro parece haber desaparecido... también hay que aprender a construir con piedras gastadas. Quizás no con las mismas fuerzas que al principio, pero sí debemos esforzarnos en hacerlo con la misma ilusión.

Esa es la vida. Ese es el secreto del amor. Cualquier cosa menos, no es más que un engaño de los sentidos. Si quieres a alguien, debes aprender a quererlo/a hasta la muerte. Sin condiciones. Sin reproches. Con todo el perdón del mundo. Y con una ilusión nueva cada momento... Sólo así se llega a sentir lo que la Biblia expresa como una de las sensaciones más bonitas en el matrimonio:

¡"Qué gratas son tus caricias"!*

(*) cantares 4-10, en fuxan os ventos, LD Philips-fonogram 1976

para los que buscan algo más
salmo 75

26 octubre

Laura Elena Harring, la protagonista de "Mullohan Drive", llevó consigo en la ceremonia de los Oscars, cuando estaba nominada por ese film, a cuatro guardaespaldas. Era lo normal, teniendo en cuenta que llevaba unos zapatos valorados en un millón de dólares y un collar que se decía que costaba más de 20 millones de dólares.

"Todos queremos más,
El que tiene un peso, quiere tener dos
El que tiene cinco, quiere tener diez
El que tiene veinte busca los cuarenta
Y el de los cincuenta quiere tener cien.
La vida es interés, el mundo es ambición
Pero no hay que olvidarse que uno tiene corazón" (1)

Algunos creen que la vida es ambición, lucha, poder y garra. Tener más a cualquier precio, y no estar contentos ni conformes con nada. Viven así durante toda su existencia. Y ¿Sabes un secreto? Jamás se sacian.

La ambición es buena compañera cuando no dejas que te domine. Si ella es la reina de tu casa, pronto asesinará a la tranquilidad. Y no olvides que a ésta sí la necesitas siempre. Cuando uno entra en su juego, la paz se escapa por entre las ansias, y acabas pasando más tiempo anhelándola de lo que tenemos para serenar nuestras razones. Cuando dejamos reinar a la ambición ya no existen el sosiego ni la placidez: Ella sólo se asocia con las macabras sombras de la ansiedad.

Aprendemos en carne propia lo que significa vivir sin vivir, estar sin estar, y tener tiempo libre sin poder disfrutarlo porque la ambición nos obliga a invertirlo en cualquier otro negocio funesto. Negocios que puede que nos lleven a conseguir 51 cuando teníamos 50, pero que a cambio nos roban las sonrisas necesarias para vivir.

Todos queremos más. En cualquier ámbito de la vida buscamos los veinte, los cuarenta y los cien... y mientras olvidamos nuestro corazón. Literalmente. Algunos pierden el corazón en el juego (infartos de miocardio por el stress, el trabajo, los negocios o la ambición). Otros lo van perdiendo diariamente en el olvido y la abundancia de nada.

Y sin corazón no se puede vivir.

(1) autores: F. Sciammarella y Ángel Faiz concercurrín. Grabada por "El Consorcio"

para los que buscan algo más
lucas 13

27 octubre

José Luís Perales es uno de los mejores compositores españoles de las últimas décadas. Llegó al número uno de las listas en muchas ocasiones. "Celos de mi guitarra", "Cosas de Doña Asunción", "Y tu te vas" son algunos de los títulos que casi todos recuerdan. En una entrevista para el diario ABC hacía un pequeño repaso de su vida y decía: "Tras recorrer el mundo dando conciertos, creo que es mucho más importante vivir. Estar con mis hijos y ver como crecen, descubrir como se desarrollan los árboles, dedicar tiempo a leer, a observar a la gente e ir de compras con mi mujer".

¿Verdad que pocas veces aprendemos a apreciar el valor y la belleza de cada día? A pesar de tener todo a nuestro alcance, no sabemos disfrutar de la vida. Dejamos pasar los momentos, los días (a veces meses enteros) preocupados por muchas cosas y agobiados por mucho trabajo, sin contemplar la belleza de la naturaleza y de las demás personas. Olvidamos que no tenemos mucho tiempo para hacerlo. Mañana puede ser demasiado tarde.

Dios hizo todo lo que nos rodea para nuestro placer. Las flores, los colores, los miles de tonalidades que aparentemente no tienen ningún sentido, pero que Dios los creó para que nosotros fuésemos felices disfrutando de su belleza, son parte del propósito del Creador de que nuestra vida esté llena de significado. Porque cada día es diferente. Cada experiencia es diferente.

Y eso siempre empieza desde dentro. El valor y la belleza de lo que está a nuestro alcance se observa desde el fondo de nuestro ser... "En lo íntimo del corazón, en la belleza incorruptible de un espíritu suave y tranquilo"*. Nuestra sensación de encontrar y disfrutar la belleza de las cosas comienza en nosotros mismos. Busca un momento para...

- Pasear con tus padres y/o tus amigos.
- Jugar con los niños.
- Salir con tu mujer y dar un paseo por la playa (si estás casado/a y hay playa cerca).
- Cantar una canción junto a alguien que quieres.
- Llamar a alguien que amas y recordar algo bonito.
- Buscar a alguien que lo necesite y darse una panzada a reír.
- Salir sólo/a para contemplar la naturaleza.
- Dedicar algunas horas a dar un paseo pensando y recordando.
- Sentarte en tu lugar de la naturaleza preferido, sin hacer nada.

Puedes añadir más cosas a la lista. De hecho DEBES hacerlo. Y aprende a disfrutar de todo lo que Dios te da.

(*) 1 Pedro 3:4

para los que buscan algo más
santiago 1

28 octubre

Una de las películas más admiradas de la historia del cine, "Casablanca" tiene una historia muy curiosa. Empezó a rodarse mientras se terminaba el guión. Los productores del film creían que la película no tendría gran trascendencia, así que incluso se grabaron dos finales para decidir más tarde cual de los dos sería el definitivo. Muchas veces se rodaba sin saber cuál sería la escena siguiente, todo dependía de lo que el equipo podía decidir en ese momento. Al final llegó a ser una de las obras maestras del cine, aunque alguno de los miembros del equipo vivieron durante varios meses "al borde de un ataque de nervios".

Vivimos demasiado preocupados por el día de mañana. Nos preocupamos por el futuro, porque pueda llegar una enfermedad y no podamos trabajar más; nos preocupamos por si nos echan del trabajo, preocupados por si nuestra familia o nuestros amigos nos abandonan. Nos preocupamos por la muerte. Hace tiempo alguien me contó una leyenda según la cual la muerte llegó un día a un pueblo, y se les concedió que, por una vez, pudieran ver su llegada. La muerte vino sólo a buscar a una persona, pero casi un centenar más murieron preocupados sólo por verla.

La preocupación, la ambición y la vida moderna nos han traído enfermedades que se desconocían. Nuestro primer mundo ha creado males que no se conocen en lugares donde "el progreso" no llegó. ¿Quieres una pequeña lista? Son las enfermedades que más personas se llevan a la tumba: Obesidad, cáncer de pulmón, enfermedades del corazón, cirrosis, drogadicción, enfermedades venéreas, alcoholismo, divorcio, maltrato familiar a niños, violencia de género, suicidios, asesinatos, violencia callejera, enfermedades cerebrales, depresión, ansiedad, muerte en las carreteras...

¿Es todo esto lo que realmente queremos? ¿Somos felices con lo que hemos inventado? ¡Yo prefiero vivir de otra manera! ¡Reclamo mi derecho a vivir por fe en todas las circunstancias!...

Confiar en Dios, tiene que ver literalmente con extenderse completamente tendido en el suelo, descansando pletamente en Él. Confiar en Dios es dejar caer el peso de nuestro pasado, presente y futuro en cualquier otro lugar que no sea nuestro propio cuerpo. Confiar en Dios es abrazar al Invisible

No vivas preocupado por el día de mañana. En el mañana Dios está esperándote. Lee conmigo: "¡Cuán preciosa es, oh Dios, tu misericordia! Por eso los hijos de los hombres se refugian a la sombra de tus alas. Se sacian de la abundancia de tu casa, y les das a beber del río de tus delicias."*

(*) salmo 36:7-8

para los que buscan algo más
salmo 136

29 octubre

George Clooney, es uno de los actores más conocidos de las últimas dos décadas. Ha compartido su trabajo como actor con el de director de películas como "Buenas noches, buena suerte". Sus deseos son muy claros: "Quiero hacer películas que cambien el mundo", declaró recientemente.

Cambiar el mundo, ese parece ser el deseo de mucha gente. Es un buen objetivo, cualquier cosa que hagamos para mejorar el nivel de vida de los que tenemos cerca será bueno para todos. Pero todos también debemos recordar que antes de cambiar el mundo, tendríamos que dar un simple paseo por nuestra propia vida. Puede que tengamos muchas cosas que cambiar también. Recuerda aquello de que "A cada uno le parece correcto su proceder, pero Dios juzga los motivos"*

Todos nos hemos enfrentado alguna vez a situaciones que no quieren arreglarse. A pesar de toda nuestra buena intención, y de nuestro esfuerzo sin límites, hay días en los que nada sale bien. Y punto. Y hubiéramos deseado no haber salido de la cama esa mañana, porque ya ciertas sensaciones de cansancio nos habían avisado que no venía nada bueno.

¡Y pobre del que se atraviese en nuestro camino!... porque durante "esos" días somos capaces de romper a cualquiera sólo con nuestra mirada. ¡Y si decimos algo, seguro que no lo olvidará en toda su vida! Deberíamos llevar un cartel con nosotros que dijese más o menos así: "Prohibido acercarse, peligro de muerte".

No tiene por qué ser así, incluso los días más horribles pueden cambiar. Siempre existe la posibilidad de comenzar de nuevo, con la frescura y la fragancia de una mañana llena de luz... Aunque en ese momento esté anocheciendo. Es cuestión de decidirse. Es cuestión de no aceptar que las circunstancias (o nuestro propio desdén) nos dominen. Es cuestión de parar por un momento y dar gracias a Dios porque nos ha regalado un día. UN día que merece la pena vivir, aunque las palabras que vienen a nuestro corazón estén cargadas de cansancio y la sensación de perder el tiempo haya sido nuestra compañera desde muy temprano. Sea cual sea la hora del día, puede comenzar de nuevo.

Muchas veces los mejores tesoros aparecen en las playas más aburridas, en los días en los que habíamos decidido no buscar más. Justo cuando estábamos preparados para abandonar el pico y la pala...

Y entonces...

(*) Proverbios 16:2

30 octubre

Los medios de comunicación juegan siempre con las sensaciones de los espectadores. De acuerdo a una complicidad más o menos deliberada, en las películas y en la televisión suceden cosas que todo el mundo sabe que son imposibles (¡o por lo menos deberían saberlo!). En la película "Rocky IV" Silvester Stallone recibe más de 250 puñetazos en la cara en menos de 13 minutos durante un combate de boxeo en Rusia. Los médicos dicen que solamente con una veintena de esos golpes estaría en el suelo y con su vida corriendo serio peligro, pero a él no le pasa nada. Todavía tiene fuerzas para levantarse y ganar el combate. Es la realidad de lo irreal, la "verdad" del engaño con mayúsculas.

Lo irreal, lo absurdo, lo que no tiene sentido... Desde finales de los 60 lo que dicta la moda es el sinsentido, porque del hastío en la vida nace la pasividad en todas las situaciones: Arte sin sentido (pintura, escultura, arquitectura...), música sin sentido y comportamiento sin sentido. La pauta es la distorsión de la realidad y de todos los conceptos. De esta manera, la vida misma se vuelve sin sentido también.

Aún así, nadie defiende un sinsentido absoluto. La pintura abstracta se guía por unas normas. La escultura sinsentido tiene que mantener puntos de apoyo. La llamada arquitectura libre, sin columnas ni órdenes preestablecidas, necesita las bases para mantener el edificio (si no, nadie se atrevería a poner los pies en él, ni aún los de pensamiento más libertario. Te lo aseguro). Y de la misma manera, todos los que defienden los sin-sentidos, viven de la racionalidad de miles de situaciones diferentes: Edificios que no se caen, ascensores que funcionan bien, leyes de circulación, y miles de ejemplos más. No todo puede ser un sinsentido, porque eso significaría la destrucción del hombre en segundos.

El grave problema del desencanto del hombre es el sinsentido que vive dentro de cada uno. La amargura que nace de las propias contradicciones. Ese es el fundamento de la violencia y la incomprensión. De esas contradicciones beben los que buscan notoriedad a cualquier precio. El hombre vive con una tempestad dentro de su propio corazón, y con la sensación de que nadie puede calmarla.

De ahí que ya hace muchos años, el compositor de los salmos expresase la dificultad de cada persona para controlar "sus olas".* Si las tempestades de la vida pueden causar destrozos en el corazón, mucho peor es la situación cuando esas olas están dentro de nuestra mente. Y te aseguro que ese tipo de tempestades, solo Dios puede calmarlas.

(*) salmo 107:29

para los que buscan algo más
lucas 11

31 octubre

La serie de televisión "Tiempo de conflictos" seguía la trama de los momentos más difíciles de la segregación racial en los Estados Unidos. La protagonista, una empleada del hogar de color, es la que encarna en sí misma muchas de las luchas que se dieron para que todas las personas tuvieran los mismos derechos. En un momento de la serie, recuerda algo muy importante: "Mi padre me había contado esa historia de los dos hombres en una prisión, uno ve barro, el otro estrellas, y siempre creí en la importancia de la motivación y la actitud en todas las cosas. Ahora me doy cuenta que la historia sigue siendo cierta, pero algunos hombres terminan disfrutando del barro, y pensando que las estrellas están demasiado lejos".

La vida no siempre es justa. Muchas veces no lo es para nosotros, o al menos creemos que no lo es. En algunas ocasiones todo parece estar rodeado de oscuridad. Sé que se ha dicho repetidas veces que nosotros escogemos cómo reaccionar delante de las situaciones difíciles, pero no por repetido deja de ser verdad. Si recibimos oscuridad y seguimos en la oscuridad, no vamos a avanzar nada. Es una opción, pero desde luego no es la mejor.

Si recibimos oscuridad y devolvemos luz, al menos no nos compadecemos de nosotros mismos y estamos tratando de seguir adelante, y encontrar algo de gloria en lo que hacemos. Si desistimos cuando no queremos o no podemos seguir, nuestra vida no tendrá ningún sentido: ni para nosotros ni para los demás. Si pensamos en lo que podemos hacer por otros, no sólo les ayudaremos a ellos, sino que encontraremos una razón para nosotros mismos.

En todas las cosas deberíamos "Oír mucho, hablar poco y enojarse menos",* porque del enojo y la amargura sólo puede nacer un corazón frustrado.

Gran parte de lo que somos y de lo que pueden ser muchos de los que nos rodean depende de nuestras reacciones, porque no estamos solos. La manera en la que tú has decidido seguir adelante y no abandonar, es un ejemplo para mí, y lo necesito. Si puedes aprender muchas cosas dímelo, pero nunca llegues a enfadarte de tal manera que pienses que nada tiene sentido. Jamás tengas compasión de ti mismo hasta pensar que tu oscuridad no tiene remedio. Tampoco desistas de ti mismo, porque los demás no seríamos lo mismo sin ti. No te conformes con el barro, pensando que las estrellas están demasiado lejos.

(*) Santiago 1:19

1 noviembre

Uno de los directores de cine de habla hispana más conocidos en la mitad del siglo XX fue Luís Buñuel. "El discreto encanto de la burguesía" fue su película más premiada. Famoso por sus tesis agnósticas y su manera existencial de resolver los problemas en las relaciones, pronunció un día una de sus frases más famosas: "Yo soy ateo, Dios sabe que no creo en Él".

Hay mucha gente que estaría completamente de acuerdo con esa afirmación. Quizás tú mismo/a que estás leyendo ahora estas palabras. Muchos saben que Dios está ahí, pero no quieren creer. Puede que tengan muchas razones para no hacerlo, pero una de las más conocidas es querer tener al Creador bajo su control. Aparentemente no hace las cosas como quieren, así que renuncian a Él, y deciden que debe dejar de existir.

Pocas cosas en la vida les pueden ir bien si no dejan que Dios sea Dios y olvidan su no tan secreta ambición de querer ocupar su lugar. Les gusta hacer las cosas a su manera, que todo quede bajo su control, y que nada se separe lo más mínimo del plan que tienen establecido... Mientras tanto Dios se arriesga, cede a su libertad, admite que digan que no existe y espera pacientemente que algunos (siempre de una manera completamente libre) se decidan a seguirle.

¿Tienes alguna buena razón para no creer en Él? Porque yo sí tengo cientos de ellas para confiarle mi vida. Y quizás una de las más importantes tiene que ver con una tumba. Una tumba vacía. Sé que existen muchos palabreros, líderes religiosos y sociales, reconocidos pensadores y famosos sectarios, miles y miles de personas diferentes que se arrogan para sí mismos la capacidad de definirse como pequeños dioses.

Es parte de la llamada modernidad: Mucho libre pensamiento, mucho "amor", mucha paz, mucho karma, mucho Hollywood y cientos de cosas más. Mucho de lo que quieras, pero todos sus líderes están tan muertos como estarán los que los siguen. Tú decides lo que quieras hacer y en quién quieras poner la confianza de tu vida, al fin y al cabo, la vida es lo único que te pertenece a ti, lo único que puedes arriesgar.

Pero recuerda que es lo único también que puedes perder para siempre.

Porque Dios sabe quien no cree en Él.

para los que buscan algo más
lucas 10

2 noviempre

"No temo a la muerte, simplemente no quiero estar allí cuando llegue". Estas fueron las palabras del director de cine Woody Allen en una reciente entrevista en televisión. Desgraciadamente ese es sólo un deseo imposible, porque todos vamos a estar "allí" cuando la muerte llegue.

"No hay nadie que tenga poder sobre la muerte, no hay quien escape de esta batalla".* La muerte es nuestro mayor enemigo. Choca frontalmente contra todos nuestros deseos: contra todas nuestras esperanzas, contra nuestra tranquilidad y nuestra paz. La muerte es el temor oculto de todos los que disfrutan de la vida, porque en nuestro espíritu los deseos de inmortalidad reinan, y pasamos la vida aprendiendo a soportar la eterna contradicción de un cuerpo que envejece y un espíritu que aprende a disfrutar más de la vida conforme pasan los años.

Thomas Kelly dijo un día: "La gente de hoy toma mucho más en serio el tiempo que la eternidad" Nos preocupamos mucho más de las cosas pequeñas que de las que merecen la pena. Vivimos buscando qué hacer con nuestro tiempo, queriendo no estar "allí" cuando llegue nuestra muerte, porque sencillamente, no queremos saber nada de la eternidad.

Esa no es una manera sabia de vivir. Si alguno de nosotros sufriese un cáncer incurable, o nuestro corazón estuviese a punto de pararse, no seguiríamos viviendo "los pocos minutos que me queden" como si cualquier cosa. Intentaríamos por lo menos, saber si hay curación o si podemos hacer algo para seguir disfrutando de la vida. ¿No nos damos cuenta de que lo más importante es saber qué va a ocurrir en la eternidad? Si todo termina aquí, todos nuestros esfuerzos no sirven para nada, pero si realmente hay eternidad, nada es más importante que saber qué ocurrirá después de la muerte.

Ese desconocimiento es lo que hace que muchos quieran esconderse. Que no quieran estar "allí" cuando la muerte llegue. Que prefieran esforzarse y luchar por esta vida sin darse cuenta de que hay una eternidad que hay que tomar en serio. Esa es la razón por la que muchos viven con miedo a que llegue "ese día". Viven, disfrutan de muchas cosas, pero siempre con ese temor. Siempre con la oscura sombra, negra sombra de lo que pueda pasar, de lo que pueda ocurrir...

Quien conoce la fidelidad de Dios no teme, porque sabe que Dios siempre cumple sus promesas, que no cambia, que podemos estar tranquilos y seguros.

(*) eclesiastés 8:8

para los que buscan algo más
lucas 9

3 noviembre

Una de las mejores y más escuchadas canciones de los Beatles es "Hey Jude". Todavía hoy asombra el hecho de que la balada dura más de siete minutos. Incluso el mismo George Martin, su productor, intentó convencerles en varias ocasiones de que redujeran la duración de la canción, porque él pensaba que ninguna emisora de radio la iba a poner, al ser tan larga. Paul McCartney se mantuvo en su opinión: "Si es una canción nuestra, la pondrán, dure lo que dure..." Y así fue.

Hay un precio que pagar cuando queremos hacer algo que merece la pena, y es aprender a vivir "contra corriente". Hacer las cosas bien porque queremos hacerlas bien. Independientemente de si los demás lo entienden o no. Antonio Machado escribió un día: "Es propio de hombres de cabezas medianas embestir contra todo aquello que no les cabe en la cabeza", y a pesar del paso de los años, parece que esta frase está más cerca de la realidad que nunca.

Ante cualquier situación nueva, siempre hay que recordar que:
Las grandes mentes discuten las ideas;
Las mentes promedio discuten los eventos;
Las mentes pequeñas discuten a las personas.

Cuando queremos vivir de una manera diferente, siempre vamos a encontrar personas que nos discutan. Quizás no saben la razón por qué lo hacen, pero lo harán de todos modos. Todos los pioneros han pasado y sufrido el mismo proceso.

Déjame decirte que lo que realmente necesitamos en la vida es tener una mente firme, con principios asentados, con una base racional y emocional firme para defender esos principios y vivir de acuerdo a ellos (aunque eso no sea muy moderno en nuestra sociedad "tolerante"). Pero al mismo tiempo, nuestro corazón debe ser abierto, que comprenda, que abrace a todos aún a pesar de que sus ideas puedan ser diferentes. Sólo con un corazón ardiente y comprensivo, las razones de nuestra mente pueden ser escuchadas.

Siempre ocurrirá así, aunque pase el tiempo. Porque a medida que vamos adquiriendo más sabiduría nos damos cuenta de que hay cosas por las que merece la pena luchar y principios que hay que defender. Situaciones en las que hay que vivir "contracorriente" para que nuestra vida merezca la pena. Recordando siempre que también hay muchas otras que simplemente van a cambiar, que no merece la pena discutir por ellas, más bien al contrario, hay que abrir mucho los ojos para aprender, admirarse y ver cómo pueden funcionar en el futuro.

Para que nos entendamos, hay principios que tenemos que razonarlos con nuestra mente, y situaciones que hay que sentirlas con el corazón

4 noviembre

El famoso compositor y cantante Barry White, estuvo en la cárcel cuando era un adolescente por robar unos neumáticos. Aquel acto pudo haber marcado su vida, pero él mismo reconoció que fue "una de las mejores cosas que me han pasado, porque pude reflexionar, cambiar de actitud y de modo de vida".

A veces no podemos hacer nada en las circunstancias difíciles en que nos vemos envueltos, pero al menos podemos escoger nuestra actitud. De nosotros depende si somos capaces de ver la luz, aprender lo que merece la pena y seguir adelante; o si por el contrario nos hundimos definitivamente.

Todos nos encontramos a veces en situaciones que son pequeños avisos. Puede que no nos guste lo que nos está ocurriendo, pero al cabo del tiempo nos damos cuenta de que eran momentos que merecía la pena vivirlos, y sobre todo saber cómo reaccionar ante ellos. Quizás los recordamos con tristeza, pero si fuimos capaces de tomar las decisiones correctas...

- Una multa por exceso de velocidad, cuando creíamos que la carretera era nuestra.
- Un pequeño dolor en una de nuestras articulaciones que nos avisa de que algo no está bien.
- Un amigo que nos dice algo que hemos hecho mal, y que en principio no nos gusta que lo haga
- Una "casualidad" nos impide llegar a un lugar donde ha ocurrido un accidente.
- Nuestros padres nos dan un buen consejo y creemos que no tiene valor porque están "anticuados".
- Una pequeña avería eléctrica en el coche que nos impide llegar a nuestro destino, pero que evita que el motor se rompa definitivamente.
- Alguien nos entretiene y nos hace llegar tarde perdiendo una entrevista muy importante... que después nos damos cuenta que era para un mal negocio en el que íbamos a ser engañados.

Puedes añadir muchos ejemplos más. Seguro que alguna vez te ha ocurrido algo así. Son situaciones que aparecen en nuestra vida y nos hacen reflexionar. En principio nos enfadamos, creemos que estamos perdiendo el tiempo, nos fastidia no llevar a cabo nuestros planes... Más tarde nos damos cuenta que cambiar de actitud, frenar a tiempo, o reflexionar un poco pueden ser algunas de las mejores cosas que nos hayan pasado. Recuerda: "El prudente ve el peligro y lo evita, el inexperto sigue adelante y sufre las consecuencias".*

(*) Proverbios 22:3

para los que buscan algo más
lucas 7

5 noviembre

La trama de la película "Papillón" impactó en la vida de muchas personas en los años setenta. Hay un momento en el que el protagonista principal sueña que está siendo procesado, y el Juez le acusa: "El delito más terrible que se pueda cometer —le dice— la tragedia de una vida desperdiciada". Declarado culpable de una vida sin sentido.

No está de más decir que nuestra sociedad nos impulsa a vivir vidas sin sentido cuando nos hace correr sin ninguna dirección. Simplemente correr y buscar lo que viene después lo más rápido posible, sin pausa, sin descanso... Alguien dijo una vez que no debemos correr tanto en la vida como para olvidar no sólo dónde hemos estado, sino también a dónde vamos. Las tortugas pueden decirnos más cosas del camino que las liebres. La vida no es una carrera, sino un viaje que debe ser disfrutado a cada paso.

Algunas cosas muy sencillas nos pueden ayudar a no desperdiciar nuestra vida.

▶ En primer lugar, no fijar nuestros objetivos en razón a lo que otros consideran importantes, sino pensar en lo que creemos que debemos hacer.

▶ En segundo lugar, lo importante no es el pasado o el futuro, sino lo que estamos haciendo ahora. Si vivimos un día a la vez, podremos vivir todos los días que Dios nos ha dado.

▶ En tercer lugar, no usar nuestro tiempo de cualquier manera. Es lo más caro del mundo, porque lo pagamos con nuestra propia vida.

▶ En último lugar, disfrutar no sólo de nuestra meta en la vida, sino del camino por el que estamos llegando a ella.

Muchas personas viven siempre "en dirección a" algún lugar, y mientras hacen eso, pierden la belleza que pueden contemplar en el camino. Siempre estamos pensando y aguardando lo que va a ocurrir después, los viajes, las esperas... Nuestra vida parece ser siempre un momento en el que estamos "yendo a" y no es así. Hay que disfrutar cada momento. Hay que ver lo bueno que tiene el viaje, no hay que esperar nada más allá de dónde estamos, porque el momento que tenemos es lo mejor del día. Aunque tengamos que estar esperando, o aunque lo que esperamos llegue lleno de ilusión, la misma espera merece la pena. NO debemos dejarnos engañar con aquello de que "lo mejor está por llegar". Lo mejor está ocurriendo ahora mismo.

Tenemos que eliminar las prisas de nuestra vida para no ser culpables de desperdiciarla. Tenemos que encontrar el lugar al que queremos llegar, pero disfrutar también de lo que Dios nos va mostrando a cada momento del camino.

La vida no es una carrera, sino un viaje que debe ser disfrutado paso a paso.

6 noviembre

Un profesor universitario retó a sus alumnos con esta pregunta: "¿Dios creó todo lo que existe?". Un estudiante contestó valiente: "Sí, lo hizo. ¿Dios creó todo?" Preguntó nuevamente el profesor: "Sí, señor", respondió el joven. El profesor siguió hablando: "Si Dios creó todo, entonces Dios hizo el mal, pues el mal existe, y bajo el precepto de que nuestras obras son un reflejo de nosotros mismos, entonces Dios es malo".

El estudiante se quedó callado ante tal respuesta y el profesor, feliz, se jactaba de haber probado una vez más que la fe era un mito. Otro estudiante levantó su mano y dijo: "¿Puedo hacer una pregunta, profesor?". "Por supuesto", respondió el profesor.

El joven se puso de pie y preguntó: "¿Profesor, existe el frío?"

"¿Qué pregunta es esa?, por supuesto que existe, ¿acaso usted no ha tenido frío?"

El muchacho respondió: "De hecho, señor, el frío no existe. Según las leyes de la física, lo que consideramos frío en realidad es la ausencia de calor. Todo cuerpo u objeto es susceptible de estudio cuando tiene o transmite energía, el calor es lo que hace que dicho cuerpo tenga o transmita energía. El cero absoluto es la ausencia total y absoluta de calor, todos los cuerpos se vuelven inertes, incapaces de reaccionar, pero el frío no existe. Hemos creado ese término para describir como nos sentimos si no tenemos calor".

"¿Y existe la oscuridad?", continuó el estudiante. El profesor respondió: "Por supuesto".

El estudiante contestó: "Nuevamente se equivoca, señor, la oscuridad tampoco existe. La oscuridad es en realidad ausencia de luz. La luz se puede estudiar, la oscuridad no, incluso existe un prisma para descomponer la luz blanca en los diferentes colores en que está compuesta, con sus diferentes longitudes de onda. Un simple rayo de luz rasga las tinieblas e ilumina la superficie dónde termina el haz de luz. ¿Cómo saber cuan oscuro está un espacio determinado? Con base a la cantidad de luz presente en ese espacio, ¿no es así? Oscuridad es un término que el hombre ha desarrollado para describir lo que sucede cuando no hay luz presente".

Finalmente el joven preguntó al profesor: "Señor, ¿existe el mal?"

El profesor respondió: "Por supuesto que existe, como lo mencioné al principio, vemos violaciones, crímenes y violencia en todo el mundo, esas cosas son malas".

El estudiante respondió: "El mal no existe, señor, o al menos no existe por sí mismo. El mal es simplemente la ausencia de Dios, es al igual que en los casos anteriores, un término que el hombre ha creado para describir esa ausencia de lo Bueno. Dios no creó el mal. No es como la fe o el amor, que existen como existen el calor y la luz. El mal es el resultado de que la humanidad no tenga a Dios presente en sus corazones, de la misma manera que aparece el frío cuando no hay calor, o la oscuridad cuando no hay luz".

Entonces el profesor, después de asentir con la cabeza, se quedó callado.

El joven se llamaba Albert Einstein.

7 noviembre

Supongo que habrás leído o escuchado las típicas frases que mucha gente escribe sobre situaciones reales, pero dichas de un modo humorístico. Yo he ido copiando algunas de ellas:

- Un hombre publicó un anuncio en busca de una esposa. Recibió más de cien cartas de hombres que le ofrecían la suya.
- Solo quien ha comido ajo puede darnos una palabra de aliento.
- Mi mujer tiene un físico bárbaro (Einstein).
- Hay que trabajar ocho horas y dormir ocho horas, pero no las mismas.
- Los siquiatras están cobrando precios de locura.
- Mi padre vendió la farmacia porque no había mas remedio.
- Me han hecho un test de inteligencia y ha dado negativo.
- A las cuatro de la mañana nunca se sabe si es demasiado tarde o demasiado temprano.
- Un pesimista es alguien que se siente mal por miedo a sentirse peor más tarde.

La verdad es que eso del pesimismo y del optimismo siempre ha tenido sus defensores y sus detractores dependiendo quien hable. Alguien ha dicho que: "Un pesimista es un hombre que, cuando huele a flores, se da a vuelta para ver dónde está el ataúd" y "Un optimista es alguien que cuando llega la noche, en lugar de caer rendido, cae vencedor".

Dejando a un lado las definiciones, no parece ser muy bueno para la salud ver siempre las cosas desde el lado oscuro. Un pesimista es alguien que se siente mal cuando se siente bien por temor a sentirse peor cuando se sienta mejor. Mejor no vivir así, ¿no crees?

Porque lo realmente importante es reconocer qué tipo de pensamientos automáticos vienen a nuestra mente cuando no pensamos en nada... ¿Son positivos o negativos?, ¿intentamos ver siempre el lado bueno de las cosas, o nos desanimamos enseguida? No podemos olvidar que lo que pensamos es lo que tenemos en el fondo de nuestro ser, aquello que alimenta nuestro espíritu continuamente.

Puede que algunas veces el pesimista tenga razón, pero el optimista lo pasa mucho mejor mientras tanto. Merece la pena vivir viendo las cosas de otra manera. Lo mejor es buscar nuestra fortaleza mucho más allá de las circunstancias. Mucho más allá de lo que pueda pensar nuestra mente, o de lo que nos puedan decir los demás. Cuando confiamos en nuestro Creador, podemos vivir "aparentemente tristes, pero siempre alegres; pobres en apariencia pero enriqueciendo a muchos, como si no tuviéramos nada, pero poseyéndolo todo".*

(*) 2 corintios 6:10

para los que buscan algo más
lucas 6

8 noviembre

Algunas de las películas de más éxito de los últimos tiempos son verdaderamente impresionantes. "Misión imposible", "Matrix" y las secuelas de ambas han llenado los cines de fantasía, aventura y efectos especiales, de una manera extraordinaria. El éxito está en que alguien viva una aventura imposible de realizar por cada uno de nosotros, y en la búsqueda de la ficción por la ficción, porque el hombre ya no puede distinguir entre la realidad y la fantasía. Cuando la vida no tiene significado, muchos buscan vivir en el terreno de la ficción, con héroes que no son reales, en situaciones que no son reales, con problemas imaginarios con el fin de escapar de las situaciones auténticas de cada día.

No creas que sólo es en el cine. Hace poco salió a la luz una empresa de Internet, con sede en Inglaterra que vende barro para coches. La cosa es que tú puedas comprar barro tranquilamente desde tu casa para tu "todo terreno" y lo coloques en el coche como si durante el fin de semana hubieras salido varios días de "aventura". Todos ven que tuviste unos días excepcionales en el campo, mientras tú estabas en tu casa tumbado viendo la televisión e hinchándote de cerveza en lata y comida. La empresa es una de las que más han crecido económicamente en los últimos años, así que parece que el negocio es redondo. Todo sea por vivir bajo el reinado de la apariencia.

Parece increíble: muchos no saben a dónde van, pero al menos quieren que el camino sea divertido. De esta manera podemos pasar toda nuestra vida sin tomar decisiones, dejando que todo siga como va, sin disfrutar de lo que merece la pena, intentando "vivir que son dos días" para darnos cuenta al final de nuestra vida de que todo podría haber sido de otra manera, que debería haber sido de otra manera. Que hemos pasado demasiado tiempo viviendo las aventuras de los demás.

Atrévete a buscar la salida, a no querer aparentar lo que no tienes, a no vivir de aventuras inventadas por otros. Atrévete a salir al mundo y hacer algo que merezca la pena, aunque no esté de moda, aunque no sea lo mismo que todos hacen. No te dejes arrastrar por lo que sólo es ficción, por lo irreal. No pienses que escapar de todo es una manera en la que merece la pena vivir. Atrévete a no comprar barro para enfangar tu vida en el reinado de la apariencia.

Atrévete a disfrutar de la aventura más grande que existe, que es vivir la vida sabiendo lo que haces y por qué lo haces.

9 noviembre

La película "La vida es bella" es, sin ninguna duda, la obra maestra de Roberto Benigni. Galardonada con varios Oscars, hay algunas curiosidades del rodaje dignas de recordar. Una de ellas fue que los actores italianos no querían ponerse el uniforme de la SS alemana, por todo lo que había ocurrido en la segunda guerra mundial y las atrocidades cometidas en los campos de concentración.

A pesar de la afirmación de Luguet: "La hora más sombría no dura más de sesenta minutos", lo cierto es que la opresión, el sufrimiento y la muerte que el hombre se ha causado a sí mismo y a sus semejantes a lo largo de toda la historia, nos hace sentir vergüenza de muchísimas cosas en nuestro pasado y nuestro presente. Aún sabiendo que el sufrimiento puede llegar a tener solución, y aunque todos luchemos para ayudar a los perseguidos, sigue siendo cierto lo que la Biblia anunció hace muchos años: "Los oprimidos lloran y no hay quién los consuele".*

Lo más triste es que algunas de las principales razones de la opresión tienen que ver con nuestro egoísmo y nuestro individualismo. Razones para todo: para el causante del dolor, y para el que se escuda en un problema que cree no ser suyo, y escapa mientras puede... dejando que el oprimido siga llorando. En tiempos de Hitler se hizo famosa una película en la que un hombre vivía con su mujer, que tenía una enfermedad y sufría bastante. El hombre la mató, y su argumento delante del juez fue: "Yo amaba a mi mujer". La película trataba de explicar cómo aquel hombre había sido un buen marido y en cierta manera se justificaba lo que había hecho. Así se fue formando poco a poco y desde el poder, la idea nazi en la mente de la gente, la supervivencia del más poderoso, preparando a la gente para lo que más tarde sería el terrible holocausto de millones de judíos, y de otras minorías.

Y mientras muchos callaron, millones de personas morían aplastadas por imbéciles ideas de superioridad y arrogancia. Como te decía, muchos guardaron silencio, de hecho casi todo el mundo lo hizo: Muchos buscaron su propio bien y dejaron que los oprimidos llorasen hasta perder la vida. No sólo no fueron consolados, sino tampoco defendidos.

No podemos ni debemos olvidarlo. Mientras exista el mundo, debemos luchar para ofrecer consuelo a los que lloran, traer alivio a los que sufren, y clamar en nomber de los que no tienen voz. Aunque parezca muy poco lo que hacemos. Aunque sólo podamos consolar a los que tenemos a nuestro lado. Aún a pesar de todo podemos hacer una diferencia capital en nuestro mundo.

(*) eclesiastés 4.1

10 noviempre

"Come On Over" es el título del disco más vendido en todo el mundo en la década de los 90. La cantante es la conocida Shania Twain. Poco antes de editar el disco, su madre y su padrastro murieron en un accidente de coche en 1987. Se tuvo que hacer cargo de sus hermanos pequeños, y pensó que su carrera musical se había terminado... Cuando grabó el disco, apareció su gran oportunidad.

Esperar las oportunidades aunque todo parezca haber acabado. Eso sí que es difícil, porque a ninguno nos gusta esperar. Cuando nació Mel, nuestra tercera niña, aparentemente los médicos dieron mal la fecha, así que estuvimos esperando casi un mes. Aunque parecíamos estar perdiendo el tiempo, la verdad es que fueron momentos deliciosos. Miriam y yo hablamos mucho, compartimos horas con las niñas, disfrutando, esperando...

Hacer lo que hay que hacer, aunque parezca que se acaban nuestros sueños.

Seguir adelante trabajando para alcanzar aquello en lo que creemos.

No desanimarnos si el tiempo parece ser nuestro enemigo.

Nunca debemos olvidar que cuando Dios tiene prisa, suele hacer cosas muy despacio. Porque nosotros necesitamos aprender a descansar en medio del esfuerzo, a creer en medio de lo imposible, a ver cuando todo parece estar oscuro.

En la naturaleza todo tiene su tiempo, un embarazo dura nueve meses, la siembra viene antes de la cosecha, y necesita un tiempo. Siempre pienso que si Dios no nos "obligara" a esperar, iríamos de una actividad a otra con un ritmo desenfrenado, sin parar ni siquiera a pensar o a disfrutarlo. Dios nos enseña a esperar para que nos detengamos a disfrutar de las cosas, de la amistad, de hablar con nuestra familia, de pasar tiempo a solas comprendiendo lo que somos y lo que hacemos. Esa es la razón por la que Dios muchas veces no nos da las cosas que queremos o le pedimos, y nos hace esperar...

Muchos incluso no creen en Dios, porque Él no hace las cosas cuando ellos quieren, no parece responder cuando le preguntan y no "aparece" cuando lo desean. Es como decir que el sol no existe, simplemente porque el día está nublado.

Vivimos consumidos por las prisas. Nos gustaría llegar casi antes de salir, y que las cosas aparezcan justo cuando nosotros queremos, pero todo tiene un tiempo. Todas las cosas tienen su momento, y no es bueno acelerarlas. "Yo soy el Señor, cuando llegue el momento, actuaré sin demora".

(*) Isaías 60:17

11 noviembre

Whigfield fue un grupo danés que llegó al número uno en toda Europa con una canción titulada "Saturday Night". Sannie Charlotte Carlson, la cantante femenina del grupo, era modelo, y declaró una vez: "Ser modelo es en la mayoría de las ocasiones un insulto a la mujer. Jamás se preocupan de lo que hay en el intelecto, sólo les preocupa el cuerpo".

Ese es uno de los problemas de nuestro tiempo, el culto al cuerpo. La gente pasa una gran cantidad de horas cada semana solamente intentando que su cuerpo esté bien. Algunos incluso se someten a operaciones más o menos peligrosas con tal de "verse mejor".

Es parte de nuestra misma manera de ser. Nos preocupa mucho más lo que se ve, que lo que hay en nuestro interior. Si no lo crees, piensa por un momento en algunas de las industrias de mayor éxito en nuestros días:

- La cosmética.
- El mundo del automóvil deportivo.
- La comida y bebida *light*.
- Los gimnasios.
- La ropa de alta costura.
- Los institutos de belleza.
- La cirugía estética.

No estoy diciendo que todas estas cosas sean malas en sí, pero nos enseñan mucho en cuanto a dónde ponemos nuestros valores: en lo externo. Y así, nos volvemos engreídos. Pensamos que todo va bien si nuestra apariencia va bien. Ponemos toda nuestra confianza en las cosas que tenemos y hacemos... sin importarnos nada lo que realmente somos.

En ese proceso muchos pierden hasta su propia salud. Los problemas de anorexia, bulimia, vigorexia y muchos otros han sido "descubiertos" por nuestra sociedad con el único sentido de adorar su propia apariencia.

"Los que quieren hacerse ricos no resisten y caen en la trampa de los malos deseos, insensatos y perjudiciales que hunden a los hombres en la ruina y la condenación*. Duras palabras, ¿verdad?... Sin embargo no lo son tanto si consideramos cual es la base de la vida de muchas personas que viven (y mueren) sólo por mantener su apariencia. Sólo por querer tener más, o aparentar más delante de los otros.

Y mientras, su destino eterno está en juego. Si uno confía en las riquezas, debe recordar que tarde o temprano se quedará sin ellas. (No olvides que nadie se lleva nada al más allá, ni siquiera el traje que le ponen en la caja mortuoria). Sólo la búsqueda de lo eterno nos puede llevar a ser sabios.

(*) i timoteo 6:9

12 noviempre

Uno de los últimos discos de Stevie Wonder se titula "A Time 2 Love". En su primera gira presentando el trabajo, el célebre músico explicaba: "Los seres humanos siempre tienen que estar quejándose de algo", cuando le preguntaban (¡una vez más!) sobre su ceguera. "Yo siempre he tenido más fe que miedo". dijo hablando de los prejuicios de la gente, y del temor por lo que pueda suceder, o por el hecho de que un día la gente te olvide.

Tener más fe que miedo es uno de los mejores consejos que podemos tomar en el día de hoy. Dejar de preocuparnos por lo que los demás digan o hagan. Olvidarnos de las quejas y de la actitud de creernos inferiores a los demás. Vivir.

No hay nada mejor que ser uno mismo. Dios nos creó a todos diferentes, y a cada uno con varias características especiales que sólo uno mismo puede tener. No hay nadie como tú en el mundo... ni lo habrá jamás. No tienes que imitar a los demás con la envidia de quién cree que no tiene valor. Puedes apreciar las habilidades de otros, sus buenas costumbres, o las felices características de su temperamento, pero eso no significa que otros tengan más valor que tú.

Herbert Bayard explicó una vez: "La fórmula del fracaso es una: tengo que complacer a todo el mundo". A veces llevamos demasiado lejos el mito de que "todos tienen que estar muy contentos con lo que hago". Si no hacemos nada malo y aún así la gente (cierta gente) no nos acepta como somos, no debemos preocuparnos. No siempre es posible complacer a todo el mundo. No te preocupes por eso.

Busca en tu interior tu propio significado. Aprende a reaccionar en la vida como crees que debes hacerlo, sin que otros impongan tu sinceridad. Ya sabes que me estoy refiriendo a vivir dentro de la bondad y la paz: si aún así no te entienden, no importa. No te preocupes por eso. Tú vales mucho más. Tú vales más que todo eso. Dios mira TU corazón. No te dejes engañar por los que te juzgan mal. NO te dejes llevar por las circunstancias que han puesto a tu alrededor (o quizás en tu mismo físico) desventajas con respecto a quienes parecen tenerlo todo. Como la canción dice:

"Tu vida es belleza original que nadie luce mejor...
El corazón de Dios quiere ver en ti Su gloria (...)
Todos sin excepción, por Dios fuimos diseñados
No hay nadie inútil, Todos somos su creación..."

Cuando pienses en tu propia vida, empieza a considerar que nadie podría pagar en millones de cualquier moneda legal lo que Tú eres. Los derechos de autor pertenecen a tu Creador.

13 noviembre

Seguro que pocos conocen a Douglas Gresham, pero si decimos que es el hijastro de C.S. Lewis (hijo de la mujer americana con la que se casó, y que murió de cáncer, Joy Gresham) muchos ya se darán cuenta de quien estoy hablando. Si además añadimos que fue el que supervisó toda la película de "El león, la bruja y el armario: las crónicas de Narnia", para ver que siguiese lo máximo posible la novela de su padre, entonces creo que casi todos llegarán a reconocerlo.

Douglas vivió todo el proceso de dolor de su padre y su madre, cuando ésta enfermó de cáncer y murió. En ese proceso (descrito de una manera admirable en la película "Tierras de penumbra" a la que me he referido un par de veces en este libro) no sólo vivió en primera persona el sufrimiento, sino que supo ver cómo sus padres entregaban cada día al cuidado de Dios, y era en Él mismo donde encontraban consuelo todos, padres e hijo.

Existe una creencia (no sé yo quién la habrá divulgado) de que Dios es un Dios distante, incluso frío, que no se comunica con nadie... Una especie de gran policía del Universo que sólo está esperando a ver cómo alguien se divierte un poco, para atizarle un garrotazo y dejarlo medio tieso. Nada más equivocado. Los hombres malvados se han dedicado a hacer correr falsas imágenes del Creador, de tal manera que muchos (sin llegar a investigar más) se lo creen, y ni siquiera quieren saber nada de Dios.

Delante de Dios se siente algo que no se siente en ningún sitio. Su amor es sublime, su comprensión es extraordinaria, su cariño fuera de lo normal y su trato con la gente es siempre amable en grado sumo. Si no hubiera sido así muchos ni siquiera estarían (estaríamos) vivos. La Biblia dice:

"Yo te enseñé a andar, Yo te llevé en mis brazos (...)
Te atraje a mí con lazos de amor; me incliné y te di de comer".*

La imagen de Dios como una madre que se inclina para dar de comer y que toma en sus brazos a su niño para enseñarle a andar, es sublime. En contraste, el hombre ha hecho de la amargura su absoluto y prefiere no descansar en Dios, viviendo sin consuelo y sin esperanza. Y mientras, el mundo sí que se ha vuelto frío, distante y sin sentido. Muchos hombres y mujeres buscan sin descanso alguien que les tienda una mano amiga sin encontrar cariño, ¡sin encontrar siquiera una palabra amable! Ese es el mundo que hemos creado al rechazar el amor de Dios.

Si te sientes así, si estás solo, frío, sin sentido... ven a buscar ternura en los brazos de Dios. Como un niño que todo lo que necesita es sentirse abrazado, ven y disfruta del amor de Dios. Déjate caer en sus brazos y siente el cariño de quien te conoce y te ama. Te acariciará, te hablará, te enseñará a caminar... No encontrarás nada parecido en ningún otro lugar.

(*) OSEAS 11:3-4

para los que buscan algo más
lucas 2

14 noviembre

Hace unos cuantos años que Rybczynski, el director polaco, se llevó el Oscar al mejor corto de animación. Salió un momento afuera del teatro para fumarse un cigarro, pero cuando quiso volver a entrar, un guardia de seguridad se lo impidió porque no le conocía. Él repitió varias veces que acababa de ganar un Oscar, pero tras varios minutos, el polaco perdió los nervios y agredió al agente, con lo que fue encarcelado… Ganó el premio más importante de su vida y terminó ese mismo día en la cárcel. Su felicidad duró bien poco.

¿Has escuchado alguna vez a alguien defendiendo estos principios?: "Me siento mejor que nunca en este momento, he encontrado lo que estaba buscando, esto sí es felicidad". Creo que es uno de los argumentos más usados en los últimos tiempos, sobre todo en una sociedad hedonista como la nuestra.

No quiero echar agua encima de ese argumento, pero está claro que sentirse bien no lo es todo. La felicidad no es la medida de todas las cosas. El valor moral de una decisión tiene que tener obligatoriamente un referente externo. ¿Quieres un ejemplo? Cualquier terrorista es feliz haciendo su trabajo. Muchos asesinos dicen "flotar" en el aire cuando están cometiendo sus fechorías, porque eso les satisface completamente. Hoy mismo existe un problema muy grave en el primer mundo cuando personas defienden su libertad para obtener placer por encima del sufrimiento de los demás. Nuestra misma comodidad se basa en el sufrimiento y el hambre de miles de millones de personas en el tercer mundo.

Hace poco veía un documental en el que hablaban las personas que se salvaron del ataque terrorista a las torres gemelas; había algo común en todos ellos: todos buscaron la salida casi a cualquier precio. Sólo se detenían cuando escuchaban la voz de alguien que pedía ayuda. Nadie se paró a buscar papeles importantes. Nadie recordó que en algunas de las oficinas había grandes cantidades de dinero. Nadie quiso entrar en alguno de los pisos que estaban instalados con todo lujo para disfrutar unos minutos de las comodidades, o para descubrir las máximas novedades en los medios de comunicación. No, todos corrieron y escaparon temiendo por su vida. Nadie se entretuvo un solo momento; sería considerado un necio con mayúsculas.

Déjame terminar diciendo que muchos viven así. No saben a dónde van, ni lo que va a ocurrir en sus vidas, pero quieren entretenerse en todas las comodidades posibles, en todas las juergas posibles, disfrutar de todos los vicios posibles. No les importa si su propia vida se está quemando. No se preocupan por escapar. Sólo les importa divertirse. Y eso sí, te dicen que se sienten muy bien. El problema es dónde van a terminar.

15 noviembre

Hay muchos anuncios de publicidad que son impresionantes. Todos los años se celebran concursos para reconocer a los mejores, y siempre asombra el ingenio y el talento con que muchos están hechos. Recuerdo cuando era muy niño, que había un anuncio de un determinado refresco, en el que aparecían muchos jóvenes cantando: "Cuando una canción me llega al corazón igual que tu, la canto a todas horas..."

Pasan los años y nunca olvido ese estribillo. De eso se trata la publicidad, de que no puedas olvidar lo que ellos quieren que no olvides. A veces las situaciones pueden llegar a ser incluso crueles, porque todo el mundo termina comprando lo que los medios de comunicación quieren. Por ponerte un ejemplo, hace pocos años le pagaron más a Michael Jordan por anunciar unas zapatillas de jugar a baloncesto, que a los 30.000 trabajadores un país del sureste asiático para toda la producción de ese modelo.

Detrás de la publicidad, hay muchas veces muchas situaciones verdaderamente injustas. Alguien dijo una vez que "La lluvia cae sobre justos e injustos, pero mayormente sobre los justos, porque los malos les han quitado el paraguas". Todo vale con tal de que consumamos, de que le demos importancia a cosas materiales y no pensemos demasiado en el precio que esas cosas tienen. Y ya sabes que me refiero no sólo al precio metálico, sino también al precio de la injusticia en muchos casos. El precio que miles de personas tienen que pagar para que los que vivimos en el primer mundo estemos más cómodos con nuestras "cosas".

Tanto amamos lo que tenemos entre las manos, que a veces llegamos a darle más importancia que a nuestra propia familia o nuestros amigos. Si no lo crees, fíjate a lo que dedica el tiempo la gente, porque todos regalamos nuestro tiempo a aquello que creemos trascendental. Muchos viven sólo para tener más cosas. Como el profeta escribiera en la antigüedad: "El pueblo adora las obras de sus manos, lo que han hecho con sus propios dedos".*

Materialismo; la gente acaba dándole más importancia a lo que han hecho ellos mismos que a lo que puede darles la vida. A muchos no les importa, aunque se vayan a la tumba sin poder llevar nada de lo que tienen. Son capaces de quitarle el paraguas a quien sea, con tal de no mojarse ellos. No les importa nada que otros sufran con tal de que ellos vivan cómodos.

¿Y tú, cómo piensas vivir?

(*) Isaías 2:8

para los que buscan algo más
santiago 3

16 noviembre

En la película "Camino a la gloria", el veterano Robert Duvall es el protagonista. En el papel del entrenador de un pequeño club deportivo. Es un hombre que defiende sus principios a muerte, incluso por encima de la propia familia. Un día su hija tiene que decirle: "Coleccionas las traiciones y te calientas con ellas como si fueran fuego, te gusta convivir con ellas".

Coleccionar resentimientos es el pasatiempo favorito de mucha gente. Guardar recuerdos de cosas que pasaron y mantener en nuestra memoria las "fechorías" que otros nos han hecho pueden hacer que casi no tengamos lugar en nuestro corazón para otra cosa. Nos hacemos "cascarrabias" con el tiempo cuando no sólo nos acostumbramos a esas pequeñas heridas, sino que casi no podemos vivir sin ellas. Es como si disfrutásemos viviendo resentidos contra nosotros mismos. En cierta manera nos gusta ser "mártires" de los demás y las circunstancias, porque eso hace posible que nos mantegamos a distancia de todo el mundo y no sufrir. Por lo menos eso es lo que pensamos.

¿Sabes? Vivimos demasiado preocupados por cosas que no deberían ocupar todo nuestro interés, mientras perdemos de vista las que sí son realmente importantes. En nuestro corazón abrigamos dudas y temores que nos van destruyendo poco a poco, y que nos quitan la felicidad de disfrutar de aquellas cosas que Dios pone delante de nosotros.

El Rey David compuso un día una canción en la que él mismo conversa con su propia alma. En uno de los momentos más difíciles de su vida, se pregunta: "¿Por qué estás triste, alma mía?" (1) Hacer eso es algo más que un buen ejercicio. Lo queramos o no, siempre nos estamos diciendo algo a nosotros mismos. Las imágenes mentales que tenemos y las cosas que pensamos son muy importantes, pueden determinar nuestra vida. Muchas veces nuestros pensamientos automáticos son negativos. Cuando algo ocurre, enseguida pensamos en lo que puede ir mal. Cuando alguien viene a darnos una noticia, antes que comience a hablar ya presuponemos que se trata de algo malo. Cuando nos levantamos o nos acostamos, nuestros pensamientos parecen estar sacados de una película de terror... y eso no es bueno.

La Biblia nos enseña a guardar dentro de nuestro corazón pensamientos alegres. Nos anima a dejar de lado los malos augurios y explicarnos a nosotros mismos las cosas buenas que Dios puede hacer. El sabio Salomón escribió "Corazón alegre, cara feliz" (2) Aunque a veces las cosas vayan mal, no nos adelantemos a los acontecimientos. Vamos a comprometernos a tener en nuestro corazón siempre una idea feliz, una sensación de dulzura, un pensamiento de despreocupación.

(1) Salmo 47, (2) Proverbios 15:13

para los que buscan algo más
mateo 2

17 noviembre

"No hay nada más bello que lo que una vez he tenido
Nada más amado que lo que perdí" (1)

Estas palabras forman parte de la canción "Lucía" de J.M. Serrat. Hermosa, como casi todas las del cantante catalán, y profundamente sabia en cuanto a situaciones que ocurren en nuestra vida.

Voy a poneros un ejemplo: mis abuelos murieron cuando yo era niño, y tuve muy pocas oportunidades para hablar con ellos. Hoy me hubiera gustado hacerlo, pero ya no es posible. ¿Sabes? A veces no le damos importancia a las cosas hasta que las perdemos. En ocasiones creemos que una amistad no es crucial en nuestra vida, hasta que se derrumba. Es la misma historia de siempre: no aprendemos a darle valor a las cosas que sí tienen valor, y siempre tenemos la mente puesta en lo que no es nuestro... para aborrecerlo más tarde cuando está a nuestro alcance.

Tenemos la vida llena de cosas que no satisfacen nuestro corazón, simplemente nos hacen sentir bien, y cuando algo no nos satisface, caemos en la monotonía y el aburrimiento. En nuestro primer mundo está arrasando con todo la llamada "cultura de la opulencia", cuya base es tener de sobra de todo, derrochando lo máximo posible, gastando mucho más de lo que necesitamos. No importa si otros a nuestro lado mueren en su escasez. Llenamos nuestra vida de cosas sin valor y gastamos tiempo y dinero para que se vea que todo nos sobra. Muy pocos se paran a pensar que no tiene sentido lo que hacemos. Casi nadie quiere poner fin a un consumismo enfermizo que ha cegado nuestro corazón a lo que pasa a nuestro alrededor.

¡Qué especie tan rara somos los humanos! "Nadie ve ni oye lo suficiente como para quedar satisfecho".* Vivimos acelerando nuestra vida para tener más, y dejamos nuestro amor en las estaciones intermedias. ¡Párate ya!, ¡piensa en lo que realmente tiene importancia!, ¡dedícate a pasar tiempo con aquellos a quienes amas, antes de perderlos!

Hoy es el día diseñado para contemplar la belleza de lo que tienes. No para enorgullecerte, no para sentirte satisfecho; sino para disfrutar, para amar, para comprender y agradecer. No pierdas lo que realmente te hace vivir.

(*) eclesiastés 1:8) (1) "Grandes éxitos" Ariola 1990

para los que buscan algo más
santiago 5

18 noviembre

La película "Sophie School", trata la historia real de varios estudiantes universitarios que lucharon contra el régimen de Hitler. Se hacían llamar "La Rosa Blanca" y de una manera no violenta, sencillamente sembraban la ciudad de octavillas con todas las mentiras del Tercer Reich. Algunos estudiantes fueron (como la propia Sophie) condenados a muerte y ejecutados, pero más tarde sus octavillas fueron lanzadas por los aliados desde los aviones, en número de cientos de miles. Se resistieron hasta el final, luchando contra los nazis y hablando aún en contra de los jueces alemanes. Uno de los acusados les lanzó una frase lapidaria: "Dónde nosotros estamos ahora, estaréis un día vosotros".

Aquello que intentamos hacer para destruir a los demás, es lo que se vuelve en contra de nosotros. Jamás se puede entender cómo un hombre puede sentir odio contra otro, a causa de sus ideas. Es incomprensible que en el día de hoy defendamos discriminaciones y racismos en la base de supuestas superioridades inventadas. "No está bien discriminar a nadie, hasta por un pedazo de pan se puede pecar",* dice la Biblia, y es muy cierto. Completamente cierto.

Discriminar a otros no es algo leve. Nosotros defendemos la discriminación cuando no le damos a alguien lo que le pertenece por justicia. Afirmamos el racismo cuando nos creemos superiores por nuestra raza, educación, cultura, religión o posición social-económica. Avivamos el fuego de la intolerancia cuando creemos que nuestras ideas políticas son las acertadas, y despreciamos a todos los que no piensan como nosotros. Y detrás de muchas actitudes racistas, sólo encontramos miedo, envidia, orgullo y odio. Y cualquiera de los cuatro son muy malos consejeros para una familia o una nación.

Si queremos una sociedad justa, sus bases tienen que ser muy diferentes. Aunque parezca un imposible casi metafísico, con nuestro ejemplo podemos enseñar a todos que es mejor vivir en base a la confianza, el amor, la humildad y la admiración del otro. Porque eso sí tiene futuro: La sociedad eterna no verá los males de la injusticia y la venganza, éstos se quedarán aquí y serán parte de la condenación de los que viven ahora despreciando, mintiendo, hiriendo y haciendo sufrir.

No está bien discriminar a nadie. Dios toma en cuenta todas estas cosas, porque Él mismo es el Creador de todos; de cualquier raza o condición social. De los que han tenido la posibilidad de adquirir conocimiento y de los que aún viven en la ignorancia. Y jamás olvides que Dios también ama a todos. Incondicionalmente.

(*) Proverbios 28:21

para los que buscan algo más
mateo 1

19 noviembre

Muchas novelas han sido llevadas a la pantalla de cine con bastante éxito. Una de las más conocidas, fue la de Catherine Ryan Hyde titulada "Cadena de favores", que fue interpretada por Kevin Spacey y Helen Hunt, y dirigida por Mimi Leder. "Una sola acción puede cambiar el mundo", dijo el profesor a sus alumnos de séptimo grado, y uno de ellos pensó en lo que podía hacer para ayudar a su familia y a todos los que le rodeaban.

Hace mucho tiempo que un amigo me escribió una carta y entre otras muchas cosas, me envió algo que le había impactado. Es una explicación excelente de lo que podemos hacer por otros, aunque nos parezca poco. Ahí va:

"Muchas veces, las personas son irrazonables, ilógicas y egoístas;
Ámalas de todos modos.
Si haces lo bueno, los demás te acusarán de ser egoísta
Y de tener motivos equivocados;
Haz el bien de todos modos.
Si sobresales, ganarás amigos falsos y enemigos verdaderos,
Sobresale e todos modos.
Lo bueno que haces hoy, se olvidará mañana;
Haz el bien de todos modos.
Las personas más grandes con las ideas más grandes
Pueden ser tumbados por las personas más pequeñas con las mentes más pequeñas...
Piensa en grande de todos modos.
Las personas están a favor de los perdedores, pero sólo siguen a los ganadores;
Lucha por los perdedores de todos modos.
Lo que construyes a través de los años se podría destruir en una noche;
Construye de todos modos.
Las personas necesitan en verdad ayuda, pero podrían atacarte si les ayudas;
Ayúdalos de todos modos.
Si das lo mejor de ti mismo, a veces te rechazarán;
Da lo mejor, de todos modos"

para los que buscan algo más
hechos 6

20 noviempre

Puede que te asombre tanto la noticia como me asombró a mí. Estaba tranquilamente en mi casa viendo el telediario, cuando de repente dieron una lista de personas. De esas listas que siempre aparecen, ¿sabes? Los más ricos del mundo, las empresas más grandes, los que tienen la casa más colosal, la lista de las islas privadas... Esta vez, cuando comenzaron a mencionar la lista me impresionó: era la de los muertos más ricos del mundo. Sí, como lo oyes, los muertos con más dinero.

En el año 2005, el primero de la lista era Kurt Cobain con 50 millones de euros ganados, porque su ex mujer vendió los derechos de sus canciones. El segundo de la lista, Elvis Presley, gana 30 millones de euros al año. El tercero es John Lennon con 20 millones de euros al año por derechos de autor. Impresionante. No les sirve de nada, pero ganan más dinero que el 99,9 por ciento de las personas de nuestro mundo. Algo así sólo podía ser posible en pleno siglo XXI. Es la sociedad que hemos creado. Una sociedad de consumo que incluso hace ganar dinero a los que ya están muertos.

Vivimos en el mundo de las listas, en el paraíso de la comparación. A la gente le encanta saber lo que otros tienen, compararse con otros, luchar por lo que otros han alcanzado. De esta manera creamos problemas sociales, frustraciones personales y sinsentido en la vida de casi todos. Siempre estamos pensando en lo que nos falta, pocas veces somos capaces de disfrutar de lo que ya tenemos. Incluso ahora se permite la publicidad comparativa, para hacerte sentir como un "burro" si compras tal o cual producto y no el que ellos te enseñan. Todo sirve para generar infelicidad, desidia, aburrimiento, ansiedad, frustración y un sin fin de problemas más para regocijo de los centros psiquiátricos de todo el mundo.

Han aparecido hasta industrias basadas en la comparación, como la estética. Uno de los negocios más impresionantes de este siglo. Mucha gente es capaz de pasar por infinidad de operaciones para parecer más flaco o más gordo, para tener más o menos pecho, para que su nariz o su boca sean más o menos grandes. Casi nadie está conforme consigo mismo, todos se comparan con los demás, y aparentemente salen perdiendo.

De ahí surgen los problemas de salud, de anorexia o bulimia, incluso entre líderes de opinión ¿?. En el reinado de la apariencia casi todo es sintético y nada es real. Hasta los muertos son más ricos que antes. Hemos llegado al mismo límite de la "estupidez", si es que no lo hemos traspasado ya. Y perdóname que sea tan sincero escribiendo.

Mientras todo esto ocurre, yo me siento inmensamente feliz conmigo mismo. Con mi familia, con los amigos, con la naturaleza que me rodea, incluso con las pocas cosas que tengo. No necesito aparentar nada, ni compararme con nadie. Dios me hizo así, y Él nunca se equivoca.

21 noviembre

La historia de uno de los más grandes genios de la guitarra eléctrica, Jimy Hendrix es una de las más tristes que se conocen. El 18 de Septiembre de 1970, murió después de haber ingerido alcohol y pastillas para dormir, en el momento en el que vivía en lo más alto de la fama... y en lo más bajo de su propia autoestima. En una de sus más célebres composiciones había escrito:

"¿Viviré mañana?
No puedo afirmarlo,
Pero lo que sé es que hoy no vivo"

Y también, en una de sus últimas entrevistas afirmaba: "Hay que ponerse de luto cada vez que nace un niño, cuando un niño tiene que venir a este maldito mundo". Las drogas y el alcohol terminaron destruyendo su carrera y su vida.

Desgraciadamente no es un caso único. Todos recordamos en España los sufrimientos de Lola Flores con su hijo Antonio, por la misma causa: Las drogas. Y cómo esa llamada "plaga" de la juventud de la segunda mitad del siglo XX también se llevó la vida del trovador. Su madre había declarado: "Mi hijo llegó a las drogas como una inocentada de un niño que lo tenía todo y quiso saber qué era lo malo".

Abandona ese camino antes de comenzarlo. Contesta "No" con todas tus fuerzas cuando alguien te proponga un juego fatal. Y si ya has caído recuerda las palabras de La Fontaine: "La vergüenza de confesar el primer error, hace cometer muchos otros". Mejor abandonar ahora que puedes, antes de que no haya remedio. Confiesa ese error y abraza la libertad.

La mejor manera de vencer el problema de las drogas es no probar. Mantente alejado. No caigas ni siquiera la primera vez. Si jamás pruebas, jamás estarás enganchado a ella. Si eres capaz de decir NO (y un no con mayúsculas), serás vencedor... si te dejas llevar por quienes te engañan, estarás casi muerto.

Es así en estos casos. Una sola vez significa caer en los brazos de quien puede y sabe dominarte. Probar se equipara a la tentación irresistible de caer una y otra vez. Así está hecho este mundo. Si hubiese sido de otra manera, muchos habrían vencido. Otros hubiesen escapado. Los más no estarían ahora en los últimos días de su vida a pesar de tener veintipocos años... Pero el grave problema ha sido no saber resumir toda la fuerza del alma en un grito. Un grito quizás desesperado, pero absolutamente necesario: ¡¡¡NO!!!

22 noviembre

Richard Dreyfuss, actor protagonista de "Tiburón" y "Encuentros en la tercera fase", dos de las películas más importantes de los años 70, reconocía que: "Cuando la gente me trató de una manera diferente, incluso mi propia familia, me volví egoísta, no soportaba la presión del éxito y caí en las drogas". En 1982 tuvo un accidente de coche, y se encontró en su vehículo cocaína y pastillas. "Mi fe en Dios salvó mi vida, siempre estuvo cerca de mí, pero yo marchaba demasiado rápido como para escucharle. Esa noche, oí cómo me hablaba y cambió mi vida".

Natalie Cole, la hija del famoso Nat King Cole, es una de las cantantes más conocidas en el mundo. Grabó 28 álbumes y ganó varios Grammys a lo largo de su carrera. Aún siendo inmensamente conocida, su propia inestabilidad personal le llevó a casi destruir su vida en el mundo de las drogas. Sólo un encuentro personal con Dios cambió su vida y le devolvió la felicidad de disfrutar de su familia, sus amigos y la música. Natalie reconocía en una entrevista que Dios es el padre con el que nunca tuvo suficiente tiempo para compartir.

La Biblia y la historia nos enseñan que Dios es el único capaz de cambiar la vida de cualquier persona en cualquier lugar. Sea cual sea el momento o la dificultad por la que estamos pasando, Dios tiene el poder para renovar nuestro corazón y hacer que la vida sea completamente diferente. Podemos nacer otra vez, Dios nos da el poder para comenzar de nuevo.

Pero es curioso cómo en la Biblia, Dios nunca promete liberación total, ni victoria sobre todas las circunstancias. La fe y la relación con Dios no son la lámpara de Aladino a la que uno pide e inmediatamente los deseos se cumplen. No es así: pasamos por fuegos y por ríos profundos. A veces salimos mojados o un poco quemados: las circunstancias nos vencen en ocasiones y no tenemos manera de escapar de ellas. Sufrimos y, también a veces, lloramos porque no entendemos el por qué de muchas cosas... pero no estamos completamente derrotados. Vivimos con las cicatrices de las heridas, pero el fuego no nos quema por completo. Los ríos nos mojan, pero no nos ahogamos. Por una razón muy simple: por una bendita razón... Dios está con nosotros. Eso hace toda la diferencia.

"Así dice el Señor, tu Creador y el que te formó: No temas, te he llamado por tu nombre (...) Cuando pases por las aguas Yo estaré contigo y por los ríos, no te anegarán; cuando pases por el fuego, no te quemarás porque Yo soy el Señor tu Dios". *

(*) isaías 43:1-3

para los que buscan algo más
hechos 9

23 noviembre

"Algo cambió para siempre" se lee en el cartel publicitario de la película "La casa de mi vida", dirigida por Irwin Winkler. Kristin Scott Thomas es una de las protagonistas, divorciada de su primer marido, se casa con un hombre que tiene todo lo que cree que necesita: dinero, poder, posesiones… pero siempre está ocupado trabajando y queriendo tener más. En un momento de tensión, la mujer piensa en su vida y dice: "Él nunca está, y cuando está no lo parece", y cuando discute con él, le pregunta: "¿No te extraña que tus hijos no te abracen nunca?"

El actor Kevin Kline da vida al primer marido de Kristin, un hombre cansado de su vida, la rutina y el trabajo, y que decide romper con todo y ponerse a construir una casa. Divorciado de su mujer, su único hijo no quiere ni siquiera estar con él, lo que le hace revivir los mismos problemas que él mismo tuvo con su padre. De repente, encuentra la razón de su vida construyendo una casa para su hijo. En ese proceso se le descubre un cáncer, pero el sentido de lo que hace no se pierde, todo lo contrario, parece más real que nunca, porque está viviendo y construyendo con su hijo.

El actor Marlon Brando, reconoció poco antes de su muerte: "No he sabido ser un buen padre". Con sus problemas personales y su mujer intentando vencer el consumo de alcohol, siempre lucharon por la custodia de su hijo Christian. Un día, su hijo asesinó a Dag Drollet, el novio de su hermana Cheyenne, y ésta se ahorcó más tarde.

Uno de los mayores problemas en las familias de hoy son los padres que no les dedican tiempo a sus hijos, que no hablan con ellos. Muchos creen que con darles todas las cosas que necesitan el "trabajo" está hecho, y eso no es cierto.

Lo que nuestros hijos necesitan es tiempo. Lo que están deseando siempre es tener conversaciones con nosotros, explicarnos lo que ocurre en su vida, y escuchar lo que tenemos que decirles. El tiempo es nuestra vida. No debemos preguntarnos a qué le dedicamos el tiempo, si no a qué le estamos dando nuestra vida. Cuando estamos unos minutos con alguien le estamos dando nuestra vida. Cuando dedicamos más tiempo a muchas otras cosas que a nuestra familia, estamos demostrando a quién queremos "regalarle" nuestra vida, y qué tiene más importancia para nosotros.

Mucha gente tiene su orden de prioridades equivocado. Ponen sus propios negocios y sus intereses delante de su familia. Y con el tiempo, no son sólo las cosas importantes, sino también las reuniones, diversiones, comidas, y casi cualquier excusa las que les quitan un tiempo que sería "oro puro" disfrutado con su familia.

Cuando alguien es capaz de preguntarnos "¿No te extraña que tus hijos no te abracen nunca?" Es porque ya es demasiado tarde. Quizás el tiempo se nos fue de entre las manos, y muchos tengan que reconocer que a pesar de haber sido "todo" en la vida, no han sabido ser un buen padre, una buena madre.

para los que buscan algo más
hechos 10

24 noviembre

Puede que sea una de las actuaciones secundarias más cortas de la historia del cine: Anthony Quinn actuó sólo ocho minutos en la película "El loco del pelo rojo", pero su papel le llevó a ganar el Oscar al mejor actor secundario. ¡Eso sí que es aprovechar bien el tiempo!

Muchos envidiarían esa manera de vivir. Si pudiésemos hacer lo que queremos, iríamos desde el nacimiento a la tumba en una actividad casi desenfrenada, pasando de una cosa a otra sin parar un solo momento. Siempre queremos aprovecharlo todo, tenerlo todo, llegar a todo…

De esta manera hemos aprendido a utilizar el teléfono móvil para llamar y decir que vamos a llegar a las 9,15 horas a una reunión que era a las 9,00, porque así aprovechamos el tiempo, y llamadas parecidas a estas. Pensamos que estamos llegando a tiempo, cuando lo único que hacemos es correr más, vivir más rápido, desesperarnos más.

Esa es una de las razones por las que tantas personas han caído en la ansiedad y el estrés. Se ha definido la llamada enfermedad de nuestro siglo como un estado de incertidumbre, de aprensión, preocupación y angustia al mismo tiempo. Cuando aparece, si no nos cuidamos, se queda con nosotros, como una sensación de ansiedad flotante, que no tiene que ver con un problema específico, sino que aparece en cada situación, porque siempre queremos vivir "al límite" y demasiadas veces lo traspasamos.

La ansiedad llega a estar ampliamente interrelacionada con otros estados de nuestra mente y nuestro cuerpo. Los estudiosos no se ponen de acuerdo si provoca o es provocada por sensaciones como: cansancio, temor, tristeza, sentimientos de opresión y una percepción de que todo está yendo al revés, y que la enfermedad y la muerte pueden caer encima de nosotros en cualquier momento. Al final, casi nadie sabe lo cuál es la causa y cuál es el problema, pero lo que muy pocos hacen es parar, examinar su vida y reconocer que han estado "corriendo" demasiado.

Ahora es el momento de apagar móviles y dar un simple paseo. Es la hora ideal para reflexionar hacia dónde va nuestra vida y dejar las preocupaciones en algún lugar al que no podamos volver a por ellas. Hay que tomar la decisión de dejar de hacer cosas "por amor al tiempo" y vivir. Nadie es imprescindible en ningún lugar, salvo en el corazón de quien le ama.

Recuerda que aún en los momentos más difíciles y cuando la ansiedad parece que ha llegado a reinar en nuestra vida, siempre podemos hacer lo mismo que el salmista. Acercarnos a nuestro Creador y pedirle: "Devuélveme la salud, porque todo el cuerpo me tiembla".* Esa sí que es una buena reacción a la ansiedad.

(*) salmo 6:7

para los que buscan algo más
hechos 11

25 noviembre

La película titulada "In my country", protagonizada por Juliette Binoche y Paul Jackson, desarrolló el tema de la reconciliación en Sudáfrica. Después tantos años bajo la tiranía de la discriminación racial (el llamado "apartheid") la reconstrucción de un país lleno de odio, muertes y venganza, parecía casi imposible.

La manera de resolver la situación fue impresionante. Se formaron comisiones, la mayoría de ellas en las Iglesias evangélicas, que bajo el nombre de "La Verdad y la Reconciliación", muchas personas fueron capaces de perdonar a otros por sus delitos, si éstos reconocían su culpa y se "sometían" a la justicia de la verdad. Las comisiones siempre comenzaban con una oración, y el fundamento de esa manera singular de impartir justicia era la frase del Señor Jesús. "La verdad os hará libres", frase que aparecía siempre en algún cartel al frente del "tribunal". Muchas vidas fueron restauradas a la luz de la verdad y el perdón, y gracias a Dios, el país hoy ha logrado vencer aquella discriminación racial tan absurda.

Verdad, honestidad, honradez… parecen valores perdidos. Casi nadie les da importancia, porque lo que muchos quieren es tener éxito a cualquier precio. Por encima de cualquier circunstancia o persona. No importa si hay que mentir. La honestidad casi ha desaparecido. La honradez cotiza muy bajo en la bolsa de valores. Las personas ya no cumplen su palabra, casi todos engañan. Y desgraciadamente no estamos hablando de un sector de gente en concreto, sino de casi todas las personas, ¡incluso dentro del mundo de la religión, la escuela o la familia!

Ser "listo" implica ser admirado por muchos. No decir toda la verdad, y por lo tanto, sacar un provecho a cambio (a veces el provecho asciende a millones de euros), es algo que casi todos aceptan y aplauden. La verdad, la sinceridad, la humildad, son virtudes que a casi nadie le gustaría ser señalado por ellas. Cuando alguien estrecha tu mano prometiéndote algo, no siempre es para cumplirlo. ¡Y no importa incluso si esa persona tiene una "buena" reputación! Muy pocos son capaces de cumplir lo que prometen o simplemente de mantener su palabra.

No es extraño que Dios mismo se refiera a los tiempos en que estamos viviendo diciendo que "La sinceridad ha desaparecido por completo de sus labios".* Y yo te digo sinceramente, que me gustaría no ser señalado jamás de esta manera. No importa si a veces tengo que perder dinero, fama, poder, o ser el "hazmerreír" de algunos. Prefiero mantener mi lealtad. Quiero esforzarme cada día por mantener mi palabra y ser honesto.

Al fin y al cabo, nuestro Dios es así. Si quiero parecerme a mi Padre, debo vivir así, aunque otros sigan "ganando" posiciones y dinero a base de ser más "listos". Si puedo irme a dormir cada día sin haber traicionado lo que más quiero, lo que creo, lo que siento, y viviendo cada día más cerca del carácter del Creador, de quien digo que es mi Padre y a quien quiero servir, sé que ha sido un día genial. Un día lleno de éxito.

(*) jeremías 7:28

para los que buscan algo más
hechos 12

26 noviembre

Patsy Kensit es uno de esos casos raros de artistas que realmente han destacado tanto en la canción como en el cine. Patsy formó parte del grupo Eight Wonder con un éxito bastante importante en casi todo el mundo, pero ya en esa época estaba colaborando en películas como "Absolute Beginners". Y justo en esa película, el guionista puso en su boca lo que es la idea central de la vida de mucha gente hoy: "Nadie me impedirá tenerlo todo, no me detendré ante nadie".

Es sin ninguna duda, la base del pensamiento de mucha gente. Si quisiéramos establecer la filosofía que hay de fondo, podríamos recordar aquello a lo que muchos aspiran:
1. Inmortalidad –en ciertos círculos, reencarnación–.
2. Conocimiento total de las cosas –del bien y del mal–.
3. El hombre es su propio dios –el Dios con mayúsculas y por lo tanto como absoluto, no existe–.
4. No hay ética absoluta –nadie puede definir de una manera total lo que es correcto y lo que no, depende de las circunstancias–.

Suena bien, ¿verdad? Puede que alguno de los que estáis leyendo este libro defendáis más o menos las mismas propuestas. Es lo que está de moda hoy. Dicen que es lo más moderno, y por lo tanto, lo más digno de confianza. Bajo un sincretismo religioso absoluto, cada uno puede defender lo que quiera en cuanto a sus creencias, porque al final, los principios válidos son los que hemos mencionado. Y eso sí, bajo un paraguas de tolerancia total. Nadie es más tolerante que los seguidores de la modernidad.

Vale. Permíteme que te mencione sólo dos o tres cosas.

Primera: en cuanto a la modernidad, olvídate de ese engaño. Los cuatro puntos citados antes, son las cuatro mentiras que el diablo colocó delante de Adán y Eva en el Edén (principio de la historia, ¿recuerdas?), y ante las cuales sucumbió la raza humana: "No moriréis (1), sino que el día que comiereis, serán abiertos vuestros ojos (2) y seréis como Dios (3), conociendo el bien y el mal (4)".*

Segunda (aunque ya lo mencioné más arriba): ¡os cuatro postulados siguen siendo mentira, y son la base de la entrada de la maldad y el engaño en el corazón del hombre y la mujer de este siglo... y de todos los siglos.

Tercera: es la postura más intolerante que existe. Puedes creer lo que quieras... mientras no confieses ser cristiano. Entonces se te cerrarán muchas puertas, la gente (alguna gente) te mirará de una manera rara, y pocos tolerarán que pienses de una manera diferente. Los postulados de la "Nueva era" sólo admiten seguidores irracionales.

No voy a mencionar más cosas. Tú mismo con tu organismo: si quieres, sigue escuchando las mismas mentiras de siempre bajo una apariencia de modernidad. Yo ya me cansé de eso.

(*) génesis 3:5

para los que buscan algo más
hechos 14

27 noviembre

Durante el año 1973 y en el estadio de Santiago de Chile le quitaron la vida a Víctor Jara, maltratándolo públicamente y rompiendo sus manos mientras cantaba: "Venceremos". La canción era un grito de victoria contra la intransigencia y la crueldad traidora de quienes juzgan el valor de la vida de otros por sus creencias. Durante varios días, Víctor y muchos de sus compañeros en la lucha por la justicia y los derechos humanos, fueron confinados en los alrededores del estadio mientras él se desangraba lentamente, y los amigos aprendían sus canciones de memoria para no olvidarlas nunca.

Muy pocos años antes, Víctor había plasmado en una canción el horror de la muerte de un obrero, Manuel, pocos tiempo después de haber compartido unos minutos con su mujer, Amanda. Una de las frases más hermosas de esa canción ("Te recuerdo Amanda") era: "La vida es eterna en cinco minutos".

Describiendo de una manera memorable los momentos en los que marido y mujer habían tenido oportunidad de verse. Uno de los versos más terribles de la canción es el que describe la realidad final de la historia:

"Suena la sirena de vuelta al trabajo,
Muchos no volvieron... tampoco Manuel" (1)

Nunca podré entender la razón por la que personas matan a otras, simplemente por pensar de manera diferente. Nunca podré comprender las razones por las que los dictadores y los terroristas deciden que sus vidas tienen más importancia que las de los demás, y pueden matar y (aparentemente) quedar impunes en muchas situaciones. Recuerdo que cuando el general Pinochet murió, después de haber hecho mil argucias legales para no tener que enfrentarse a los tribunales por los crímenes cometidos, algunos periódicos titularon: "El general muere sin rendir cuentas a la justicia".

Parece que algunos se sientan felices con la intransigencia y el odio; la sangre y la muerte, las lágrimas y el dolor... pero no fuimos creados por Dios para destruirnos y matarnos unos a otros: esto último lo inventamos nosotros solitos. En eso se demuestra la debilidad de muchos: no querer ni poder admitir que otros piensen de una manera diferente. Por mucho que se hable de la tolerancia, tarde o temprano cada uno descubre lo que lleva dentro. La única respuesta posible es tener el suficiente amor a los demás como para luchar contra todo tipo de intransigencia, ¡y luchar con las armas del amor!, aún sabiendo que el Señor Jesús lo hizo así y fue crucificado a cambio.

Pero hay algo que hace una diferencia radical: La victoria es de Dios, y el odio no vencerá en el día del Juicio definitivo. Aunque algunos no hayan rendido cuentas ahora, no escaparán a la justicia de Dios.

(1) "te recuerdo amanda" movie-play, 1973

para los que buscan algo más
hechos 16

28 noviempre

Jack Lemmon, está considerado como uno de los mejores actores de comedia de todos los tiempos. Recordamos alguna de sus películas más famosas como "Con faldas y a lo loco" o "Primera plana". Hace pocos años declaraba en una entrevista a El País Semanal: "Llevo 40 años intentando derramar sol sobre la gente. Eso es por lo que quiero ser recordado".

Pocas veces nos paramos a pensar cual será razón por la que queremos ser recordados. Vivimos a tal velocidad nuestra vida que raramente tenemos tiempo para meditar. Normalmente lo hacemos cuando la existencia se está terminando, y entonces parece ser ya demasiado tarde, porque casi todas las decisiones que podemos tomar en esos momentos se encuentran con la amargura y la frustración de los años pasados sin ninguna posibilidad de volver atrás.

Derrochar calor, luz, alegría, esas cualidades con las que asociamos al sol, no parece ser un objetivo pequeño. Ayudar a los demás siempre es algo que merece la pena. La gente que nos rodea necesita nuestro cariño, nuestras sonrisas, nuestro estar a su lado, nuestra amistad. Cuando los que nos rodean pueden disfrutar de nuestra luz y de la alegría de nuestros gestos, es porque nuestra vida merece la pena. Eso es lo imprescindible. Mucho más que el dinero, la posición o el poder.

Cuando agotamos nuestro tiempo buscando grandes cosas, perdemos de vista la trascendencia de cada momento. Olvidamos lo que significa estar a solas con un amigo, las palabras de ánimo, los abrazos sinceros o los paseos que son capaces de echar fuera cientos de frustraciones y ansiedades. Ese es el principio de la ayuda a los demás. Esa es la base del movimiento del mundo. Puede que cuando nuestra vida termine dejemos mucho dinero, logros y posición social… Todo se irá en unos instantes, y aquellos que lo van a recibir, tal vez ni siquiera piensen por un solo momento en nosotros. Cuando lo que dejamos son amistades, cariño y calor, vamos a ser recordados para siempre.

Por eso no debes preocuparte, seas quien seas y tengas lo que tengas. Las cosas que tienen valor estarán ahora en tus manos si eres sabio/a en tus decisiones. Recuerda el dicho: "Los vencedores tienen muchos amigos, pero los perdedores tienen buenos amigos". Siempre es fácil vivir si todas las cosas van bien, pero recuerda que cuando llegan los vientos, son los perdedores los que tienen los buenos amigos. Parece casi una tontería hablar así, pero cuando te encuentras sin nada, es cuando puedes confiar en los que están a tu lado, porque te quieren a ti, no a lo que tienes.

Aparentemente muchos siguen a los que lo tienen todo, pero lo hacen no por lo que son sino por lo que pueden darles. El verdadero amigo es el que quiere estar al lado de quien ama. Nada más.

para los que buscan algo más
hechos 18

29 noviembre

El tema principal de la película "An American Tail: Fievel Goes West", fue compuesto por J. Homer, M. Mann y C. Weil, "Somewhere Out There" ("Alguien allá afuera") se ha hecho famoso en todos los países del mundo, con muchas versiones diferentes. En España, la más popular fue la de Paloma San Basilio...

"Hay alguien allí afuera,
Alguien que me conoce, sabe como soy.
Detrás del horizonte, mucho más allá
Cuando el mundo se deshace
Él lo vuelve a construir.
Alguien que me ama" (1)

A veces vivimos como si fuéramos los únicos en el mundo. Nuestro orgullo y nuestro egoísmo nos impiden ayudar a otros o dejar que otros nos ayuden a nosotros. Nos bastamos solos... y demasiadas veces, nos destruimos también solos.

No fuimos hechos para cerrar las puertas a todos. No estamos diseñados para llenar nuestra vida de gozo mientras vaciamos la de los demás: El mito del solitario feliz no es más que eso, un mito. Cuando nos damos cuenta de que necesitamos la ayuda de otros, cuando reconocemos que hay alguien allá afuera, cuando nosotros mismos somos los primeros en ayudar a los demás, es cuando más crecemos como personas. El amor es lo que más atrae a otros. Cuando amamos, los demás nos atraen y al mismo tiempo nos volvemos atractivos para otros.

No conozco la situación por la que estás pasando ahora, pero puedo decirte una cosa: si estás triste, seguro que hay alguien que puede ayudarte. Deja tu orgullo bien guardado bajo llave, y vete junto a alguien de tu familia o de tus amigos y pide ayuda. No te desesperes, no seas tonto, no pienses que nadie te quiere. Eso nunca es cierto.

Si estás pasando por un momento feliz, ¿por qué no lo compartes con la gente que te quiere?, ¿por qué no disfrutáis juntos? La alegría compartida es doble alegría, el dolor compartido es la mitad del dolor.

Por último, ¿Te has puesto a pensar que hay alguien que te conoce y te ama apasionadamente?... Desde mucho más allá, es el único que puede reconstruir tu mundo. Ese alguien es Dios. "Él te dará las peticiones de tu corazón".*

para los que buscan algo más
hechos 19

30 noviempre

Casi todos los que tenemos más de cuarenta años lo recordamos. En un momento en el que la televisión todavía era en blanco y negro en la mayoría de las casas, Colombo aparecía cada noche con la misma gabardina, investigando cualquier crimen que se le ponía por delante y encontrando siempre al asesino fuese quien fuese. Desde 1971 la serie de la NBC fue exportada a todo el mundo, y eso de que estuvo por más de diez años con la misma gabardina no es algo poético, sino real. El actor Peter Falk estaba en cierta manera enseñando al mundo que lo más importante es ser uno mismo, y examinar hasta el fondo las cosas, sin que tenga mucho sentido la apariencia. Lo trascendental está dentro de cada uno.

Algunas personas viven sólo buscando diversión, cambios, circunstancias nuevas. Ni por asombro serían capaces de ponerse la misma "gabardina" durante años. Todo lo que no sea buscar sensaciones nuevas no tiene sentido para ellos. ¿Conoces a gente así? Déjame decirte que no son algunos, sino muchos más de los que creemos. Puede que nosotros mismos caigamos en la misma categoría.

Esa es una de las reacciones más comunes a los problemas de la vida: Escapar. Llenar los días de lo que sea para no tener que pensar ni atravesar momentos de crisis. Por eso en nuestra sociedad ya casi nadie se hace preguntas sobre nada. Te dan todas las respuestas, (incluso las que no quieres), para que no tengas tiempo para pensar o meditar. Es increíble, pero a veces hasta la huída puede ser un absoluto, porque cuando no queremos pensar ni responsabilizarnos de nada, en el fondo de nuestro ser creemos que se puede vivir así, y que lo que esté mal, se arreglará "por arte de magia" sin que tengamos que hacer nada. Si podemos conseguir trabajo y ocio suficiente para ocupar todo nuestro tiempo, y además algunas "buenas vacaciones en el Caribe", ¿quién necesita pensar en nada? Y los días pasan, y nosotros casi ni nos damos cuenta. ¿O sí?

¿Quieres decirme que nunca te haces preguntas a ti mismo?, ¿a quién quieres engañar? Sé que has meditado más de una vez en las respuestas que la sociedad nos da, y las has encontrado vacías. Cada corazón conoce su propia amargura",* dice la Biblia, y si todos fuésemos sinceros ahora, muchos tendrían que reconocer que la diversión no es un buen rey para nuestra vida. Y el ocultar las cosas, tampoco. Y mucho menos no pensar ni hacerse preguntas.

Si quieres hacerte un gran favor a ti mismo, tómate tiempo para reflexionar. Deja de vivir a una velocidad de vértigo y busca las respuestas, aquellas que pueden satisfacer tu propio corazón, aquellas que pueden vencer tu amargura. No te escondas pensando que pasar la vida tumbado, o darle la espalda a lo que no nos gusta es la mejor manera de vivir, porque tarde o temprano vamos a perder lo más importante de la vida en nuestro "dejar pasar" todas las cosas.

(*) proverbios 14:10

para los que buscan algo más
hechos 20

1 diciembre

Muchos se quedan boquiabiertos al conocer las cantidades de dinero que cobran los grandes actores por cada película. Lo que no todos saben es cómo fue el comienzo de alguno de esos actores en el mundo del cine. Gary Cooper, por ejemplo, empezó siendo un simple figurante. Trabajaba como "extra" en películas de vaqueros, y ganaba cinco dólares cada vez que se tiraba del caballo al suelo.

Otro ejemplo: Sean Connery. Cuando visitas Edimburgo, en Escocia, te enseñan el lugar en el que comenzó a trabajar dividiendo su tiempo como modelo para los estudiantes de arte y arquitectura, y su trabajo cargando cajas y muchas otras cosas antes de llegar a ser uno de los mejores actores del mundo.

Nuestra familia tiene un ejemplo mucho más cercano. Angel de la Cruz, uno de los directores de la película "El Bosque Animado" es primo de Miriam, mi mujer, y la verdad es que tuvo que arriesgarse al trabajar en una película de animación en la que pocos creían al principio. Mucho tiempo, muchas fuerzas y mucho dinero invertido, más tarde tuvo como fruto uno de los premios más prestigiosos en España, el Goya, aparte del éxito del público de varios países del mundo.

Hay un proverbio inglés que dice: "La persona que nunca comete una tontería, nunca hará nada interesante". a lo que yo añado siempre que ¡es mejor gastarse por el uso que ioxidarse por no hacer nada! Para cualquier cosa que merezca la pena en la vida hay que trabajar duro, poner nuestra vista en la meta y no aflojar por muy duros que parezcan los tiempos. Y sobre todo tener paciencia. Saber esperar y tener mucha paciencia.

En la vida es trascendental la disciplina, el esfuerzo, el orden de prioridades en las cosas que hacemos… Vivimos en una sociedad en la que muchos tienen más de lo que merecen, y quizás han recibido las cosas de una manera demasiado fácil, con lo que acaban creyéndose con el derecho a tener todo lo que piden y en el momento en el que lo piden. Nadie quiere esperar y todos quieren tenerlo todo ya.

El problema es que pocos quieren trabajar duro para obtener algo. Muy pocos siguen con paciencia y lealtad su trabajo con la satisfacción de saber que merece la pena hacer las cosas bien. Esperan que todo "caiga del cielo" como si eso fuese lo más normal del mundo. En ese mismo deseo tienen su propio castigo, porque todo lo que viene sin trabajo, sin disciplina, y sin riesgos nos deja con la debilidad de haber perdido todo el proceso de lucha para conseguirlo. Y nuestro carácter pierde la oportunidad de fortalecerse en ese proceso. Sin ninguna duda, una de las mejores oportunidades en la vida.

(*) juan 8:32

2 diciempre

Entre los años cuarenta y cincuenta, la actriz Mae West, fue reconocida como una de las "reinas" de Hollywood. Llegó a ser famosa por su estilo de vida que causó más de un dolor de cabeza a algunos de los productores de sus películas. Por si no la recuerdas, de ella es aquella famosa frase: "Cuando puedo escoger entre dos males, siempre escojo el que no he probado nunca".

Vivir tal como queremos parece ser la ilusión de muchas personas. Vivir para el aquí y el ahora. Probar todos los males posibles. Hacer lo que uno quiera sin saber cómo va a salir parado del asunto. Desafiar a todo y a todos pensando que de esa manera se puede ser más feliz. Supongo que ya sabes al estilo de vida que me estoy refiriendo: Vivir sin querer saber nada de lo espiritual, de lo que no se ve; vivir sin tener que dar cuentas de lo que es correcto o no… Suena como el sueño anhelado de mucha gente ¿no?

La primera vez que escuché esa frase, recordé lo que le había sucedido a una de las personas más conocidas en la historia de la humanidad, el rey francés Luís XIV, llamado el Rey Sol por su manera despótica y absoluta de gobernar y vivir. Él era y se consideraba el rey y el señor de todo… Tanto, que los historiadores dicen que sólo se bañó dos veces en toda su vida, y es obvio que todos tenían que "aguantar" su presencia y su olor.

Lo curioso del caso es que cuando murió, algunos de sus súbditos lo tuvieron que bañar para su funeral. Y eso es lo que me hizo recordar aquella famosa frase: El día de nuestro funeral, todos somos iguales, ya nadie puede hacer valer sus derechos, sus caprichos o los males en los que queramos vivir. Ese día, o nos elevamos al cielo… o caemos definitiva y fatalmente.

Puede que creamos que podemos vivir como queremos, sin tener que dar cuentas a nadie, pero la realidad es muy distinta. Alguien un día dejó escritas estas palabras: "Aunque te eleves como el águila, y pongas tu nido en las estrellas, de allí te haré caer".* Quien las escribió es el Creador, el que más sabe del asunto. Aquel ante quien tenemos que aparecer un día y explicar las razones de nuestra existencia y de nuestra conducta, y en ese momento muchos se preguntarán qué habrá sido peor: defraudar a quién más los amaba o haber perdido toda la vida por querer probar aquello que podía destruirles.

Aunque suene muy bien, probar todo lo malo que existe no satisface lo que muchos soñaron, ni es la puerta de la felicidad. Es solamente la manera de caer de una manera temeraria y fatal. Y más vale no hacerlo para siempre.

(*) abadías 4

3 diciempre

La trama de la película "Visto para sentencia" se desenvuelve cuando un hombre es acusado de haber matado a tres personas porque no atendieron a su hijo (que terminó muriendo) en el hospital. El hombre, encarnado por el actor Ben Kingsley, quiere declararse culpable, pero su abogado (Alec Baldwin) no quiere admitirlo, sino que espera que se declare loco para no ser condenado. En un momento del filme, se escucha una frase "lapidaria": "No es difícil hacer lo correcto, lo difícil es saber qué es lo correcto".

Cada vez más en nuestra sociedad está desapareciendo la diferencia entre lo legal y lo legítimo, entre lo moralmente correcto y lo políticamente correcto. Cada vez más necesitamos preguntarnos "¿Quién decide nuestros principios, la política o la moral? ¿Lo que es absoluto o lo relativo? ¿Lo legal o lo legítimo?... Porque si lo políticamente correcto pasa por encima de lo moralmente correcto, lo legal por encima de lo legítimo, y lo relativo por encima de lo absoluto, nuestro mundo va a tardar muy poco tiempo en autodestruirse. Lo difícil no es hacer lo correcto, lo difícil para muchos es admitir lo que es correcto.

Un día Jesús quiso comparar la vida personal de cada uno a la construcción de una casa.* El Señor explicó que un día llegarán tempestades y vientos para probar el material con el que esa casa está construida. Y entonces, lo más trascendente no será la belleza ni el coste de la construcción, sino el saber si puede mantenerse en pie, si los vientos no terminarán con ella.

Porque cuando hablamos de vientos, vienen a nuestra mente los problemas que nos rodean, la gente que quiere hacernos mal, es decir, los enemigos. Y siempre da la impresión de que los pobres tienen más enemigos que todos los demás. No tanto por lo que son, sino por el hecho de no tener nada... Nadie viene en tu ayuda si eres pobre. Nadie se preocupa por ti. Tienes que hacer lo que te mandan, y aún así siempre habrá muchos que te considerarán como alguien que no tiene ningún crédito. Y con lo del crédito me refiero a mucho más que el dinero del banco.

Es triste, pero es así. Y mucho mejor nos iría a los que tenemos poco si aprendiésemos a vivir de otra manera: sin necesidad de reírle "las gracias" a los que lo tienen todo. Hay muchas cosas que no tienen nada que ver con las posesiones ni la posición. Y son las que merecen la pena en la vida. Tener una familia que te quiere no se puede comprar con dinero (si lo dudas, pregúntale a alguno de los que tienen mucho). Disfrutar de una amistad durante toda la vida no puede ganarse a base de poder. Encontrar satisfacción en lo que uno hace va más allá de cuentas bancarias o yates en el puerto. Tiene que ver con hacer lo que es correcto.

De esta manera, nuestra vida no terminará derribada por culpa de los vientos.

(*) mateo 74

para los que buscan algo más
hechos 74

4 diciempre

*"La prisión termina
La prisión malvada,
Pero continúa
La prisión del alma"* (1)

Los versos de la canción de Silvio Rodríguez nos hacen recordar algo tristemente real: Hay una prisión en la que muchos están condenados. Una prisión cuyos barrotes son invisibles y su condena no tiene espacio ni tiempo. Una prisión desesperada, la prisión del alma, la más dura, la más difícil, la que es casi imposible de soportar. Podemos luchar contra cualquier tipo de prisión, pero no contra la prisión del alma. No contra nosotros mismos. No cuando estamos tristes, desanimados o deprimidos.

Todos conocemos cuales pueden llegar a ser las prisiones del alma: Ansiedad, falta de sentido en lo que hacemos, pensamientos negativos, frustraciones, sentimiento de vacío, tristeza sin causa aparente, soledad e incomprensión…

Cuando nuestra alma cae de esta manera, parece que somos incapaces de salir adelante, y comenzamos a pensar que la mejor solución sería perder la vida. Cuando nuestra alma está en prisión, incluso la vida misma, lo más bonito que tenemos, parece no tener sentido. Esa es una de las sensaciones más terribles, no poder controlar nuestra mente y nuestros pensamientos. La prisión de la ansiedad que nos amenaza con hacernos débiles cuando menos lo imaginamos. La mente que nos acusa, o que nos engaña diciendo que en cualquier momento vamos a caer. Nuestros pensamientos que nos hacen sentir la irrealidad y vivir luchando contra nosotros mismos.

Es en ese momento cuando no encontramos sentido en la vida y vivimos encerrados a pesar de que todo aparentemente va bien. Nos sentimos amenazados por la inseguridad y no somos capaces de descansar ni de encontrar paz en ninguna cosa. Da la impresión que algo malo puede ocurrir de un momento a otro, y no vamos a ser capaces de reaccionar, así que literalmente nos encontramos tan débiles como si estuviéramos a las puertas de la muerte. Nadie sabe que nos sentimos así, las circunstancias tampoco nos acosan ni nos derriban, pero nosotros no somos capaces de disfrutar de lo que hacemos, ni de tranquilizar a nuestro corazón.

Hay una salida a esta prisión. Hay una manera de escapar de todas las prisiones del alma. Cuando te encuentres viviendo en un callejón sin salida, mira hacia arriba, porque todas las prisiones tienen una "salida" hacia el cielo. Ningún callejón sin salida puede impedirnos volar.

Desgraciadamente existen muchas prisiones en esta vida, pero sin ninguna duda la prisión del alma es la peor; pero Dios, que conoce las profundidades de nuestra alma puede liberarnos de esa prisión. Tenemos que aprender a mirar hacia arriba. En cualquier circunstancia.

5 diciembre

En los últimos años, la televisión se ha adueñado de prácticamente todos los hogares, y los formatos televisivos de muchos programas se han hecho universales. Uno de ellos es el concurso. No existe televisión que se precie si no tiene por lo menos un concurso en el que cualquier persona pueda participar, incluso que pueda hacerlo desde su propia casa contestando preguntas por teléfono.

Hace ya varios años que sucedió esta conversación en una de las cadenas españolas:
"Dígame señora" pregunta el presentador, "¿quién fue el primer hombre? ¡Puede ganar usted 100.000 Ptas.!"
La señora responde: "¡Huy! ¡Eso no se lo digo yo ni por un millón!"

Todos los espectadores del plató estallaron en una sonora carcajada. Aparentemente la señora no sabía que la respuesta esperada era "Adán" y ella misma se había complicado mucho la vida pensando que lo que le interesaba a la cadena era su historia personal.

A veces nos complicamos demasiado la vida. Queremos solucionar problemas y situaciones complejas, atendiendo a una extensa gama de mentiras, planes difíciles y opciones arriesgadas, y de repente... alguien con un corazón limpio y palabras sin engaño es capaz de llegar hasta lo más profundo de la situación. Sé que no está de moda en este mundo, pero es mucho más honesto hablar sinceramente y actuar sin "doble cara", que intentar engañar a los demás, jugando para nuestro provecho.

Quiero lanzar un alegato en favor de los que viven sin malicia, de los que han renunciado a lo "políticamente correcto" y se han sumergido hasta lo más profundo en la limpieza de carácter y la sencillez de corazón. Puede que muchos intenten engañarles (habría que ver quién vive más engañado, si el que tiene su corazón limpio, o el que miente tanto que no sabe ya cuando está mintiendo o diciendo la verdad)... pero aquellos que sólo utilizan las leyes de la amistad, gozan de muy buena salud interior, y desde luego nunca van a tener problemas para dormir tranquilos.

Vivir de una manera sencilla y limpia, no preocuparse de lo que otros puedan decir o hacer, dormir a "pierna suelta" cada noche con la tranquilidad y la buena conciencia de un niño pequeño... son alguno de los placeres que están reservados sólo para los más inteligentes.

Si piensas que no es así, recuerda cómo es el carácter de nuestro Creador. Concéntrate meditando en cómo Él nos hizo para que fuéramos felices. "A Dios le agradan las palabras sin malicia".*

(*) proverbios 15:26

para los que buscan algo más
tito 2

6 diciembre

Oliver Stone es un buen director de cine que no obstante ha dirigido algunas películas como "Asesinos natos" (1994) en las que la violencia parece ser el único argumento del film. En Texas, un chico de 14 años mutiló a una chica de 13 años y dijo que quería imitar la película de Stone. En París, un hombre y una mujer mataron a cinco personas y huyeron, hasta que los atrapó la policía después de una persecución "de película", porque, tal como ellos declararon, querían hacer lo mismo que habían visto en el cine.

Uno de los mayores problemas con los que se han encontrado los medios de comunicación es la imitación de las conductas que aparecen en ellos. En una sociedad necesitada de líderes y modelos, muchos se han aferrado al mundo de la televisión y el cine para seguir a "héroes" que distan mucho de serlo y que tampoco son buenos modelos a imitar por nadie. En esta situación, los problemas personales, sobre todo de los más jóvenes han ido en aumento en los últimos años.

No existe la inocencia en el día de hoy, y para los medios de comunicación parece ser una cualidad casi idiota. Si quieres ser alguien en la vida, en el mundo de los negocios, en la sociedad actual, la inocencia no es algo que tengas que derrochar precisamente. Más bien deberías esconderte, porque incluso cuando te hacen una broma y te tragas lo que está pasando como si nada, inmediatamente todos comienzan a gritar divertidos: "Inocente, Inocente".

Una vez escuché un proverbio árabe que me hizo pensar: "La primera vez que me engañes será culpa tuya, la segunda será culpa mía". Observando lo que ocurre hoy, creí que estaba muy acertado, porque cuando confiamos en lo que aparece en los medios de comunicación una y otra vez, caemos engañados por los que en muchas ocasiones sólo buscan sus propios intereses.

Es el problema de la mentira. Nadie miente sin sacar algún provecho particular. Siempre que decimos algo que no es cierto, es porque queremos tapar algo, sacar algo, ganar algo... siempre hay una recompensa para nosotros suficientemente importante como para fallar a la verdad y vender nuestra lealtad de cualquier manera. Uno de los problemas más grandes de la mentira es que es muy fácil decir una, pero muy difícil decir una sola... Tarde o temprano tienes que decir otra (y a veces esas sí nos duelen) para tapar la primera, y todo se complica de una manera endiablada (nunca mejor dicho).

Inocencia, verdad, lealtad, parece como si estuviésemos hablando de cosas que casi nadie conoce, de cualidades que pocas personas querrían tener. Pero no cabe ninguna duda que son las únicas cualidades personales que pueden fortalecer nuestro mundo, nuestra sociedad y nuestras familias. Las únicas cualidades que merecería la pena imitar. Si no es así, nos queda muy poco futuro.

para los que buscan algo más
tito 3

7 diciembre

"Una vida por delante" es una de las últimas películas dirigidas por Robert Redford. Como en casi todos los films del gran actor, los guionistas trabajan siempre con una sensibilidad especial. Morgan Freeman, Jennifer López y el propio Robert Redford son los actores, y la trama está basada sobre todo en los recuerdos de la muerte del marido de Jennifer (e hijo de Robert al mismo tiempo), con lo que eso implica en cuanto a la incomprensión por lo que ha sucedido en el pasado, y el perdón. Uno de los mayores problemas siempre es el desánimo, porque parece (simplemente parece) que el paso de los días no hace mejorar la relación; más de una vez suegro y nuera están tentados a abandonarlo todo.

El arma preferida del diablo es el desánimo. Cuanto más grandes son los sueños que tenemos, más desanimadores vamos a encontrar. Más personas harán cosas que no son justas y que se enfrentarán a nosotros. Si nos concentramos en las confrontaciones, nunca haremos nada. Siempre estaremos perdiendo nuestro tiempo en detalles sin importancia.

Abandonar no es de sabios. Las dificultades de la vida no son señales prohibitorias, sino simplemente obstáculos que nos ayudan a hacernos más fuertes y a luchar con más ahínco por lo que es correcto. A veces asociamos el valor con la lucha desordenada e impaciente, y eso es una grave equivocación. "Vuestro valor consiste en confiar y estar tranquilos".* Las provocaciones de las circunstancias sólo deben hacernos reflexionar si hemos cometido algún error; si no es así, nuestro deber es confiar, seguir adelante, esperar a que el telón se ponga, porque la ópera no ha terminado todavía. Aún hay tiempo para vivir.

A veces creemos que nos equivocamos cuando los momentos difíciles aparecen. Creemos que estamos metidos en un "lío" porque hemos hecho algo mal, pero no siempre es así. En algunas ocasiones, Dios permite pruebas y dificultades en la vida aún yendo en el camino correcto, simplemente porque necesitamos aprender.

Nos cuesta reconocer que nosotros mismos podríamos llegar a destruir nuestra vida si conociésemos el final del camino, o la consecución de una meta soñada, sin haber pasado el tiempo preciso para aprender a llegar hasta ahí. Necesitamos ir paso a paso, momento a momento, confiando, llenando nuestra vida de tranquilidad. Trabajando duro y soportando el sufrimiento.

Si nos ataca el desánimo hay que defenderse "fieramente" mucho más cuando se trata de una relación que queremos ganar. Hay que seguir adelante. Aunque aparentemente las circunstancias nos digan que todo va mal, recuerda: Hay que seguir adelante. Hay que tener valor y estar tranquilos.

(*) Isaías 30:15

para los que buscan algo más
1 Juan 1

8 diciembre

La última versión de la historia de Martin Lutero es la película que tiene como título el apellido del alemán, y fue uno de los últimos trabajos de Sir Peter Ustinov. Joseph Fiennes es el actor que interpreta el papel del precursor de la Reforma, y a lo largo del relato aparecen algunas de las dificultades de la vida de este personaje histórico: las decisiones que tuvo que tomar, los momentos en los que su vida corría peligro, el enfrentamiento con su propio padre y con la cúpula de la Iglesia de Roma, y sobre todo su valentía cuando se formó el juicio en Worms para que abdicase de sus ideas. Lutero se vio enfrentado no sólo a sus enemigos, sino también a sus dudas y su debilidad en algunos momentos. No es extraño, dadas las presiones que tuvo que soportar, y los años que tubo que trabajar duro y vivir literalmente solo para que la gente pudiese tener acceso a la verdad y no fuese engañada.

Tuvo muchas dificultades, y estuvo durante mucho tiempo al borde de la muerte. Pero Lutero recordaba las palabras de Justino Mártir (asesinado en el año 165): "Pueden matarnos, pero no pueden hacernos daño, no pueden quitarnos la vida".

Es impresionante lo que hace el miedo en nuestra vida. Cuando creemos que podemos morir, hacemos cualquier cosa por tener otra oportunidad, por sobrevivir como sea. Eso nos hace valorar las palabras y los hechos de los que murieron por ser íntegros con lo que creían. Se puede matar a una persona, pero no a sus ideas. Las personas que han muerto mártires por defender sus pensamientos, saben que permanecerá lo más importante: el legado que han dejado. Todos reconocemos que es así; en realidad no se puede hacer daño a quien vive confiado en lo que cree.

El mismo Víctor Jara lo había proclamado en una de sus canciones: "Ahí debajo de la tierra, no estás dormido, hermano". Lo que hacemos y decimos tiene trascendencia en esta tierra. Nuestros actos tienen trascendencia eterna también. Cada decisión y actuación puede hacer que el mundo sea más justo o más injusto. Puede que creamos que nuestra influencia no es tan trascendental, pero eso es una equivocación, porque cada detalle influye en lo que va a ocurrir después. Cada decisión demuestra de qué estamos hechos.

¿Qué recordará la gente de nosotros?, ¿será el mundo más justo cuando nos vayamos?, ¿será nuestra familia o nuestros amigos, o nuestro entorno, mejor por lo que ha ocurrido en nuestra vida, por nuestras decisiones y nuestros hechos?

Vivir sin miedo a lo que pueda ocurrir. Llevar la vida al límite en defensa de la justicia, luchar para que las cosas sean mejores para todos. No importa si nos hieren, pueden matarnos, pero no pueden quitarnos la vida. Lutero, Justino y muchos otros aprendieron en sus propias vidas cual es la fuente de la fortaleza. Aprendieron que en Dios siempre "Hay un amor inagotable".*

(*) Salmo 130:7

para los que buscan algo más
1 Juan 2

9 diciembre

Sin ninguna duda, el mayor éxito de las Navidades del 2005 en todos los cines del mundo fue la película "Narnia" producida y dirigida por Andrew Adamson, basada en el segundo libro de C.S. Lewis de las "Crónicas de Narnia", "El león, la bruja y el armario" en el que el escritor representa al león como el Señor Jesús. Un león que es capaz de formar un ejército en el que figuran los cuatro niños protagonistas de la historia, y muchos animales pequeños y sencillos, pero que son capaces de derrotar a los experimentados soldados y a las criaturas sobrenaturales que luchan a favor de la bruja blanca. C.S. Lewis tomó la imagen del Señor como león, de las mismas páginas de la Biblia, en donde se presenta a Jesús como el León de la tribu de Judá.

Muchísimos siglos antes de publicarse la historia de Narnia, Plutarco había dejado escrito: "Un ejército de ciervos dirigidos por un león es mucho más temible que un ejército de leones mandados por un ciervo". No sé si Lewis conocía esta frase, pero sí que la reflejó perfectamente en sus historias. Ese fue su retrato favorito del Señor, un león gobernando un ejército de pequeños e inútiles seres, capaces de vencer al mundo.

Todas las novelas de Narnia derrochan ilusión e imaginación, a pesar de que muchos de los eventos que narra están basados en hechos sucedidos en la historia y otros que van a suceder en el futuro. No es extraño, porque la ilusión y la imaginación son parte esencial del carácter que Dios ha puesto en cada uno de sus hijos.

De alguna manera que nosotros no podemos comprender, porque Su mente es muy superior a la nuestra, Dios imaginó las cosas que iba a crear antes de materializarlas. Cualquier acto de creación debe ser imaginado primero y debe contar con la ilusión del creador, por muy sencillo que sea.

Déjame decirte algo de una manera muy sencilla, aunque "teológicamente" no parezca correcto, pero sé que vas a entenderme: Si Dios no tuviese ilusión, nosotros no viviríamos. El se ilusiona por cada uno de nosotros, se "arriesga" aunque ya sepa lo que va a ocurrir. De la misma manera Él llena nuestra vida de ilusión e imaginación porque es capaz de hacer cualquier cosa que creamos. Mucho más allá de lo que podemos entender o imaginar. Con su mirada serena y tranquila, sonríe al vernos imaginando nuevas ideas e ilusionándonos con cada cosa que podamos hacer.

Esa es la fuente de nuestra felicidad. Aunque parezca imposible seguir a un león por el temor que desprende. Pero aún en eso Dios nos enseña a confiar en Él cuando dice por medio del profeta: "El temor del Señor es tu tesoro".*

(*) Isaías 33:6

para los que buscan algo más
1 Juan 3

10 diciembre

Silvio Rodríguez siempre ha sido uno de mis poetas preferidos. Sus canciones son capaces de llegar hasta lo más profundo de nuestra sensibilidad, y casi siempre de una manera callada e ilusionante. Precisamente su interés por disfrutar de las cosas pequeñas de la vida le llevó a componer su famoso tema: "Te doy una canción", en la que expresa la necesidad sencilla de apreciar cada momento de nuestros días:

"¡Cómo gasto papeles recordándote!
¡Cómo me haces hablar en el silencio!
¡Cómo no te me quitas de las ganas!
Aunque nadie me vea nunca contigo.
¡Y cómo pasa el tiempo! ¡Que de pronto son años!
Sin pasar tu por mí, detenida..." (1)

Nuestra vida es un tesoro y de nosotros depende que aprendamos a disfrutar de la belleza de ese tesoro, o que por el contrario matemos toda ilusión. De lo profundo de nuestro corazón surge siempre el deseo de llenar de imaginación y de cariño cada rincón de nuestra existencia, pero demasiadas veces vivimos llenos de rencor y odio. En muchas ocasiones nos dejamos llevar por nuestros malos pensamientos, y en más de un día, quién gobierna nuestra vida es nuestro más recalcitrante egoísmo.

En la vida no todo son los objetivos. Muchas veces vas a encontrar más sentido en el proceso, en la espera, en el día a día, en las conversaciones de cada hora, en el esforzarse por hacer las cosas sencillas de cada momento. Merece la pena disfrutar el camino y no ir corriendo de un lado a otro sin ningún sentido.

Uno de los problemas más graves es que mucha gente muere antes de morir, va muriendo poco a poco a lo largo de su vida, perdiendo la esperanza, la alegría, la belleza de las cosas sencillas. Haciéndose más y más crítico y más y más amargado en su manera de ver las cosas.

Parece como si el paso de los años fuera añadiendo en nosotros el cansancio de lo que no hemos hecho.

¡Y cómo pasa el tiempo!... Y cómo dejamos a un lado la belleza de lo que Dios creó, la comprensión y el cariño de nuestra familia y amigos, los momentos felices pasados al lado de los buenos recuerdos, y la ilusión nueva de quien está disfrutando cada día de un tesoro con un valor incalculable. "Tesoro precioso hay en la casa del sabio".*

Busca en tu vida, en tu propia casa, en la relación con tu Creador: vas a encontrar grandes tesoros.

11 diciembre

A la conocida actriz Marilyn Monroe, casi siempre se la veía con un perro de compañía. "Me gustan los animales, cuando hablas con un perro, nunca dice que te calles, saben escuchar", dijo una vez. En mi tierra, Galicia, se conoce la historia de un perro llamado "calcetines" que permaneció años enteros dentro de un cementerio porque había visto como a su dueño le dejaban allí... Sólo la bondad de algunas personas del pueblo posibilitó que no muriese de hambre, porque le traían comida todos los días, viendo que el perro no abandonaba a su dueño incluso después de muerto. Muchas cosas tendríamos que aprender de la fidelidad y la amistad de algunos animales.

De vez en cuando deberíamos darnos una vuelta por la sensibilidad de la naturaleza para comprobar la delicadeza con la que Dios trata a sus criaturas. Dios ama a los animales, y se preocupa cuando nosotros somos crueles con ellos. Ya sé que es complicado hablar de esto, cuando miles de niños mueren de hambre, y muchos mayores sufren la crueldad de muchas guerras... pero
¿No crees que dentro de nuestra culpa va el habernos olvidado del cariño con el que deberíamos tratarnos unos a otros?

Observa el ejemplo del Creador intentando enseñarnos que el amor debe ser la fuente de todas nuestras acciones. Y de la misma manera y con la misma amabilidad que nos tratamos a nosotros mismos (la mayoría de las veces) debemos tratar a todos los demás, a los animales y a toda la naturaleza.

Es más, la Biblia narra la historia de una ciudad corrupta hasta la médula, y llena de violencia y odio a la que Dios perdonó por haberse dado cuenta de su propia destrucción y miseria. Y nos impresiona escuchar el razonamiento del Creador después de haber aplicado el perdón: "¿No he de tener piedad yo de Nínive, la gran ciudad, en la que más de ciento veinte mil personas no saben distinguir entre su derecha y su izquierda (niños) y también muchos animales?".* Sí, Dios se preocupa de los niños, de los animales, y de la naturaleza que creó para que nosotros aprendiésemos a disfrutar de ella.

Sin embargo, nosotros hemos aprendido a destruir, matar, odiar... Incluso hay personas a las que les encanta hacer sufrir a los animales y pagan por verlo. ¡Cuanto necesitamos volver a nuestra relación con el Creador! ¡Qué importante sería que el mundo entero aprendiese las lecciones de amor que Dios nos ha enseñado, en Su Palabra y con Su propio comportamiento!

Por favor, no seas cruel. Con nadie. Ni siquiera con los animales... "el justo sabe que sus animales sienten".*

(*) ¡Jonás 4:11, proverbios 12:10

para los que buscan algo más
1 Juan 4

12 diciembre

"¡Cómo pasa el tiempo!". Cuando hablas con alguien a quién hace varios años que no ves, tarde o temprano terminas diciendo algo así. Parece que la vida se nos escapa de entre las manos, y cuando miramos hacia atrás sentimos como si siempre valorásemos más los momentos que se han ido, que los que nos quedan por delante. Esa es una de las razones por las que es bueno recordar aquella canción de Silvio Rodriguez...

"Los años pasan sí... La vida no;
El mundo estalla hermoso alrededor..." (*)

Una manera exquisita de expresar que cuantos más años pasan, más aprendemos a darnos cuenta de lo que realmente merece la pena. Porque cuanto más tiempo vivimos, más recuerdos tenemos. Todos recordamos momentos felices en nuestra vida. Lugares que permanecen unidos a nuestro corazón. Quizás no son paraísos, pero tienen un encanto que nadie puede ocultar, porque en ellos tuvieron trascendencia y realidad los deseos más profundos de nuestra vida, el nacimiento de una relación de amor, o el dulce comienzo de una amistad. Cada vez que recordamos, aprendemos a alargar nuestra vida.

Me gusta escribir que no importa en cierta manera las circunstancias en las que estemos, porque todos podemos ocuparnos en crear e ilusionarnos con muchas cosas. Las sonrisas, las palabras de ánimo, la ayuda a un amigo, las cosas sencillas que dan sentido a la vida; incluso el mismo hecho de vivir y reflejar la tranquilidad interior es un acto creativo, porque Dios ama la vida, y nos ama a nosotros, independientemente de lo que hacemos. Él nos ama aún cuando nosotros nos creemos inútiles, aún cuando nosotros pensamos que no podemos hacer nada. Él ama nuestro silencio, nuestra paz, nuestro abrir el corazón a su presencia. Él nos ama a nosotros.

Los años siguen pasando, pero la vida estalla hermosa a nuestro alrededor con Él a nuestro lado. Cada situación tiene un color nuevo, y cada recuerdo nos hace vivir porque sabemos que durará para siempre. Ese es uno de los secretos de la vida, que Dios ha dado Su palabra de que nos acompañará para siempre. Su amor le compromete ha hacerlo. Su fidelidad inquebrantable es la fuente de nuestra seguridad.

Recuerda que "si Dios ha extendido su mano, ¿Quién podrá detenerla?" *

(*) Isaías 14:77; "hay quien precisa" Silvio Rodriguez; fonomusic 1998

para los que buscan algo más
1 Juan 5

13 diciembre

*"Triste y solitario lo ven pasear,
Lleva abrigo negro, lento el caminar
Pues del "no hay derecho" por la vida va
Algo lleva adentro que ocultar
Le llaman al pasar, el solitario
Triste atardecer… Se oculta el sol
El viento va tras El, la lluvia empieza a caer (…)
Si, melancolías tengo que contar
Sueños que perdidos por el tiempo van;
Deudas que la vida me quiso cobrar
Penas que cobijan soledad"*

Sin ninguna duda, "El solitario" una de las más hermosas canciones del antiguo grupo "Nubes grises". Difícilmente una canción podía reflejar de una manera tan sensible la manera de vivir de mucha gente. La soledad, la incomprensión, la desgana, la desilusión…

Puede parecer irreal, pero muchas personas que viven así, tienen prácticamente todo lo que necesitan en la vida, menos una de las cosas más importantes: lo han conseguido todo, pero no tienen amigos. Muchos descubren casi al final de la vida que las personas verdaderamente felices son las que se sienten queridas; las que han aprendido a disfrutar de la compañía, aunque tengan bien poco.

Muchas de las cosas que hacemos alimentan nuestra soledad. ¿Has visto a la gente que va andando por la calle con los oídos tapados con un walkman para escuchar música o la radio? Es como si les aterrase el silencio, o el hablar con otros, o simplemente pasear pensando en las cosas importantes de la vida. Puede parecer un simple ejemplo sin demasiada trascendencia, pero docenas de situaciones cómo esta nos hablan de la soledad de nuestro siglo, de la decisión de muchas personas de no querer comunicarse, de aislarse, de vivir solos. De tomar malas decisiones para pensar más tarde que nadie se preocupa por ellos.

Otros viven solos porque no quieren que nadie entre en su "círculo de confianza". No quieren ser heridos, piensan que su vida es perfecta (por lo menos eso creen) sin nadie que les pueda llegar a hacer daño un día. No quieren arriesgar nada ni perder nada, pensando que cualquier relación de amistad más o menos duradera con otra persona puede ser una señal de debilidad por su parte. Ese es el tipo de gente que se encuentra completamente sola cuando más necesita ayuda.

Puedes conseguirlo casi todo a cualquier precio. La deuda que la vida te cobrará será tu propia soledad.

para los que buscan algo más
salmo 62

14 diciembre

Hace varios años se estrenó una deliciosa película protagonizada por Mandy Moore titulada "Un paseo para recordar". La historia real de una chica americana, hija de un pastor evangélico, su integridad, su manera diferente de vivir, incluso su reacción cuando le pronostican un cáncer irreversible y tiene que dejar esta vida, han conmovido a muchísimos jóvenes de todo el mundo. Profundamente creyente, y a pesar de las burlas de algunos compañeros, la adolescente demuestra a todos que creer en Dios es lo más importante en la vida.

Estamos hechos en nuestro interior para creer: Nacemos creyendo en nuestros padres, en su confianza, su amor, su cariño, su cuidado. Creemos en nuestros amigos. Creemos en nuestros sueños. Creemos en muchas cosas que no podemos demostrar: creemos que vamos a despertar a la mañana siguiente cuando nos acostamos. Creemos que nuestro cuerpo sabrá respirar por sí mismo. Creemos que todo nuestro interior funcionará. Creemos que lo que comemos nos va a sentar bien, y que otras personas están haciendo bien su trabajo. Lo creemos así, casi sin planteárnoslo cada día, porque lo damos por supuesto. Vivimos creyendo en miles de cosas, porque de otra manera sería imposible la vida.

Aunque no lo creas, no es difícil tener fe. Lo realmente difícil es no creer. Tú mismo/a confías en muchísimas cosas cada día: Cuando tomas un tren o un avión lo haces sin pensar si todas las revisiones han sido correctas y va a funcionar bien. Cuando subes a un ascensor, cuando tienes que tomar una medicina, o simplemente cuando descansas en tu casa estás ejerciendo y alimentando tu fe: No sabes nada de la vida de los conductores, de la fiabilidad de las máquinas o de la destreza de los laboratorios, y sin embargo confías.

Lo difícil es no creer. Lo irracional es pensar que no existe causa alguna por la que estamos hechos o por la que las cosas suceden. Lo más anticientífico que existe es defender que todo existe porque sí, o porque somos producto de diferentes ciclos de historia, o porque la naturaleza misma puede "rehacerse" a sí misma. Nada de lo que funciona en este mundo está hecho de esa manera. Absolutamente todo lo que se estudia en cualquier disciplina científica obedece a la ley "causa/efecto"; de otra manera no podríamos vivir, todo sería un caos imposible de soportar. Es más, ni siquiera podríamos tener conciencia de lo que estamos diciendo o sintiendo.

Vivir confiando en Dios es más seguro que todas las cosas, porque El no nos abandona nunca. Su fidelidad es eterna. Su fiabilidad es absoluta; jamás comete una falta. Su amor es supremo; nunca ha hecho ni hará nada malo. Su Sabiduría no tiene igual; Él mismo creó el Universo, y Él mismo nos creó a nosotros. Hizo nuestro corazón, nuestras manos, nuestros ojos, todo lo que somos y tenemos. Hizo el aire que respiramos y enseñó a vivir a nuestra alma. Descansar en un amor así no es lanzarse al vacío, es confiar. Es creer en quien más se preocupa por nosotros.

Tener confianza en Dios es vivir.

para los que buscan algo más
isaías 9

15 diciembre

Hace ya muchos años que se estrenó la película "Women in love". En uno de los momentos claves, un hombre le dice a otro: "¿Si no hay una mujer no existe nada en la vida?", a lo que su amigo le responde, "pues más o menos, dado que Dios no existe...."

Es curioso, pero muchos han querido "echar" a Dios de sus vidas, sin darse cuenta de lo que se pierden si Él se va. Si Dios no existiera, todo se perdería en la vida. Perderíamos todo referente espiritual, pero también cualquier tipo de relación. Incluso el romanticismo.

¿Alguna vez te has preguntado que es ser romántico?... Aunque esto no sea un examen, sí te voy a dar una oportunidad para que piensas o escribas aquellas situaciones que tú crees que tienen que ver con el romanticismo:

- Caminar a la luz de la luna
- Escuchar música que llega al corazón
- Ver la puesta de sol
- Besar y abrazar a quien quieres
- Escribir un poema de amor
- Pasear en una playa solitaria con el único sonido del susurro del mar
- Sentarte junto a quien amas para una conversación en la que puedas dejar pasar las horas.
- Bailar con la persona a la que amas
- Levantarte muy temprano y pasear para ver la salida del sol
- Cantar una canción con alguien a quien quieres
- Conversar con un amigo sin tener que mirar el reloj
- Dormir en los brazos de alguien de tu familia
- Decir a alguien lo importante que es en tu vida y cuánto le quieres
- Acariciar el rostro de quien amas
- Mirar a los ojos de alguien a quien quieres, cuando te está hablando
- Cenar juntos hablando de lo que merece la pena en la vida
- Abrazar a quién quieres después de mucho tiempo sin verle.

Tú mismo/a puedes añadir más detalles, porque casi estoy seguro de que pongas lo que pongas vas a tener que llegar a la misma conclusión que yo. Piensa por un momento. ¿Quién hizo todas las cosas que están en nuestra lista? ... Pues es cierto, Dios es el Creador de todas esas sensaciones, y de la casi absoluta totalidad de las "circunstancias" románticas que conocemos. Dios es el ser más romántico que existe, Él hizo las puestas de sol, la luz de luna, la música, etc.

Déjame decirte que si no existiera Dios, entonces si que ninguna cosa tendría sentido. Aunque bueno, si Él no existiera, tampoco existiríamos nosotros.

para los que buscan algo más
2 corintios 12

16 diciembre

Jennifer Connelly, recibió el Oscar a la mejor actriz por su interpretación en "Una mente maravillosa". A raíz de ese premio, la revista Imágenes la entrevistó en Septiembre del 2005, y en medio de muchas otras cosas dijo: "Iba a mudarme a un apartamento justo encima de una funeraria, y muchos amigos me dijeron que si lo hacía no me visitarían. En cambio a mi me encanta, me parece una buena forma de aceptar mi propia mortalidad".

Pocos habrían hecho lo mismo. Hablar sobre la muerte, el más allá o la espiritualidad en la vida parece ser una conversación demasiado "elevada" para muchos. Y si lo hacen, lo primero que buscan es una mesa para poner sus manos "hay que tocar madera", dicen. Otros incluso creen que es una pérdida de tiempo tratar temas espirituales, porque no admiten nada más que lo que se ve y se puede tocar

Algunas personas no quieren aceptarlo. No quieren reconocer que existe una dimensión diferente (aparte de lo que es la vida material) y que esa dimensión es lo que da sentido a la vida. Muchos viven como si lo espiritual no existiese; incluso argumentan que solo pueden creer en aquello que ven. Hay muchas cosas que nosotros conocemos y no vemos. Piensa por un momento: ¿con qué disfrutas más?, ¿sólo con lo que tiene un componente material?, ¿no tiene ningún valor para ti la amistad, el amor, la emoción, la aventura, la sensibilidad, la tranquilidad, la paz...?, ¿cuántas de esas cosas puedes tocar o ver?, ¿las cambiarías por algo material?, ¿comprarías una amistad con dinero?, ¿darías una casa a cambio de amor?, ¿trabajarías varias semanas para que te pagasen tranquilidad a cambio?, ¿verdad que hasta suena peligroso?

Aceptar lo que somos, saber que un día se terminará todo. Meditar en que la vida es mucho más de lo que tenemos, de lo que podemos hacer, incluso de lo que somos, es algo que merece la pena. Huir de lo espiritual es la mejor manera de sentirnos vacíos.

Muchos viven queriendo controlarlo todo, queriendo estar seguros de todo sin hacer nunca absolutamente nada que pueda escaparse de sus manos. Un día se encuentran solos y con una profunda insatisfacción interior: la vida va huyendo como el agua entre nuestras manos, y no podemos hacer nada. La frustración de no poder volver atrás, o no poder hacer cosas que hasta hace muy poco podíamos hacer, llena de sinsabores nuestra alma.

Si, nuestra alma… Lo más profundo de nuestro interior, aquello que hemos olvidado tantas veces. Más vale volver nuestra vida hacia el Creador. Mucho mejor es buscar a Dios mientras podemos encontrarlo; mientras tenemos fuerzas para ello y mientras reconocemos que hay algo mucho más allá de lo que vemos. Que nuestra vida tiene absoluto sentido independientemente de la edad que tengamos, cuando aprendemos a cuidar nuestra alma. Cuando sabemos que podemos vivir tranquilos de la mano de nuestro Dios.

para los que buscan algo más
1 samuel 2

17 diciembre

Uno de los cantantes más conocidos en el mundo hispano es Alejandro Sanz. Con innumerables éxitos discográficos, se ha convertido en una referencia para muchos jóvenes. Nunca rehusó hablar de los temas espirituales (todos los artistas viven en esencia de lo "espiritual", de la creación, nunca lo olvides); pero me llamó la atención lo que decía en una reciente entrevista al presentar su último trabajo: "Dios nos habló por medio de Jesús hace dos mil años, pero desde entonces ha estado en silencio; demasiado tiempo en silencio".

Bastantes personas han afirmado lo mismo en los últimos años. Parece como si en los últimos siglos Dios estuviese más ausente, o nosotros no le estuviéramos escuchando de una manera tan clara como antes. Parte del problema comienza con la dimensión que le damos a algunas cosas y el desprecio a otras.

Déjame recordarte que hay un mundo espiritual. Hay un más allá, y un Dios Creador que te conoce y te ama. Tu vida puede encontrar su razón de ser si miras hacia Él. Y no digas que Él no se comunica contigo, porque "Dios habla de muchas maneras, pero no nos damos cuenta"*. El problema somos nosotros, que no sabemos escuchar, porque Dios sigue hablando personalmente...

1. Habla desde la Naturaleza: la Belleza de la creación nos dice muchas cosas de Dios.
2. La ley: todos admiten una ley moral absoluta que tiene que existir.
3. Nuestra conciencia: En nuestro interior, todos tenemos la sensación de lo que es bueno y lo que es malo. Todos sabemos en ciertos momentos lo que Dios quiere, incluso lo que nos puede estar diciendo.
4. Dios habla por medio de otras personas: por ejemplo, ahora que estás leyendo estas palabras.
5. Tu propio corazón: en lo más íntimo de ti, Dios te llama y habla a tu espíritu.
6. La Biblia: la carta de amor de Dios al hombre, para que éste llegue a conocer su carácter. Dios nos dice cosas muy concretas en su Palabra acerca de nuestra vida y nos ayuda a disfrutar de ella.
7. Jesús: Dios mismo hecho hombre, que vino al mundo para que conociésemos a nuestro Creador.

El problema más grande es nuestra actitud. No dejamos que Dios nos hable. No le buscamos. Cuando tenemos un amigo le llamamos, nos comunicamos con él, no dejamos que pase el tiempo sin saber lo que piensa. Dios sigue esperando nuestra respuesta, nuestro corazón, nuestro deseo. Espera incluso que le desafiemos, porque Él va a responder. Escucha cada palabra que pensamos o decimos.

En lugar de pensar que Dios está callado, no te quejes, y habla con Él personalmente, prueba a hacer lo mismo que el conocido compositor de la antigüedad: "Cuando te llamé me respondiste; me infundiste ánimo y renovaste mis fuerzas".

(*) ¡OD 33:14, SALMO 138:2

para los que buscan algo más
SALMO 138

18 diciempre

Pocas cosas nos ayudan a crecer tanto como estar en medio de una tormenta. Las situaciones difíciles de la vida son las que fortalecen nuestro carácter. Nada "aborrega" más que la comodidad, ni nada nos deja más ociosos que una existencia con todos nuestros deseos satisfechos y nuestra vida llena sin haber pasado ningún dolor. El pintor Henri Matisse, pintaba con muchísima dificultad, porque tenía artritis. No sólo tenía que soportar la casi imposibilidad de mover sus articulaciones, sino que además sufría un dolor insoportable. Cuando le preguntaron la razón por la que seguía pintando, a pesar de tener fama y una buena posición, respondió: "El dolor desaparece, la belleza queda".

Es muy difícil hablar de la belleza del dolor, porque casi nadie quiere entenderlo. Quizás sólo los que están sufriendo en este momento están esbozando una sonrisa al leer estas palabras, pero sigue siendo rigurosamente cierto. El dolor crea belleza, el dolor puede ser uno de nuestros mejores amigos.

El sufrimiento y el dolor pueden ser dos de los mejores médicos del alma que tenemos, porque nos curan de nuestros engaños interiores, de los fatales, de los que tienen consecuencias imposibles de medir, para nosotros y para los demás. El dolor muestra lo que hay en lo más profundo de nuestra vida, y trae a la luz lo que realmente somos por dentro.

Nos libra de las quejas. Nos salva de la necesidad que tenemos siempre de ser los protagonistas, de estar en el centro de todo. Nos ayuda a no caer en la tentación de pensar que nuestra vida es más valiosa que la de los demás, que otros tienen que ser nuestros "siervos" y que tenemos derecho a pensar y hacer lo que nos venga en gana.

El sufrimiento nos quita el deseo de tener todas las cosas que queremos, y de hacer valer nuestros derechos. Nos ayuda a tratar bien a todas las personas, incluso aquellos que a los ojos de otros parecen insignificantes, porque cuando sufrimos, nos damos cuenta de que tienen un valor impresionante. Nos ayuda a querer pasar tiempo con todos, no sólo con aquellos que creemos "importantes". El dolor nos enseña que el mundo no gira a nuestro alrededor. Muchas veces necesitamos sufrir para apreciar sinceramente lo que somos, lo que tenemos y el valor de quienes están a nuestro lado.

El último brillo del dolor es enseñarnos a disfrutar de la vida. Nos muestra las cosas que merecen la pena y por el contrario, las que nos hacen perder el tiempo. Busca en lo más profundo de nuestra alma para hacer reflotar los sueños que merecen la pena y aborrecer la confianza que teníamos en la apariencia.

El sufrimiento nos ayuda a crear belleza, porque como casi siempre ocurre, sólo del dolor puede surgir el arte.

para los que buscan algo más
job 1

19 diciembre

Durante los últimos años en los que los Beatles estaban tocando juntos, Ringo no se sentía querido por los demás miembros del grupo, así que fue a hablar con John y le dijo: "Voy a dejar el grupo, a vosotros tres se os ve muy unidos, y yo creo que sobro". John le respondió: "Yo creí que erais vosotros tres". Fue a la casa de Paul para decirle lo mismo, y éste le respondió: "Yo creí que erais vosotros tres". Esa situación al final se resolvió y Ringo siguió con ellos, pero el grupo estaba comenzando a dividirse. Estaban juntos los cuatro, pero ya no se comprendían. Lo tenían todo, eran el grupo más importante del momento (¡y de toda la historia!) pero la ilusión de estar juntos se había terminado.

Creo que, sin ninguna duda, a cualquiera que le gusta la música le hubiera encantado formar parte de aquel grupo. Para algunos incluso sería la ilusión de su vida: Disfrutar de la fama, el dinero, los números uno, los conciertos, los viajes, los "amigos"... Parece algo no sólo ilusionante, sino incluso la culminación de casi todos los sueños. Pero no todo es como parece.

Déjame recordarte (¡y recordarme a mí mismo!) algo muy importante: no es posible fundamentar sólo en la ilusión toda nuestra vida. Hay gente a la que le gusta ir de un negocio a otro, de un amor a otro, de un lugar a otro, de un sueño a otro, y así casi todo lo que te puedas imaginar, con tal de no perder su "ilusión". Cada vez que los encuentras están "ilusionados" por algo nuevo que están haciendo. Parece como si la novedad y la aventura fuesen la base de la felicidad en su vida. Puede funcionar por algún tiempo, pero tarde o temprano, la vida se derrumba de la misma manera que cuando vives sin ninguna ilusión.

Escapar de un lugar hoy porque las cosas no van bien; cambiar nuestras relaciones, familias y amistades porque se ha perdido la ilusión; establecer nuevos negocios y seguir así toda la vida, no es más que alimentar la frustración cada día, y hacer que sea mayor a cada momento. A muchos no les importa y su problema es que cada día acaban atracando su vida en un puerto distinto. ¡Y a veces ni siquiera pueden llegar a él, porque se quedan en medio de la más grande tempestad!

La base de nuestra vida tiene que ser "una esperanza que mantiene firme y segura nuestra alma, lo mismo que el ancla mantiene firme el barco"*. Es bonito tener ilusiones y proyectos, pero ninguna ilusión mantiene segura y firme nuestra alma. No olvides que Jesucristo es el único que puede darte una esperanza firme, porque Él es leal, fiel, inquebrantable, amigo siempre, justo e insobornable. Las ilusiones nunca se terminan porque Él es la fuente de la imaginación y la vida. Con Él en nuestro barco, las tempestades pueden hacernos tambalear, pero jamás nos destruyen.

(*) hebreos 6:19

para los que buscan algo más
isaías 9

20 diciembre

Hace muy pocas semanas me enteré de algo que me dejó casi "helado". Siguiendo las informaciones referentes a la corrupción en algunos ayuntamientos españoles en cuanto a la construcción de casas, los sobornos practicados por los constructores y recibidos por algunos alcaldes y concejales, y el encarcelamiento de algunos de ellos por estafas que sobrepasaban los millones de euros… Todo dio una "vuelta de tuerca" más, al conocer que una conocida cadena de televisión le pagó la fianza a una alcaldesa encarcelada. La cifra fue cercana a los cien mil euros, y la razón: que esa persona diera una entrevista en exclusiva para esa cadena tan pronto pudiese salir de la cárcel.

Si ya estás pensando "pestes" contra la cadena de televisión, recuerda que lo hacen porque hay un montón de gente que va a ver esa entrevista (todo es un negocio para todos) y que entre esa gente, seguro estarán muchos de los que fueron engañados y estafados por esa persona. Desgraciadamente esos son los héroes del mundo de hoy, los que engañan, los que manipulan, los que estafan, los que se hacen de oro a costa de los demás. Te aseguro que la cadena de televisión no va a pagarle ni la décima parte de ese dinero a un empleado que haga bien su trabajo y que sea honrado, porque nadie querría verlo.

Todos somos así. ¿Sabes cual es uno de los negocios más prósperos en este momento? Los detecta radares en los coches. A muy pocos les preocupan los miles de personas que mueren cada semana en nuestro primer mundo por culpa de los excesos de velocidad en la carretera. Lo que nadie quiere es que le pillen. Sólo en España, en los últimos veinte años han muerto más de cincuenta mil personas por culpa de la velocidad, pero muchos siguen queriendo vivir al límite. Poner su coche a doscientos por hora e ir contra la ley.

Nos encanta la apariencia de libertad, y a veces pensamos que vivir "a tope" significa romper todas las leyes habidas y por haber. Error gravísimo, porque de la misma manera que hermosas composiciones se han hecho "atadas" a leyes que tienen que ver con notas, ritmos y armonías, nuestra vida no tendría ningún sentido sin ciertas "normas". De alguna manera podría decirse que la vida sería imposible, como imposible sería componer una canción sin notas ni sonidos. Aprendemos a ser libres cuando reconocemos las normas que Dios ha puesto en nuestra vida. Aprendemos a disfrutar de la naturaleza cuando observamos las leyes que la rigen. Vivimos absolutamente liberados cuando nos dejamos guiar por lo que Dios ha dejado escrito en la Biblia para llenar de significado nuestra vida.

Todo lo demás son engaños. Los que quieren hacerte creer que hay algo divertido en romper todas las leyes morales, terminan rompiéndose a sí mismos, porque nadie puede ir en contra de lo que está escrito en nuestra naturaleza, y para disfrutar se necesita (por lo menos) estar vivo.

para los que buscan algo más
jeremías 1

21 diciembre

Fue uno de esos días inolvidables. Estábamos en el Palacio de Congresos de Madrid preparando un concierto en el que Juan Luis Guerra iba a participar, y no sólo eso, sino que además iba a hablar por primera vez en público en cuanto a su fe en el Señor Jesús y el cambio que Él había hecho en su vida. Por la mañana, mientras estábamos preparando todo el sonido y el Palacio estaba vacío, Juan Luis comenzó a cantar una de sus más famosas canciones…

"Y una amapola me lo dijo ayer
Que te voy a ver, ¡que te voy a ver!
Y un arco iris me pintó la piel
Para amanecer contigo"

Yo le comenté que cuando cantaba esa canción siempre venía a mi corazón el deseo de estar con Dios, de verlo cada amanecer, de desear hablarle y que Él nos hable. La cantó otra vez, y me dijo "cántala conmigo, Dios sabe que Él es lo más importante en nuestra vida" Yo pensaba "¡Menos mal que no hay nadie más aquí para escuchar cómo puedo "estropear" una canción sublime"!… Pero al mismo tiempo me daba cuenta que Dios sí estaba allí escuchando el anhelo de nuestro corazón de vivir cada día expresándole nuestro amor.

Acercarse a Dios, amanecer con Él, saber que siempre nos está esperando, es encontrar el secreto de la felicidad. Desear estar en el corazón de Dios es vivir sintiendo su confianza, su cariño, su presencia en todos los momentos. Estar en la presencia de Dios es saberse aceptado incondicionalmente, conocer que siempre nos escucha. Es sentirse seguro, perdonado, libre. Es saber que nuestro corazón herido va a ser sanado.

David, el compositor escribió un día: "He acallado mi alma; como niño destetado en el regazo de su madre, reposa en ti mi alma".* Como un niño encuentra refugio en el pecho de su madre, nosotros podemos descansar en nuestro Creador. Uno de los nombres de Dios en la Biblia viene de la palabra hebrea "pecho materno", porque Dios es todo lo que necesitamos, podemos acallar nuestra alma en sus brazos.

Esa invitación a acercarnos a Dios es para todos. ¿Sabes? En la Biblia, el mismo Señor Jesús explicó que cuando alguien se vuelve a Dios y decide mirar hacia su Creador para vivir para siempre con Él, en el cielo hay fiesta ¡Sí!. Has leído bien… ¡¡¡FIESTA!!!. Imagina como Dios puede alegrarse contigo. Imagina como Dios puede cantar y regocijarse cuando sabe que tienes deseos de volver a Él. Imagina como el cielo entero disfruta sabiendo que eres único/a y que has decidido poner tu confianza en Jesús. Esa misma fiesta se repite cada vez que te acercas a tu Creador para pasar tiempo con Él.

Empieza a compartir la alegría de Dios. Aprende a imaginar el deleite de todo el Universo al sentir la voz del Creador. Recuerda que en cada momento Dios te invita a amanecer con Él. ¡A propósito! ¿No le estás escuchando ahora…?

(*) salmo 131:2

para los que buscan algo más
salmo 131

22 diciembre

Los famosos actores Kirk Cameron y Chelsea Noble se dieron a conocer a finales de los ochenta con su participación en la serie televisiva "Los problemas crecen". Kirk lo hizo desde el comienzo de la serie, como el hijo mayor de los "Seaver". Chelsea apareció en los últimos capítulos para convertirse en la enamorada de Kirk, lo que se produciría también en la vida real, donde ambos actores han contraído matrimonio.

Después de participar en varias películas, los dos son protagonistas de una serie cinematográfica, la que se titula "Dejados atrás" de la que ya se han estrenado las tres primeras películas de la serie. La trama se desarrolla durante los últimos momentos de la historia de la humanidad, o que ocurrirá en el futuro cuando el Señor Jesús vuelva.

Supongo que alguno ha sentido una fuerte sacudida al leer las últimas líneas de esta historia. El hecho de que el Hijo de Dios vaya a volver a la tierra y los acontecimientos futuros relacionados con esa venida son cosas que casi nadie suele recordar. No aparecen en los medios de comunicación. Nadie escribe sobre eso en la prensa o habla de esas circunstancias en la radio o la televisión. A muchos incluso les asombra que una serie de películas esté siendo realizada para recordar que de la misma manera que Jesús vino una vez a la tierra hace más de dos mil años, va a volver en los próximos años, meses o incluso ¡días!

Sí, porque las circunstancias que rodean esa segunda venida están más que cumplidas. Todo lo que está escrito en la Biblia, y que impresionó tanto en su época porque parecía algo imposible, ya es normal en el día de hoy. Piensa por un momento en alguna de esas circunstancias:

- Moneda única en Europa
- Posible gobierno mundial
- Control de movimientos de la gente por medio de satélites (GPS)
- Unificación de las ideas religiosas bajo un sincretismo casi mundial
- Acceso a lugares por medio de señales electrónicas en el cuerpo
- Comunicación mundial en tiempo real a través de Internet y televisión, posibilidad de ver la mayor parte de las noticias "en directo"

Recuerda que éstas y otras muchas cosas más estaban profetizadas por Dios desde hace dos mil años. Aún a pesar de todas las señales incuestionables, la humanidad sigue sin querer creer que Jesús va a volver. El problema es el mismo que el profeta Isaías explicaba en la antigüedad: "Su cabeza está herida y su corazón está enfermo".* El tiempo se acaba. Cuando el Mesías regrese será para juzgar al mundo, a las naciones, a cada persona en particular.

¿Tu corazón está deseando que llegue ese día? ¿Tu mente ha examinado las circunstancias y está esperando esa segunda venida del Salvador?

(*) Isaías 1:5

para los que buscan algo más
1 tesalonicenses 5

23 diciembre

Greta Garbo fue una de las actrices de cine más admiradas en todo el mundo. Concedió una de sus últimas entrevistas en su país natal, Suecia, pra un periodista bien conocido allí: Sven Broman. Aquí en España la entrevista la publicó El País, el 18 de Abril de 1990, y una de las frases que más me impactó decía: "La vida que me rodea no es real, siento la sensación de irme muriendo poco a poco". Un poco más adelante el autor de la entrevista dice que estaban paseando juntos, y un alemán le preguntó: "¿Es usted Greta Garbo?". Ella respondió directamente en alemán diciendo: "A veces".

Greta defendía que uno no podía estar seguro de nada, sólo de lo que veía, y preguntaba al periodista: ¿Es verdad que nos vamos al cielo cuando morimos?, ¿existe un cielo al que ir?... y en uno de los últimos epígrafes "He sido una gran idiota por querer vivir la vida a mi manera (nunca se había casado). No hay nada más hermoso que una pareja de ancianos paseando juntos y apoyándose el uno en el otro".

Muchas personas comienzan a ver las cosas de otra manera, y a cambiar sus valores cuando se dan cuenta de que su vida se está acabando. Cuando alguien está a punto de morir, no suele detenerse en tonterías, lo que habla merece la pena ser escuchado. Y nadie dice al final de su vida:

"Lamento no haber dedicado más tiempo a los negocios"
"Tenía que haberme enfadado más con la gente"
"Debí haber trabajado más para conseguir más cosas"
"Siento mucho no haberme cansado más"

No. Las lamentaciones siempre están dirigidas al tiempo que NO hemos pasado con la familia, con los amigos. Nuestro dolor siempre está presente al recordar los enfados y discusiones por cosas sin importancia. Nuestras decisiones en cuanto a volver nuestro tiempo atrás, son para no dedicar tantas energías a tener cosas, a ganar más, a vivir rodeado con más posesiones. Todo eso sobra. Todo es completamente inútil cuando la vida se acaba.

Es hoy cuando necesitamos aprender a vivir de otra manera. Aprender a disfrutar con nuestra familia y nuestros amigos. Pasear juntos ayudándonos unos a otros. Ser nosotros mismos. Ayudar a los demás a encontrar su camino. Sonreír y abrazar. Dedicar nuestro tiempo y nuestras fuerzas a lo que realmente merece la pena.

para los que buscan algo más
salmo 127

24 diciembre

Supongo que recordáis que hemos hablado de la película "La lista de Schindler" en un par de ocasiones. El protagonista, Oscar Schindler, entra en un campo de concentración y tiene la oportunidad de hablar en varias ocasiones con uno de los comandantes al mando. En una ocasión, el dirigente nazi dispara a un prisionero que iba andando por una de las calles del campo de concentración, sin ningún motivo, sólo por el puro placer de matar. Oscar le pregunta al militar: "¿Por qué lo haces?", el comandante le responde: "Para sentir poder"... Oscar argumenta: "Hay un poder superior, una sensación mucho mejor, el poder para perdonar, eso sí es un poder que merece la pena".

El perdón es uno de los grandes regalos que Dios nos dio. Cuando no sabemos perdonar nos rodeamos de enemigos, y el más grande de todos somos nosotros mismos. Cada vez que no perdonamos a otro, el resentimiento y la amargura anidan dentro de nosotros, y no somos capaces de vivir sin ellos. Cuando cualquiera de los dos aparece, de poco sirve que luchemos denodadamente por dejarlos en las afueras de nuestra existencia: se nos cuelan hasta lo más hondo, sólo por fastidiar. Y hay que reconocer que lo consiguen.

El resentimiento se hace fuerte en el pasado. Recordamos cosas que otros nos hicieron, y adornamos esos recuerdos con odio y enemistad. Buscamos el rencor y la venganza, y sólo nos sentimos tranquilos cuando creemos que se ha hecho justicia (justicia a nuestro favor, claro). Y creo que no estoy dando una exposición macabra de sentimientos imposibles: basta con que de vez en cuando miremos a nuestro corazón.

Peligroso es también nuestro resentimiento cuando lo orientamos hacia nosotros mismos por haber fallado, por equivocarnos en alguna decisión o simplemente, por haber sido "tontos". Hay cosas que no nos perdonamos jamás. Y lo peor de todo, es que cuando fallamos, o somos engañados por otros, inconfundiblemente aparece también nuestro resentimiento hacia Dios. Así somos de inteligentes.

La amargura tiene que ver con el presente. No sólo manchamos nuestro pasado de recuerdos odiosos, sino que no quedamos contentos hasta que nuestra experiencia actual se hace completamente frustrante. Y conseguimos ser los reyes del masoquismo puro: sólo parecemos encontrarnos bien cuando amargamos nuestra existencia (y de paso la de los demás).

Así es el hombre de hoy: Le gustaría tener esperanza en cuanto al futuro (y de hecho algunos quieren decir por ahí que la hay), pero esa esperanza no puede nacer del resentimiento o la amargura. La única esperanza que puede llegar a vencer nuestra propia maldad, viene de Arriba. Del Único que conoce el futuro.

Supongo que sabrás a Quien me refiero, ¿no?

25 diciembre

Una de las películas más conocidas de las producidas por Steven Spielberg, es "El último emperador". En ella se pueden ver las costumbres de algunos de los pueblos orientales y la educación que recibían los descendientes de la nobleza. Cuando el emperador, que sólo era un niño de unos nueve años, hacía algo mal, le pegaban a uno de sus siervos porque la maldad no podía quedar sin castigo y al mismo tiempo no podían disciplinar al emperador. Si el niño hacía una travesura o rompía algo, enseguida castigaban a un siervo.

A algunos les puede parecer una norma pedagógica muy adecuada, pero el caso es que los siervos son los que se llevaban todo los castigos, y el emperador ninguno. Así es muy fácil vivir: Tú cometes las fechorías y otro se lleva los "palos".

¿Sabes? Hubo uno que hizo todo lo contrario. El era el Emperador con mayúsculas, y aceptó voluntariamente el castigo que todos sus súbditos merecían. A pesar de no haber hecho nunca nada malo llevó consigo el peso de toda la maldad del mundo. Quiso sufrir el castigo por las "travesuras" de todos, niños y mayores, y llevó sobre sí mismo las enfermedades y el dolor de todos. Creo que ya sabes a quién me refiero, pero por si acaso, voy a darte otra "pista":

Mel Gibson fue el director de la famosa película "La Pasión de Cristo". A pesar de ser uno de los actores más famosos de los últimos años, no quiso aparecer en su propia película, salvo en un solo detalle: el primer plano de su mano colocando el primer clavo en la mano de Jesús cuando va a ser clavado a la cruz. Mel quería enseñar a todos que él mismo fue uno de los responsables de la muerte de Cristo. "Él se sacrificó por todos nosotros" dijo el director en la presentación de su película, "Y yo fui uno de los culpables de su muerte".

Sólo uno soportó el castigo de nuestra paz, y lo hizo voluntariamente. Fue el Señor Jesús, el Rey de reyes y Emperador de emperadores. El Creador de todo. El Mesías, el Salvador. Él conoce exactamente lo que sentimos y lo que hay en nuestro corazón, porque aceptó ese dolor voluntariamente. Cada uno de nosotros alzamos nuestra mano contra El. Cada uno de nosotros le clavamos en la cruz.

Muchas veces sufrimos, y no encontramos la razón. En los momentos más difíciles, no sirve ningún consuelo, porque no existe ninguna persona que pueda permanecer a nuestro lado. En la oscuridad del alma, solo Jesús puede conocer lo que hay dentro de nosotros. La Biblia dice que El llevó nuestro dolor*. A pesar de que nosotros somos culpables, su amor le llevó a ocupar nuestro lugar.

Tu lugar.

(*) Isaías 53:5

para los que buscan algo más
Isaías 53

26 diciembre

Todas las Navidades, y en casi todas las televisiones de los países del llamado primer Mundo se emite en algún momento la película "¡Qué bello es vivir!". Considerada como uno de los mejores títulos de la historia del cine, hay un momento en la película en el que un ángel se le aparece al protagonista (George) y le enseña cómo sería la vida en la ciudad en la que vive si él no hubiese nacido. "La vida de cada hombre afecta a muchas vidas, y si él no está deja un terrible hueco", le dice el ángel, y George comienza a ver su propia vida de otra manera (¡y a disfrutarla!) al darse cuenta de la influencia positiva que tiene en su familia y en otras personas.

Es curioso que siempre pensamos que la vida será mejor un poco más adelante, cuando tengamos algunas cosas que no tenemos ahora. Nos convencemos a nosotros mismos de que la vida será mejor después de terminar nuestra carrera o después de conseguir un trabajo; después de casarnos o de tener un hijo, o cuando se cumpla el siguiente objetivo…

Más tarde nos frustramos porque nuestros hijos no son lo suficientemente grandes y no podemos hacer algunas cosas, y pensamos que seremos felices cuando crezcan y dejen de ser niños; después nos desesperamos porque son adolescentes y no los entendemos; pensamos que seremos más felices cuando salgan de esa etapa, luego decidimos que nuestra vida será completa cuando a nuestro esposo o nuestra esposa le vaya mejor, cuando tengamos un mejor coche, o podamos ir de vacaciones, cuando tengamos más dinero, o cuando nos retiremos, y nunca aprendemos que no hay mejor momento para ser feliz que ahora mismo.

Nuestra vida siempre estará llena de "después", de nuevos retos y de situaciones que quizás puedan hacer que algunas cosas sean mejor más adelante, pero es mejor disfrutar ahora que esperar a mañana. Disfrutar de cada momento, de cada cosa que hacemos. Nuestro mayor tesoro es el momento que estamos viviendo ahora, el mayor regalo que nos han hecho es la vida que tenemos.

Comienza a compartir esa vida con alguien, con Dios, con tu familia, con tus amigos, con tu propio corazón… Deja de esperar a terminar tu carrera, o esperar a enamorarte, o a casarte, o a tener una casa, o a tener hijos, o a que llegue el fin de semana, o a que tengas un trabajo mejor, o a encontrarte de vacaciones. Disfruta hoy; es mucho más tarde de lo que crees. El momento para ser feliz es ahora.

Ama como si nunca te hubieran herido, baila como si nadie te estuviera viendo. Haz las cosas bien y no te preocupes si te van a pagar mucho o poco. La felicidad no es un destino, es el trayecto de cada día.

para los que buscan algo más
hebreos 12

27 diciembre

Se cuenta que allá por el año 200 A.C., en un Reino lejano, un Príncipe de la región norte del país estaba a punto de ser coronado Rey, pero de acuerdo con la ley, debía casarse para gobernar su país. Sabiendo esto, decidió buscar entre las mujeres de la corte para ver con quién podría compartir su vida. Anunció que recibiría en una celebración especial a todas las doncellas pretendientes y lanzaría un desafío.

Una anciana que servía en el palacio hacía muchos años, escuchó los comentarios sobre los preparativos. Sintió una leve tristeza porque sabía que su joven hija tenía un sentimiento profundo de amor por el príncipe, pero pensaba que la muchacha no estaría a la altura del desafío. Al llegar a la casa y contar los hechos a la joven, se asombró al saber que ella quería ir a la celebración.

Casi sin poder creerlo le preguntó: "¿Hija mía, qué vas a hacer allá? Todas las muchachas más bellas y ricas de la corte estarán allí. Sácate esa idea insensata de la cabeza, sé que debes estar sufriendo, pero no hagas que el sufrimiento te obligue a hacer locuras".

La hija respondió: "No, querida madre, no estoy sufriendo y tampoco estoy loca. Todo parece indicar que jamás seré escogida, pero es mi oportunidad de estar por lo menos por algunos momentos cerca de mi amado Príncipe. Esto me hará feliz".

Por la noche la joven llegó al palacio. Allí estaban todas las muchachas más bellas, con los vestidos más elegantes, con joyas más costosas y una determinación extraordinaria en cuanto a lo que querían. En ese momento, el Príncipe lanzó un desafío: "Daré a cada una de vosotras una semilla, aquella que me traiga la flor más bella dentro de seis meses, será mi esposa y la futura Reina".

La propuesta del Príncipe seguía las tradiciones de aquel pueblo, que valoraba mucho la especialidad de cultivar algo, además de las costumbres, las amistades, y la capacidad de entablar relaciones. El tiempo pasó y la dulce joven no tenía mucha habilidad en las artes de la jardinería, pero cuidaba con mucha paciencia y ternura a su semilla, pues sabía que si la belleza de la flor surgía como su amor, no tendría que preocuparse del resultado. Pasaron tres meses y nada había germinado. La joven intentó todos los métodos que conocía pero nada surgió. Día tras día veía más lejos su sueño, aunque su amor era más profundo. Por fin, pasaron los seis meses y nada había brotado.

Consciente de su esfuerzo y dedicación, la muchacha le comunicó a su madre que sin importar las circunstancias, ella regresaría al palacio en la fecha y hora acordadas, sólo para estar cerca del Príncipe por unos momentos. En la hora señalada estaba allí, con su vaso vacío. Todas las otras pretendientes tenían una flor, cada una más espectacular que la otra, de las más variadas formas, tamaños y colores. Ella estaba admirada. Nunca había visto una escena tan bella.

Finalmente, llegó el momento esperado y el príncipe observó a cada una de las aspirantes con mucho cuidado y atención. Después de pasar por todas, una a una, anunció su resultado. Aquella bella joven con su vaso vacío sería su futura esposa.

La gente comenzó a murmurar y hablar entre ellos. Nadie entendía por qué él había escogido justamente a aquella que no había cultivado nada. Entonces, con calma el Príncipe explicó: "Ésta fue la única que cultivó la flor que la hizo digna de convertirse en mi Esposa y Reina: La flor de la honestidad, todas las semillas que entregué eran estériles".

para los que buscan algo más
hechos 13

28 diciempre

Hace bastantes meses que alguien me envió por email este texto:

"Si quieres entender el valor de un año de vida, pregunta a un estudiante que haya suspendido sus exámenes finales...
Si quieres saber el valor de un mes, pregúntale a una madre que ha tenido un hijo prematuro...
Si necesitas comprender el valor de una sola semana, pregunta al director de un programa de TV o radio...
Si lo que deseas es saber el valor que tiene un día, busca a alguna persona que esté esperando una operación urgente...
Si quieres entender el valor de una hora, pregunta a dos enamorados que están esperando el momento del encuentro...
Para entender el valor de un minuto, pregunta a una persona que perdió el tren, el autobús o un avión...
Para saber el valor de un segundo tienes que preguntar a una persona que sobrevivió a un accidente...
Si quieres saber el valor de una décima de segundo, pregunta a quien ganó una medalla de plata en los Juegos Olímpicos."

El valor sublime del tiempo. Todos sentimos que los años, los días, las horas y los momentos se nos escapan de entre las manos. Y la verdad es que aún así, tenemos tiempo para todo. De la misma manera que el escritor del libro del Eclesiastés en la Biblia, encontramos momentos para cada cosa que queremos hacer: tiempo de nacer y de morir, de trabajar y de descansar, de hablar y de callar... Tiempo para ganar y para perder. Tiempo para todo, porque "El corazón del sabio conoce el tiempo".*

Pero todo se vuelve una experiencia triste cuando tenemos tiempo para todo menos para Dios. El único que nos regala la vida. El único que pone en nuestro corazón el tiempo para vivir. El único que nos ama y nos comprende. El único que puede ayudarnos a vivir de una manera diferente, disfrutando cada momento de nuestra vida. El único que nos puede enseñar a vivir para siempre.

(*) eclesiastés 8:5

para los que buscan algo más
eclesiastés 11

29 diciembre

Una de las películas de los últimos años que más me impresionó fue "Más allá de los sueños". El actor principal es Robin Williams, quien después de algunas circunstancias diferentes en su vida, tiene que ir a buscar a su mujer ial infierno. Es obvio que se trata de una invención de los guionistas, pero Robin quiso desvelar algo de su propia vida cuando dijo en una entrevista: "Si me preguntas si iría al infierno por mi mujer, te diré que ella ha pasado un infierno por mi. Si el amor es eterno, la amaré siempre".

El infierno es no amar más. Así de sencillo. Si tuviera que dar una definición a alguien, o me preguntasen por el sentido de estar condenado, le diría algo tan simple como eso. Vivir alejado del Amor con mayúsculas y con la distancia suficiente como para que nadie te hiera ni cause dolor.

Seguro que te llama la atención lo que estoy escribiendo, porque hay muchas personas que viven un auténtico infierno ya en esta tierra cuando no son capaces de luchar por dar amor ni por recibirlo. Esa es la razón por la que muchos viven con la distancia exacta respecto a otros para no sufrir. No quieren amar a nadie si eso va a causarles algún problema. No quieren recibir cariño de nadie, porque en cierta manera es como si estuviesen "debiendo" algo.

Así ha nacido en nuestra sociedad, no se sabe muy bien en dónde, un llamado "amor" que no tiene compromisos, que no quiere ser atado, que no necesita estar al lado de aquel a quien ama, y que jamás sufre ni se compromete. Así muchos pasan por la vida sin comprender jamás lo que Lope de Vega escribió un día sobre el amor:

"Desmayarse, atreverse, estar furioso
Áspero, tierno, liberal, esquivo,
Alentado, mortal, difunto, vivo,
Leal traidor, cobarde y animoso,
No hallar fuera del bien centro y reposo,
Mostrarse alegre, triste, humilde, altivo,
Enojado, valiente, fugitivo,
Satisfecho, ofendido, receloso;
Huir el rostro al claro desengaño,
Beber veneno por licor süave,
Olvidar el provecho, amar el daño;
Creer que un cielo en un infierno cabe,
Dar la vida y el alma a un desengaño;
Esto es amor; quién probó lo sabe".

Para resumirlo en una sola frase de una conocida canción de los años sesenta: "Cuando el corazón arde, el humo ciega los ojos". El que ha aprendido a amar incondicionalmente es capaz de hacer casi cualquier cosa por la persona amada. Eso es amor, cualquier otra cosa es hablar sobre el amor, pero no conocerlo. El amor es incondicional, es total, es comprometido, Es para siempre…

30 diciempre

Violeta Parra compuso una hermosa canción que más tarde muchos interpretaron. Yo la escuché por primera vez hace muy poco en uno de los trabajos de Rosa León y me hizo recordar muchas cosas...

"Volver a los diecisiete
Después de vivir un siglo
Es como descifrar signos
Sin ser sabio competente.
Volver a ser de repente
Tan frágil como un segundo,
Volver a sentir profundo
Como un niño frente a Dios
Eso es lo que siento yo
En este instante fecundo...."

La verdad es que a casi todos nos gustaría volver a los 17 (¡salvo que aún no hayas llegado a ellos!). Parece ser la edad ideal para un joven (una vez más, ¡quizás los de diecisiete no estén de acuerdo!). Y es que cuando tienes algunos más, recuerdas esos años como el momento feliz al que te gustaría regresar. Un río de recuerdos imborrables, cubierto con la fragancia fresca del tiempo pasado que es capaz de borrar los minutos malvados, corre por nuestro corazón cuando pensamos en lo que éramos, hacíamos y disfrutábamos en aquellos momentos. Y siempre estamos soñando con volver a los diecisiete.

Y por alguna extraña razón (no creo que tan extraña) conforme va pasando el tiempo, más deseos tenemos de volver a esa época. Es como si los años que van llegando hiciesen más feliz el pasado.

Una vez más: no es malo recordar. A veces, incluso es un ejercicio útil y saludable... siempre que del baúl de los recuerdos no traigamos a luz pensamientos oxidados o corrompidos. Si cada mes (por poner un ejemplo) bautizamos de recuerdos una hora perdida, podemos llegar a encontrar felicidad en lo que un día nos ha sucedido. Si somos capaces de aprender a observarnos a nosotros mismos sin la ira o la desesperación de lo inevitable... mucho mejor. Si aprendemos a agradecer cada instante de nuestra existencia (aún nuestras equivocaciones, errores, malos momentos, malas decisiones, etc.), entonces será casi perfecto.

Porque nuestra vida dará un vuelco trascendentalmente importante si aprendemos a recordar lo que había dentro de nosotros a los diecisiete años. Si aprendemos a discernir lo que puede ayudarnos y lo que no. Si ponemos nuestro corazón en "sentirnos como un niño frente a Dios".

para los que buscan algo más
salmo 19

31 diciembre

Joan Báez es una de las voces de la canción folk más conocidas y queridas en el mundo. Muchas de sus canciones han expresado perfectamente la lucha de los más desfavorecidos, y han dado voz a aquellos a quienes nadie quiere escuchar en el llamado "orden social". Recientemente decía en una entrevista: "Después de cantar lo mismo durante casi treinta años creo que tengo derecho a sentirme un poco harta".

No creo que Joan haya renunciado de pronto a sus ideas sobre la lucha social. Más bien pienso que llega un momento en la vida en el que todas las personas tienen (tenemos) que parar y pensar un poco en lo que estamos haciendo. Vivir la vida a toda velocidad, sin pensar ni por un momento en qué estamos empleando nuestro tiempo, no es la mejor manera de disfrutarla.

De vez en cuando necesitamos detenernos, pensar, ver nuestra vida desde otra perspectiva. El tiempo mejor empleado es aquel que dedicamos a examinar nuestra vida, analizando las cosas que hacemos, lo que tiene importancia y lo que no. Los momentos en los que nos damos cuenta del tiempo que perdemos en situaciones que no tienen trascendencia.

No tienes ninguna necesidad de vivir a toda velocidad, sin tiempo ni siquiera para saber lo que estás haciendo. ¿Sabes?, el ser humano es el único que va más deprisa cuanto más perdido está, como si quisiera encontrar rápidamente una salida a su situación, sin darse cuenta que cuanto más corre, menos tiempo tiene para pensar dónde puede estar esa salida tan ansiada.

De vez en cuando no está mal sentirse un poco "hartos". Creo que me entiendes. De vez en cuando necesitamos estar tranquilos, pensar, recordar lo que ha sido el año que pasó, lo que hicimos bien y aquello en lo que nos equivocamos. Necesitamos estar a solas con nosotros mismos, pasar tiempo disfrutando de todo y plantearnos si es correcto lo que estamos haciendo con nuestra vida. De vez en cuando necesitas encontrarte a ti mismo (¡Todos lo necesitamos!) y sobre todo disfrutar de la relación íntima con Dios, deseando "que de día el Señor mande su amor, y de noche su canto me acompañe".*

(*) salmo 42:8

para los que buscan algo más
salmo 64

notas

Nos agradaría recibir noticias suyas.
Por favor, envíe sus comentarios sobre este libro
a la dirección que aparece a continuación.
Muchas gracias.

Editorial Vida
Vida@zondervan.com
www.editorialvida.com